Zwischen Selbstbestimmung und Solidarität

Arbeit und Geschlechterverhältnisse im Neoliberalismus aus feministisch-befreiungstheologischer Perspektive

Katja Strobel

Katja Strobel

Zwischen Selbstbestimmung und Solidarität

Arbeit und Geschlechterverhältnisse im Neoliberalismus aus feministisch-befreiungstheologischer Perspektive

EDITION ITP-KOMPASS BAND 13

Diese Publikation wurde gefördert durch ein Promotionsstipendium der Rosa-Luxemburg-Stiftung.

Bibliographische Information der Deutschen Bibliothek:

Die Deutsche Bibliothek verzeichnet diese Publikation in der Deutschen Nationalbibliographie; detaillierte bibliographische Daten sind im Internet über <http://dnb.ddb.de> abrufbar.

Strobel, Katja
Zwischen Selbstbestimmung und Solidarität.
Arbeit und Geschlechterverhältnisse im Neoliberalismus
aus feministisch-befreiungstheologischer Perspektive,
Münster (ITP-Kompass) 2012
Zugl. Passau, Univ., Diss. 2010: Solidarische Subjektwerdung im Neoliberalismus? Feministisch-befreiungstheologische Analysen zu Arbeits- und Geschlechterverhältnissen im Kontext BRD

Herstellung: Books on Demand GmbH, Norderstedt

Printed in Germany
Dieses Buch wurde im On-Demand-Verfahren hergestellt.

ISBN: 978-3-9813562-2-9

Inhalt

Dank

Diese Arbeit wurde von der Universität Passau im Juli 2010 als Dissertation in katholischer Theologie angenommen. Ich danke Prof. Dr. Martha Zechmeister für die Bereitschaft, die Betreuung der Arbeit zu übernehmen, für die theologischen Anstöße und die Unterstützung im praktischen Entstehungsprozess in persönlichen Gesprächen und im Kolloquium. Prof. Dr. Isidor Baumgartner danke ich für das Zweitgutachten, ihm und Prof. Dr. Anton Landersdorfer für die Bereitschaft, das Rigorosum abzunehmen.

Der Rosa-Luxemburg-Stiftung danke ich für die Gewährung eines Promotionsstipendiums von 2007 bis 2010, für die Möglichkeit, im Doktorandinnenseminar Rückmeldung zu erhalten und Promovierende aus unterschiedlichsten Fachrichtungen kennenzulernen sowie für viele anregende Auseinandersetzungen und Begegnungen.

Ohne die Kolleginnen und Kollegen am Institut für Theologie und Politik Münster und im dort angesiedelten Feministischen Arbeitskreis wäre diese Arbeit nicht entstanden. Ich danke Barbara Imholz, Dr. Sandra Lassak, Dr. Michael Ramminger und Dr. Ludger Weckel für zahlreiche orientierende Gespräche über das Konzept und über die einzelnen Kapitel, für Hilfe beim Layout, vor allem aber für die Zusammenarbeit in theologischen und politischen Projekten. Die Arbeit ist Teil der Reflexion dieser Praxis.

In der Arbeitsgemeinschaft Feminismus und Kirchen, einem weiteren für mich zentralen und kontinuierlichen Ort der Reflexion, durfte ich meine Ideen vorstellen und erhielt wertvolle Kritik und Hinweise. Christine Schaumberger hat mich außerdem bei den schwierigen Entscheidungsprozessen für den Schlussteil begleitet, den Blick auf das Wesentliche zu richten geholfen und mich ermutigt, mit meinen eigenen Erfahrungen zu arbeiten.

Christine Berberich, Julia Diemer, Anna Murböck, Dr. Nutt und Rita Quasten sei für aufmerksames, kritisches und genaues Korrekturlesen samt inhaltlicher Rückmeldungen gedankt.

Meinen Eltern danke ich für den beständigen Rückhalt und ihr Interesse an meiner Arbeit. Ricarda Koschick hat mit mir während der Promotionszeit ihr Haus und ihren Alltag geteilt. Durch sie und die Gemeinschaft im Stevertal hatte ich Freiraum, Ruhe und Gespräche, die mir halfen, auch schwierige Zeiten mit dem ‚Projekt Doktorarbeit' zu bestehen. Dorothee Linnemann danke ich für vielfältige Unterstützung, Bestärkung und inhaltliche Anregungen.

Münster, Juli 2012

1. Einleitung

1.1. Biographischer Zugang[1]

Gegen Ende meines Theologiestudiums begegnete ich Theologen und Theologinnen[2] am Institut für Theologie und Politik in Münster, die ihr politisches Engagement theologisch reflektieren, und gewann dadurch einen neuen Zugang zur Theologie. Ich bekam eine Ahnung davon, dass mein Theologin-Sein durchaus mit meiner Motivation für mein Engagement in der ‚Eine-Welt-Arbeit' zu tun hatte. Allerdings empfand ich eine Neuausrichtung meiner gelernten Theologie als notwendig, da sie allzu oft an einer Realität vorbeiging, die alles andere als eine ‚frohe Botschaft' nahelegt. Ich begann, mir Wissen in Politik und Sozialwissenschaften anzueignen und Ungerechtigkeit als Negation des Gottesreiches theologisch auf den Begriff zu bringen. Ignacio Ellacuría bringt die Erkenntnis auf den Punkt:

> „In der Tat: wenn man die Realität der Welt in ihrer Gesamtheit aus der Perspektive des Glaubens sieht, gelangt man zu dem Urteil, daß sich die Sünde der Welt heute schneidend in dem äußert, was man die ungerechte Armut nennen könnte. Armut und Ungerechtigkeit erweisen sich heute als die große Negation von Gottes Willen und als Zerstörung der ersehnten Gegenwart Gottes unter den Menschen. […] Die Armen und die ungerecht über sie verhängte Armut, die sozialen, ökonomischen und politischen Strukturen, die dieser Realität zugrunde liegen, die komplizierten Verästelungen, wie Hunger, Krankheit, Gefängnis, Folter, Mord – Grö-

1 Zum Stellenwert von Erfahrung bzw. des Zusammenhangs zwischen Theologie und Biographie vgl. z. B. Michael Ramminger: Theologie und Biographie, in: Institut für Theologie und Politik (Hg.): In Bewegung denken, Münster 2003, 208-215; Christine Schaumberger: Erfahrung, in: Elisabeth Gössmann u. a.: Wörterbuch der Feministischen Theologie, Gütersloh 1991, 73-78.

2 Um die Lesbarkeit zu vereinfachen, werden in der vorliegenden Arbeit abwechselnd weibliche und männliche Formen verwendet. Es sei darauf hingewiesen, dass dadurch manchmal Uneindeutigkeiten vorliegen und Spezifika aus dem Kontext heraus erschlossen werden müssen.

ßen, die die alt- und neutestamentliche Transzendenz in Geschichte sehr ernst nimmt –, all das bleibt empirisch, aber es wird nun gesehen im Licht Gottes, wie er sich in der Schrift, in der Tradition und auch im aktuellen inspirierenden Wirken des Geistes offenbart. All dies ist Negation des Gottesreiches, und an eine ernsthafte Verkündigung dieses Gottesreiches ist nicht zu denken, wenn man jenen Verhältnissen den Rücken zukehrt oder den Mantel des Schweigens über sie breitet."[3]

Ellacurías Worte haben nichts an Aktualität verloren, sieht man sich die gegenwärtige globale Situation an. Für mich war die Erkenntnis zentral: Als Theologin muss ich politisch Stellung nehmen. Lange vor der Erkenntnis, dass es eine theologische Notwendigkeit ist, mich für grundlegende Veränderungen der politischen und ökonomischen Strukturen einzusetzen, wurde ich für die Diskriminierung und Ausbeutung von Frauen sensibilisiert. Dies war immer eng verbunden mit Fragen der Existenzsicherung und ökonomischer und sozialer Unabhängigkeit. Diese Arbeit beschäftigt sich daher mit den Problemen von Arbeit als zentraler Instanz der Vergesellschaftung unter der Perspektive der Marginalisierung von Frauen und der Entsolidarisierung im Blick auf globale Strukturen der Ungerechtigkeit.

Von feministischen Theologinnen lernte ich vor allem, dass die Reflexion des eigenen Kontexts und der eigenen Verstrickung in ungerechte Strukturen für redliches Theologietreiben unabdingbar sind. Es wurde eine der drängendsten Fragen für mich, welche theologischen Konsequenzen zu ziehen sind, wenn diese von Ellacuría benannte Wirklichkeit für ein Theologietreiben im Kontext der ‚ersten Welt' ernst genommen wird. Christine Schaumberger hat als eine der ersten feministischen Theologinnen in der BRD diese Herausforderung formuliert und eine „Selbstkontextualisierung im Blickwechsel"

[3] Ignacio Ellacuría: Geschichtlichkeit des christlichen Heils, in: Ignacio Ellacuría, Jon Sobrino (Hg.): Mysterium Liberationis. Grundbegriffe der Theologie der Befreiung, Band 1, Luzern 1995, 313-360, 349. Für Zitate gelten in der gesamten Arbeit folgende Regeln: Wenn nicht differierend angegeben, entstammen Hervorhebungen dem Original. Übersetzungen stammen, wenn nicht anders gekennzeichnet, von mir.

eingefordert.[4] Dabei verlangt sie genaues Thematisieren des Kontextes, in dem Theologie getrieben wird. Für die BRD heißt das, dass

> „die meisten ‚weißen' westdeutschen Frauen – in und trotz dieser Marginalisierung und trotz ihres Ausschlusses – nicht die Lebenssituationen und Erfahrungen von Frauen im Exil, auf der Flucht, in Vertreibung, im Gefängnis teilen, sondern an Politik und Geschichte europäischer, deutscher, ‚weißer' Herrschaft und Beherrschung teilhaben".[5]

Schaumberger betont, dass man sich nicht von seinem Kontext lossagen kann, indem man sich lediglich distanziert: Die eigene Verstrickung in Strukturen von Sünde gilt es ernsthaft zu hinterfragen, und damit die eigene Lebensweise und das eigene Theologietreiben. In meinem Fall gilt es zum Beispiel zu benennen, dass der Kontext, aus dem ich stamme, ein privilegierter, ‚weißer', akademischer ist. Ausblendungen und Verkürzungen aufgrund dieses Hintergrundes bleiben unvermeidbar. Die primäre Aufgabe, der ich mich in dieser Arbeit verpflichtet sehe, ist, Unterdrückung und Ausbeutung, wie sie sich konkret darstellen, zu erkennen, zu benennen, diesen Verhältnissen zu widersprechen und einzustehen für eine mögliche „gerechte Gemeinschaft der Lebenden, Toten und Kommenden"[6]. Die Konzentration liegt dabei auf der „politisch-theologischen Analyse der lebenszerstörerischen Tendenzen in der westdeutschen Kultur *aus feministischer Perspektive*"[7], eine Aufgabe, die Christine Schaumberger als Ausgangspunkt einer „Feministischen Theologie der Befreiung im deutschen Kontext"[8] benannte.

Für ein Verständnis von Befreiung im Kontext der ‚ersten Welt' hat eine solche Analyse zum Beispiel die Auswirkung, dass aus einer

---

4 Vgl. Christine Schaumberger: Blickwechsel. Fundamentale theologische Fragen einer sich kontextalisierenden Theologie, in: Pastoraltheologische Informationen, Jg. 18, Nr. 1, 1998, 31-52.

5 A.a.O, 49.

6 A.a.O, 52.

7 Christine Schaumberger: „Ich nehme mir meine Freiheit, damit ich nicht sterbe". Überlegungen zu einer Feministischen Theologie der Befreiung im Kontext der „Ersten Welt", in: Christine Schaumberger, Monika Maaßen (Hg.): Handbuch Feministische Theologie, 2., durchges. Aufl., Münster 1988, 332-361, 358.

8 Ebd.

globalen Perspektive die Notwendigkeit grundsätzlicher Umkehr in Bezug auf die Lebensweise zunehmend im theologischen Zentrum steht. Doch gilt es auch innerhalb des eigenen Kontextes der ‚ersten Welt' die unterschiedlichen Notlagen, Bedürfnisse, Situationen und Strukturen von Macht und Herrschaft erst einmal wahrzunehmen. Dann ist zu fragen, was in dieser Wirklichkeit Glauben ausmacht oder ausmachen könnte: Glauben an das ‚Mehr als alles', an ein Offenhalten der Geschichte, an konkrete Hoffnung wider alle Plausibilitäten. Es gilt zu formulieren, inwiefern angesichts der lebenszerstörenden Realität christliche Hoffnung auf ein verheißenes ‚Leben in Fülle' verkündet werden kann. Eine Hoffnung, die eine theologische ist, weil sie auch für die Toten hofft:

> „Statt erfüllbare Erwartungen zu bedienen, muss sie [die Theologie, K.S.] von den unerfüllbaren Hoffnungen sprechen, denen für alle, auch für die Toten. Warum? Damit die erfüllbaren nicht zu kurz greifen und verderben. Sie spricht von ihnen, oder spricht nicht von Gott, der unendlich viel mehr ist als alles, was sich denken und für sich allein hoffen lässt, und der genau dadurch das Denken und die Hoffnungen der Menschen unendlich stärkt."[9]

Um von jener Hoffnung sprechen zu können, muss in der Analyse der Wirklichkeit die Perspektive derer eingenommen werden, die der Hoffnung am meisten bedürfen. Mein Blick auf den Kontext bezahlter und unbezahlter Arbeit von Frauen in der BRD ist einerseits von der biographischen Erfahrung geprägt, wie wichtig es ist, dass Frauen ökonomische Selbstbestimmung erlangen. Andererseits fiel mir während meines politischen Engagements auf, dass in vielen feministischen und feministisch-theologischen Ansätzen das Thema der Solidarität im Sinne der sozialen Frage, der Klassenfragen, der Selbstkontextualisierung in globaler Perspektive zu kurz kommt. Der Titel „Zwischen Selbstbestimmung und Solidarität" soll die Ambivalenzen beider Begriffe zum Ausdruck bringen: Beide Begriffe bergen emanzipatorisches Potential, aber Selbstbestimmung kann zum Ato-

[9] Tiemo Rainer Peters: Mehr als das Ganze. Nachdenken über Gott an den Grenzen der Moderne, Ostfildern 2008, 18.

mismus werden und Solidarität kann auch auf die eigene Klasse, die eigene Ethnie, Kultur, Hautfarbe ... begrenzt verstanden werden. Ich möchte mit dieser Arbeit Entsolidarisierungstendenzen so thematisieren, dass diese Ambivalenzen sichtbar werden. Dies soll einen Baustein einer Grundlage für theologische Praxis darstellen, die der ‚Option für die Armen' folgt und gleichzeitig für unterschiedliche Herrschaftsmechanismen sensibel ist.

1.2 Fragestellung und Erkenntnisinteresse

Ein ‚Leben in Fülle' für alle ist in weiter Ferne. Deswegen sucht Theologie, die sich der Verheißung des Reiches Gottes verpflichtet weiß, das bereits hier auf Erden angebrochen ist, nach Wegen, eine gerechtere Gesellschaft zu realisieren.[10] Dabei muss sie sich die Frage stellen, warum heute weniger denn je ein Weg dahin offen zu sein scheint. Oder, anders ausgedrückt: Nach Gott fragen in unserer Zeit heißt vor allem, Gott vermissen[11]: Die Kluft zwischen Arm und Reich wird immer größer, die Umweltzerstörung ist auf dem Vormarsch und Protest dagegen ist sehr leise. Woran liegt es, dass nur wenige Menschen aufbegehren gegen eine derart zerstörerische Lebensweise und Politik? Dass diejenigen, die – auch im reichen Land BRD – immer mehr um ihre Existenz bangen, eher still halten in der Hoffnung, dass sie verschont bleiben, oder in Resignation verfallen, dass die, denen es (noch) gut geht, kaum Zweifel haben an einem wirtschaftlichen und politischen System, das Kriege, Hunger und Tod produziert? Es wäre möglich, mit den Reichtümern der Erde die gesamte Bevölkerung zu ernähren[12] – warum ist es dann so schwierig,

---

[10] Vgl. auch zu weiteren Theologen wie zum Beispiel Rudolf Bultmann oder Walter Kasper: Jon Sobrino: Christologie der Befreiung, Band 1, Mainz 1998, 152-188; vgl. auch Ellacuría, Geschichtlichkeit.

[11] Vgl. Johann Baptist Metz: Memoria passionis. Ein provozierendes Gedächtnis in pluralistischer Gesellschaft, Freiburg i. Br. 2006, 28-34, 71, 223f.

[12] Vgl. zum Beispiel o. A.: 2050: A third more mouths to feed. Food production will have to increase by 70 percent – FAO convenes high-level expert forum, Presse-

dies auch zu verwirklichen? Warum gelingt es nicht einmal, die Hoffnung darauf, dass die Gestaltung einer solidarischen Welt möglich wäre, zu wecken?[13]

Dem Ziel einer Gesellschaft in globaler Perspektive, die das Reich Gottes fragmentarisch vorausnimmt und daraufhin lebt, stehen Tendenzen zu Entsolidarisierung und zu immer individualisierteren (Über-)Lebensstrategien entgegen. Die Notwendigkeit von Befreiung, im Sinne einer Befreiung zu einem Leben in Fülle für alle, wird im Kontext BRD zur Zeit in mehreren Facetten virulent. Befreiung von Alternativlosigkeit, von Resignation und Abgestumpftheit denjenigen gegenüber, die unter den vorherrschenden politischen und wirtschaftlichen Strukturen, von denen die meisten Menschen in der BRD profitieren, leiden. Befreiung von sündigen Verhältnissen in einer ausbeutenden Weltwirtschaft, die Reiche reicher und Arme ärmer macht[14], tut Not – Umkehr ist aus der Perspektive der Opfer notwendig. Jedoch auch aus der Perspektive der ökonomisch Privilegierten tut Befreiung not: Befreiung von den Deformierungen des Atomismus; von psychischen Krankheiten, Einsamkeit, Neurotisierungen in den Kleinfamilien.[15] Befreiung zu einem Leben in Gemeinschaft, global gesehen im Bewusstsein der Verantwortlichkeit für alle Menschen und für die natürlichen Ressourcen.

meldung der FAO (Food and Agriculture Organisation of the United Nations), 03.09.2009, Quelle: http://www.fao.org/news/story/en/item/35571/icode/ (letzter Zugriff am 10.07.2012); vgl. auch Marlies Olbertz: FIAN: Es gibt ein Recht auf Nahrung. Sie säen, sie ernten, aber sie werden nicht satt, in: Münchener Stadtgespräche Nr. 34, Heft 8, 2004, 8-10, Quelle: http://www.umweltinstitut.org/stadtgespraeche/download/m-stadtgespraeche34.pdf (letzter Zugriff am 10.07.2012); vgl. auch weitere Informationen auf http://www.fian.de oder http://www.fao.org/worldfoodsituation/wfs-home/en/?no_cache=1.

[13] Vgl. zum Beispiel Wilhelm Heitmeyer (Hg.): Deutsche Zustände, Folge 8, Berlin 2010, 167-171.

[14] Vgl. zum Beispiel o. A.: Der Neoliberalismus belohnt seine Fürsprecher, in: Le Monde Diplomatique/taz Verlags- und Vertriebs GmbH (Hg.): Atlas der Globalisierung, Berlin 2009, 68f.

[15] Vgl. zum Beispiel Ulrich Duchrow u. a.: Solidarisch Mensch werden. Psychische und soziale Destruktion im Neoliberalismus – Wege zu ihrer Überwindung, Hamburg/Oberursel 2006.

Die Antwort, warum sich so wenig Widerstand regt, muss in einer Zeit, da die Zustimmung zum herrschenden System nicht vorrangig durch Repression, sondern in starkem Maße durch Zustimmung, durch ideologische Hegemonie, produziert wird, in der neoliberalen Konstitution von Subjekten gesucht werden.[16] Subjekte werden so konstituiert – durch Sozialisation, Medien etc. –, dass sich die Infragestellung des Bestehenden und die Frage von Widerstand überhaupt nicht mehr stellt. Entsolidarisierung, die Konzentration auf das individuelle ‚Glück', Desinteresse an gesellschaftlichen Fragen sind Folgen von Identitätskonstruktionen, die über gesellschaftliche Institutionen vermittelt werden und inzwischen zur ‚Normalität' geworden sind. Im sechsten Band der soziologischen Langzeitstudie „Deutsche Zustände" wird beispielsweise konstatiert, dass ein Viertel der Bevölkerung in der BRD moralische Maßstäbe als einen Luxus ansehen, den man sich nicht mehr erlauben könne. Ökonomisch erzeugte Ungleichheit werde in eine Ideologie der Ungleichwertigkeit umgewandelt. Mit der Zunahme ökonomistischen Denkens gehe Entsolidarisierung einher.[17]

Aus einer feministischen Perspektive wird in dieser Arbeit diese Frage nach Entsolidarisierung auf Entwicklungen fokussiert, die Auswirkungen auf Frauen haben. Im Rahmen von Globalisierung und Neoliberalismus sind Frauen durch Umwertungen und Umstrukturierungen im Reproduktionsbereich, aber auch im Feld der Erwerbsarbeit, negativ betroffen.[18] Global gesehen können Frauen da-

---

[16] Herrschaftsverhältnisse aufgrund von ideologischer Hegemonie untersuchte vor allem Antonio Gramsci. Vgl. zum Beispiel Peter Mayo: Politische Bildung bei Antonio Gramsci und Paulo Freire, Hamburg 2006, 39ff.; vgl. auch Duchrow, Solidarisch, 21-40.

[17] Vgl. Wilhelm Heitmeyer, Kirsten Endrikat: Die Ökonomisierung des Sozialen. Folgen für „Überflüssige" und „Nutzlose", in: Wilhelm Heitmeyer (Hg.): Deutsche Zustände, Folge 6, Frankfurt a. M. 2008, 55-72.

[18] Reproduktionsarbeit bedeutet großenteils unbezahlte Arbeit in Sektoren, die der Regenerierung von Arbeitskraft und der Reproduktion von Leben (zum Beispiel Pflege, Erziehung, Lebensmittelproduktion) dienen.

her als Verliererinnen neoliberaler Globalisierung gelten.[19] Aber auch in Industrieländern wie der BRD ist die Zahl derjenigen, die als ‚Karrierefrauen' von der selbstverständlich gewordenen Integration von Frauen in den Erwerbsarbeitsmarkt profitieren und dadurch als ‚Gewinnerinnen' gelten können, eher klein im Vergleich zu denjenigen, die unter der ungebrochen existenten Doppelbelastung durch Familie und Beruf und unter sozialen Verwerfungen seit der ‚Agenda 2010'[20] zu leiden haben. Abgesehen von einer formalen rechtlichen Gleichstellung ist Gleichberechtigung von Frauen weder symbolisch noch materiell verwirklicht. Gerade in Bezug auf den Arbeitsmarkt sind Diskriminierungen frappant – hier seien nur die Stichworte ‚gläserne Decke' und Lohndiskriminierung genannt.[21]

Dass die Profitorientierung und zunehmende Ökonomisierung Entsolidarisierungstendenzen verstärkt und eine Orientierung auf ein globales Allgemeinwohl dadurch immer mehr aus dem Blick gerät, ist die These dieser Arbeit. Im Rahmen der Frage danach, wie es zur Zustimmung zu einer Gesellschaft kommt, die Armutsrisiken und strukturelle Diskriminierung für Frauen beinhaltet, befrage ich sozialwissenschaftliche Analysen nach Strukturen, die Entsolidarisierung, Angst und Unsicherheit befördern. Ich untersuche, wie auf diese Weise sowohl das Nachdenken über Gerechtigkeit, globale Unrechtsverhältnisse und Mitverantwortung für Kriegs- und Wirtschaftspolitik

---

[19] Vgl. zum Beispiel Luz Gabriela Arango: Geschlecht, Globalisierung und Entwicklung, in: PERIPHERIE 85/86, Jg. 22, Heft 5, 2002, 84-107; vgl. auch Christa Wichterich: Femme global. Globalisierung ist nicht geschlechtsneutral (= attacBasisTexte 7), Hamburg 2003; vgl. Ruth Klingenbiel, Shalini Randeria: Globalisierung aus Frauensicht, Berlin 1998; vgl. Barbara Imholz, Katja Strobel: Feministischer Internationalismus und Globalisierung von unten. Das Ende des Ernährermodells, in: Institut für Theologie und Politik (Hg.): In Bewegung denken, Münster 2003, 77-84.

[20] Mit diesem Programm passte sich die Bundesregierung zu Anfang des 21. Jahrhunderts endgültig der neoliberalen Politik an, die in Großbritannien und den USA seit den 1980er Jahren verfolgt wurde. Mit Instrumenten wie zum Beispiel der Privatisierung von Altersvorsorge oder der Zusammenlegung von Sozialhilfe und Arbeitslosenhilfe (‚Hartz IV') wurde seitdem Sozialabbau vorangetrieben.

[21] Vgl. z. B. Karin Lenhart: Soziale Bürgerrechte unter Druck. Die Auswirkungen von Hartz IV auf Frauen, Wiesbaden 2009, 15f.

der eigenen Regierung erschwert wird als auch politische Handlungsfähigkeit kaum entstehen kann. Ziel dieser Untersuchungen sind Erkenntnisse über notwendige Veränderungen theologischer Praxis angesichts dieser gesellschaftlichen Situation.

1.3 Zum Forschungsfeld

In sozialwissenschaftlicher Forschung werden die aktuellen gesellschaftlichen Herausforderungen in Bezug auf Arbeit von Frauen im Kontext der BRD erkennbar: Tendenzen hin zu Entsolidarisierung, zu extremer Individualisierung bzw. Atomisierung, zu sozialer und rassistischer Abschottung. Feministisch-befreiungstheologische Analysen und Positionierungen, die zu diesen Herausforderungen Stellung nehmen, stehen weitgehend aus. Ausnahmen sind im Bereich Migration und Rassismus Eske Wollrad und Mechthild Herberhold.[22] Meine Arbeit soll einen Beitrag zu dieser Aufgabe leisten. Ich beziehe mich dabei schwerpunktmäßig auf die Ergebnisse folgender sozialwissenschaftlicher Institutionen und Forscherinnen, die aus feministischer Perspektive Arbeitsforschung in der BRD betreiben. Grundlegend sind die Arbeiten von Frigga Haug zum Thema der Verhältnisse von Produktions- und Reproduktionsarbeit. Untersuchungen der Forschungs- und Kooperationsstelle Arbeit, Demokratie, Geschlecht, kurz „GendA" unter der Leitung von Ingrid Kurz-Scherf werden vor allem zum Thema der Subjektivierung von Arbeit und zum Thema ‚Hartz IV' aus feministischer Perspektive aufgegriffen. Im Bereich Dienstleistungssektor sind vor allem die Analysen von Christiane Bender, Helmut Graßl und Brigitte Stolz-Willig für meine Ausführungen leitend. Zum Thema Intersektionalität, Prekarisierung und Familienpolitik beziehe ich mich auf Forschungen, die in der Arbeits-

[22] Vgl. Eske Wollrad: Weißsein im Widerspruch. Feministische Perspektiven auf Rassismus, Kultur und Religion, Königstein im Taunus 2005; Mechthild Herberhold: Zur Parteilichkeit herausgefordert – einheimische ChristInnen im Einwanderungsland Deutschland. Ein Beitrag zur feministischen Befreiungstheologie im deutschen Kontext, in: chakana, Jg. 2, 2004, Heft 3, 53-68.

gruppe Arbeit – Gender – Technik der Technischen Universität Hamburg erarbeitet wurden, vor allem von Gabriele Winker und Iris Nowak. Wesentlichen Anteil daran, das Thema migrantischer Haushaltsarbeiterinnen auf die sozialwissenschaftliche Agenda zu setzen, hat die Pädagogin Helma Lutz. Auf ihre empirischen Untersuchungen stütze ich mich zum großen Teil im Kapitel zu Migrantinnen als Arbeitskräften in Privathaushalten, beziehe mich hier aber auch auf postkoloniale Theoretikerinnen wie zum Beispiel Encarnación Gutiérrez Rodríguez, um die Rahmenbedingungen von Einwanderungspolitik kritisch in den Blick zu nehmen.

1.4 Aufbau und Methode

Im I. Teil der Arbeit werden zunächst die Ausgangspunkte, nämlich die Ansätze feministischer, neuer Politischer Theologie und Befreiungstheologie sowie Analysen zu Globalisierung und Neoliberalismus vorgestellt (Kapitel 2). Als theoretische und theologische Grundlegung für das Herangehen an die sozialwissenschaftlichen Analysen werden anschließend drei Schlüsselkategorien konzipiert: Subjekt, Solidarität und politische Handlungsfähigkeit (Kapitel 3-5). Hier ergänze ich Herangehensweisen aus feministischer, neuer Politischer und Befreiungstheologie mit sozialwissenschaftlichen und philosophischen Theorieansätzen und führe sie zu einer eigenen theologischen Position zusammen, die gegenwärtige Phänomene von Entsolidarisierung in der ‚ersten Welt' in den Blick nehmen kann und ein Konzept solidarischer Subjektwerdung formuliert, das sich durch Intersubjektivität und politische Handlungsfähigkeit auszeichnet. Für das Herangehen an die Analysen bedeutet dies: Gefragt wird jeweils nach Tendenzen, die (erstens) entweder Subjektivität im Rahmen von Ökonomisierung vereinnahmen oder Intersubjektivität, Selbstbestimmung und individuelle Bedürfnisse in Arbeit und Lebensführung sowie gemeinsames Gestalten von Zusammenleben und globale Verantwortung fördern. Gefragt wird (zweitens) nach Verhinderung oder

Förderung einer Solidarität, die Verantwortung für Sorge-Arbeit und globale Verhältnisse berücksichtigt, und (drittens) nach politischer Handlungsfähigkeit, die sowohl die individuelle und kollektive Handlungsfähigkeit als auch konkrete Realisierungsmöglichkeiten von Veränderungen und Alternativen im Blick hat. Die Schlüsselkategorien bilden das theoretische Instrumentarium, mit Hilfe dessen die theologische Bewertung der sozialwissenschaftlichen Analysen vorgenommen wird. Anhand der Schlüsselkategorien werden die Kernfragen formuliert, die an die sozialwissenschaftlichen Analysen gestellt werden (Kapitel 6).

Im II. Teil der Arbeit steht die Auseinandersetzung mit sozialwissenschaftlichen Analysen im Mittelpunkt. Hier befasse ich mich mit einem Ausschnitt von Wirklichkeit, der Fragen der Verbindung feministischer Politik und Theologie umfasst. Zunächst werden grundsätzliche Begriffsklärungen, historische Entwicklungen und aktuelle Tendenzen zum Thema Arbeit und Frauen in der BRD behandelt (Kapitel 7). Anschließend greife ich zentrale Bereiche im Rahmen bezahlter und unbezahlter Arbeit in der BRD, die besonders Frauen betreffen, heraus. Analysiert werden vier Beispiele im Hinblick auf die Zugriffe neoliberaler Politik auf Subjekte. Dabei werden Ambivalenzen und Widersprüche in den Blick genommen, die sich aus der Zunahme von Freiräumen und Unabhängigkeit für Frauen einerseits und forcierter Ökonomisierung und Effizienzorientierung andererseits ergeben: Die vier Beispiele sind der Wandel im Dienstleistungssektor (Kapitel 8), das Verhältnis von Produktions- und Reproduktionsarbeit (Kapitel 9), das Phänomen migrantischer Haushaltsarbeiterinnen (Kapitel 10) sowie die Arbeitsmarktreform ‚Hartz IV' (Kapitel 11). Am Ende der Kapitel werden jeweils theologische Schlussfolgerungen gezogen.

Einige dieser Schlussfolgerungen werden im theologischen Ausblick in Teil III vertieft, indem die Themenfelder Umkehr, Gemeinde und Konflikt in den Blick genommen werden. Ich greife dabei auf die Schlüsselkategorien zurück und erarbeite Modifikationen und Konkretionen im Blick auf die Herausforderungen für theologische Praxis

(Kapitel 13-15). Ansatzweise werden auf diese Weise notwendige Veränderungen theologischer Praxis aufgezeigt, die sich im Dienst solidarischer Subjektwerdung sieht.

I. Teil

Analyse weiblicher Subjektbildung im Neoliberalismus als theologische Frage: Ausgangspunkte und Schlüsselkategorien

2. Ausgangspunkte

2.1 Befreiungstheologie – neue Politische Theologie – feministische Theologie

Die vorliegende Arbeit versteht sich als Teil einer „Feministischen Theologie der Befreiung im Kontext der ‚ersten Welt'"[23] oder „[...] im deutschen Kontext"[24], die sich auf Elisabeth Schüssler Fiorenza und Christine Schaumberger bezieht. Dieser Ansatz steht in enger Verbindung zu Theologien der Befreiung und zur neuen Politischen Theologie.

2.1.1 Theologien der Befreiung

Als ‚Theologien der Befreiung' verstehen sich neben der ‚klassischen' lateinamerikanischen Befreiungstheologie Strömungen innerhalb einer großen Bandbreite von theologischen Ansätzen, zum Beispiel Schwarzer oder Womanistischer Theologien im Kontext der USA[25] oder feministischen Theologien. Entwickelt wurde die grundlegende Herangehensweise der Befreiungstheologie von katholischen und evangelischen Theologen in Lateinamerika ab den späten 1960er Jahren im Anschluss an das II. Vatikanische Konzil. Sie knüpfte an marxistische Theorien, vor allem an die Dependenztheorie, an, die die ‚Unterentwicklung' der Zweidrittelwelt als durch koloniale Strukturen verschuldet ansah und dadurch den Begriff ‚Entwicklung' kritisierte. Statt dessen wurde Befreiung von kolonialen Abhängigkeiten, die

---

23 Schaumberger, „Ich nehme mir meine Freiheit ...".

24 Christine Schaumberger: Das Recht, anders zu sein, ohne dafür bestraft zu werden. Rassismus als Problem weißer feministischer Theologie, in: Schaumberger: Weil wir nicht vergessen wollen, 101-122.

25 Vgl. zum Beispiel Dwight Hopkins: Introducing black theology of liberation, 8. Aufl., Maryknoll 2008; vgl Ders.: Heart and Head. Black Theology – Past, Present, and Future, New York 2002.

auch nach der offiziellen Unabhängigkeit durch politischen und ökonomischen Druck fortgesetzt wurden, in den Mittelpunkt gestellt.[26]

Gustavo Gutiérrez prägte den Begriff ‚Theologie der Befreiung'[27]. Laut Gutiérrez muss die kirchliche Tätigkeit und Präsenz der Kirche nach dem II. Vatikanum in neuem Licht gesehen werden, denn sie ist dazu aufgerufen, „Freude und Hoffnung, Trauer und Angst der Menschen von heute"[28] (GS 1) zu leben, denn sie sind die Freuden und Hoffnungen Christi. Auf die „Zeichen der Zeit"[29] (GS 4) zu hören, wie die Pastoralkonstitution „Gaudium et spes" fordert, bedeutet nicht nur intellektmäßige Analyse, sondern genauso die Verpflichtung für jeden Christen zum Engagement und zum Dienst am Anderen. Daraus ergeben sich als zentrale Charakteristika dieser Theologie der Befreiung erstens der ‚Primat der Praxis' und zweitens die ‚Option für die Armen'.

Die Wiederentdeckung der eschatologischen Dimension in der Theologie führt nach Gutiérrez dazu, dass die zentrale Bedeutung der geschichtlichen Praxis wieder erkannt wird:

> „In der Tat, wenn die menschliche Geschichte eine Hoffnung auf Zukunft ist, dann erscheint sie als Aufgabe und politischer Auftrag. [...] Der Glaube an einen Gott, der uns liebt und uns zum Geschenk der vollen Gemeinschaft mit ihm und der Brüderlichkeit zwischen den Menschen ruft, steht nicht nur der Umgestaltung der Welt nicht fremd gegenüber, sondern führt notwendigerweise zur Schaffung einer solchen Brüderlichkeit und einer solchen Gemeinschaft in der Geschichte. Darüber hinaus: Nur wenn wir diese Wahrheit praktizieren, wird sich, wörtlich gesprochen, unser Glaube bewahrheiten."[30]

---

[26] Vgl. zum Beispiel Giancarlo Collet: Art. Befreiungstheologie I. Historische, geographische u. politische Wurzeln, in: Walter Kasper u. a. (Hg.): Lexikon für Theologie und Kirche, durchges. Sonderausg. der 3., völl. neu bearb. Aufl. 1993-2001, Freiburg i. Br. 2006, Bd. 2, Sp. 130-132.

[27] Vgl. Collet, Art. Befreiungstheologie I; vgl. Gustavo Gutiérrez: Theologie der Befreiung, 7. Aufl., München/Mainz 1984 (Originalausgabe 1972). Für den nächsten Absatz vgl. a. a. O., 6-21.

[28] Karl Rahner, Herbert Vorgrimler: Kleines Konzilskompendium. Sämtliche Texte des Zweiten Vatikanums, 25. Aufl., Freiburg i. Br. u. a. 1994, 449.

[29] A. a. O., 451.

[30] Gutiérrez, Theologie der Befreiung, 15.

Gutiérrez formuliert hier, was als Orthopraxis oder als Primat der Praxis eines der bedeutenden Charakteristika von Theologien der Befreiung wurde. Damit wird erneut betont, was in Judentum und Christentum zentraler Auftrag der Glaubenden ist: an Gottes befreiendem Handeln, und damit am Beginn der anderen Welt Gottes teilzunehmen.[31] Theologie wird nach Gutiérrez damit zu einer kritischen Reflexion der Praxis im Licht des Glaubens:

> „Theologie beschränkt sich dann nicht mehr darauf, die Welt gedanklich zu ergründen, sondern versucht, sich als ein Moment in dem Prozeß zu verstehen, mittels dessen die Welt verändert wird, weil sie – im Protest gegen die mit Füßen getretene menschliche Würde, im Kampf gegen die Ausbeutung der weitaus größten Mehrheit der Menschen, in der Liebe, die befreit, und bei der Schaffung einer neuen, gerechten und brüderlichen Gesellschaft – sich der Gabe des Reiches Gottes öffnet."[32]

Methodisch realisiert wird der Primat der Praxis durch den Dreischritt ‚Sehen – Urteilen – Handeln'. Wichtige Anliegen wurden in diesem Zusammenhang die interdisziplinäre Arbeit, die Verortung der Theologie in Befreiungsprozessen und sozialen Bewegungen sowie die Aufnahme sozialwissenschaftlicher Ergebnisse. Die Notwendigkeit der Zusammenarbeit der Theologie mit Sozialwissenschaften, Ökonomie und anderen Gesellschaftswissenschaften wurde vorangetrieben, um gesellschaftliche Prozesse angemessen beurteilen zu können.[33]

Weiteres zentrales Merkmal von Theologien der Befreiung neben dem Primat der Praxis ist die ‚Option für die Armen'. Sie bezieht sich auf den Aufruf von Papst Johannes XXIII. einen Monat vor Eröffnung des II. Vatikanischen Konzils, eine Kirche der Armen zu sein, sowie auf die Pastoralkonstitution des II. Vatikanums „Gaudium et

---

[31] Vgl. Norbert Klaes: Art. Befreiung. I. Religionsgeschichtlich, in: LThK: 2006, Band 2, Sp. 126f.

[32] Gutiérrez, Theologie der Befreiung, 21.

[33] Vgl. Collet, Art. Befreiungstheologie I, 131; vgl. Ders.: Art. Befreiungstheologie II. Systematisch-theologisch, in: LThK: 2006, Bd. 2, Sp. 132-134, 133. In diesem Sinne kann auch die Kritik von Gustavo Gutiérrez an der neuen Politischen Theologie, zu abstrakt zu bleiben, aufgegriffen werden. Vgl. Gutiérrez, Theologie der Befreiung, 213f.

spes" und auf die Kirchenkonstitution „Lumen gentium". Die ‚Option für die Armen' wurde auf der lateinamerikanischen Bischofskonferenz 1968 in Medellín ausformuliert.[34]

Hermann Steinkamp setzt die ‚Option für die Armen' in enge Verbindung zu der von Dietrich Bonhoeffer eingeforderten ‚Kirche für andere' und zum Lernziel Solidarität:

> „Solidarität mit den Armen (und den anderen) als Formel, als Glaubensformel gar zu deklamieren ist eines – ein anderes ist zu begreifen, daß die Christen nach der europäischen Kirchengeschichte und angesichts der hiesigen Pathologien der Moderne gerade in Sachen Solidarität als Lernbehinderte, als Legastheniker zu gelten haben, deren Bekehrung einhergehen muss mit einer Alphabetisierung in bezug auf das ‚Lernziel Solidarität'."[35]

In einem reichen Land gilt es, die Option für die Armen so zu leben, dass der Blick geschärft wird einerseits für Strukturen der Sünde und Ungerechtigkeit in Weltwirtschaft und -politik, die Armut, Hunger, Elend und Krieg in anderen Teilen der Welt verursachen und für die gerade Bewohner der Industrieländer, die vom Wohlstand profitieren, verantwortlich sind. Andererseits gilt es auch in den eigenen Kontexten Armut und Ausgrenzung wahrzunehmen und sich ernsthaft für die Rechte der Armen einzusetzen im Sinne der vierten Seligpreisung zum Thema Gerechtigkeit: „Gerecht sein bedeutet, die Rechte der anderen, insbesondere der Hilflosesten, anzuerkennen."[36] Dies beinhaltet auch eine kritische Auseinandersetzung mit der karitativen Praxis in Kirche und Gesellschaft. ‚Armenküchen', modern ‚Tafeln' genannt, wachsen beispielsweise zur Zeit massenhaft, es gibt aber heftige Kritik von Seiten der Betroffenen an dieser Symptombekämpfung. Vertreter der Caritas und Diakonie kritisieren die Tafeln ebenfalls als einseitige Betonung der Lebensmittelverteilung und legen

---

[34] Vgl. Gustavo Gutiérrez: Die Armen und die Grundoption, in: Ellacuría/Sobrino, Mysterium Liberationis, 293-311, 294, 299, 303, 309; vgl. Hermann Steinkamp: Solidarität und Parteilichkeit. Für eine neue Praxis in Kirche und Gemeinde, Mainz 1994, 96; vgl. Collet, Art. Befreiungstheologie I, 132.

[35] Steinkamp, Solidarität, 98.

[36] Gutiérrez, Die Armen, 305.

Wert darauf, dass sie mit Angeboten zur Beratung, mit Hinweisen auf Rechte und Ansprüche verbunden sein müssen.[37] Auch Flüchtlinge organisieren Hungerstreiks, um sich gegen die Abspeisung mit – oft genug schlechten – Lebensmitteln und Gutscheinen zur Wehr zu setzen, die sogar das Mindestmaß an Selbstbestimmung in Bezug auf die eigene Ernährung verhindern.

Elisabeth Schüssler Fiorenza schlug angesichts des biblischen Befundes, dass Jesus und die Jesusbewegung besonders für religiös und gesellschaftlich Ausgestoßene offen waren, vor, die „Option für die Marginalisierten" hinzuzufügen.[38] Wichtig scheint mir vor allem, dass die Option für die Armen, genauso wie die Option für die Marginalisierten, im jeweiligen Kontext konkretisiert werden muss, um sie verständlich zu machen.

Eine Gefahr, wenn der Bezug auf die Erfahrungen von Marginalisierten in den Mittelpunkt gestellt wird, ist die des Paternalismus. Sharon Welch verweist hier auf Michel Foucault, der die Gefahr des ‚Sprechens für Andere' im Blick hatte:

> „Sowohl in der Befreiungstheologie als auch im Werk Foucaults gibt es eine dauernde Spannung zwischen der Vermeidung der Schmach, für die Unterdrückten zu sprechen, und der Bemühung, ihren Stimmen durch Engagement in der sozialen und politischen Kritik zu antworten."[39]

Welch kennzeichnet, dieses berücksichtigend, die Befreiungstheologie auf folgende Weise: Es gehört zu ihr sowohl der Wille, von den Stimmen der Unterdrückten zu lernen, als auch die Bereitschaft, Räume zu schaffen, damit sich Marginalisierte eine Stimme bzw. Zugang zu Kommunikationsmitteln verschaffen können, sodass sie

---

[37] Vgl. Domradio des Erzbistum Kölns: „Tafeln in der Kritik. Caritas: Lebensmittelausgabe alleine genügt nicht gegen Armut", verschiedene Beiträge der Caritas, Quelle: http://www.domradio.de/caritas/47615/tafeln-in-der-kritik.html (letzter Zugriff am 10.07.2012).

[38] Vgl. Elisabeth Schüssler Fiorenza: Zu ihrem Gedächtnis. Eine feministisch-theologische Rekonstruktion der christlichen Ursprünge, München/Mainz 1988, 190.

[39] Sharon Welch: Gemeinschaften des Widerstandes und der Solidarität. Eine feministische Theologie der Befreiung, Freiburg/Schweiz 1988, 96f.

befähigt werden, für sich selbst zu sprechen.[40] Strukturelle Veränderungen auf mehr Gerechtigkeit hin finden demnach nur statt, wenn nicht nur vor Ort Leiden gemindert wird, sondern auch in den Machtzentren politische und wirtschaftliche Strukturen verändert werden. Es geht also darum, immer wieder gemeinsame strategische Überlegungen anzustellen, sich der Perspektive der Marginalisierten auszusetzen und sich davon kritisieren zu lassen. Es gilt, die im Fall BRD oft privilegierte Situation in einem privilegierten Land ernstzunehmen und die Herausforderungen anzunehmen, die anders sind als an den Orten des größten Leidens. Gegen Armut, Rassismus, Sexismus etc. lässt sich nur glaubwürdig kämpfen, wenn strukturelle Veränderungen der Gesamtgesellschaften angestrebt werden, die solche Diskriminierungen und Ungleichheiten produzieren.[41]

Dabei ist es im Kontext eines Landes wie der BRD von Bedeutung, dass die Perspektive Marginalisierter einzunehmen heißt, sowohl auf deren Seite für Anerkennung und Gerechtigkeit zu streiten als auch der gesellschaftlichen Mehrheit gegenüber auf die Relevanz dieser Perspektive aufmerksam zu machen. Bewusst bleiben muss dabei, dass die Erfahrungen von Ausgrenzung nicht oder nur teilweise geteilt werden und der Bezug auf die jeweiligen unterschiedlichen Erfahrungen zentral ist. Es geht nicht darum, lediglich moralische Verantwortung einzuklagen, sondern den Status quo als zerstörerisch für die Lebenswirklichkeit aller in Frage zu stellen und die Sehnsucht nach einer anderen Lebensweise sichtbar zu machen. Besonders im europäischen Kontext, in dem die Dringlichkeit von Befreiung aufgrund des allgemein höheren Wohlstandsniveaus weniger auf der Hand liegt, könnte diese Infragestellung der Schlüssel zu den Mög-

---

[40] Vgl. a. a. O., 95f.

[41] Vgl. zum Beispiel Gerdi Nützel: Konvivenz und Solidarität. Zwei Anfragen und ein Beispiel feministisch-ökumenischer Existenz heute, in: Frauenforschungsprojekt zur Geschichte der Theologinnen Göttingen (Hg.): Querdenken. Beiträge zur feministisch-befreiungstheologischen Diskussion. Festschrift für Hannelore Erhart zum 65. Geburtstag (= Theologische Frauenforschung – Erträge und Perspektiven 1), 2., durchges. Aufl., Pfaffenweiler 1993, 77-102, 78.

lichkeitsbedingungen von Protest, Widerstand und Veränderung sein. Frigga Haug fasst die Ergebnisse einer Forschungsgruppe bezüglich der Erkenntnisse über dieses Unbehagen am Status quo meines Erachtens treffend zusammen: Es

> „wurde entdeckt, dass das Überforderungsgefühl, das ihr Leben zu einer ermüdenden Hetze macht, im Grunde eine Unterforderung signalisiert, dass sie nämlich als Menschen mit Möglichkeiten, gesellschaftlich sich eingreifend zu betätigen, entgegen aller gewährten Selbstbestimmung überhaupt nicht gefordert waren und dass die erlebte sinnlose Sinnhaftigkeit eine Blockierung aller Lebensgeister nach sich zog."[42]

Im Sinne dieser menschlichen Bedürfnisse und Möglichkeiten der Gestaltung von Gesellschaften ist es Aufgabe befreiender Theologien, von der Perspektive der Marginalisierten aus zwischen individuellen Erfahrungen, kollektiven Erfahrungen und dem Bezug zu globaler Gerechtigkeit, zur ‚Weltgeschichte' im Horizont der eschatologischen Verheißungen zu vermitteln. Kriterium für das Handeln in der Welt ist dabei das Ziel einer Welt, „in der alle Platz haben – einschließlich der Natur."[43]

2.1.2 *Neue Politische Theologie*

Die neue Politische Theologie entstand in der BRD parallel zur lateinamerikanischen Theologie der Befreiung, inspiriert durch Dietrich Bonhoeffer und Karl Barth sowie beeinflusst durch die Existenzphilosophie und die kritische Theorie der Frankfurter Schule. Das II. Vatikanische Konzil war auch für die neue Politische Theologie wichtige Bestärkung und Impulsgeber im Sinne einer Öffnung der Kirche zur Welt. Sie wurde vor allem durch Johann Baptist Metz auf der katholischen und durch Jürgen Moltmann und Dorothee Sölle auf der evangelischen Seite entwickelt. Ausgangspunkt war eine Gegenbewegung zu Privatisierungstendenzen in den traditionellen christlichen

[42] Frigga Haug: Die Vier-in-einem-Perspektive. Politik von Frauen für eine neue Linke, Hamburg 2008, 10f.

[43] Franz J. Hinkelammert: Das Subjekt und das Gesetz. Die Wiederkehr des verdrängten Subjekts, Münster 2007, 414.

Konfessionen in Folge eines durch die Aufklärung bewirkten Auseinandertretens von Staat und Religion. Ihr Anliegen waren die Formulierung der „eschatologischen Botschaft des Christentums unter den Bedingungen strukturell gewandelter Öffentlichkeit"[44] und die Charakterisierung von christlicher Spiritualität als eine Einheit von Mystik und Politik. Theologie ist herrschaftskritisch und emanzipativ in dem Sinn, dass es in der theologischen Rede von der Herrschaft Gottes um Relativierung jeder bestehenden Herrschaftsform geht und theologisch für die Geschichte menschlicher Freiheit Partei ergriffen werden muss.[45]

Zentral für die neue Politische Theologie ist der Bezug zur Shoah. Sie gehört in der BRD zur inneren Situation der christlichen Gottesrede. Diese ist deswegen besonders sensibel für die Theodizeefrage und erteilt einer idealistischen Theologie eine klare Absage. Konstitutiv ist die Frage, wer, wann und wo, in welcher Absicht von Gott redet. Die neue Politische Theologie bezieht sich auf die Leidenden unserer Zeit und ist der Suche nach dem Auszug, nach Befreiung aus versklavenden Verhältnissen, verpflichtet. Wahrheitsfähigkeit und Universalismus sucht die neue Politische Theologie durch die Kategorie der Erinnerung zu sichern. Metz prägte den Begriff der gefährlichen Erinnerung:

> „Solche Erinnerung durchbricht also den Zauberkreis des herrschenden Bewußtseins. Sie reklamiert unausgestandene verdrängte Konflikte und unabgegoltene Hoffnungen. Sie hält gegen die herrschenden Einsichten früher gemachte Erfahrungen hoch und entsichert damit die Selbstverständlichkeiten der Gegenwart. Sie mobilisiert Tradition als kritisch-befreiende Potenz gegenüber der Eindimensionalität herrschenden Be-

---

[44] Johann Baptist Metz: Art. Politische Theologie, in: LThK 2006, Bd. 8, 392-394, 393.

[45] Vgl. Metz, Art. Politische Theologie; vgl. Martin Schuck: Politische Theologie, in: Hans Dieter Betz u. a. (Hg.): Religion in Geschichte und Gegenwart. Handwörterbuch für Theologie und Religionswissenschaft, Bd. 6, 4., völl. neu bearb. Aufl., Tübingen 2003, 1471-1474; vgl. Boniface Mabanza Bambu: Gerechtigkeit kann es nur für alle geben. Eine Globalisierungskritik aus afrikanischer Perspektive, Münster 2009, 37f.; vgl. Johann Baptist Metz: „Politische Theologie" in der Diskussion, in: Diskussion zur „politischen Theologie", Mainz 1969, 267-301, 272f.

> wußtseins und gegenüber der Sicherheit jener, ‚deren Stunde immer da ist' (vgl. Joh 7,6)."[46]

Ausgehend von der Passionsgeschichte und der Tatsache, dass Jesus sich zu den Ausgestoßenen und Unterdrückten bekannte und die Herrschaft Gottes als befreiende Macht verkündete, geht es um das Eingedenken fremden Leids, von Metz ‚memoria passionis' genannt. In der Gestalt der gefährlichen Erinnerung, also Erinnerung an und von Leidenden, die die Gegenwart in Frage stellt und ihre Plausibilitäten bedroht, geht es der neuen Politischen Theologie darum, die Autorität der unschuldig Leidenden als unhintergehbares Kriterium von Religion und Kultur stark zu machen. Die eschatologische Vision vom Ende der Zeit wird einer Moderne entgegengesetzt, die unter Gedächtnisverlust und unter ‚Entzeitlichung', das heißt unter einem frist- und ‚end-losen' Zeitverständnis leidet.[47]

Der neuen Politischen Theologie – wie auch den Befreiungstheologien – geht es um ein neues Verhältnis von Theorie und Praxis, das die öffentliche Dimension der eschatologischen Verheißungen biblischer Tradition verdeutlicht. Angesichts der zerstörerischen geschichtlich-sozialen Prozesse muss die kritische und befreiende Funktion von Religion zum Ausdruck gebracht werden.

2.1.3 *Feministische Befreiungstheologie*

Auch die Wurzeln der feministischen Theologie in der BRD reichen bis in die 1960er Jahre zurück. Damals, veranlasst von den Reformbestrebungen des II. Vatikanischen Konzils, gelangte das Problem der kirchlichen Machtstrukturen, die Frauen von leitenden Positionen und vom Priesteramt ausschließen, in eine breitere Öffentlichkeit. Den Anfangspunkt sehen Claudia Lueg und Rita Burrichter in den Eingaben an die Kirchenleitung, in denen Forderungen der Gleichberechtigung von Frauen gestellt wurden. An den Universitäten wurde

---

[46] Metz, „Politische Theologie" in der Diskussion, 287.

[47] Vgl. Metz, Memoria passionis, vor allem 124-134, 151-157; vgl. auch Metz, Art. Politische Theologie.

in den 1960er Jahren der Grundstock für theologische Frauenforschung gelegt, die mit feministischen Emanzipationsbewegungen in Verbindung stand und zum Ziel hatte, „das philosophisch-theologische System der Diskriminierung zu entlarven und den status quo mit Verweis auf die anderslautenden biblischen und historischen Befunde anzuzweifeln."[48] Wichtig für die Entwicklung feministischer Theologie war einerseits die theologische Forschung, die aber nur wenig Unterstützung an den theologischen Fakultäten fand, sowie andererseits Frauengruppen in den Gemeinden, die sich zunehmend vom traditionellen Bild der Hausfrau und Mutter lösten und die Lebenswirklichkeit berufstätiger, alleinerziehender, alleinstehender Frauen in den Blick nahmen. Entscheidende Impulsgeberin war aber die im Zuge der Studentenbewegung in den 1960er Jahren entstehende Neue Frauenbewegung.[49]

Feministische Theologie hat sich seitdem innerhalb der theologischen Fachdisziplinen ausdifferenziert. Den Ansatz feministischer Befreiungstheologie haben im Kontext BRD vor allem Elisabeth Schüssler Fiorenza, Luise Schottroff, Renate Rieger und Christine Schaumberger geprägt. Schaumberger entwarf den Ansatz einer „Feministischen Theologie der Befreiung im Kontext der ‚Ersten Welt'"[50], die Theologien der Befreiung in der Weise rezipiert, dass sie deren gesellschaftskritisches Potential im Hinblick auf den Kontext ‚erste Welt' ernstnimmt und nicht der Versuchung einer romantisierenden Rezeption erliegt.[51]

---

[48] Rita Burrichter, Claudia Lueg: Aufbrüche und Umbrüche. Zur Entwicklung Feministischer Theologie in unserem Kontext. Die Grenzen sichtbar machen, in: Schaumberger/Maaßen, Handbuch, 14-35, 15f.

[49] Der Ausdruck „Neue Frauenbewegung" bezeichnet eine neue Welle der Frauenbewegungen nach den bürgerlichen und proletarischen Frauenbewegungen Ende des 19., Anfang des 20. Jahrhunderts. Vgl. zum Beispiel Rosemarie Nave-Herz: Die Geschichte der Frauenbewegung in Deutschland, 5., überarb. u. erg. Aufl., Bonn 1997; vgl. Burrichter/Lueg, Aufbrüche, 14ff.

[50] Vgl. Schaumberger, „Ich nehme mir meine Freiheit ...".

[51] Vgl. zu den Problemen und unterschiedlichen Arten der Rezeption lateinamerikanischer Befreiungstheologien: Michael Ramminger: Kirchenkritische Bewegungen in der BRD und Theologie der Befreiung, in: Raoúl Fornet-Betancourt (Hg.): Be-

Für feministische Befreiungstheologie im Kontext der BRD ist die Aufnahme von Impulsen der neuen Politischen Theologie sehr fruchtbar. Schaumberger zeigt die Gemeinsamkeiten der neuen Politischen Theologie und der feministischen Theologie dahingehend auf, dass es beiden um ein neues Paradigma parteilicher Theologie und um eine „Situationsvergewisserung als Ausgangspunkt und Raster und auch als Thema theologischer Arbeit"[52] geht. Leidenserinnerung als gefährliche Erinnerung, Konzentration auf die Schwächsten der Gesellschaft und Einbeziehung der Toten in die Hoffnung nach Gerechtigkeit und in das solidarische Subjektwerden sind wichtige Korrektive für feministische Theologien.[53] Feministische Perspektiven können wiederum dazu beitragen, dass neue Politische Theologie kontextualisiert und konkretisiert wird, zum Beispiel in Bezug auf ungerechte geschlechtliche Arbeitsverteilung, Diskriminierungen von und Zuweisung von Empathie(fähigkeit) an Frauen.[54]

Ziel der Untersuchung ist einerseits, die Bedingungen zu analysieren, unter denen Frauen leben, und andererseits Möglichkeiten emanzipatorischer Veränderungen zu suchen und danach zu fragen, welchen Anteil theologische Praxis daran haben könnte.[55] Besonders im Hinblick auf den Kontext der BRD als einem reichen Land gilt es andererseits, Bewusstsein für die eigene Verstrickung in eine Geschichte der Unterdrückung zu fördern und Verantwortungsübernahme dafür zu praktizieren und einzufordern: Kontextuelle Theologie zu betreiben bedeutet im westeuropäischen Kontext zuallererst

freiungstheologie: Kritischer Rückblick und Perspektiven für die Zukunft, Band 3: Die Rezeption im deutschsprachigen Raum, Mainz 1997, 113-128.

52 Christine Schaumberger: Das Verschleiern, Vertrösten, Vergessen unterbrechen. Zur Relevanz politischer Theologie für feministische Theologie, in: Marie-Theres Wacker (Hg.): Der Gott der Männer und die Frauen, Düsseldorf 1987, 126-161, 145; Vgl. a. a. O., 135-140.

53 Vgl. a. a. O., vor allem 153-161.

54 Vgl. a. a. O., 151ff.

55 Vgl. Karin Volkwein: „Als hinge unser Leben davon ab". Zur Bedeutung und zum Zusammenhang von Erfahrungen von Frauen und Erinnerung in feministischer Theologie, in: Frauenforschungsprojekt: 1993, 26-46, 32.

auszuhalten, in eine Geschichte der Unterdrückung verstrickt zu sein. Gesehen werden muss, dass Entfremdung und das tiefsitzende Interesse am Status quo Befreiungshandeln und -denken erschweren. Nur durch das Hindurchgehen, das Reflektieren dieser strukturell sündigen Verfasstheit unserer Gesellschaften wird es möglich sein,

> „uns dann [...] wieder als handlungsfähige Subjekte in die Geschichte Gottes mit seinen Geschöpfen hineinrufen zu lassen. Indem wir so für unsere Praxis in unserem Kontext in politischer, sozioökonomischer, geschlechtsspezifischer, kulturell-ethnischer Hinsicht Verantwortung übernehmen, wird hoffentlich unser Blick genauer und unsere Praxis und Reflexion angemessener hinsichtlich unseres eigenen Kontextes und der andern Kontexte der ‚Anderen' sowie unserer wechselseitigen Beziehungen – Voraussetzung für eine kritische und vor allem selbstkritische Solidarität und ein gastfreundliches Zusammenleben."[56]

2.2 Feministisch-befreiungstheologische Grundlagen der Analyse: Kyriarchatskritik – Ekklesia der *Frauen* – Intersektionalität

Ausgangspunkt für die Differenzierung der Patriarchatsanalyse in ‚westlicher' feministischer Theorie und Theologie war unter anderem die Aufnahme früher Kritik von Frauen aus anderen Kontexten, beispielsweise der Zweidrittelwelt oder von Schwarzen Frauen, bzw. von Frauen ‚of color'[57] an feministischen Herangehensweisen, vor allem an der vermeintlichen Einheitlichkeit der Erfahrungen von Frauen: In Wirklichkeit wurden die Erfahrungen der Frauen in Industrieländern

---

[56] Nützel, Konvivenz, 87.

[57] Bezeichnungen für konstruierte ethnische Differenzen sind schwierig und stehen in der Gefahr, die Differenzen festzuschreiben. In dieser Arbeit wird ‚Schwarz' als Bezeichnung einer Hautfarbe groß geschrieben, da es mit widerständigen Selbstzuschreibungen, zum Beispiel durch Schwarze Deutsche, verbunden ist. ‚Weiß' als Bezeichnung einer Hautfarbe sowie ‚Rasse' werden in Anführungszeichen gesetzt, um die Konstruiertheit zu verdeutlichen. Im Bewusstsein bleiben muss, dass es sich bei den Begriffen um Konstruktionen handelt. Vgl. Wollrad, Weißsein, 16-22.

als allgemeingültig gesetzt.[58] Aus dieser Kritik wurde gelernt, dass es ontologisches ‚Frau'-Sein nicht gibt; die Unterschiede zwischen Frauen sind aufgrund der unterschiedlichen Betroffenheiten von Unterdrückungsstrukturen wie Klassenherrschaft, Rassismus oder Imperialismus so groß, dass oft unter Frauen weniger Gemeinsamkeiten existieren als zum Beispiel unter Schwarzen Frauen und Schwarzen Männern.[59] Aus diesem Grund verwendet Elisabeth Schüssler Fiorenza die Schreibweise ‚wo/men', dessen Implikation im Deutschen mit der kursiven Schreibweise ‚*Frauen*' nur annähernd wiedergegeben werden kann.[60]

2.2.1 *Kyriarchatsanalyse*

Von grundlegender Bedeutung für den feministisch-kritischen Ansatz von Elisabeth Schüssler Fiorenza ist die Einbeziehung verschiedener Herrschaftsverhältnisse, die Ausweitung des Horizonts von Patriarchatsanalyse hin zu der von ihr eingeführten Kyriarchatsanalyse. ‚Kyriarchat ist ein Neologismus, den Schüssler Fiorenza benutzt, um „die komplexen Herrschaftsverhältnisse, durch die Ungerechtigkeit zementiert wird, zu benennen und das Wurzelgeflecht von Frauenun-

---

[58] Vgl. zum Beispiel auch Hedwig Meyer-Wilmes: Zwischen lila und lavendel. Schritte feministischer Theologie, Regensburg 1996, 48f.; vgl. Gabriele Winker, Nina Degele: Intersektionalität. Zur Analyse sozialer Ungleichheiten, Wiesbaden 2009, 11f.

[59] Vgl. zum Beispiel Elisabeth Schüssler Fiorenza: Grenzüberschreitungen einer kritisch-feministischen Befreiungshermeneutik, in: Thomas Schmeller (Hg.): Neutestamentliche Exegese im 21. Jahrhundert. Grenzüberschreitungen. Für Joachim Gnilka, Freiburg i. Br., Basel, Wien 2008, 51-62, 51f.

[60] Vgl. zum Beispiel Elisabeth Schüssler Fiorenza: Gerecht ist das Wort der Weisheit. Historisch-politische Kontexte feministischer Bibelinterpretation, Luzern 2008 (Originalausgabe 1998), 8 (Fußn. 6). In dieser Arbeit wird auf eine spezielle Schreibweise von *Frauen* verzichtet, aus Gründen der Schwierigkeiten in der mündlichen Vermittlung. Es gilt, Unterschiede unter Frauen zu benennen und zu berücksichtigen, dass immer Wirklichkeiten ausgeblendet bleiben. Ich arbeite dennoch mit dem Konstrukt ‚Frauen' wie auch mit den Konstruktionen ‚weiß' und ‚Schwarz', weil sie wirkmächtig sind und Realitäten beschreiben. Dass keine Essentialismen gemeint sind, sondern biologische und soziale Konstrukte, muss immer wieder ins Bewusstsein gerufen werden.

terdrückung freizulegen [...].“[61] Er bezeichnet „ein abgestuftes pyramidales Herrschaftssystem, für das Ausbeutung und Unterordnung konstitutiv sind [...].“[62] Schüssler Fiorenza unterscheidet zwischen Kyriarchat und Kyriozentrismus:

> „Dabei beziehen sich die Begriffe Kyriarchat, verstanden als soziopolitische Herrschaftskategorie und Kyriozentrismus als Herrschaftsideologie und -kultur grundsätzlich aufeinander und verstärken sich wechselseitig.“[63]

Kyriarchatsanalyse ermöglicht es, „die Unterschiede in den Formen von Frauenunterdrückung benennbar zu machen“ und macht „klar, dass Frauen nicht alle gleich sind, sondern in verschiedenen Situationen leben, die durch unterschiedliche kyriarchale Herrschaftsstrukturen zum Teil mehrfach bestimmt sind“[64], denn nicht nur Geschlechterverhältnisse, sondern auch ungerechte, Ungleichheit produzierende Systeme von Rassismus, Klassenherrschaft und Kolonialismus strukturieren das Kyriarchat. Wörtlich bedeutet ‚Kyriarchat‘ ‚Herrschaft des Herrn‘. Gemeint ist damit, so Schüssler Fiorenza, „nicht der christologische Hoheitstitel, sondern der freie, gebildete und vermögende Hausherr, der nach klassischem griechischem Demokratieverständnis an der Spitze einer Herrschaftspyramide steht.“[65] Analog bedeutet Kyriarchat „Herrschaft des Kaisers/ Herren/ Meisters/ Vaters/ Mannes über seine Untergebenen“[66]. Zu diesen Untergebe-

---

[61] Elisabeth Schüssler Fiorenza: Ekklesia der Frauen. Radikal-demokratische Vision und Realität, in: Andrea Eickmeier, Jutta Flatters (Hg.): Vermessen! Globale Visionen – konkrete Schritte. Wegmarken durch den feministischen Alltag. Arbeitsbuch zu Elisabeth Schüssler Fiorenzas kritischer Befreiungstheologie (= Sonderausgabe 3 zur Schlangenbrut), Münster 2003, 42-50, 45; vgl. Elisabeth Schüssler Fiorenza: Jesus – Miriams Kind, Sophias Prophet. Kritische Anfragen feministischer Christologie, Gütersloh 1997, 34.

[62] Schüssler Fiorenza, Ekklesia, 45.

[63] Schüssler Fiorenza, Grenzüberschreitungen, 54.

[64] Schüssler Fiorenza, Ekklesia, 45.

[65] Jutta Flatters: Herrschaft und Hoffnung kartieren. Einführung in Elisabeth Schüssler Fiorenzas Kyriarchatskritik und Ekklesiologie, in: Eickmeier/Flatters, Vermessen, 32-41, 33.

[66] Schüssler Fiorenza, Jesus, 34.

nen zählen dementsprechend nicht nur Frauen, sondern auch ungebildete, unfreie, besitzlose Männer.

Schüssler Fiorenza bezieht sich auf das antike Demokratiemodell, weil es das Vorbild für alle westeuropäischen Herrschaftsmodelle darstellt, bis in die heutige Zeit. Sie skizziert es folgendermaßen:

> „Entsprechend der theoretischen Vision von Demokratie – nicht aber ihrer historischen Realisation – sollten alle, die in der Polis leben, die gleiche Möglichkeit haben, an der Regierung mitzuwirken. Theoretisch haben alle BürgerInnen der Polis die gleichen Rechte, das gleiche Mitspracherecht und die gleiche Regierungsmacht. Als Versammlung der freien BürgerInnen soll die Ekklesia zusammenkommen, um die geeignetsten Maßnahmen für das eigene Wohlergehen und das der gesamten Polis zu beraten und zu entscheiden. [...] Durch ihre Beteiligung an der rhetorischen Beratung der Ekklesia, d. h. an der demokratischen Versammlung, sollten die BürgerInnen das Wohlergehen aller fördern."[67]

De facto, so Schüssler Fiorenza weiter, war aber die sozioökonomische Realität schon im griechischen Stadtstaat weit von diesem demokratischen Ideal entfernt: „[N]ur sehr wenige frei geborene, besitzende, gebildete, griechische Männer, die einem Haushalt vorstanden, [übten] tatsächlich demokratische Regierung aus."[68] Diese faktische Oligarchie setzt sich bis heute fort, so auch Jutta Flatters in ihrer Darstellung der Kyriarchatsanalyse.[69] Auch heute gilt zwar allgemein die Überzeugung, dass alle Menschen gleichgestellt sind, aber kyriarchale, ökonomische Ausbeutung beziehungsweise soziale Ungleichheiten bleiben weiterhin bestehen. Dieselbe Widersprüchlichkeit, so Flatters weiter, gibt es von Anfang an in der christlichen Tradition: Einerseits gibt es die Vision einer Nachfolgegemeinschaft von Gleichgestellten[70], andererseits wird Unterordnung und Gehorsam gefordert und die Mehrheit der Nachfolgegemeinschaft wird von der ‚Ekklesia', der Versammlung derer, die definieren, was christlicher Glaube und Kirche sein soll, ausgeschlossen. Vor allem die Struktur

---

[67] Schüssler Fiorenza, Jesus, 36.
[68] Ebd.
[69] Vgl. Flatters, Herrschaft.
[70] Vgl. zum Beispiel Schüssler Fiorenza, Zu ihrem Gedächtnis, 189-204.

der römisch-katholischen Kirche ähnelt mehr der kaiserlich-kyriarchalen Pyramide als dem Demokratie-Ideal der gleichberechtigten Bürgerversammlung. Auch hier verlaufen die Unterordnungsverhältnisse nicht allein anhand des Geschlechts.

Flatters hält abschließend fünf Punkte fest, die bei der Anwendung der Kyriarchatsanalyse zu beachten sind:
1) Es geht Schüssler Fiorenza nicht darum, ein zu fixierendes Modell zu kreieren, das auf alle Verhältnisse zutreffend wäre. Für verschiedene Strukturen und Kontexte sind verschiedene Modelle zu erstellen. Wichtig ist, dass dieses Modell das Einbeziehen mehrfacher Unterdrückungsstrukturen erlaubt und sich nicht einseitig auf Patriarchat oder Kapitalismus bezieht. Ein Beispiel sind Schwarze Frauen, die bis heute nicht nur unter Sexismus, sondern auch unter Rassismus, Kolonialismus, Klassensystemen und Heterosexismus leiden und diese Diskriminierungen auch von anderen Frauen erfahren. Die vielfältige und widersprüchliche Position jeder Einzelnen innerhalb vielfacher sozialer Koordinaten wie ethnische Zugehörigkeit, Sexualität, Klasse etc. ist zu berücksichtigen.[71]
2) Des weiteren gehört zur Kyriarchatsanalyse der Blick auf das Gesamtsystem, die globale Dimension. Bei der Einforderung der Anerkennung partikularer Interessen bestimmter gesellschaftlicher Gruppen ist es unabdingbar, die globale Dimension mit einzubeziehen, um aufmerksam für neue Ausschlussmechanismen zu sein. Besonders die Weiblichkeitsdiskurse ‚weißer', westlicher Feministinnen wurden und werden kritisiert, da sie zum Beispiel von

> „schwarzen Frauen als Neuauflage des Konzepts der weißen ‚Dame' wahrgenommen werden, eines Konzeptes, das für Frauen mit einer Sklavinnen-, Ammen- und Dienstmädchengeschichte für Willkür, Ausbeutung, Diskriminierung und Unterdrückung steht."[72]

3) Unbedingt gehört zur Analyse auch eine selbstkritische Verortung im kyriarchalen System. Denn wenn frau sich „nicht Rechenschaft

[71] Vgl. Flatters, Herrschaft, 35.
[72] A. a. O., 36.

darüber gibt, in welchem Denk- und Aktionsrahmen sie [...] sich bewegt, läuft [sie] Gefahr, kyriarchale Herrschaftsverhältnisse vielleicht sogar gegen ihren [...] ausdrücklichen Willen zu stützen."[73] Dabei werden auch die Komplexität und die Widersprüchlichkeiten klar. Sehr viele Faktoren wie Bildung, ökonomische Ressourcen, sexuelle Orientierung, Alter, Familienstand, Gelübde usw. spielen unterschiedliche Rollen und führen dazu, dass man sich an unterschiedlichen Orten der Kyriarchatspyramide zugleich befinden kann.[74]
4) Kategorien wie Geschlecht, ethnische Zugehörigkeit, Klasse, sexuelle Orientierung etc., die während der Kyriarchatsanalyse festgestellt werden, dürfen – dies gehört auch zur Selbstreflexion der Analysierenden – nicht fraglos hingenommen werden. Die Analyse steht im Kontext von Befreiungsbewegungen und dient dazu, diese Ungleichheiten bewusst zu machen und zu verändern. Sie muss auch ermöglichen, Kategorien, in denen Ungleichheiten gefasst werden, in ihrer Genese zu kritisieren, zu denaturalisieren und zu dekonstruieren.[75]
5) Die Position von Frauen auf verschiedenen Ebenen der Pyramide ist nicht nur als beschreibende Kontextualisierung zu verstehen, sondern aus emanzipatorischer Perspektive existiert eine Verpflichtung für feministische Befreiungsbewegungen und für feministische Theologie, sich parteilich zu positionieren. Es geht um mehr, als die Erfahrungen von Frauen im Allgemeinen zum Ausgangspunkt zu machen:

> „Kritischer Bezugspunkt für Denkansätze, Ziele und Normen müssen vielmehr die Frauen am Boden der Pyramide sein, da sie mit der vollen Macht des kyriarchalen Systems zu kämpfen haben."[76]

Gemeint ist dabei nicht paternalistische Unterstützung oder Vereinnahmung, sondern die Bestrebungen, einen gegenhegemonialen politischen Ort zu schaffen, der Strukturen der Ungleichheit und Unterdrückung aufzubrechen vermag, in dem Sinn, „die Vision einer

[73] Ebd.
[74] Vgl. ebd.
[75] Vgl. ebd.
[76] Ebd.

anderen Welt und Kirche lebendig zu halten und auf entsprechende radikal-demokratische Veränderungen hinzuwirken."[77]

2.2.2 *Ekklesia der* Frauen

Schüssler Fiorenzas Konzept der ‚Ekklesia der *Frauen*' bezeichnet eine radikal demokratische Versammlung, die – im ursprünglichen Wortsinn von ‚ekklesia' – tatsächlich alle, auch die, die in der realisierten ‚ekklesia', der Versammlung der ‚freien Bürger', ausgeschlossen waren (zum Beispiel Frauen und Sklaven) mit einschließt. In Bezug auf aktuelle Emanzipationsbewegungen und auf die notwendige Vermittlung des uneingelösten demokratischen Anspruchs der Moderne mit der postmodernen Betonung der Anerkennung von Differenzen gilt es nach Schüssler Fiorenza, sich „nicht nur für Freiheit, sondern auch für Gleichstellung und Egalität in Verschiedenheit"[78] einzusetzen. ‚Ekklesia der *Frauen*' stellt einen metaphorischen „Gegen-Ort zur Hegemonie [dar], zum imperialen oder demokratischen Kyriarchat in Antike und Moderne"[79]. Der Begriff entspringt Schüssler Fiorenzas Erfahrung aus der religiösen, besonders der katholischen Frauenbewegung in den USA. Anfang der 1980er Jahre sprach sie dort zum ersten Mal von der ‚Ekklesia der *Frauen*', als diese Frauen, ausgehend von feministischen Bewegungen, zu der Einsicht kamen, dass sie immer schon selber Kirche waren und sind, unabhängig davon, was Amtskirche und Theologie sagen.[80] Der Begriff soll also erst einmal „bewusst machen, dass weder Kirche noch Gesellschaft das sind, was sie zu sein vorgeben, nämlich ekklesia – der radikaldemokratische Kongreß von selbstbestimmenden BürgerInnen"[81]. Im Gegensatz dazu soll der Begriff ‚Ekklesia der *Frauen*' inklusiv verstanden werden: Da ‚Ekklesia' nur scheinbar ein umfassender Begriff ist,

[77] Ebd.
[78] Schüssler Fiorenza, Grenzüberschreitungen, 56.
[79] Schüssler Fiorenza, Jesus, 55.
[80] Vgl. Flatters, Herrschaft, 36f.
[81] Schüssler Fiorenza, Ekklesia, 43.

stellt erst die scheinbar partikulare nähere Qualifizierung als ‚Ekklesia der *Frauen*' sicher, dass wirklich alle zum Volk Gottes Gehörenden und in die Nachfolgegemeinschaft Jesu Berufene gleichberechtigt gemeint sind:

> „Die Ekklesia der Frauen ist die radikal-demokratische Versammlung von all den Frauen und Männern, die ermächtigt und gestärkt durch den Heiligen Geist und inspiriert durch die biblische Vision von Gerechtigkeit, Freiheit und Erlösung den Kampf für die Befreiung von kyriarchaler Unterdrückung in Gesellschaft und Religion allen Widerständen zum Trotz fortsetzen."[82]

Der Begriff hält nach Jutta Flatters politische und kirchlich-theologische Aspekte zusammen: radikaldemokratische Versammlung aller als vollwertige Mitglieder und die Nachfolgegemeinschaft Jesu. Die ‚Ekklesia der *Frauen*' ist nicht essentialistisch oder biologistisch, sondern in erster Linie inhaltlich qualifiziert: Es geht um eine bestimmte, nämlich die im Zitat skizzierte Weise, Kirche zu leben und zu verstehen. Nicht Identität, sondern Demokratie ist der Fokus: Frauen und anderen ‚Unpersonen' sollen Rechte erstritten und Möglichkeiten eröffnet werden, die ihnen legitimerweise zustehen, die ihnen aber von den patriarchalen und kyriarchalen gesellschaftlichen und kirchlichen Regimen vorenthalten werden. Vorausgesetzt ist die Partizipation von allen, die bisher BürgerInnen zweiter Klasse waren.[83] Es geht darum, einen theoretisch-rhetorischen ‚Ort' zu schaffen, in dessen Rahmen es möglich ist, mit Selbstverständlichkeiten zu brechen und einen Diskurs zu führen, in dem das Kirche-Sein aller, vor allem der Marginalisierten, ernst genommen, rekonstruiert, erinnert und tradiert wird „und in dem die Vision einer qualitativ anderen Welt und Kirche lebendig gehalten wird."[84]

Flatters weist auf eine zentrale Dimension in der Rezeption der ‚Ekklesia der *Frauen*' hin: Obwohl in den Beschreibungen von Kirche,

---

[82] Elisabeth Schüssler Fiorenza: Bread Not Stone, The Challenge of Feminist Biblical Interpretation, Boston 1984, XIV, zitiert nach Flatters, Herrschaft, 37; vgl. auch Schüssler Fiorenza, Gerecht ist das Wort, 60f.

[83] Flatters, Herrschaft, 38.

[84] Ebd.

Volk Gottes und Nachfolgegemeinschaft Jesu die Rede ist, wird deutlich, dass ‚Erlösung' nicht außerhalb der oder ohne die Welt möglich ist. Schüssler Fiorenza schreibt: „Ekklesia als eine Versammlung gleich gestellter BürgerInnen namhaft zu machen heißt, eine alternative Wirklichkeit mit Gerechtigkeit und Wohlergehen für alle, ohne Ausnahme, anzuvisieren."[85] Die Formen von Entmenschlichung, Gewalt, Ausbeutung und Vernichtung stellen drängendere Probleme dar als die ‚Säkularisierung', und Theologinnen müssen sich angesichts dessen vor allem fragen, welchen Gott sie verkünden und ob religiöser Glaube und Gemeinschaft einen Unterschied im Kampf um das Wohlergehen aller machen. Gottes Macht muss sich als aktiv erweisen in den Kämpfen um Überleben und Wohlergehen derer, die am untersten Ende der kyriarchalen Unterdrückungspyramide leben.[86]

Der widersprüchliche Begriff ‚Ekklesia der *Frauen*' will, so Schüssler Fiorenza, auch die scharfe Trennung zwischen den Sphären des Öffentlichen und des Privaten, von Verdienst und Dienst, von Ordinierten und Laien, von Ordensfrauen und säkularen Frauen, von Politik, Recht und Wirtschaft einerseits und der Familie andererseits ansprechen. Diese Gegensätze, die die gesamte politische Philosophie und Theologie der Neuzeit durchziehen, haben einen unthematisierten Geschlechtertext unterlegt, der Öffentlichkeit männlich und Privatheit weiblich bestimmt. Frauenbewegungen bekämpften und bekämpfen dies, indem sie sich einerseits öffentliche Räume und Positionen sowie Mitbestimmung in allen Bereichen der Gesellschaft, Politik, Wirtschaft, Bildung, Kultur etc. zu erkämpfen versuchen und indem sie andererseits darauf beharren, dass das Private politisch, das heißt, öffentlich, und dadurch ebenso wie andere Bereiche durch Entscheidungsfreiheit und nicht durch eine ‚natürliche' Festlegung von Frauen gekennzeichnet ist.[87]

---

[85] Schüssler Fiorenza, Jesus, 55.
[86] Vgl. Flatters, Herrschaft, 38.
[87] Vgl. Schüssler Fiorenza, Ekklesia, 43f.

'Ekklesia der *Frauen*' stellt also den Gegenbegriff zum 'Kyriarchat' dar. Sie ist zugleich Vision und historische Realität, wo immer Menschen gleichberechtigt zusammenkommen, um sich für entsprechende Veränderungen einzusetzen. Es geht um einen Paradigmenwechsel, der sich daraus ergibt, dass Frauen und andere 'Unpersonen' immer schon Kirche und Gesellschaft waren und sind, und es geht um ein radikal demokratisches politisches Engagement – wo immer es notwendig ist, nicht beschränkt auf Frauengruppen oder die Integration von Frauen in (kirchliche) Institutionen. Die Vision einer radikaldemokratischen Ekklesia macht es für Frauen verschiedener Gruppierungen möglich, als Gleichgestellte zusammenzuarbeiten, ohne als Repräsentantinnen ihres Geschlechts, ihrer Rasse, Klasse, Kultur oder Religion sprechen zu müssen. Solidarität und Befreundung erwächst für Schüssler Fiorenza nicht aufgrund 'natürlicher' Solidarität von Weiblichkeit oder weiblicher Freundschaft, mütterlicher Sorge oder 'befreiter Schwesterlichkeit', sondern aus der aktiven Zusammenarbeit von Frauen als Menschen, die Herrschaftsstrukturen zu verändern suchen.[88]

'Ekklesia der *Frauen*' soll ein Sinn vermittelnder Handlungsbegriff sein. Für politisches Engagement ist es wichtig, bewusst zu haben, dass es nicht möglich ist, sich außerhalb von Herrschaftsstrukturen zu stellen, sondern dass man immer in ihnen verstrickt bleibt und sie auch reproduziert. Andererseits darf die Wirklichkeit des Kyriarchats nicht so erdrückend werden, dass man sich nur noch durch den Sprung ins 'Jenseits' oder eine 'befreite Gemeinschaft' davon befreien kann, die es nicht gibt. Eine Art Existenz im 'Dazwischen' ist notwendig, um sich nicht einzurichten in Sicherheiten, um aber auch nicht zu verzweifeln angesichts der eigenen Ohnmächtigkeit.[89]

---

[88] Vgl. Elisabeth Schüssler Fiorenza: Grenzen überschreiten. Der theoretische Anspruch feministischer Theologie (= Theologische Frauenforschung in Europa 15), Münster 2004, 86f.

[89] Vgl. Schüssler Fiorenza, Ekklesia, 48.

2.2.3 *Intersektionalität*

Das für die Kyriarchatsanalyse charakteristische Zusammendenken vielfältiger Unterdrückungsverhältnisse korelliert mit sozialwissenschaftlichen Ansätzen, die in letzter Zeit als ‚Intersektionalität' an Bedeutung gewonnen haben. Im Folgenden beziehe ich mich auf den Ansatz der Intersektionalität, der von den Sozialwissenschaftlerinnen Gabriele Winker und Nina Degele entwickelt wurde. Mit diesem Ansatz ist es möglich, die Vielfältigkeit von Herrschaftsverhältnissen zu konkretisieren und verschiedene Ebenen, die jeweils zur Stabilisierung von Herrschaftsverhältnissen einen eigenen Beitrag leisten, zu benennen.

Intersektionalität bedeutet, dass verschiedene Herrschafts- und Unterdrückungsverhältnisse wie Rassismus, Patriarchat, Klassenherrschaft, Diskriminierung aufgrund von Alter, Behinderung oder anderen körperlichen Merkmalen nicht nur als gemeinsam wirkend zu denken sind, sondern „dass die Kategorien in verwobener Weise auftreten und sich wechselseitig verstärken, abschwächen oder auch verändern können."[90] Um diese komplexen Wirkungen analysieren zu können, entwickelten Winker und Degele eine „Intersektionalität als Mehrebenenanalyse"[91]. Dabei unterscheiden sie drei Ebenen: Struktur, Identität und symbolische Repräsentation. Voraussetzung und Grundoption ist dabei, dass es sich um die Analyse und das tiefere Verständnis kapitalistischer Gesellschaften handelt, in denen der Verkauf und die Erhaltung der Ware Arbeitskraft eine zentrale Rolle spielt.[92]

Auf der ersten, der strukturellen Ebene spielen vor allem Produktions- und Arbeitsverhältnisse eine große Rolle, und somit die ökonomischen und politischen Strukturen, die Produktions- und Reproduktionsarbeit regeln. Mit Reproduktionsarbeit sind die Arbeiten gemeint, die der Regenerierung von Arbeitskraft und der Reproduk-

[90] Winker/Degele, Intersektionalität, 10.
[91] A. a. O., 11.
[92] A. a. O., 25-28, 37.

tion von Leben dienen – das heißt, die psychische und physische Versorgung von Angehörigen, die Versorgung und Erziehung der nächsten Generation. Diese werden zum großen Teil unbezahlt und von Frauen ausgeführt, die auf diese Arbeiten hin sozialisiert werden. Die kostengünstige Auslagerung der Reproduktionsarbeit aus dem warenförmigen Austausch macht es möglich, dass der Wert der Ware Arbeitskraft gesenkt wird. Die Übernahme dieser Tätigkeiten durch Frauen im Rahmen von Familie ist die historisch gewachsene Form dieser Auslagerung. „Aber auch Migrantinnen oder ältere Personen werden herangezogen, um Arbeitskraft günstig zu reproduzieren."[93]

Winker und Degele benennen für die Ebene der Struktur vier Kategorien, die die strukturellen Herrschaftsverhältnisse sichtbar machen sollen: Klasse, Geschlecht, ‚Rasse' und Körper. Entsprechend seien die Herrschaftverhältnisse „Klassismen", Heteronormativismen, Rassismen und Bodyismen. Mit Heteronormativismen sind sowohl die ‚klassischen' patriarchalen Strukturen gemeint, das heißt, Diskriminierungen, Ausbeutung, Unterdrückung von Frauen, aber auch eine konstruierte Hierarchie zweigeschlechtlicher und heterosexueller Normen, die die moderne Gesellschaft stabilisieren.[94] Mit Bodyismen werden Diskriminierungen aufgrund körperlicher Merkmale oder den Körper betreffende Verhaltensweisen (zum Beispiel Behinderungen, Übergewicht, Alter, Unsportlichkeit, Rauchen, Kleidungsstil) bezeichnet.

Mit den vier Strukturkategorien wird „die soziale Lage von Gesellschaftsmitgliedern aus ihrer Stellung zum Arbeitsmarkt und ihrer Verantwortung für die Reproduktion der Arbeitskraft"[95] bestimmt. Der Versuch, Herrschaftsverhältnisse mit Hilfe begrenzter Katego-

---

[93] A. a. O., 38; vgl. auch Andrea D. Bührmann u. a.: Arbeit – Sozialisation – Sexualität. Zentrale Felder der Frauen- und Geschlechterforschung, 2., überarb. u. erw. Aufl., Wiesbaden 2007, 25ff.

[94] Vgl. zum Beispiel Franziska Rauchut: Wie queer ist queer? Sprachphilosophische Reflexionen zur deutschsprachigen akademischen „Queer"-Debatte, Königstein im Taunus 2008, 94f.; vgl Winker/Degele, Intersektionalität, 44ff.

[95] Winker/Degele, Intersektionalität, 41.

rien zu fassen, muss immer unzulänglich bleiben. Winker und Degele stellen heraus, dass es der Komplexitätsreduktion dient, sich, gerade auf der strukturellen Ebene, auf die vier genannten Kategorien zu beschränken, und dass sie als die zur Zeit relevanten beschrieben werden können.

Kritisch gesehen werden muss meines Erachtens allerdings der Begriff „Klassismus", der in Analogie zu den Begriffen ‚Rassismus' und ‚Sexismus' missverstanden werden kann, da er die Konnotation mit körperlichen Merkmalen nahelegt. Der Begriff der Klassenherrschaft bezeichnet allerdings ein komplexes System von Unterdrückung, das auf die soziale Lage und die Ausbeutung von Arbeitskraft zurückzuführen ist, sicher auch körperliche Merkmale und Habitus hervorbringt, aber nicht auf Körper-Konstruktionen reduzierbar ist.

Auf der zweiten Ebene, derjenigen der symbolischen Repräsentationen, steht ideologische Hegemonie im Vordergrund: Vorherrschende Normen, Werte und Identitätskonstruktionen prägen Subjektivierungsprozesse, „und diese individuellen Subjektivierungsprozesse stabilisieren wiederum symbolische Repräsentationen durch performative Wiederholungen."[96]

Im Unterschied zur Strukturebene sind auf der Ebene symbolischer Repräsentationen eine Vielzahl von Kategorien einzubeziehen, die über die vier genannten hinausgehen, welche aber aber immer noch eine Rolle spielen. Entlang der Kategorie Klasse stellen zum Beispiel Bildung, Beruf, Vermögen oder soziale Netzwerke Kategorien dar, die inzwischen als individuell gestaltbar angesehen werden. Charakteristisch für neoliberale Ideologie ist die Fokussierung der individuellen Eigenverantwortung, zusammen mit der Überforderung lebenslangen Lernens und lebenslanger Unabhängigkeit in der Existenzsicherung.[97]

Symbolische Repräsentationen entlang der Kategorie ‚Rasse' setzen dagegen auf naturalisierte Verschiedenheiten von Menschen aufgrund

---

[96] A. a. O., 54.
[97] Vgl. ebd.

körperlicher Merkmale. Auf diese Weise werden ideologische Zusammenhänge zwischen sozialen Ungleichheiten einerseits und Eigenschaften wie Merkmale von Personen andererseits hergestellt. Rassistische Ideologien existieren in ganz unterschiedlichen Ausprägungen. Gemeinsam sind die Tendenzen, Konstrukte von ‚naturwüchsigen' Communities aufzubauen, Grenzen zu ziehen zwischen ‚Wir' und ‚die Anderen' und Zuschreibungen sozial konstruierter Unterschiede in Bezug auf Ethnien, Religionen, Nationalitäten und Weltanschauungen zur Hierarchisierung und Ausgrenzung zu nutzen. Kulturen werden dabei als grundsätzlich voneinander abgegrenzt und unvereinbar gesehen.[98]

Symbolische Repräsentationen um die Kategorie Geschlecht stabilisieren die Auffassung von Heteronormativität, indem zum Beispiel die Vereindeutigung des Geschlechts von Neugeborenen verlangt wird oder indem sich Stereotype in Bezug auf ‚natürliche' Mutterschaft und deren Aufgaben und Fähigkeiten oder in Bezug auf ‚die Frau' als Alltags-Managerin, die Beruf, Hausarbeit und Familie aus ihren ureigenen Fähigkeiten heraus meistert, hartnäckig halten.[99]

Auf die Kategorie Körper beziehen sich ideologische Debatten um die Zurichtung von Körpern, zum Beispiel über den Einfluss auf körperliche Merkmale Ungeborener und die Verhinderung von Geburten von Kindern mit Behinderung, Gestaltbarkeit von Alter, Leistungsfähigkeit, Aussehen. Wie in Bezug auf die Kategorie Klasse konzentrieren sich die Diskurse auf die individuelle Verantwortung und Fähigkeit, als Einzelne Sorge und Verantwortung für sich selbst, für die eigene Leistungsfähigkeit und den ökonomischen und sozialen Erfolg zu tragen.[100]

Auch auf der dritten Ebene der Identitätskonstruktionen ist die Anzahl der relevanten Kategorien prinzipiell vielfältig, die vier grundlegenden, Klasse, ‚Rasse', Geschlecht und Körper, stellen aber wei-

[98] Vgl. a. a. O., 55f.
[99] Vgl. Winker/ Degele, Intersektionalität, 57.
[100] Vgl. a. a. O., 57f.

terhin den Bezugsrahmen dar. Degele und Winker konstatieren, dass es gerade im Rahmen neoliberaler Ökonomisierung und der Betonung individueller Eigenverantwortung zu persönlichen Stabilitätsverlusten kommt. Zugehörigkeiten sind nicht mehr fest, sondern den Entscheidungen Einzelner anheim gestellt.[101] Degele und Winker konstatieren, dass dies verstärkte Rückgriffe „auf traditionelle oder neuartige Differenzierungslinien durch Abgrenzung von Anderen [verursacht, um] Unsicherheiten zu vermindern und eigene Sicherheiten zu erhöhen."[102] Der Zugang zum Erwerbsarbeitsmarkt hängt auch davon ab, wie es Individuen gelingt, sich zu präsentieren – im Idealfall als jung, leistungsstark, kompetent, flexibel, unabhängig. Identitäten werden dementsprechend in Abgrenzung zu Nicht-Leistungsstarken oder ‚Unflexiblen' wie Alten, Müttern oder Einwanderinnen konstruiert. Dabei ist mit einer Reihe von Brüchen und Widersprüchlichkeiten umzugehen, wie zum Beispiel entlang der Kategorie Generativität: Einerseits ist im Erwerbsarbeitsleben Mobilität und Flexibilität erforderlich, andererseits werden Kinderlose als sozial verantwortungslos dargestellt. Zusammenfassend geht es nach Degele und Winker bei Identitätskonstruktionen aktuell vor allem um zwei Ziele:

> „[E]rstens um die Verminderung von Unsicherheiten in der eigenen sozialen Positionierung durch Ab- und Ausgrenzung von Anderen, und zweitens um die Erhöhung von Sicherheit durch Zusammenschlüsse und eine verstärkte Sorge um sich selbst [...]."[103]

Zusammenschlüsse sehen sie vor allem entlang rassistischer Ausgrenzungspraxen, die nationalen Zugehörigkeiten, Ethnizität und Religion zunehmend Bedeutung beimessen. Generell spielen Hierarchisierungen und Naturalisierungen in den Prozessen von Identitätskonstruk-

---

[101] Vgl. a. a. O., 59. Dies entspricht Analysen zur Individualisierung in der westdeutschen Gesellschaft, zum Beispiel von Ulrich Beck. Vgl. Andreas Wintels: Individualisierung und Narzißmus. Analysen zur Zerstörung der Innenwelt, Mainz 2000, 80-101.

[102] Winker/Degele, Intersektionalität, 59.

[103] A. a. O., 61.

tionen eine wichtige Rolle. Dies verdeutlicht, dass in der Frage nach Solidarität genau analysiert werden muss, welche Grenzen gezogen werden, wem ‚Solidarität' gilt und wem nicht.[104]

Für die Analyse im zweiten Teil dieser Arbeit gilt es, in den verschiedenen Beispielen bezahlter und unbezahlter Arbeit die drei Ebenen Struktur, symbolische Repräsentation und Identitätskonstruktionen zu beachten. Sie tragen auf verschiedene Weise zu Herrschaftsverhältnissen bei und wirken mit-, manchmal auch gegeneinander. Auf allen drei Ebenen sind mindestens die vier Kategorien Klasse, Geschlecht, ‚Rasse' und Körper zu berücksichtigen, wenn auch in den verschiedenen zu untersuchenden Kontexten jeweils andere mehr und weniger relevant sind. Im Zusammenwirken der drei Ebenen sind Brüche und Widersprüche festzustellen. Sie sind zu beobachten in der Art und Weise, wie Strukturen, symbolische Repräsentationen und Identitätskonstruktionen miteinander wirken, verwoben sind, sich gegenseitig verstärken oder aufheben in dem Versuch, Machtverhältnisse aufrechtzuerhalten und optimale Verwertung von Arbeitskraft zu garantieren. Dies verweist auf Widersprüche, die im kapitalistischen System angelegt sind, die soziale Verwerfungen hervorrufen, aber gleichzeitig damit auch Möglichkeiten widerständigen Handelns erkennbar machen. Auf diesen Widersprüchen soll daher in der Analyse besonderes Augenmerk liegen.

2.3 Globalisierung und Neoliberalismus aus feministischer Perspektive

Rahmenbedingungen der aktuellen Arbeits- und Geschlechterverhältnisse stellen Globalisierung und Neoliberalismus dar. Das vorherrschende politisch-ökonomische System, das seit dem Zusammenbruch der meisten sozialistischen Staaten bis heute hegemonial ist, kann als globalisierter neoliberaler Kapitalismus bezeichnet werden. Spätestens seit dem von Intellektuellen proklamierten und von

---

[104] Vgl. a. a. O., 59-62.

vielen Regierungen aufgenommenen „Ende der Geschichte“[105] mit dem Zusammenbruch der realsozialistischen Staaten 1989/90 gilt das kapitalistische Ökonomie- und Gesellschaftsmodell als alternativlos. Durch die 2008 mit dem Platzen der Immobilien-Spekulationsblase in den USA angestoßene Finanz- und Wirtschaftskrise wurde allerdings die Plausibilität der neoliberalen Ausrichtung in Form von Liberalisierungen, Privatisierungen und Deregulierungen im Namen der Marktkräfte in Frage gestellt. Die ‚Ethik des freien Marktes‘ wird inzwischen vielerorts in Zweifel gezogen, der Kapitalismus wird jedoch weiterhin von vielen als die ‚beste aller möglichen Welten‘ angesehen, obwohl in historischer und globaler Perspektive festzustellen ist, dass er seine natürlichen und menschlichen Grundlagen zerstört. Gerade in der BRD scheint die Auffassung auch nach der Finanz- und Wirtschaftskrise doch relativ unangefochten zu bleiben, dass es kaum Alternativen zum Bestehenden gibt. Die Regierung setzt vergleichsweise wenig auf Staatsintervention und Reregulierung. Marktversagen und Schwächen im Management werden für schuldig befunden, aber auch als ‚Ausnahmen‘ gekennzeichnet. Daher bleibt es wichtig nachzuvollziehen, welche Auswirkungen die neoliberalen Umstrukturierungen der letzten Jahrzehnte hervorbrachten. Die Analysen dieser Arbeit sollen dazu beitragen, diese Umstrukturierungen in ihren Widersprüchlichkeiten, das heißt in ihren lebenszerstörerischen wie auch lebensfördernden Aspekten, aufzuzeigen.[106]

---

[105] Francis Fukuyama: Das Ende der Geschichte. Wo stehen wir?, München 1992; vgl. auch: Bernhard Walpen: There is no alternative, in: Institut für Theologie und Politik (Hg.): Der gekreuzigte Messias und die Erwartung vom Land der Freiheit. Christologie im Kontext der Globalisierung (= Edition ITP-Kompass 3), Münster 2004, 13-25.

[106] Vgl. Mario Candeias: Neoliberalismus – Hochtechnologie – Hegemonie. Grundrisse einer transnationalen kapitalistischen Produktions- und Lebensweise. Eine Kritik (= Berliner Beiträge zur kritischen Theorie 7), Hamburg 2009, 7-22; vgl. Hinkelammert, Das Subjekt, 3-12.

2.3.1 Globalisierung

‚Globalisierung' ist ein Begriff, der ganz unterschiedliche Dimensionen und Wertungen umfasst und seit Ende der 1990er Jahre allgemein gebräuchlich wurde, was offensichtlich in Zusammenhang mit dem Ende der Systemkonkurrenz und dem ‚Siegeszug' des Kapitalismus stand. Der Anfang ‚globalen' Denkens ist bereits in den Jahrhunderten des Kolonialismus und der damit verbundenen Verbreitung von Kapitalismus und Nationalstaaten anzusetzen. Der aktuell gebräuchliche Begriff ‚Globalisierung' wird allerdings eher mit dem Bewusstsein der Begrenztheit der Erde als mit ihrer ‚Entdeckung' verbunden; der Begriff vom ‚globalen Dorf' bringt dies zum Ausdruck. Informationstechnologien wie das Internet, Satellitenübertragung, weltweit agierende Konzerne sind die im Alltagsbewusstsein verankerten Konnotationen. Aber auch zerstörerische Wirkungen der Produktions- und Lebensweise wie zum Beispiel der Klimawandel und globale Umweltzerstörung in Form der Ausrottung von Tier- und Pflanzenarten rücken ins Bewusstsein und damit die Möglichkeit, dass die Produktionsweise durch ihre Verbreitung ihre eigenen Grundlagen vernichtet. Aktuell dient das Schlagwort ‚Globalisierung' vor allem dazu, Sozialabbau und niedrige Löhne mit der unausweichlichen Anpassung der Volkswirtschaften an das globale Wirtschaftssystem zu legitimieren.[107]

Ich folge in meiner Darstellung der zentralen Aspekte von Globalisierung der Analyse von Joachim Hirsch. Er trennt vier Aspekte von Globalisierung:

1) Technisch sind neue Technologien, vor allem die Informationstechnologien, mit ‚Globalisierung' verbunden, die Kommunikationsmöglichkeiten und Informationsaustausch über weite Entfernungen und in großer Geschwindigkeit ermöglichen und den Eindruck vom ‚globalen Dorf' vermitteln.

---

[107] Vgl. Joachim Hirsch: Vom Sicherheitsstaat zum nationalen Wettbewerbsstaat, Berlin 1998, 14f.; vgl. Hans-Peter Martin, Harald Schumann: Die Globalisierungsfalle. Der Angriff auf Demokratie und Wohlstand, Reinbek 1996, 212-220.

2) Politisch ist vor allem das Ende der Systemkonkurrenz und damit die Hegemonie des liberalen Demokratiemodells sowie die Vormachtstellung der USA als dominierende Wirtschafts- und Militärmacht zu nennen. Letztere ist allerdings in den letzten Jahren aufgrund des Machtzuwachses Chinas, der wieder erstarkenden russischen Staaten, der autonomen Zusammenschlüsse lateinamerikanischer Länder und der festgefahrenen militärischen Situation in Afghanistan sowie aufgrund der jüngsten Wirtschaftskrise ins Wanken geraten. Mit neuen Tendenzen hin zu einer Multipolarität sind auch steigende Erwartungen an die Rolle der Vereinten Nationen als ‚Weltregierung' verbunden.
3) Ideologisch-kulturell ist eine Universalisierung von Wertemustern festzustellen, die stark mit der Entstehung globaler Medienmonopole zusammenhängt. Zu nennen ist hier zum Beispiel die – zumindest formale – Anerkennung grundlegender Menschenrechte und liberaldemokratischer Prinzipien, aber auch die Verbreitung des kapitalistischen Konsummodells.
4) Ökonomisch beziehen sich Globalisierungsprozesse auf Liberalisierungen von Waren-, Dienstleistungs- und Kapitalverkehr, auf die zunehmend vorherrschende Stellung transnationaler Großkonzerne und damit die Internationalisierung der Produktion. Als ‚problematisch' für die profitorientierte Produktion zeigt sich hierbei, dass Arbeitskräfte weit weniger örtlich und zeitlich flexibel sind als Kapitalströme. Damit hängen ganze Problemkomplexe wie die Auslagerung von Produktionsstätten, die Produktionsbedingungen in den Freihandelszonen und das Phänomen globaler Migration zusammen.

Grund für diese Entwicklungen ist die Krise des fordistischen Modells des Kapitalismus, das sich nach dem Zweiten Weltkrieg in den kapitalistischen Staaten in unterschiedlicher Weise durchsetzte und durch tayloristische Produktionsweise, Klassenkompromisse in Form des Ausbaus des Sozialstaats und Steigerung des Massenkonsums gekennzeichnet war. In den 1970er Jahren trat, durch die Ölkrise und später die Schuldenkrise der Zweidrittelwelt ausgelöst, die Wachstums- und Akkumulationskrise[108] des Weltwirtschaftssystems zu Tage und machte den grundsätzlichen Konflikt zwischen wohlfahrtsstaatlicher Regulierung und den Profitinteressen des Kapitals sichtbar. Globalisierungsprozesse und Neoliberalismus als deren ideologische Legitimation sind daher als Krisenbewältigungsstrategien zu sehen.[109]

Globalisierungskritik hat aus christlicher Sicht die Ermöglichung eines menschenwürdigen Lebens für alle zum Ziel und bezieht daher die grundsätzliche Kritik an der kapitalistischen Lebens- und Produktionsweise mit ein. Diese ist in Gefahr, ihre eigenen Fundamente, nicht nur in Form von Umweltzerstörung, zu vernichten. Zunehmend offenbart sich auch die Unfähigkeit, innerhalb des kapitalistischen Systems grundlegende Menschenrechte zu sichern. Dies zeigt sich zum Beispiel an der zunehmend auseinanderklaffenden Schere zwischen arm und reich, auch in der BRD. 2002 besaßen die reichsten 10 Prozent der Erdbevölkerung noch 57,9 Prozent aller Vermögen, 2007 waren es bereits 61,1 Prozent. Das Vermögenswachstum der reichsten 1 Prozent betrug zwischen 2002 und 2007 10 Prozent. Die Zahl der Flüchtlinge ist global zwischen 1983 und 2008 von 10 auf ca. 35 Millionen angestiegen. Die Zahl der Unterernährten ist 2005 um ca. 10 Millionen höher als 1990.[110]

Aus feministischer Perspektive sind die Auswirkungen der Globalisierungsprozesse auf Arbeit und Leben von Frauen unterschiedlich

---

[108] Akkumulation ist die Vergrößerung des Kapitals durch die Umwandlung des Mehrwerts (der Überschuss, der entsteht, weil Arbeitskräfte mehr Wert produzieren, als sie an Lohn bekommen) in Kapital, das reinvestiert werden kann, um die Produktivität zu steigern. Durch die Konkurrenz sind Unternehmerinnen zur Kapitalakkumulation gezwungen. Vgl. Michael Heinrich: Kritik der politischen Ökonomie. Eine Einführung, Stuttgart 2004, 14f., 83f., 99, 122f.

[109] Vgl. Hirsch, Vom Sicherheitsstaat, 14ff.; vgl. Christiane Grefe u. a.: attac. Was wollen die Globalisierungskritiker?, 4. Aufl., Berlin 2002, 32f.; vgl. folgende Artikel aus Le Monde Diplomatique/taz, Atlas: o. A.: Das US-Imperium bekommt Konkurrenz, 12f.; o. A., Der Neoliberalismus; o. A.: Der Irak ist längst noch kein stabiler Staat, 190f.; o. A.: In Afghanistan kann die Nato nicht gewinnen, 192.

[110] Vgl. o. A., Der Neoliberalismus; o. A.: Der vergeudete Rohstoff-Strom, in: Le Monde Diplomatique/taz, Atlas, 20f.

zu bewerten. Die Krise des Fordismus[111] ging einher mit der Forderung der Neuen Frauenbewegung nach mehr existenzsichernder Erwerbsarbeit für Frauen und gleichberechtigter Arbeitsverteilung in der Familie. Dies kam jedoch auch den Erfordernissen der Weltwirtschaft nach niedrigen Löhnen, Flexibilisierung von Arbeitszeiten und Senkung der Sozialabgaben entgegen. Die zunehmende Erwerbsarbeit von Frauen ging so mit dem Ausbau der Informalisierung und Prekarisierung von Arbeit einher. Das bedeutet zunehmende Unsicherheit durch reduzierten Kündigungsschutz, zunehmende befristete Beschäftigungsverhältnisse und Ausbau des Niedriglohnbereichs. Obwohl vor allem in den Industrieländern Frauen von den Flexibilisierungsprozessen profitieren, müssen in weltweiter Perspektive Frauen als Verliererinnen der Globalisierung angesehen werden.[112]

2.3.2 *Neoliberalismus*

Neoliberalismus diente seit der Krise des Fordismus als ideologische Legitimation der Globalisierungsprozesse. Friedrich August von Hayek (1899-1992) und seine Schüler an der Universität von Chicago lösten mit diesem Modell den Keynesianismus als theoretische Grundlage der westlichen Sozialstaaten ab. Keynesianismus bezieht sich auf den Ökonomen John Maynard Keynes (1883-1946) und beinhaltet vor allem die Auffassung von Staat als Sozialstaat und damit die Staatsintervention in das Marktgeschehen zum Wohle der Bürgerinnen. In Krisenzeiten soll der Staat

---

[111] Zu Fordismus vgl. Kapitel 7.3.

[112] Vgl. zum Beispiel Verónica Schild: Globalisierung und Frauen: Gewinnerinnen und Verliererinnen, in: Sandra Lassak, Katja Strobel (Hg.): Von Priesterinnen, Riot Girls und Dienstmädchen. Stimmen für eine feministische Globalisierung von unten (= Edition ITP-Kompass 4), Münster 2005, 20-27; Imholz/Strobel, Feministischer Internationalismus, 80-83; vgl. Elmar Altvater, Birgit Mahnkopf: Globalisierung der Unsicherheit. Arbeit im Schatten, schmutziges Geld und informelle Politik, Münster 2002, 44ff.

> „quasi als Unternehmer auftreten und durch die Aufnahme von Krediten neue Investitionen, Projekte und Firmen fördern, somit neue Arbeitsplätze schaffen und Kaufkraft und Konsum wieder ankurbeln."[113]

Kern des Neoliberalismus ist dagegen die Idee des ‚freien Spiels der Marktkräfte', das durch totale Konkurrenz und Profitstreben den Wohlstand der Menschheit sichern soll. Damit verbindet sich auch die Vorstellung, dass Marktfreiheit menschliche Freiheit garantiere. Um dieses ‚freie Spiel der Marktkräfte' zu garantieren, werden staatliche Regulierungen zurückgedrängt und staatliche Funktionen auf das Nötigste beschränkt. Dies wirkt sich insbesondere als Abbau sozialstaatlicher Errungenschaften aus. Ideologisch gestützt wird dieser Abbau durch extreme Individualisierung. Erfolg wie Misserfolg in Erwerbsarbeit und Existenzsicherung werden auf individuelle Leistung zurückgeführt und strukturelle Probleme, zum Beispiel strukturelle Erwerbslosigkeit, die auf die kapitalistische Organisierung der Produktion und damit auf Rationalisierungsprozesse zurückgeht, werden damit unsichtbar gemacht.

Erstes Experimentierfeld der neoliberalen Strategen war Chile nach dem Militärputsch 1973, es folgten die neoliberalen Regierungen von Margaret Thatcher in Großbritannien und Ronald Reagan in den USA. In der BRD kamen neoliberale Strategien erst mit der Regierung unter Gerhard Schröder ab 1998 voll zum Tragen, als mit Unterstützung der Grünen die ‚Agenda 2010' in Gang gesetzt wurde. Diese war von neoliberalen Umstrukturierungen gekennzeichnet, von Sozialabbau in Form der drastischen Kürzung der Arbeitslosengeldes und der Privatisierung der Altersvorsorge.[114]

Neoliberale Strategien zeichnen sich dadurch aus, dass sie immer mehr Bereiche des Lebens ökonomisieren und bisher als ‚privat' ge-

---

[113] Maria Mies: Globalisierung von unten. Der Kampf gegen die Herrschaft der Konzerne, Hamburg 2001, 64f.

[114] Vgl. a. a. O., 65-71; vgl. Walpen, There is no alternative, 13-16; vgl. Otto Meyer: „Reformstau"? Legenden über den Zustand der Republik, in: Arno Klönne u. a.: Es geht anders! Alternativen zur Sozialdemontage, Köln 2005, 11-33; vgl. Daniel Kreutz: Und jetzt – die Umbruchpolitik. Die Baustellen I, in: Klönne, Es geht anders!, 47-74.

kennzeichnete, sich der Effizienzlogik eigentlich entziehende Bereiche wie zum Beispiel Liebesbeziehungen, Erziehung, Bildung, Pflege etc. einem Effizienzdruck unterwerfen. Betroffen sind davon besonders reproduktive Tätigkeiten, das heißt Bereiche großenteils unbezahlter Arbeit, die der Regenerierung von Arbeitskraft und der Reproduktion des Lebens dienen. Diese sind zur Zeit weiblich konnotiert und lassen damit das Thema der Geschlechterverhältnisse auf der Agenda neoliberaler Umstrukturierungen erkennen.[115] Jürgen Habermas analysierte diesen Sachverhalt in vergleichbarer Weise als ‚Kolonialisierung der Lebenswelt'. Er versteht darunter das Ausweiten der Subsysteme zweckrationalen Handelns auf die „kommunikativ eingestellte und auf Intersubjektivität angewiesene Lebenswelt"[116].

Diese neoliberale Modernisierung des Kapitalismus seit den 1970er Jahren war unter anderem deshalb so erfolgreich, weil ihr Angriffspunkt das Subjekt ist: Durch Flexibilisierungen und individuelle Freiräume, zum Beispiel Arbeitszeiten betreffend, sind, besonders auch für Frauen, positive Entwicklungen auszumachen. Zu fragen ist allerdings, ob die individuellen Freiräume tatsächlich der selbstbestimmten Gestaltung von Arbeit und Leben dienen: Die Gewährung der Freiräume ist ja vom Ziel der Profitsteigerung motiviert und setzt dadurch der ‚Selbst-Bestimmung' enge Grenzen und Bedingungen. Zugleich verursacht die Individualisierung von ‚Erfolg' und Risiken oftmals Überforderung und lässt kollektive Möglichkeiten der Lebensgestaltung aus dem Blick geraten.[117]

---

[115] Vgl. zum Beispiel Gabriele Winker: Traditionelle Geschlechterordnung unter neoliberalem Druck. Veränderte Verwertungs- und Reproduktionsbedingungen der Arbeitskraft, in: Melanie Groß, Gabriele Winker (Hg.): Queer- / Feministische Kritiken neoliberaler Verhältnisse, Münster 2007, 15-49; vgl. Haug, Die Vier-in-einem-Perspektive, 309-340.

[116] Wintels, Individualisierung, 116. Geschlechter- und Arbeitsverhältnisse kommen in Habermas' Analyse allerdings kaum zum Tragen.

[117] Vgl. z. B. Altvater/Mahnkopf, Globalisierung; vgl. Jörg Flecker, Gudrun Hentges: Prekarität, Unsicherheit, Leistungsdruck. Katalysatoren eines neuen Rechtspopulismus in Europa?, in: Christina Kaindl (Hg.): Subjekte im Neoliberalismus (= Forum Wissenschaft Studien 52), Marburg 2007, 163-180; vgl. Jürgen Mansel, Vik-

2.4 Zusammenfassung: Arbeit und Geschlechterverhältnisse aus theologischer Perspektive

Aus feministischer Perspektive werden ‚geschlechtsblinde' Stellen der Kritik an Globalisierung und Neoliberalismus deutlich: Zum Beispiel wird, wenn die Prekarisierung von Arbeits- und Lebensverhältnissen kritisiert wird, implizit oft auf eine wünschenswerte Stabilität von Arbeits- und Lebensverhältnissen Bezug genommen, die sich am ‚Normalarbeitsverhältnis' im Sinne der lebenslangen 38- bis 40-Stundenwoche in einem unbefristeten, gegen Risiken abgesicherten Arbeitsverhältnis orientiert. Dies sind inzwischen überholte Vorstellungen, sie sind androzentrisch und eurozentrisch, da sie das Ideal der Kleinfamilie aus Familienernährer und Hausfrau – gegebenenfalls mit ‚Zuverdienst' – implizieren. Abgesehen von den real davon abweichenden Arbeitsverhältnissen ist dieses Ideal aus feministischer Perspektive obsolet, da es auf der Übernahme von Reproduktionsarbeit durch (Ehe-)Frauen aufbaut.

Ingrid Kurz-Scherf zum Beispiel konstatiert, dass in globalisierungskritischen Veröffentlichungen zum Thema ‚Arbeit' das Thema der Geschlechterverhältnisse hinter der Fixierung auf Globalisierung und Flexibilisierung als dominanten Phänomenen verloren ginge. Damit würde ein erheblicher Anteil der Ursachen und Dimensionen der ‚Krise von Arbeit' und die damit verbundenen Herausforderungen ignoriert.[118] Ohne die Kategorie ‚Geschlecht' zu berücksichtigen ist eine Analyse der Veränderung des „sowohl ‚postfordistischen', ‚postsozialistischen' wie globalisierten Sozialgefüges der deutschen Gesellschaft"[119] nicht möglich. Es gilt allerdings auch:

---

toria Spaiser: Ängste und Kontrollverluste. Zusammenhänge mit *Gruppenbezogener Menschenfeindlichkeit*, in: Heitmeyer, Deutsche Zustände 8, 49-71.

[118] Vgl. Ingrid Kurz-Scherf: „Arbeit neu denken, erforschen, gestalten" – ein feministisches Projekt, in: Dies. u. a. (Hg.): In Arbeit: Zukunft. Die Zukunft der Arbeit und der Arbeitsforschung liegt in ihrem Wandel (= Arbeit – Demokratie – Geschlecht 4), Münster 2005, 15-38, 20f.

[119] Bührmann, Arbeit, 98.

> „Umgekehrt lassen sich die Veränderungen im Geschlechterverhältnis nicht verstehen ohne Bezug auf die weit reichenden Wandlungsprozesse von Erwerbs- und Hausarbeit und die ‚Grenzkonflikte' der Zuständigkeit zwischen Markt, Staat und Familie."[120]

Geschlechterverhältnisse wiederum sind in ihrem Zusammenspiel mit anderen Herrschaftsverhältnissen wie Rassismen und Klassenherrschaft zu analysieren. Daher wird der Analyse der Begriff Kyriarchat und ein intersektionaler Analysehorizont zugrunde gelegt.

Nach der Vorstellung der für diese Arbeit relevanten theologischen Ansätze und der politischen und ökonomischen Ausgangsbedingungen ist zu konstatieren, dass letztere als zunehmend zerstörerisch und lebensfeindlich, theologisch formuliert als strukturell sündhaft bezeichnet werden können. Sie stehen daher im eklatanten Widerspruch zum theologischen Anspruch, im Bewusstsein des angebrochenen Reiches Gottes menschlichere Verhältnisse anzustreben, Solidarität zu leben und Verantwortung zu übernehmen für die – zwangsläufig bruchstückhafte – Realisierung einer menschlicheren Gesellschaft im Horizont der Verheißung einer anderen Welt Gottes. Gemeinschaften, die an diesem Anspruch festhalten und ihn einzulösen versuchen, sind Teil der ‚Ekklesia der *Frauen*'. Die Entwicklung von Schüsselkategorien in den folgenden Kapiteln dient dazu, die aktuellen Bedingungen in den Blick zu nehmen, die es ermöglichen oder verunmöglichen, diese Gemeinschaften zu realisieren.

---

[120] Ebd.

3. Schlüsselkategorie ‚Subjekt'

Die Untersuchung aktueller Bedingungen von Subjektwerdung aus theologischer Perspektive hat einen hohen Stellenwert für die Frage nach Ursachen von Entsolidarisierung und fehlender Verantwortungsübernahme. ‚Subjekt' ist allerdings ein schillernder Begriff, seine Verwendung muss im Hinblick auf die Fragestellung kontextualisiert werden. Dies wird in Form einer theoretischen Grundlegung eingelöst, die Ansätze aus Befreiungstheologie, neuer Politischer Theologie, Sozialwissenschaften und feministischer Theorie und Theologie zusammenführt.

Die Begriffe ‚Subjekt', Subjektivität, Subjektbildung oder -werdung werden in verschiedenen Disziplinen wie Philosophie, Pädagogik, Soziologie und Theologie unter jeweils unterschiedlichen Aspekten behandelt.[121] In der deutschsprachigen Theologie ist der Begriff ‚Subjekt' durch die ‚postmoderne' Infragestellung des autonomen Subjekts in unterschiedlicher Weise in die Diskussion gekommen.[122] Im Rahmen dieser Arbeit wird die Frage nach dem Subjekt unter der Fragestellung von Subjektwerdung in praktisch-theologischer Perspektive

---

[121] Vgl. zum Beispiel Sylvia Kägi: Das Subjekt des autonomen Handelns – eine Fiktion? Pädagogische Subjekte in ihrer historisch-philosophischen Genese sowie Subjekt- und Persönlichkeitsbildung in der Erzieherinnenausbildung, Berlin 2006, 8, 14.

[122] Vgl. zum Beispiel Peter Hardt, Klaus von Stosch (Hg.): Für eine schwache Vernunft? Beiträge zu einer Theologie nach der Postmoderne, Ostfildern 2007; vgl. Michael Zichy, Heinrich Schmidinger (Hg.): Tod des Subjekts? Poststrukturalismus und christliches Denken (= Salzburger Theologische Studien 24), Innsbruck/Wien 2005; vgl. Claudia Kolf-van Melis: Tod des Subjekts? Praktische Theologie in Auseinandersetzung mit Michel Foucaults Subjektkritik (Praktische Theologie heute 62), Stuttgart 2003; vgl. Christian Bauer, Michael Hölzl (Hg.): Gottes und des Menschen Tod? Die Theologie vor der Herausforderung Michel Foucaults, Mainz 2003; vgl. Saskia Wendel: Affektiv und inkarniert. Ansätze Deutscher Mystik als subjekttheoretische Herausforderung, ratio fidei. Beiträge zur philosophischen Rechenschaft der Theologie, Regensburg 2002.

gestellt, das heißt, es wird nach den Entstehungsbedingungen für solidarische Subjektivitäten gefragt. Aktuell ist, wie in den einleitenden Kapiteln bereits skizziert wurde, „die Bildung beziehungs- und gemeinschaftsfähiger Subjekte"[123] durch extreme Individualisierungs- bzw. Atomisierungsprozesse, die durch neoliberale Politik gefördert werden, gestört, wobei im Rahmen dieser Arbeit Wert darauf gelegt wird, Gemeinschaftsfähigkeit im globalen Sinn zu denken.

Drei Dimensionen von Subjektwerdung, die sowohl in der Religionspädagogik als auch in anderen Humanwissenschaften ihre Geltung haben, können wie folgt erfasst werden: „[Erstens] Anerkennung des Selbst durch andere ermöglicht [zweitens] Selbstannahme; sie wiederum befähigt [drittens], andere in ihrer Subjektwerdung zu unterstützen."[124] Claudia Kolf-van Melis, die Anschlussmöglichkeiten der Subjektkritik von Michel Foucault an den praktisch-theologischen Subjektbegriff und das Subjektverständnis Karl Rahners aufzeigt, präzisiert diese Dimensionen von Subjektwerdung im Sinne eines ‚schwachen' Subjekts, das transzendentale Verwiesenheit, Unabgeschlossenheit und Veränderbarkeit menschlicher Macht und Herrschaft mit einbezieht:

> „Der Mensch ist Subjekt und bildet sein Subjektsein ein Leben lang in Auseinandersetzung mit sich selbst und anderen Subjekten, denen gleiche Freiheitsrechte zukommen, sowie in Auseinandersetzung mit der Umwelt, die er als grundsätzlich veränderbar in bezug auf Verhältnisse wahrnimmt, die seine Subjektwerdung und die der anderen ermöglichen."[125]

Im Zentrum der Fragestellungen stehen damit Beziehungen und gegenseitige Beeinflussungen zwischen Individuum und Gemeinschaft. Donald E. Hall formuliert treffend, inwiefern ‚Subjekt' einen kritischen Blick auf Identität erlaubt: Identität sei

> „eine bestimmte Reihe von Charaktereigenschaften, Glaubenseinstellungen und Loyalitäten die, über kurz oder lang, eine konsistente Persön-

[123] Heribert Wahl: Art. Subjektwerdung, in: LThK: 2006, Band 9, Sp. 1074.
[124] Ebd.
[125] Kolf-van Melis, Tod des Subjekts?, 277.

> lichkeit und die Art und Weise des sozialen Daseins einer Person ausmachen, während Subjektivität immer einen Grad von Denkprozess und Selbstbewusstsein in Bezug auf Identität impliziert, und gleichzeitig für unsere Fähigkeit, Identität vollkommen zu verstehen, eine Unzahl von Grenzen und oft nicht erkennbare, unvermeidbare Beschränkungen anerkennt."[126]

Subjektivität hat daher eine kritische Ausrichtung im Blick auf Identität und weist gleichzeitig auf Grenzen der Selbstreflexion hin. Allerdings muss die kritische Reflexion auch das Ideal des ‚autonomen Subjekts' bzw. sein Scheitern im Blick haben. Das Subjektverständnis der Aufklärung, das die selbstverantwortliche Gestaltung sozialer Lebenswelt und natürlicher Umwelt forderte, legte auch den Grundstein für eine Vision der Selbst- und Weltbeherrschung, die vor allem von den Vertretern der Kritischen Theorie, dann auch von Michel Foucault und anderen Vertreterinnen der sogenannten ‚Postmoderne'[127] massiv kritisiert wurde. Angesichts der katastrophalen Folgen des technisch-industriellen Fortschritts – Zerstörung natürlicher Ressourcen und zunehmender sozialer Verwerfungen – kann das Ideal des ‚autonomen Subjekts' nicht mehr unhinterfragt postuliert werden. Da aber der genannte kritische Anteil von Selbstreflexion und damit auch die Möglichkeit von Widerstand und Veränderungspotential im Rahmen von Subjektwerdung in feministisch-befreiungstheologischer Perspektive nicht verabschiedet werden kann, ohne in Zynismus oder Nihilismus zu verfallen, muss ein kritischer Subjektbegriff bestimmt werden, der zugleich die Problematik von ‚Autonomie' und Potentiale von Handlungsfähigkeit in den Blick nehmen kann.

---

[126] Donald E. Hall: Subjectivity. The new critical idiom, New York 2004, 3.

[127] Der Begriff ‚Postmoderne' wird im Allgemeinen relativ unscharf als Zeitdiagnose verwendet, um sowohl Phänomene wie Individualisierung und Flexibilisierungen als auch Kritik am bzw. die Verabschiedung vom Universalismusanspruch des modernen abendländischen Denkens, von der Vorstellung eines autonomen Subjekts und scheinbar natürlichen Realitäten und Substanzen zu kennzeichnen. Vgl. Melanie Groß: Geschlecht und Widerstand: post... / queer... / linksradikal..., Königstein im Taunus 2008, 31.

3.1 Anmerkungen zur Begriffsgeschichte in Philosophie und Theologie

Dem Wortsinn nach bedeutet ‚Subjekt' zunächst entweder ‚das Darunterliegende', oder ‚das Unterworfene'. In der klassischen Logik und der Scholastik bedeutete das Subjekt ein unabhängig von der denkenden Person Existierendes, während das Objekt etwas Vorgestelltes, Gedachtes bezeichnete. Im 17. Jh. setzte sich der scholastische Begriff von Seele bzw. vom Bewusstsein als Träger von Bewusstseinszuständen allmählich durch. Das Subjekt bezeichnete dabei die Einheit des Bewusstseins, das allem Denken und Wollen zugrunde liegt. Es wurde synonym zu ‚Ich' oder ‚Selbst' verwendet. Im 19. Jahrhundert bekamen die Begriffe ‚Subjekt' und ‚Objekt' andere Bedeutungen: Die Subjekt-Objekt-Beziehung bezeichnete das Verhältnis des Bewusstseins zu seinem Gegenstand; beide Begriffe gehören nun zum Bereich Erkenntnistheorie und Ontologie.[128]

In der Aufklärung bekommt der Begriff der Autonomie für das Verständnis des Subjektbegriffs eine essentielle Rolle. Dies kommt in der Kantschen Definition von Aufklärung deutlich zum Tragen: „Aufklärung ist der Ausgang des Menschen aus seiner selbst verschuldeten Unmündigkeit."[129] Dem entgegengesetzt bedeutet ‚Mündigkeit' Unabhängigkeit, Autonomie, Selbstbestimmung. Ausgehend von der Gegenüberstellung ‚mündig-unmündig' wird seit der Moderne das ‚Subjekt' bzw. die Subjekt-Objekt-Beziehung vor allem mit dem Herrschaftsanspruch des Menschen über die Natur assoziiert.[130]

Im 20. Jahrhundert schließlich wird die Philosophie des Subjekts in zweierlei Hinsicht erschüttert: erstens als Begründungsprinzip durch

---

[128] Vgl. Anton Hügli, Paul Lübcke: Art. Subjekt, in: Dies. (Hg.): Philosophielexikon. Personen und Begriffe der abendländischen Philosophie von der Antike bis zur Gegenwart, vollst. überarb. u. erw. Neuausgabe, Reinbek 2003, 603f.

[129] Immanuel Kant: Beantwortung der Frage: Was ist Aufklärung?, in: Berlinische Monatsschrift, 1783-1811, 1784, 28. St., 481-494, Quelle: http://www.ub.uni-bielefeld.de/cgi-bin/neubutton.cgi?pfad=/diglib/aufkl/berlmon/122842&seite=00000513.TIF (letzer Zugriff am 10.07.2012).

[130] Vgl. Helmuth Vetter: Art. Subjekt, in: Ders. (Hg.): Wörterbuch der phänomenologischen Begriffe (= Philosophische Bibliothek 555), Hamburg 2004, 513-515.

die Anerkennung der Sprach-, Zeit- und Kulturabhängigkeit allen Denkens. Zweitens wird das Selbstverständnis des Menschen als eigenständig-aktives Subjekt, dem die Natur als abhängig-passives Objekt gegenübersteht, durch die Reflexion auf die ökologische Krise in Frage gestellt.[131]

Neben den Wurzeln in der antiken Philosophie, zum Beispiel in den Homerischen Epen wie „Odysseus", hat der neuzeitliche Subjektgedanke fundamentale Wurzeln in jüdischen und christlichen, biblischen und nachbiblischen Traditionen. Klaus Müller sieht den Zusammenhang von Subjekt und Individualität sowohl in der antiken Philosophie als auch in den ersttestamentlichen Texten als gegeben an. Für ein Leitungs-, Königs- oder Prophetinnen-Amt wurde jeweils eine Einzelperson in ihrer Einmaligkeit von Gott in Anspruch genommen. Augustinus war der erste „Subjekt-Theologe"[132], bei Albertus Magnus und in der ‚Deutschen Mystik', zum Beispiel bei Meister Eckhart, zeigte sich eine Linie von Subjekt-Philosophie. Mit Immanuel Kant, der die klassische Metaphysik verabschiedete und die Gottesfrage im Medium der praktischen Vernunft reformulierte, wurde die theologische Relevanz des Subjekt-Begriffs erhöht. Phänomene wie Pantheismus und Atheismus, die die neuzeitliche Philosophie in den Generationen nach Kant, zum Beispiel durch Fichte, Schelling und Hegel hervorbrachte, verursachten von Seiten der katholischen Theologie Abschottungstendenzen, aufgrund derer in der Theologie bis zur ‚anthropologischen Wende' durch Karl Rahner wenig zum Subjekt gearbeitet wurde.[133]

---

[131] Vgl. Walter Mesch: Art. Subjekt, in: Peter Prechtl, Franz-Peter Burkard (Hg.): Metzler Philosophie Lexikon. Begriffe und Definitionen, 2., erw. u. aktual. Aufl., Stuttgart/Weimar 1999, 572f.

[132] Klaus Müller: Art. Subjekt II. Theologisch, in: LThK: 2006, Band 9, Sp. 1071-1073, 1071.

[133] Vgl. Klaus Müller.: Wenn ich „ich" sage. Studien zur fundamentaltheologischen Relevanz selbstbewußter Subjektivität, Frankfurt a. M. 1994, 26f.; vgl. Müller, Art. Subjekt II; vgl. auch Claudia Kolf-van Melis: Tod des Subjekts? Eine Auseinandersetzung mit Karl Rahner und Michel Foucault. Vortrag in der Karl Rahner Akademie Köln, 14. Oktober 2003, Quelle: http://www.kath.de/akademie/

Karl Rahner initiierte mit seiner Transzendentaltheologie eine grundlegende Wende zum Subjekt und zum Einbezug des Subjektgedankens in die theologische Reflexion. Rahner hat vor allem die

> „Wahrnehmung und Würdigung des Menschen als theologisches und religiöses Subjekt [zum Ziel], das er in der für sein Werk zentralen Frage des Verhältnisses von göttlicher Offenbarung und menschlicher Vernunft vor allem im Hinblick auf die transzendentalen Eigenschaften des Subjekts thematisiert."[134]

Rahner entwirft das Subjekt als ein transzendentales, das zugleich auf die Welt und über sie hinaus verwiesen ist. Die Transzendenz des Menschen beinhaltet die Fähigkeit zur Überschreitung der Begrenzung weltlicher Endlichkeit. Der Mensch ist in seinem Wesen offen für Gott und ihm ein würdiges Gegenüber. Grundlage der menschlichen Existenz – unabhängig vom moralischen Verhalten – ist die freie, ungeschuldete Zusage Gottes an jeden Menschen. Die Fähigkeit, die Liebe Gottes aufnehmen zu können und das Verlangen danach fasst Rahner im Begriff des ‚übernatürlichen Existenzials'. Rahner betont die subjektive Dimension der Heilswirklichkeit, die mit der objektiven verschränkt sein muss, wenn Erfahrung theologisch ernstgenommen wird. Das heißt, die Verwiesenheit des Menschen auf die Gnade Gottes ist genauso wichtig wie die Empfänglichkeit des Menschen für sie.[135]

Kritik muss, wie unter anderen Johann Baptist Metz betont, am Geschichtsverständnis Rahners geäußert werden, da er die konkreten geschichtlichen Erfahrungen des Menschen zu Gunsten einer vorgeschichtlichen Verfasstheit – des übernatürlichen Existentials – vernachlässigt.[136] Dennoch ist Karl Rahners Werk von grundlegender Bedeutung für die anthropologische Wende in der katholischen Theologie; mit seinem Ansatz sind wegweisende theologische Auf-

---

rahner/04Vortraege/01print/inhalt-online/_kolf tod.htm (letzter Zugriff am 10.07.2012).

[134] Kolf-van Melis, Tod des Subjekts? Praktische Theologie, 184.

[135] Vgl. a. a. O., 207f., 223f.

[136] Vgl. Peters, Mehr als das Ganze, 37ff., vgl. Johann Baptist Metz: Glaube in Geschichte und Gesellschaft, 2. Aufl, Mainz 1978, 49, 61ff.

brüche im 20. Jahrhundert verbunden. Sein zentrales Anliegen ist der Einbezug des Menschen als transzendentes, geschichtliches Subjekt in die Theologie: „Jeder theologische Sachverhalt ist in bezug auf die subjektive Möglichkeitsbedingung seiner Erkenntnis zu befragen.“[137]

In den letzten Jahrzehnten wurde die Subjektfrage in verschiedenen theologischen Sektionen gestellt: Pastoraltheologisch hinsichtlich der genannten Dimensionen von Subjektwerdung, systematisch-theologisch hauptsächlich in zwei Richtungen: Einerseits fragen die Vertreter der ‚Letztbegründung‘[138] nach einer „vernunftförmigen Vermittlung jener Unbedingtheit [...], ohne die chr[istliche] Gottrede ihr Spezifikum einbüßt.“[139] Andererseits wurde durch die neue Politische Theologie, vor allem durch Johann Baptist Metz, Rahners Theologie weiterentwickelt. Eine zentrale Rolle spielt hierbei die Modifizierung, dass die konkrete menschliche Geschichtlichkeit und mit ihr die biblischen Erinnerungen ernster genommen werden. Die Zeit als messianische Kategorie steht im Zentrum des Metz'schen Denkens. Transzendentaler Theologie wird eine temporale Theologie gegenübergestellt, die die Rahnersche Theologie nicht aufhebt, aber korrigiert im Hinblick auf die Bedeutung von Intersubjektivität, auf die Öffnung zu Geschichte und Gesellschaft und auf die Theodizee-Frage. Letzteres bedeutet, provozierende Rückfragen und Anfragen aus der Perspektive der Leidenden, die Gott durchaus zu einem Problem werden lassen können, zu stellen.[140]

---

[137] Kolf-van Melis, Tod des Subjekts? Praktische Theologie, 238; Vgl. a. a. O., 231-235, 238f.

[138] Prominente Vertreter sind Hansjürgen Verweyen, Thomas Pröpper und Klaus Müller.

[139] Müller, Art. Subjekt II, 1072.

[140] Vgl. Peters, Mehr als das Ganze, 37-42.

3.2 Voraussetzung Intersubjektivität

3.2.1 Relationale Autonomie: eine Perspektive feministischer Sozialethik

In feministischen Bewegungen, besonders in der zweiten Frauenbewegung in der BRD nach 1968, standen die Themen Selbstbestimmung und Autonomie im Mittelpunkt. Mein Ziel ist unter anderem, anhand verschiedener Beispiele daraus entstehende widersprüchliche Tendenzen in Bezug auf Arbeit und Erwerbsarbeit aufzuzeigen.

Emanzipatorische Kämpfe für Selbstbestimmung und Unabhängigkeit zeitigten einerseits politische Erfolge und damit wachsende Freiräume für Frauen. Andererseits wurden die Forderungen aber auch durch neoliberale Politik vereinnahmt. Das heißt, mit dem Versprechen von Freiheit und Selbstbestimmung wurde eine extreme Individualisierung von Verantwortung vorangetrieben, Individuen wurden ungeschützt den Regulierungen des Marktes ausgesetzt und sozialstaatliche Errungenschaften zurückgedrängt. Ein Großteil feministischer Bewegungen ließ sich unter anderem durch die Einrichtung von Gleichstellungsbeauftragten und anderen Formen von Institutionalisierung entpolitisieren. In den Hintergrund trat die grundsätzliche Gesellschaftskritik, die hinter feministischen Forderungen steht und zum Beispiel dann deutlich wird, wenn die notwendige Verbindung von Forderungen nach Selbstbestimmung und ökonomischer Unabhängigkeit mit Forderungen nach Anerkennung unbezahlter Arbeit und nach Existenzsicherung unabhängig von Lohnarbeit deutlich gemacht wird.

Durch diese Vereinnahmungen feministischer Kritik wurde ihnen die gesellschaftskritische Spitze genommen. Damit unterstützten die einseitigen Forderungen nach ökonomischer Unabhängigkeit und Selbstbestimmung ungewollt eine Modernisierung des Kapitalismus in Form von Flexibilisierung, Prekarisierung und Atomisierung.[141]

---

[141] Vgl. zum Beispiel Andrea Trumann: Feministische Theorie. Frauenbewegung und weibliche Subjektbildung im Spätkapitalismus, Stuttgart 2002; vgl. auch: Rosemary Hennessy: Frauen an der Grenze. Fortschritt und fortschrittliche Bewegungen im

Bezüge zwischen Subjekt, Autonomie, Intersubjektivität und Emanzipation spielen dabei eine wichtige Rolle. Diese können mit Hilfe des Konzepts ‚relationaler Autonomie' in den Blick genommen werden.

Maria Katharina Moser befasst sich mit dem Konzept ‚relationale Autonomie' aus feministisch-theologischer Perspektive. Sie beschreibt, wie einerseits die Debatte um Differenzen zwischen Frauen und andererseits Auseinandersetzungen um Autonomie versus Institutionalisierung dazu führten, dass der Autonomie-Begriff in die Kritik geriet. Moser betont allerdings, dass in den Frauenbewegungen Autonomie zwar als Unabhängigkeit, vor allem „von Männern in ihren sexuellen und reproduktiven Entscheidungen und in der politischen Organisierung"[142] definiert wurde, jedoch nicht im individualistischen Sinne, sondern immer auf ein Kollektiv (von Frauen) bezogen. Dieses Verständnis von Autonomie konnte sich allerdings nicht durchsetzen. Kritik an einem rein individualistischen Autonomieverständnis kam auch in Disziplinen wie feministischer Erkenntnistheorie, Anthropologie und Ethik auf. Als Initiatorin dieser Kritik nennt Moser vor allem die US-amerikanische Psychologin und Ethikerin Carol Gilligan, die Modelle moralischer Urteilsbildung als androzentrisch kritisiert und eine Verantwortungsethik anstelle einer Gerechtigkeitsethik einfordert. Verantwortungsethik denkt Moral von Beziehungen her, hat Fürsorge und die Begrenztheit jeder spezifischen Lösung im Blick. Feministische Kritik am Autonomiekonzept betrifft daher vor allem die individualistisch-atomistische Verengung

---

Neoliberalismus, in: das argument, Jg. 41, Nr. 230, 2/3/1999, 279-287; vgl. Verónica Schild: Wie Frauen im Namen von Frauen regiert werden. Chilenischer Feminismus in den 90er Jahren, in: Solidaridad. Berichte und Analysen aus Chile, Jg. 23, Nr. 220/223, 2002, 4-10.

[142] Maria Katharina Moser: Selbst, aber nicht alleine. Relationale Autonomie als Ansatzpunkt für feministische christliche Sozialethik, in: Christian Spieß, Katja Winkler (Hg.): Feministische Ethik und christliche Sozialethik (= Schriften des Instituts für Christliche Sozialwissenschaften der Westfälischen Wilhelms-Universität Münster 57), Münster 2008, 109-141, 111.

der Vorstellung eines von sozialen Zusammenhängen losgelösten Selbst.[143]

In der katholischen Sozialethik bezieht sich ‚Autonomie' als moraltheologischer Grundbegriff einerseits auf die Eigenständigkeit ethischer Diskurse. Das heißt, dass diese weder unmittelbar aus wissenschaftlichen Erkenntnissen noch aus der Bibel herleitbar sind, sondern eine eigenständige Erarbeitung aus dem aktuellen Kontext heraus benötigen. Andererseits spricht der Begriff ‚Autonomie' in der Theologie das moralische Subjekt und sein Gewissen an. „Die Bindung des Menschen an das Gute kann [...] nur durch den Menschen selbst und durch eigene Einsicht erfolgen."[144] Der Anschluss an das Rahnersche Subjektdenken ist hier offensichtlich. Theologische Ethik entwickelte sich laut Moser – und hier trifft sie sich mit den feministischen Forderungen – im Anschluss an Kants Achtung der Würde und Selbstzweckhaftigkeit der Person hin zu einer Verantwortungsethik in dem Sinne, dass der Fokus von der Norm weg zur Verantwortung der handelnden Person verschoben wurde. Dabei bedeutet Autonomie nicht Orientierung an Partikularinteressen, sondern dass der Mensch von Gott zu verantwortlicher Freiheit berufen ist.[145]

Moser stellt den Entwurf relationaler Autonomie als ein Modell vor, das einerseits Handlungsfähigkeit gegenüber einem Determinismus des Sozialen hervorhebt und damit ermöglicht, im herrschaftskritischen Interesse hegemoniale Strukturen aufzudecken und zu verändern. Andererseits ist es in der Lage, soziale Bedingtheiten zu berücksichtigen. Dabei ist das Entscheidende, dass Handeln angesichts der Ansprüche durch andere und angesichts der Orientierung an anderen auf Güterabwägung und eigenen Entscheidungen beruht. Moser nennt zwei Charakteristika relationaler Autonomie: Erstens werden Zusammenhänge „zwischen dem Selbst-Verständnis des handelnden Subjekts, seinem ihn prägenden sozialen Kontext und

---

[143] Vgl. a. a. O., 109-116.

[144] A. a. O., 117.

[145] Vgl. a. a. O., 119ff.

seiner Autonomie-Fähigkeit"[146] in den Blick genommen. Das Subjekt wird also als durch soziale Bezüge konstituiert gedacht. Zweitens wird nicht die Orientierung des Individuums an seinen Eigeninteressen ins Zentrum gestellt, sondern Beziehungen und Fragen nach Sorge um und für andere.[147]

Maria Katharina Moser formuliert drei Grundsätze aus den Ansätzen relationaler Autonomie, denen aus der Perspektive feministischer Sozialethik zugestimmt werden kann:
1) „Das moralische Subjekt ist wesentlich frei *und* bezogen."[148] Freiheit muss theologisch als verdankte und verantwortliche Freiheit gedacht werden. Gott erschafft den Menschen als bedingungslos frei, aber Freiheit ist dem Menschen als Aufgabe gegeben. Dies ist als Autonomie zu verstehen. Gleichzeitig kann Freiheit aufgrund sozialer Bedingtheiten immer nur begrenzt verwirklicht werden, da Bezogenheit zu den Fundamenten des Menschseins gehört. „Im Einzelnen können soziale Bedingungen und konkrete Beziehungen dann Autonomie fördern oder behindern."[149]
2) Um diese beiden Grundgegebenheiten menschlichen Lebens – frei und bezogen zu sein – zu ermöglichen, muss die in 1) formulierte Konstitution des Subjekts auch als Moralprinzip formuliert werden, nämlich dass Freiheit andere Freiheit unbedingt anerkennen soll. Moser sieht hier das Bewusstsein unbedingter Verpflichtung durch die ethische Bedeutung von Beziehungen faktisch vermittelt und eröffnet.
3) Eine Grundvoraussetzung, um diese „Autonomie als selbstbestimmte Konzeption des Guten und Möglichkeit, frei zu wählen,

[146] A. a. O., 128.
[147] Vgl. a. a. O., 127-131.
[148] A. a. O., 135.
[149] A. a. O., 134; Vgl. a. a. O. 131-135. Verdankte Freiheit spielt auch eine Rolle im Kontext der neuen Politischen Theologie. Diese hält „sich gerade in dem Maße frei [...] von dem Anspruch absoluter politischer Herrschaft, als sie den Begriff einer dieser Freiheit vorausliegenden Herrschaft Gott vorbehält, im sog. eschatologischen Vorbehalt." Metz, „Politische Theologie" in der Diskussion, 273.

welches Leben man leben möchte"[150], zu gewährleisten, stellt allerdings die Grundsicherung mit ökonomischen und sozialen Gütern dar. Daraus ergibt sich die Verantwortung, Verhältnisse anzustreben, die allen Menschen diese Grundsicherung und dadurch Autonomie ermöglichen.

Für feministische Sozialethik formuliert Moser auf dieser Grundlage zwei Richtungen, in die gearbeitet werden muss: Einerseits zur Frage, wie Unrecht so kritisiert werden kann, dass

> „die davon Betroffenen nicht in eine absolute Opfer-Position [ge]drängt [werden] und ihnen nicht Verantwortung für eigenes Handeln und ihre – wenn auch begrenzte – Handlungsfähigkeit in diesen Unrechtssituationen ab[gesprochen wird]"[151].

Zweitens muss an Ethikentwürfen gearbeitet werden, die die sozialen, politischen und ökonomischen „Rahmenbedingungen für die Realisierung von Autonomie für möglichst viele Frauen und Männer sukzessive [...] erweitern."[152]

Mosers Perspektive muss um den Aspekt erweitert werden, dass es Menschen gibt, die – temporär oder permanent – nicht in der Lage sind, Entscheidungen autonom zu fällen, sondern die abhängig von anderen sind, die Entscheidungen für sie treffen und damit eine größtmögliche Autonomie und vor allem gute Lebensbedingungen gewährleisten. Dies betrifft sowohl kleine Kinder als auch Menschen, die aufgrund ihres Alters oder einer schweren Behinderung beeinträchtigt sind. Sprachliche Voraussetzungen sind dabei häufig nur begrenzt gegeben, sodass auch nonverbale Äußerungen, die den eigenen Willen kund tun, wahr- und ernstgenommen werden müssen.[153]

---

[150] Moser, Selbst, aber nicht alleine, 137.
[151] A. a. O., 139.
[152] Ebd.; Vgl. a. a. O., 131-139.
[153] Vgl. auch Susanne Dungs: Unausweichliche Abhängigkeit von Anderen. Die Anerkennungstheorie von Judith Butler in ihrer Bedeutung für eine feministische christliche Sozialethik, in: Spieß/Winkler, Feministische Ethik, 277-305; vgl. Jutta Flatters: Anders, als man denkt. Leben mit einem behinderten Kind, Gütersloh, 2009, 155-170.

Ich nehme den relationalen feministischen Begriff von Autonomie, wie Moser ihn definiert, zur Grundlage von Subjektivität, weil er Verantwortung, Bezogenheit und Freiheit als Ziel von Herrschaftsfreiheit und von Lebensmöglichkeiten der Einzelnen verbindet. Herausgestellt werden muss meines Erachtens die Voraussetzung im 3. Grundsatz, das heißt die Verwirklichung von ökonomischen und sozialen Bedingungen, die autonomes Handeln überhaupt erst ermöglichen. Angesichts der globalen Unrechts-Verhältnisse muss der Schwerpunkt politischer und theologischer Praxis auf die Ermöglichung dieser basalen Voraussetzungen gelegt werden.

3.2.2 *Mord ist Selbstmord*

Franz J. Hinkelammert zeichnet die Entwicklung des Begriffes ‚Subjekt' und seiner Verwendung in den Wissenschaften nach. Dabei verweist er auf Intersubjektivität als Grundgegebenheit. Der Mensch als Subjekt geht nach Hinkelammert all seinen Zwecken voraus. Gleichzeitig geht der Kreislauf menschlichen Lebens dem Subjekt voraus:

> „Der Handelnde spezifiziert seine Zwecke, muss sie aber, wenn er sich selbst nicht zerstören will, in den Naturkreislauf des menschlichen Lebens einordnen, da dieser die Bedingung der Möglichkeit aller zu spezifizierenden Zwecke ist."[154]

Dabei ist das Subjekt ein bedürftiges: Es muss die Bedingungen der Möglichkeit seiner Existenz erfüllen, das heißt, seine Grundbedürfnisse befriedigen. Spezifiziert wird diese Befriedigung durch Zwecke, die durch Handelnde verwirklicht werden. Hinkelammert verdeutlicht den Widerspruch, in dem sich jede Wissenschaft befindet, die vom ‚Subjekt' als einem nicht objektivierbaren sprechen will:

> „Wenn empirische Wissenschaft von den Bedingungen der Möglichkeit des Subjekts als Naturwesen spricht, dann spricht sie als kritische Wissenschaft vom Subjekt auf paradoxe Weise. Um vom Subjekt zu sprechen, muss sie es als Objekt behandeln. Vom Subjekt als Subjekt zu

[154] Hinkelammert, Das Subjekt, 31.

sprechen, transzendiert die Kompetenz jeder Erfahrungswissenschaft. Dieses Transzendieren geschieht in der Philosophie, in der Theologie und im Mythos."[155]

Reproduktive Rationalität zwingt uns demnach dazu,

> „den Blickwinkel einer Wissenschaft zu transzendieren, die das Subjekt als ihr Objekt betrachtet, und uns darum zu bemühen, das Subjekt als Subjekt in seiner Subjektivität erkennen zu können."[156]

Sprache wird durch das lebendige Subjekt transzendiert. Dieses versteht sich als Subjekt des Handelns, aber auch der Sprache – und indem es diese transzendiert, kann es dem Sprechen einen Sinn geben. „Das Leben ist nicht die Menge aller Mengen, sondern die Bedingung der Möglichkeit für alle Mengen. Das Subjekt führt alle Mengen zusammen, weil es die Totalität des Lebens darstellt."[157] Hinkelammert beschreibt treffend, dass Lernprozesse immer kollektive sind:

> „Das Lernen in der Konfrontation mit Leben und Tod transzendiert die Zweck-Mittel-Beziehung. Die Erkenntnis, die dieses Lernen erwirbt, kann also nicht auf Zweck-Mittel-Beziehungen reduziert werden. In dieser Erkenntnis erfährt sich das Subjekt vielmehr ständig als ein Subjekt, das sich nicht darauf beschränken kann, sich als individualistisch handelnder Mensch zweckrational zu verhalten. Wenn das Subjekt in diesem Lernprozess Urteile fällt, bleibt es stets ein Subjekt, das sich selbst und andere als ein Subjekt behandelt, das Objekt der Erkenntnis ist."[158]

Dadurch wird auch die Grenze der Möglichkeit sichtbar, das Subjekt als Objekt zu analysieren. Sichtbar wird die Dimension der gegenseitigen Anerkennung von Subjekten, die nicht analysiert werden kann, sondern die Bedingung dafür ist, dass Subjekte überhaupt handeln können. Denn lebensnotwendige Bestätigung findet erst durch das Ermöglichen des Lebens von Menschen durch Menschen statt. Es geht hier nicht um Dialogpartnerinnen, sondern um die gegenseitige Anerkennung als Naturwesen, „die nur dann existieren können, wenn

---

[155] A. a. O., 47.
[156] A. a. O., 50.
[157] A. a. O., 51.
[158] A. a. O., 55.

sie einander dazu verhelfen, sich in den Naturkreislauf des Lebens zu integrieren. Leben und Tod gegenüber kann sich niemand allein retten."[159]

Den Menschen als Subjekt zu sehen bedeutet dann zugespitzt, Mord als Selbstmord anzusehen. Emmanuel Lévinas übersetzt das Gebot der Nächstenliebe mit „Liebe Deinen Nächsten, denn Du bist es."[160] Eine Gesellschaft, die lediglich sich als System zu erhalten sucht, indem sie zum Beispiel die Marktethik als angebliche Garantin der Menschenrechte verabsolutiert, zerstört auf Dauer menschliches Leben, statt es zu erhalten. Hinkelammert nennt dies die ‚Ethik der Räuberbande'.[161]

Diese Gleichsetzung von Mord als Selbstmord zeigt die Grenze des Kalkül-Denkens auf. „Und die Grenze des Kalküls offenbart das Subjekt."[162] Subjektivität aber durchbricht Individualität, das heißt: ‚Subjekt' ist nicht mit ‚Individuum' gleichzusetzen. Denn das Individuum ist kalkulierbar; es vertritt Teilinteressen, sowohl individuelle als auch Gruppeninteressen. Die Person als Subjekt tut dies zwar auch, aber

> „innerhalb der Intersubjektivität, die durch das Kriterium errichtet wird, nach dem die Bedrohung des Lebens des Anderen auch eine Bedrohung des eigenen Lebens ist, auch wenn es nicht den geringsten Anhaltspunkt für eine solche Annahme gibt. Wenn der Andere nicht leben kann, kann ich auch nicht leben. Aus diesem Grund ist es auch nicht möglich, ein Subjekt allein zu denken [...]. Subjektivität ist die Identität mit den Anderen, aber eine vermittelte Identität. Sie ist vermittelt durch die Leben-Tod-Beziehung des Anderen und meiner selbst. Dass Mord Selbstmord ist, ist ein Ergebnis der Forderungen praktischer Vernunft und vielleicht das Einzige [sic]. Das Subjekt zeigt sich im Gemeinwohl. Die Person als Subjekt verteidigt ihre Interessen innerhalb des Gemeinwohls. Deshalb

---

[159] A. a. O., 56.

[160] Emmanuel Lévinas: Wenn Gott ins Denken einfällt. Diskurse über die Betroffenheit von Transzendenz, München 1985, 115.

[161] Vgl. Hinkelammert, Das Subjekt, 324f.

[162] A. a. O., 328.

ist das Gemeinwohl historisch und kein vorab festgelegter Normenkatalog."[163]

Das entscheidende Subjekt befindet sich immer an der Grundentscheidung zwischen Leben und Tod, die die Realität der Welt und dadurch auch des Marktes und der Sprache konstituiert. Deshalb ist diese „Subjektivität von unvermeidlicher objektiver Gültigkeit"[164]. Objektivität gründet nach Hinkelammert also auf Subjektivität:

> „Sachurteile [...], die sich auf das Wahrheitskriterium von Leben und Tod stützen, konstituieren die objektive Realität, sobald sie die Realität ihrem Urteil unterziehen. Folglich ist die Objektivität subjektiv begründet, aber der subjektive Charakter des handelnden Menschen ist ein objektives Faktum. Die Negation des Subjekts widerspricht daher auch den Fakten und verhindert zugleich die objektive Erkenntnis der Realität. Wo keine Grundbedürfnisse existieren, gibt es auch keine objektive Welt mehr. Objektiv existiert die Realität ausschließlich im Blickpunkt des Subjektes als bedürftigem Naturwesen."[165]

Die objektive Realität der Natur kommt ebenfalls durch die gegenseitige Anerkennung der Subjekte zustande. Es geht hier nicht um die Anerkennung der ‚Spezies Mensch' als Objekt einer Überlebensstrategie – dies würde, im Gegenteil, die gegenseitige Anerkennung der Subjekte verhindern. Die gegenseitige Zuwendung und Anerkennung als bedürftige Naturwesen ist universal, aber nicht abstrakt universal, sondern sie stellt ein konkretes, universal geltendes Kriterium dar: Sie darf keinen Menschen ausschließen. Konsequent weiter gedacht bedeutet diese Anerkennung eine Option für diejenigen Subjekte, deren Leben unmittelbar bedroht ist.[166] Hinkelammert spricht hier ein – besonders auch in feministischen Debatten – heikles Thema an, das der Universalität. Meines Erachtens ist es unerlässlich, neben den anzuerkennenden Partikularitäten Universalität im Sinne Hinkelammerts zu verteidigen: darauf zu bestehen, dass die gegenseitige Anerkennung niemanden ausschließen darf. Dies schließt an die einzigarti-

---

[163] A. a. O., 328.
[164] A. a. O., 58.
[165] A. a. O., 58f.
[166] Vgl. a. a. O., 61.

ge Würde jedes Menschen an, die in den biblischen Schöpfungsgeschichten expliziert wird. Auch Herta Nagl-Docekal verweist aus feministisch-philosophischer Perspektive auf diese notwendige Universalität sowie darauf, dass es zwei Begriffe von Universalität gibt, den prozeduralen oder formalen und den inhaltlichen. Letzterer äußert sich vielfach in der Bevormundung durch bestimmte Werte, die von einer bestimmten Gruppe von Menschen zu allgemeingültigen erklärt werden. Ersterer aber – und dies präzisiert die Auffassung Hinkelammerts – definiert Universalität in der Weise, dass alle Betroffenen zustimmen können müssen.[167] Hier gilt allerdings wieder die Einschränkung: Mitgedacht werden müssen diejenigen, die eingeschränkt Zustimmung signalisieren und Entscheidungen treffen können und dadurch auf Hilfe und Fürsprache angewiesen sind.[168]

Hinkelammert verbindet den Punkt der Universalität folgerichtig mit der Frage nach Wahrheit, nämlich dem Wahrheitskriterium, mit dem er an Theodor W. Adornos berühmten Satz „Das Bedürfnis, Leiden beredt werden zu lassen, ist die Bedingung aller Wahrheit."[169] anschließt:

> „Das Wahrheitskriterium über Leben und Tod, das in der gegenseitigen Anerkennung der Subjekte als bedürftige Naturwesen impliziert ist, wird zum Wahrheitskriterium, in dessen Zentrum der als Opfer [...] bedrohte Mensch steht. Auch dieser bedrohte Mensch ist kein Sein zum Tode, sondern ein Sein zum Leben. Das Wahrheitskriterium ist also der Mensch, der den Verhältnissen zum Opfer fällt."[170]

---

[167] In welcher Form dies geschehen kann, ist eine offene Frage – Möglichkeiten der Realisierung eines ‚zwangsfreien Diskurses', mit dem Nagl-Docekal an Jürgen Habermas' Konzept des ‚herrschaftsfreien Diskurses' anschließt, werden auch von ihr nicht weiter expliziert. Vgl. Herta Nagl-Docekal: Feministische Philosophie. Ergebnisse, Probleme, Perspektiven, Frankfurt a. M. 1999, 168f.

[168] Da dies eine gefährliche Gratwanderung ist, weil die Gefahr der Bevormundung besteht, muss die Frage, wer darüber entscheidet, dass eine zu Entscheidungen fähig ist oder nicht, sorgfältig bedacht werden.

[169] Theodor W. Adorno: Negative Dialektik und Jargon der Eigentlichkeit, Gesammelte Schriften 6, Frankfurt a. M. 1973, 29.

[170] Hinkelammert, Das Subjekt, 62.

Den Menschen als konkretes, lebendiges Subjekt anzuerkennen heißt, sich den indirekten Folgen des Handelns, die den materialen Gehalt der formalen Ethik zeigen, zu stellen. Moralisch bedeutsam ist das Ansehen dieser Folgen als indirekte, aber bewusste Effekte, da nur auf diese Weise Verantwortung konstatiert werden kann. Verantwortlichkeit wird zwingend sozial, sie geht nicht in einer ‚Privatethik' auf, da nur so menschliches Leben im universalen Sinn ermöglicht werden kann. Die Ethik des Gemeinwohls muss daher nach Hinkelammert als Verantwortungsethik bezeichnet werden.[171]

3.2.3 *Leidempfindlichkeit*

Subjektbezogene Theologie bedeutet in der neuen Politischen Theologie die Anerkennung der Autorität ungerecht und unschuldig Leidender. Die Perspektive der Theodizeefrage mit ihrer Vision universaler Gerechtigkeit erzwingt aus der biblischen ‚memoria passionis', dem Leidensgedächtnis, heraus laut Johann Baptist Metz

> „die Preisgabe eingeschliffener Freund-Feind-Bilder, sie fragt selbst nach der Gerechtigkeit für die bisherigen Feinde und nach der Gerechtigkeit für die unschuldigen und ungerechten Leiden der Vergangenheit, an die kein noch so leidenschaftlicher Kampf der Lebenden versöhnend rühren kann."[172]

Konsequent gestellt, verweigert sich die Theodizeefrage jeder Individualisierung des Glaubens. Die Gottesfrage stellt sich Metz in Gestalt der Theodizeefrage

> in politischer Fassung: Gottesrede als Schrei nach der Rettung der Anderen, der ungerecht Leidenden, der Opfer und Besiegten in unserer Geschichte. Wie auch könnte man, so wurde mir deutlich, ‚nach Auschwitz' – unirritiert – nach der eigenen Rettung fragen! Die Gottesrede ist entweder die Rede von der Vision und der Verheißung einer großen Gerechtigkeit, die auch an diesen vergangenen Leiden rührt, oder sie ist leer und verheißungslos – auch für die gegenwärtig Lebenden."[173]

---

[171] Vgl. a. a. O., 297f.
[172] Metz, Memoria passionis, 31.
[173] A. a. O., 4.

Schon Augustinus ersetzte laut Metz die eschatologische Frage nach universaler Gerechtigkeit Gottes durch die anthropozentrische Frage nach der Sünde des Menschen. Dadurch sind keine Rückfragen an Gott zugelassen; die schuldig gewordenen Menschen werden allein für die Leidensgeschichte verantwortlich gemacht. Deswegen „konnte das Theodizeethema zur Wurzel des modernen Atheismus werden".[174] Als Reaktion auf die Fokussierung von Sünde und Schuld und durch eine moralisierte kirchliche Verkündigung, „die angesichts der himmelschreienden Zustände der Schöpfung jeweils nur paränetische Fragen an das Verhalten der Menschen, aber keine eschatologischen Rückfragen an Gott kennt und zulässt"[175], entzog sich ‚Freiheit' immer mehr dem Schuldverdacht: „Im Autonomiebegriff der Moderne wurde Schuld geradezu zum Antipoden von Freiheit, und Schuldfähigkeit galt immer weniger als Auszeichnung, als Würde der Freiheit selbst."[176] Dies ist auch im Christentum an der Remythisierung und Psychologisierung des Evangeliums, an Unschuldsträumen und Unschuldsvermutungen über den Menschen und an der ethischen Suspension des Glaubens zu sehen.[177]

Es kann laut Metz keine Dispensierung von der Theodizeefrage geben, weder durch ein Leiden ‚in' Gott, noch durch einen mitleidenden Gott. Christliche Hoffnung ist provoziert durch die Leidensgeschichte der Welt, das heißt, das „christliche Hoffnungspathos" bleibt

> „eingebettet in ein Leiden *an* Gott – [...] um in dieser negativen Gestalt der Hoffnung als Leiden an Gott all unsere widersprüchlichen Leiderfahrungen zu sammeln und sie so dem Abgrund der Verzweiflung oder des Vergessens zu entreißen."[178]

Durch die Theozieefrage erzwungenes Nichtwissen darf nicht beseitigt werden, sonst würde die „eschatologische Differenz zwischen

---

[174] A. a. O., 16.
[175] A. a. O., 17.
[176] A. a. O., 16.
[177] Vgl. ebd.
[178] A. a. O., 18.

unserer (allemal anthropomorphen) Rede über Gott – und Gott selbst"[179] ignoriert werden. Metz kritisiert Konzepte eines (mit-)-leidenden Gottes als falsche Versöhnung und Beruhigung. Seine Kritik geht jedoch zumindest an aktuellen feministischen Ansätzen zu dieser Frage, zum Beispiel von Ivone Gebara oder Melissa Raphael, vorbei. Sie zeigen auf, wie überlebensnotwendig es für Menschen in Notsituationen sein kann, an einen Gott zu glauben, der nicht nur abwesend ist. Hoffnung auf Befreiung wird durch Zeichen des Heils im größten Unheil, das heißt, durch Menschen, die füreinander Verantwortung übernehmen, aufrechterhalten. Nur, wenn bereits im Hier und Jetzt Zeichen der verheißenen Gottesherrschaft, des verheißenen Heilseins der Schöpfung, sichtbar sind, kann es Hoffnung auf die Vollendung geben – gerade für diejenigen, die jetzt leiden.[180]

Insgesamt muss die Rede von Gott meines Erachtens aber eine Gratwanderung bleiben, zwischen anwesend und abwesend, zwischen mächtig und ohnmächtig sowie zwischen mit-leidend und befreiend. Das von Metz betonte Vermissen eines gerechten Gottes muss als offene Frage aufrechterhalten bleiben.[181]

Nach Gott zu fragen heißt gegenwärtig – daran gilt es meines Erachtens gerade im Kontext der BRD festzuhalten – vor allem, Gott zu vermissen. Im westeuropäischen Kontext müssen Glaubende sich fragen: Welcher Zusammenhang besteht zwischen dem Reichtum unserer Länder und der Armut anderer? Der vorzeitige Tod von Tausenden darf – auch wenn er nicht unmittelbar erfahrbar, sondern ‚weit weg' ist – nicht irrelevant sein für die Gottesfrage, wenn es eine Verheißung von Heil und Gerechtigkeit für alle Menschen gibt. Zu fragen ist daher vor allem im Kontext christlicher Gruppen und Ge-

---

[179] A. a. O., 18.

[180] Vgl. Ivone Gebara: Die dunkle Seite Gottes (Theologie der Dritten Welt 27), Freiburg i. Br. 2000, 182-215; vgl. Melissa Raphael: The female face of God in Auschwitz. A Jewish feminist theology of the Holocaust, London u. a. 2003.

[181] Vgl. auch Lucia Scherzberg: Gott und das Böse. Impulse aus der feministischen Theologie und der Theologie nach Auschwitz, in: theologie.geschichte, Jg. 1, 2006, 13-32, Quelle: online: http://aps.sulb.uni-saarland.de/theologie.geschichte/inhalt/2006/band_1.html (letzter Zugriff am 10.07.2012).

meinden: Wie lassen wir uns betreffen von Leid, das uns nicht direkt angeht? Und: Warum scheint das zur Zeit so schwer zu sein? Eine zentrale These meiner Arbeit ist, dass dies unter anderem mit der Organisation von Arbeit und Leben zusammenhängt, die keinen Raum lässt, über den eigenen Horizont hinaus Fragen an Gesellschaft und Zusammenleben oder die Art und Weise des Produzierens und Reproduzierens zu stellen.

Jesus, so Metz, lehrte eine Mystik der offenen Augen, deren Merkmale die gesteigerte Wahrnehmung von und Verantwortung für fremdes Leid sind.[182] In dieser Mystik geht es nicht um das Sich-auflösen in die subjektfreie Leere, sondern um

> „ein immer tieferes Hineinwachsen in einen Bund, in den mystischen Bund zwischen Gott und Mensch, der die subjekthafte Verantwortung des Menschen für die Anderen nicht auflöst, sondern einfordert.“[183]

Diese Mystik gilt nicht nur für den privaten Lebensbereich, sondern vor allem auch für das öffentliche, politische Leben.[184] Daher ist ‚Mystik‘ ein für den Alltagsgebrauch eher irreführender Begriff, da er stark mit Innerlichkeit und Abkehr von der Welt assoziiert wird. Für das Nachdenken über Subjektivität ist der Begriff ‚Leidempfindlichkeit‘ aussagekräftiger. Es geht darum, diese zu stärken – sowohl individuell als auch im Rahmen von Gesellschaft und Kirchen.

---

[182] Vgl. a. a. O., 27; vgl. auch Dorothee Sölle: Mystik und Widerstand. „Du stilles Geschrei“, Hamburg 1999. Sölle spricht von der mystischen Einigung als einer „andere[n] Beziehung zur Welt, die sich die Augen Gottes geliehen hat.“ A. a. O., 364.

[183] Metz, Memoria passionis, 106.

[184] Vgl. a. a. O., 167.

3.3 Tendenzen zu Selbstzerstörung und Schwächung des Subjekts in der Moderne

3.3.1 Wandel zum kalkulierenden Subjekt

Der Begriff ‚Subjekt' war und ist einem tiefgreifenden Wandel unterzogen. Franz J. Hinkelammert bringt auf den Punkt:

> „Dass der Mensch Subjekt ist, ist eine Bestimmung, die mit dem Beginn der Moderne auftaucht. Sie geht durch das ganze Denken der Moderne hindurch, aber die Entwicklung dieser Moderne führt in ihrer Konsequenz zu einer allgemeinen Negation des Subjekts."[185]

Hinkelammert führt diesen Wandel bis auf René Descartes (1596-1650) zurück. Dieser gab dem Subjekt Bedeutung als denkende Instanz (res cogitans), die sich dem Objekt (res extensa) gegenüber sieht. Da dieses denkende Subjekt weder die eigene Körperlichkeit noch die der Anderen mit einschließt (alles gehört zur res extensa), ist es ein transzendentes Subjekt und es kann die körperliche Welt als Objektivierung des Subjekts auffassen, „so dass die ganze externe Welt ein Ergebnis dieses denkenden Ichs zu sein scheint"[186], über die das Subjekt urteilen kann. „Es ist nicht Teil der Welt, sondern ihr Richter."[187] Gleichzeitig ist dieses Descart'sche Subjekt Individuum und in dieser Eigenschaft vor allem Eigentümer. Auch in dieser Eigenschaft ist das Subjekt nicht körperlich wahrnehmbar und korrespondiert mit demjenigen, das der res extensa gegenübersteht. Folglich existieren Eigentumsverhältnisse des Subjekts zur gesamten externen Welt, seinem eigenen Körper, seinen Gedanken und Gefühlen. „Vom Standpunkt dieses Subjekts her gesehen, reduzieren sich alle Menschenrechte auf Eigentumsrechte."[188]

Bis heute vorherrschender Ausgangspunkt des Denkens ist das besitzende, kalkulierende Individuum, welches das Zentrum aller sozia-

[185] Hinkelammert, Das Subjekt, 399.
[186] Ebd.
[187] Ebd.
[188] A. a. O., 400; Vgl. a. a. O. 399f.

len Beziehungen in unserer Gesellschaft darstellt. Aus seiner Sicht verwandelt sich die objektive Welt in Kapital – einschließlich des ‚Humankapitals' – als Mittel der Akkumulation. Menschliche Fähigkeiten werden im Gesamt zur Verfolgung materieller Interessen benutzt. ‚Materielle Interessen' bezeichnen nach Hinkelammert immer kalkulierte, partikulare Interessen, aber nicht nur auf körperliche, materielle Gegenstände ausgerichtet, sondern auf „jede objektive Chance, irgendein Ziel zu verfolgen."[189] In der Festlegung auf das kalkulierende Individuum wird der Mensch auf den ‚homo oeconomicus', auf sein (besitzendes) Individuum-Sein reduziert; sein ‚Nutzen' wird allein in Konsum- bzw. Akkumulationschancen begriffen. Er ist bestimmt von einem Zweck-Mittel- oder Kosten-Nutzen-Kalkül, das „mit gegebenen Mitteln ein quantitativ maximales Ergebnis, oder ein bestimmtes Ergebnis mit minimalem Mittelaufwand"[190] verfolgt – wobei, um Mittel und Ziele quantitativ vergleichen zu können, die Möglichkeit des Ausdrückens in Geld gegeben sein muss. Dieses Kalkül gilt als rationales Handeln.[191]

Charakterisiert ist dieses rationale Handeln, das lange vor Max Weber entstand, aber von ihm expliziert wurde und unsere Gesellschaftssysteme bis heute bestimmt, von Effizienz und Wettbewerb als höchsten Kriterien über allen Lebensbedingungen. Diese Kriterien erstrecken sich nicht nur auf wirtschaftliche Bereiche, sondern schließen Kultur, Religion und Ethik mit ein.[192]

Das gesamte soziale System verwandelt sich so immer mehr „in ein am eigenen Funktionieren ausgerichtetes Räderwerk"[193], welches unter der Maxime maximalen Wachstums bewertet wird: Es besteht kein Zweck mehr an sich; Erziehung und Gesundheit sollen Humankapital erschaffen, die Einkommensverteilung dient dem Anreiz von Wachstum, Kultur gibt diesem Prozess ohne Sinn einen Sinn, Ethik

[189] Hinkelammert, Das Subjekt, 402, vgl. ebd.
[190] A. a. O., 403.
[191] Vgl. ebd.
[192] Vgl. ebd.
[193] Ebd.

wird als funktionale Normenverwaltung und -durchsetzung zur Legitimation dieses Systems – im Falle des Marktes dienen diese Normen der Eigentumsgarantie und der Erfüllung von Verträgen. Auch Religion soll sich als Stütze des Systems erweisen, das unaufhaltsam

> „seine eigene Bewegung maximiert. Hier erscheint der Nihilismus der modernen Gesellschaft, der aus dieser maximierten Bewegung erwächst, die überhaupt kein Ziel und kein Kriterium hat, das nicht selbst Ergebnis dieser Bewegung wäre. Diese Bewegung selbst wird damit zu einer sich selbst perpetuierenden Bewegung, die alle menschlichen Äußerungen und Werte in ihren Dienst stellt und ihnen damit ihren Wert nimmt."[194]

Um den zerstörerischen Charakter des kalkulierenden Subjektbegriffs zu beschreiben, bezieht sich Hinkelammert kritisch auf die Systemtheorie Niklas Luhmanns, der Eigengesetzlichkeiten voneinander unabhängiger Systeme konstatiert.[195] Nach Hinkelammert reduziert Luhmann das Subjekt auf ein Element der Umwelt des Systems. Wenn aber die Konsequenzen dieses Systems für die Menschen in den Blick genommen werden, wird der selbstzerstörerische Charakter dieses Subjektbegriffs deutlich.[196] Konsequenz aus der Verfolgung kalkulierter materieller Interessen ist eine Ordnung, die nicht-intentionale Effekte des Handelns außer Acht lässt – denn die „Umwelt des Systems stellt Gesamtheiten dar, die das Kalkül nicht in Betracht zieht und nicht in Betracht ziehen kann. Daher verzerrt es diese Gesamtheiten und untergräbt sie."[197] Die nicht-intentionalen Effekte werden zu Krisen, „die das System in der Gesellschaft und der Natur auslöst, in die das Handeln eingreift, ohne ihren Charakter als Gesamtheiten in Betracht zu ziehen."[198] Zu diesen gehören die wachsende Ausgrenzung von Teilen der Bevölkerung, die Krise der

---

[194] A. a. O. 404; Vgl. a. a. O. 403f.

[195] Zur Systemtheorie Luhmanns vgl. z. B. ebenfalls kritisch Michael Murrmann-Kahl: Subjekt(ivität) und/oder System? Systemtheoretische Perspektiven auf ein „alteuropäisches" Thema, in: Dietrich Korsch, Jörg Dierken (Hg.): Subjektivität im Kontext (= Religion in Philosophy and Theology 8), Tübingen 2004, 143-158, bes. 145-148.

[196] Vgl. Hinkelammert: Das Subjekt, 404.409.

[197] A. a. O., 405, Vgl. a. a. O. 404f.

[198] A. a. O., 405.

sozialen Beziehungen und die Umweltkrise – alle drei werden, der globalen Ausbreitung des Nutzen-Kalküls entsprechend, zu globalen Bedrohungen, „denen gegenüber das System unfähig ist zu reagieren. Die Ordnung entwickelt Tendenzen zu ihrer eigenen Zerstörung und wird daher selbstzerstörerisch."[199]

Hinkelammert nennt dies die ‚Irrationalität der Rationalisierten': Diese Ordnung, die unter dem Zweck-Mittel-Kalkül rational erscheint, sägt den Ast ab, auf dem sie sitzt. Die Totalisierung des Kalküls der materiellen Eigeninteressen und die Organisierung desselben als soziales System produziert unvermeidliche Nebenprodukte des intentionalen Handelns, die die Gesamtheiten, innerhalb derer das System entsteht, untergräbt.[200] Bedrohlich für den Kapitalismus ist dies deswegen, weil somit das Überleben der Menschheit gefährdet ist, welches die Bedingung für das Überleben des Kapitalismus darstellt. Der Kapitalismus produziert also selbstzerstörerische Effekte.[201] Diese kommen seit Beginn der Finanz- und Wirtschaftskrise besonders deutlich zum Ausdruck.

3.3.2 *Zeitbewusstsein: Die Notwendigkeit apokalyptischen Denken und gefährlicher Erinnerung angesichts entfristeter Zeit und einer Kultur des Vergessens*

Das kalkulierende, am unmittelbaren Nutzen orientierte Denken und Handeln hat Auswirkungen auf das Zeitbewusstsein. Johann Baptist Metz sieht, an die Kritische Theorie anschließend, im Zuge der Modernisierungsprozesse Subjektivität nicht gestärkt – wie eigentlich aus aufklärerischer Perspektive vorgesehen – sondern geschwächt: Subjektsein, Beziehungsfähigkeit und Geschichtsbewusstsein werden durch die Dominanz des Waren- und Tauschprinzips geschwächt, das „über den ökonomischen Bereich hinaus längst die seelischen Grundlagen unserer Gesellschaft erreicht und die Herzen der Menschen [...]

[199] Ebd.
[200] Vgl. a. a. O., 405f.
[201] Vgl. a. a. O., 407.

kolonialisiert"[202] hat. Der bzw. die Einzelne ist austauschbar, biotechnologisch eventuell sogar reproduzierbar, und wird daran gewöhnt, sich an eine abstrakte, unübersichtliche Welt anzupassen:[203]

> „Die Massenmedien zielen nicht nur auf reichere, wahrnehmungsgesteigerte Subjektivität, sie befördern auch eine neue Art von *Subjektmüdigkeit*, indem sie immer mehr von der Anstrengung subjekthafter Sprache und der selbst gedeuteten Geschichte dispensieren. Ihre Informationsflut dient augenscheinlich nicht nur der Aufklärung, sondern auch einer neuen, gewissermaßen sekundären Unmündigkeit, die viel schwerer zu überwinden ist als jene erste Unmündigkeit, gegen die die Aufklärung antrat, ganz einfach deswegen, weil der sekundär Unmündige gar nicht an der Unmündigkeit zu leiden scheint, die er sich da antut."[204]

Metz konstatiert ein ‚Verschwinden des Menschen', zunehmend voyeurhaften Umgang mit gesellschaftlichen und politischen Krisen, um sich greifendes Desinteresse an Politik, neuen Privatismus und einen Abschied von Geschichtsbewusstsein: Die manchmal diagnostizierte ‚Geschichtsfreudigkeit' sieht er als Literarisierung von Geschichte; Geschichte wird zum Gegenstand von Zerstreuung und ethischer Suspension.[205]

Aus der Absicht heraus, Bewusstsein für das Involviertsein in eine Geschichte der Unterdrückung und eine Verantwortungsübernahme hierfür zu fördern, muss ein Ziel theologischer Subjektwerdung ein anderes Zeitbewusstsein, das heißt, ein anderes Bewusstsein für Geschichte sein. Die Diagnose ‚Abschied vom Geschichtsbewusstsein' präzisiert Metz in zwei Richtungen; erstens im Bewusstsein entgrenzter Zeit, zweitens in der Kultur des Vergessens.

Bereits Friedrich Nietzsche verkündete das ‚Ende der Geschichte'. Ohne den Horizont Gottes stürzt „Geschichte [...] in eine anonyme, zeitlich entfristete Evolution [...], die nichts sucht und nichts will als Evolution."[206] Fortschrittsdenken und Innovativität beherrschen

---

[202] Metz, Memoria passionis, 79f.
[203] Vgl. ebd.
[204] A. a. O., 80f.
[205] Vgl. a. a. O., 81.
[206] A. a. O., 85.

demnach die Auffassung von Zeit. Zwar gewinnt inzwischen durch den Klimawandel und die Krisen des Kapitalismus das Thema der Grenzen von Wachstum und Fortschritt wieder mehr Präsenz[207], von einer Verabschiedung des Fortschrittsglaubens kann aber nicht die Rede sein. Metz zufolge ist eine gesellschaftliche Angst vor entgrenzter Zeit wahrnehmbar: Die Angst des archaischen Menschen vor dem nahen Ende des Lebens und der Welt hat sich gewandelt in

> „eine Angst davor, dass überhaupt nichts mehr zu Ende geht, dass es überhaupt kein Ende gibt, dass sozusagen das individuelle Ende im Tod keine Analogie hat in einem Ende der Welt. Es gibt eine Angst davor, dass alles und alle hineingerissen sind in das Gewoge einer antlitzlosen und gnadenlosen Zeit, die schließlich jeden von hinten überrollt wie die Flut das Sandkorn am Meer und schließlich alles gleich-gültig macht wie der Tod. Diese Art der Zeitbotschaft treibt jede substantielle Erwartung aus; sie erzeugt jene heimliche Identitätsangst, die an der Seele des heutigen Menschen frisst. Sie ist schwer entzifferbar, weil sie unter den Chiffren von Experiment und Fortschritt längst erfolgreich gezähmt ist, ehe wir sie, für Augenblicke, auf dem Grund unserer Seelen entdecken. Es gibt heute einen Kult des unbegrenzten Experimentierens: Alles ist machbar, alles gestaltbar. Aber es gibt auch einen neuen Schicksalskult: Alles ist überholbar."[208]

Diese Vorstellung und Hegemonie einer entfristeten Zeit hat laut Metz Gott undenkbar gemacht und auch die „Substanz eines geschichtlichen Denkens"[209] aufgelöst; Historie ist an die Stelle der Tradition getreten: Das Vergangene ist nicht nur vergangen, es besiegelt auch die Inaktualität des Gewesenen. Konsequenz ist: Aus der Erfahrung einer zeitlosen Zeit wird eine um sich greifende Resignation erzeugt:

> „An diesem von der entfristeten Zeit gespeisten Lebensgefühl zerbrechen die großen Visionen, verflachen alle Utopien immer mehr zu mit-

---

[207] Vgl. zum Beispiel Meinhard Miegel: Exit. Wohlstand ohne Wachstum, Berlin 2010; vgl. Michael Dauderstädt: Die offenen Grenzen des Wachstums, in: WISO direkt, Analysen und Konzepte zur Wirtschafts- und Sozialpolitik, Januar 2010, Quelle: http://library.fes.de/pdf-files/wiso/06973.pdf (letzter Zugriff am 10.07.2012).

[208] Metz, Memoria passionis, 131.

[209] A. a. O., 132.

> telfristigen Strategien, wie wir das im politischen Leben unserer Zeit quer durch die Blöcke beobachten können.“[210]

Metz identifiziert besonders in der Theologie das Problem der Flucht aus der Öffentlichkeit der Geschichte. Eine entfristete Weltzeit steht einer befristeten individuellen Lebenszeit gegenüber. In großen Teilen moderner Theologie existiert dieser Dualismus, dass die Theologie die Weltzeit sich selbst und ihrem Schicksal überlässt und nur die individuelle Lebenszeit in ein Verhältnis zu Gott zu bringen versucht.[211] Theologische Aufgabe wäre jedoch gerade das Bewusstmachen der Entgrenzung individueller Lebenszeit durch die Verbindung mit der Lebenszeit anderer:

> „Nicht die private Lebenszeit, sondern gerade auch die öffentliche Erfahrung der Zeit der Anderen, nicht der Vorlauf in den je eigenen Tod, sondern die Erfahrung des Todes der Anderen hält das Bewusstsein der Entgrenzung individueller Lebenszeit wach.“[212]

Im Christentum setzte sich das lineare Zeitdenken des Hellenismus durch, eine onto-theologische Auffassung von Zeit, die sich mehr auf Ideen als auf Erinnerungen bezieht, während das Bundesdenken und ein Zeitdenken mit Leidensgedächtnis, die mit der Glaubenstradition Israels verbunden sind, vernachlässigt wurden.[213] Der Mangel an Zeitempfindlichkeit in der heutigen Christologie widerspricht dem, was eigentlich an Zeitbotschaft in der Geschichte Jesu ausgesagt wird:

> „Denn die in der Christologie formulierte Aussage vom ‚letzten‘ und ‚endgültigen‘ Wort der Zusage Gottes an die Menschheit in Jesus Christus ist selbst eine Zeitaussage. Sie erzwingt eine Logik befristeter Zeit; ‚Endgültigkeit‘ und ‚Unwiderruflichkeit‘ – für alle und alles, für Mensch und Welt – kann nur im Horizont befristeter Zeit ausgesagt werden. Im Horizont induktiv unendlicher und in diesem Sinn ‚ewiger‘ Zeit gibt es nichts ‚End-gültiges‘, nichts ‚Letztes‘, sondern nur Hypothetisches und allemal Überholbares. Die Logik befristeter Zeit aber hat jene narrativ-anamnetische Tiefenstruktur, die sich am Geist biblischer Traditionen

---

[210] Ebd.; Vgl. a. a. O., 132f.
[211] Vgl. a. a. O., 154f.
[212] A. a. O., 154.
[213] Vgl. a. a. O., 52.

> ablesen lässt und die von ihm – gerade im Angesicht einer Katastrophe wie der von Auschwitz – zu lernen wäre.“[214]

Die Heilszusage Gottes verliert ihren Sinn, wenn sie nie Wirklichkeit wird. Theologisch ist daher Zeit als befristete zu begreifen, was keine Entwichtigung der Gegenwart bedeutet, sondern sie erst emphatisch erfahrbar macht.[215] Apokalyptisches Zeitverständnis ist deshalb wieder stark zu machen. Die Apokalyptik wurde laut Metz von der Theologie der Großkirchen verabschiedet „zugunsten einer sanften, idealistisch geglätteten und bürgerlich erträglichen Eschatologie [...].“[216] Heute wird sie vor allem zur Artikulierung von Untergangsängsten benutzt, unter anderem in der christlichen Rechten, sehr prominent beispielsweise in den USA.[217]

Die Apokalyptik entstand im Frühjudentum im Kontext der verschärften Leidens- und Verfolgungssituation der jüdischen Gemeinden. Metz bezeichnet sie als dramatische Konsequenz „[i]m Licht der geschichtlichen Genealogie des Gottesbegriffs in Israel [...].“[218] Charakterisiert werden kann sie durch folgende zwei Aspekte: Zum einen ist sie eine Zeitbotschaft – keine Katastrophenbotschaft – vom befristeten Wesen der Weltzeit, eine Botschaft von der „Verzeitlichung des Kosmos selbst im Horizont befristeter Zeit“[219]. In der apokalyptischen Sprache ist „Gott [...] das noch nicht herausgebrachte, das noch ausstehende Geheimnis der Zeit.“[220] Ungleich der katastrophischen Endzeit-Verkündigungen, die das Ende der Zeit als bedrohliche Kulisse aufbauen, bedeutet das Ende der Zeit in den apokalytischen Weissagungen wie zum Beispiel im Markus-Evangelium Hoffnung: „[E]ndlich wird das Ende des Elends da sein.“[221] Zum

---

[214] A. a. O., 53f.
[215] Vgl. a. a. O., 130.
[216] A. a. O., 136.
[217] Vgl. auch: Luise Schottroff: Lydias ungeduldige Schwestern. Feministische Sozialgeschichte des frühen Christentums, 3. Aufl., Gütersloh 2001, 229.
[218] Metz, Memoria passionis, 137.
[219] Ebd.
[220] A. a. O., 138.
[221] Schottroff, Lydias ungeduldige Schwestern, 229.

anderen geht es in der Apokalyptik im engeren Wortsinn um das „Aufdecken der Antlitze der Opfer gegen die mitleidlose Amnesie der Sieger"[222]. Die mythischen Verschleierungen der menschlichen Leidensgeschichte werden enthüllt. In der Konsequenz bedeutet dies, dass das für das Christentum Zentrale das

> „Gottesgedächtnis im Eingedenken der Leidensgeschichte der Menschen ist, dass es sich weigern muss, ziellos bei sich selbst zu verweilen oder angesichts des Fehlens von Finalität in die Ästhetik auszuweichen."[223]

Das heißt, die Zusage Gottes, die Verheißung von Gerechtigkeit verlangt nicht weniger als dies durch Taten Wirklichkeit werden zu lassen: so zu leben, dass dieses Heil auch realisiert werden kann.

Michael Ramminger zeigt in diesem Sinn eine enge Verbindung von Messianismus und Apokalyptik auf:

> „Messianismus zeichnete sich in seinen geschichtswirksamen Ausdrücken nie durch eine defätistische Einstellung zu den historischen Verhältnissen aus, die die Ankunft (oder Wiederkehr) des Messias einfach nur leidend erwartete, sondern dadurch, dass er menschliche Praxis und Teilnahme an der Restitution der Schöpfung oder der Herrschaft des Reiches Gottes als entscheidenden Bestandteil messianischer Hoffnung begriff."[224]

Mit Sharon Welch ist die soziale Dimension des ‚Endes der Geschichte' – im apokalyptischen Sinn – zu betonen: Die Aussage, dass Gott sein wird (Jer 31,31-34) bedeutet, dass Mitleid, Solidarität und Gerechtigkeit unter den Menschen herrschen werden. Der biblische Gott ist ein zukünftiger, denn nur am Ende der Geschichte werden die Menschen Gott erkennen.[225] Luise Schottroff setzt die apokalyptische Zeitvorstellung einer linearen – die sie auch eine patriarchale nennt – entgegen: Die Sicherheit des patriarchalen Hauses und seiner

---

[222] Metz, Memoria passionis, 138.

[223] A. a. O., 138.

[224] Michael Ramminger: Messianismus und Globalisierung, in: Institut für Theologie und Politik (Hg.): Der gekreuzigte Messias und die Erwartung vom Land der Freiheit. Christologie im Kontext der Globalisierung (= Edition ITP-Kompass 3), Münster 2004, 141-154, 150.

[225] Vgl. Welch, Gemeinschaften, 99.

ökonomischen Organisation wird erschüttert. In den eschatologischen Texten der Evangelien wird eine völlig andere als die ins Unendliche zielende, lineare Zeitvorstellung ausgedrückt:[226]

> „Die eschatologischen Texte der synoptischen Evangelien wie der jüdischen Apokalyptik insgesamt *sind Zeitansage für die Gegenwart* [...]. Sie reden von Jubel und Wartenkönnen, von Hartnäckigkeit und Aufstehen, von Wachen und Gebären. Sie reden vom Rhythmus des Lebens zwischen Tag und Nacht und von dem Rhythmus der Jahreszeiten. Sie reden vom abrupten Schrecken, der der patriarchalen Verfügung über die Zeit, die immer so weiter geht, ein Ende setzt."[227]

Zum apokalyptischen Bewusstsein gehört auch ein Bewusstsein von Gefahr. Dieses wird nach Metz zur Zeit systematisch ausgeblendet. Ein ungefährliches und ungefährdetes Christentum kann jedoch keinen Trost spenden. In Respekt vor der „Würde des in der Zeit angehäuften Leidens"[228] ist die Zeit im apokalyptischen Sinn von der Leidenszeit her zu verstehen. Nur wenn ein Verständnis von Krise und eine realistische Einschätzung der Skandale, die unseren Alltag beherrschen, bestehen, kann man auch Verheißungen, die diese konterkarieren, glaubwürdig verkünden.[229]

Es gilt, sich nicht mit den Verhältnissen zufrieden zu geben, die sich als eine Geschichte des Unrechts darstellen. Gegenstrategien zu Zeit- und Geschichtslosigkeit bestehen darin, nach Brüchen und Widersprüchen zu suchen, an die Kämpfe und Niederlagen zu erinnern und damit Möglichkeiten einer neuen Zeit sichtbar zu machen. Dies kann nur von den diskursiven und geographischen Rändern aus geschehen. Apokalyptisches Denken bedeutet dabei, ein Ende der zeit, ein ‚Jenseits' der gegenwärtigen Verhältnisse, für möglich zu halten. Dadurch relativieren sich auch Sachzwänge und herrschende Formen von Politik.[230]

---

[226] Vgl. Schottroff, Lydias ungeduldige Schwestern, 235.237.
[227] A. a. O., 235.
[228] Metz, Memoria passionis, 145.
[229] Vgl. a. a. O., 143ff.
[230] Vgl. Ramminger, Messianismus, 149-153.

Das Bewusstsein befristeter Zeit setzt auf diese Weise gerade Potential frei, sich von der Fixierung auf das unmittelbar Mögliche und Realistische zu lösen und Möglichkeiten von Befreiung in den Blick zu nehmen.

Zeit wird zudem im ‚modernen' Bewusstsein nicht nur angesichts ‚unendlicher' Fortschrittsmöglichkeiten entgrenzt, sondern es wird auch ein Vergessen von allem kultiviert, was sich der Marktlogik entzieht. José Antonio Zamora beschreibt in der Auseinandersetzung mit der Kulturkritik Theodor W. Adornos, wie sich im Kapitalismus eine ‚Kultur des Vergessens' herausbildet:

> „Das ‚Gleich um Gleich' des Tausches scheidet alles aus sich aus, was nicht in seiner Rechnung aufgeht: die Zeit, die Erinnerung, die Tradition, die dann in der bürgerlichen rationalisierten Gesellschaft zur Irrationalität degradiert wird [...].[231]

Kulturindustrie – die industrielle Produktion von Kulturprodukten, die über Massenmedien konsumiert werden – nimmt den Menschen die Möglichkeit der Erfahrung eigenen Leidens. Dies geschieht durch ihre vorgefertigten Produkte, die die (Selbst-)Wahrnehmung auf Formeln und Stereotype reduziert. Durch Wiederholung wird Identifizierung mittels Wiedererkennung erzeugt. „Zeitbewußtsein konzentriert sich auf ein abstraktes Jetzt, das zeitlos, dimensionslos und leer den Raum eines Produktion-Konsumtionskreises darstellt."[232]

Johann B. Metz konstatiert eine Kultur der Amnesie. Glück ist nur möglich, wo die Leidenden, die Opfer vergessen werden. Eine Kultur der Vergesslichkeit sucht sich gegen die überschießenden Leidensgeschichten zur Wehr zu setzen. Im Zuge dessen kommt, so Metz, dem Menschen nicht nur Gott, sondern auch er sich selbst abhanden. Glaube ist nur dort relevant, wo er an geschichtliche Erfahrung zu-

---

[231] José A. Zamora: Krise – Kritik – Erinnerung. Ein politisch-theologischer Versuch über das Denken Adornos im Horizont der Krise der Moderne (= Religion – Geschichte – Gesellschaft. Fundamentaltheologische Studien 3), Münster 1995, 427f.

[232] A. a. O., 428.

rückgebunden und nicht als geschichtsferner Mythos ‚gefeiert' wird.[233]

Angesichts dieser Analyse fordert Metz eine anamnetische, das heißt eine eingedenkende, eine Gedächtnis-Kultur ein. Gegen die schleichende Selbsttotalisierung einer rein technischen Rationalität muss Widerstand geleistet werden. Laut Metz ist dies möglich durch ein die Diskurse orientierendes Gedächtnis. Es kann keine „geschichtslose Selbstreflexion des Menschen auf die Bedingungen der Möglichkeit seines Subjektseins, seiner subjekthaften Freiheit"[234] geben. Es geht um die geschichtlich-kontingente Erfahrung der Bedrohung des menschlichen Subjektseins durch kulturelle Amnesie und die geschichtlich-kontingente Erfahrung des dezidierten Widerspruchs zum Gottesgedächtnis, auf die Metz rekurriert. Ein vor- oder außergeschichtlicher Zusammenhang von Gott und Mensch existiert nicht:[235]

> „Es gibt nicht eigentlich eine Weltgeschichte und ‚daneben' oder ‚darüber' eine Heilsgeschichte, sondern die Heilsgeschichte, von der die christliche Theologie spricht, ist jene Weltgeschichte, die von einer ständig bedrohten und umstrittenen, aber unzerstörbaren Hoffnung auf universale Gerechtigkeit, also auf Gerechtigkeit auch für die Toten und ihre vergangenen Leiden, geprägt ist: jene Weltgeschichte, in der es auch eine Hoffnung für die vergangenen Leiden gibt."[236]

Metz sieht im Gerechtigkeitsdenken biblischer Traditionen einen Weg, dem Dahinschwinden des Menschen und der Auflösung seines Gedächtnisses ins reine Experiment zu widerstehen. Denn das Gedächtnis wurzelt „im Ineinander und Zueinander von Gottesgedächtnis und humanem Leidensgedächtnis"[237]. Metz prägt die Kategorie der ‚gefährlichen Erinnerung', die genau dieses Leidensgedächtnis der Menschen im Zusammenhang und in Kontrast mit dem Gottesgedächtnis als Verheißung von Heil und Gerechtigkeit für

[233] Vgl. Metz, Memoria passionis, 75f.
[234] A. a. O., 86.
[235] Vgl. ebd.
[236] A. a. O., 224, Fn. 337.
[237] A. a. O., 85.

heutige Theorie und Praxis relevant macht. ‚Gefährlich' heißt in diesem Zusammenhang, dass der Status quo gefährdet ist, weil Veränderung greifbar wird, und dass Möglichkeiten der Veränderung durch die Erinnerung an Leiden, aber auch an Befreiungsgeschichten aufscheinen. Jüdische und christliche Traditionen stellen solch eine gefährliche Erinnerung dar, eine ‚memoria passionis', die die Noch- oder Nachmoderne provoziert und es ermöglicht, von Solidarität, Humanität, und von „Unterdrückung und Befreiung zu reden, gegen himmelschreiende Ungerechtigkeit zu protestieren und gegen Verelendung und zerstörerische Armut zu kämpfen."[238]

Sharon Welch verdeutlicht, wie das Metz'sche Konzept der gefährlichen Erinnerung mit den Bedingungen von Subjektwerdung zusammenhängt:

> „Metz beschreibt die gefährliche Erinnerung als Erinnerung an den Prozess der Subjektwerdung im Angesicht Gottes. Die Erinnerung des Subjektseins wird getragen von einigen Formen der Ekklesia und von bestimmten Strängen der biblischen Tradition, etwa von der Exodus tradition und den Verheissungen des Reiches Gottes in den Evangelien. Die Erinnerung entstammt einer Gemeinschaft, in welcher Menschen dazu befreit werden, eine Identität zu beanspruchen, die sich von der ihnen aufgezwungenen Bestimmung unterscheidet. Diese Erinnerung ist sowohl eine Erinnerung vergangener Befreiung als auch eine Motivation für weitere Befreiung, eine Erinnerung des Widerstandes als auch Hoffnung auf erneuten Widerstand."[239]

Welch beschreibt zwei Dimensionen gefährlicher Erinnerung: Hoffnung und Leiden.[240] Sie betont, dass Erinnerungen an Geschichten von Widerstand und Hoffnung ebenso wichtig wie das Leidensgedächtnis sind, denn sie bezeugen den Protest gegen eine Ordnung der Dinge, die als ‚natürlich', selbstverständlich oder unvermeidbar dargestellt wird: „Herrschaft ist so lange nicht absolut, als es Widerstand

---

238 Ebd.

239 Welch, Gemeinschaften, 93.

240 Vgl. a. a. O., 81.

dagegen gibt.“[241] Daher gilt es, Geschichten von Widerstand zu bewahren.[242]

Insofern befristete Zeit und gefährliche Erinnerung als Kategorien solidarischer Subjektwerdung ernst genommen werden, geht es in meiner Analyse auch darum, nach Auffassungen von und dem Umgang mit Zeit und Erinnerung zu fragen, nach zeitlichen und örtlichen Räumen für Erinnerung und Erzählung, nach dem Bewusstsein für eine Verantwortung für Veränderung, das über den individuellen Horizont hinaus ein Glaubensgedächtnis und eine Glaubensgemeinschaft im Blick hat.

3.3.3 Das Subjekt im Neoliberalismus zwischen Individualisierung und Normalisierung

Auch Michel Foucault nimmt das Subjekt unter herrschaftskritischer Perspektive in den Blick. Er legt den Schwerpunkt allerdings auf die Selbstkonstituierung des Subjekts. Foucault entwickelt laut Claudia Kolf-van Melis in seinem Gesamtwerk

> „die moderne Frage des Subjekts in der Spannung von unterworfener Souveränität und subjektivem Selbstentwurf. Die beiden Pole der Objektivierung und Subjektivierung, der Abhängigkeit und Mündigkeit, bedingen sich gegenseitig und sind nicht voneinander zu trennen.“[243]

Die Analysen Foucaults sind so im kritischen Anschluss an die Aufklärung zu verstehen; sie nehmen die Frage der Mündigkeit des Menschen auf und machen die ambivalenten Konsequenzen modernen Subjektdenkens bewusst:

> „Was einerseits als Emanzipation von Lebensbedingungen, die einer vernünftigen Kritik nicht standhalten, gemeint ist, legt andererseits auch den Grundstein zu einer umfassenden Vision der Selbst- und Weltbeherrschung, in deren Folge sich die moderne Auffassung eines autonomen und selbstbewußten Subjekts durchgesetzt hat. Foucault wendet

---

[241] A. a. O., 88.

[242] Vgl. a. a. O., 87f. Vgl. auch Schüssler Fiorenza, Zu ihrem Gedächtnis; vgl. Luise Schottroff: Frauenwiderstand im frühen Christentum, in: Frauenforschungsprojekt: 1993, 129-159.

[243] Kolf-van Melis, Tod des Subjekts? Praktische Theologie, 182.

> sich mit seinen Studien gegen diesen das Subjekt hypostasierenden Aufklärungspathos, indem er den Umschlag des modernen Subjekts von Souveränität in Ausgeliefertsein, Autonomie in Abhängigkeit und Originalität in soziale Konstruktion thematisiert."[244]

Das Bemühen um die Mündigkeit des Menschen ist dabei allerdings ein Anliegen, das Foucault mit den Denkern der Aufklärung teilt.[245] Für ihn ist die Möglichkeit der Überschreitung historisch entstandener, die Einzelnen determinierenden Erfahrungs- und Lebensbedingungen ein wichtiges Ziel.[246] Foucault kritisiert das moderne Verständnis des Menschen als Subjekt, vor allem als Subjekt der humanwissenschaftlichen Erkenntnis. Aus der Perspektive von psychisch Kranken und Strafgefangenen beschreibt er, wie Ordnungen des Denkens entstehen, wie Wissen über den Menschen konstruiert wird, wie gesellschaftliche Machtmechanismen Disziplinierung und Kontrolle bewirken. Foucaults Kritik gilt einem mit dem Subjektverständnis verbundenen Autonomie- und Universalitätsdenken in der Folge aufklärerischer Emanzipationsbewegungen.[247] Er bewegt sich mit seiner Subjektkritik zwischen

> „unnachgiebiger Kritik an den aus der Aufklärung überkommenen universalen Subjektimplikationen und dem konstruktiven Entwurf einer Selbstkonstituierung des Subjekts in der Gegenwart."[248]

Foucault verweigert den Rückgriff auf ein konstitutives Subjekt der Erkenntnis und hält Distanz zu grundsätzlichen und transzendentalen Aussagen über den Menschen als Subjekt. Diese stehen für ihn im Dienst des Willens zur Macht über Menschen. Statt eine universale Wahrheit zu ermitteln, erstellt er historisch konkrete Analysen verschiedener Erfahrungsfelder des Subjekts.[249] In seinen frühen Studien

---

[244] A. a. O., 182.

[245] „Indem Foucault mit seinen Studien die Konzeption eines selbstbewußten und autonomen Subjekts zerstört, führt er die Dringlichkeit einer weiteren Analyse und Realisierung der Mündigkeit vor Augen." A. a. O., 183.

[246] Vgl. ebd.

[247] Vgl. a. a. O., 35f. Vgl. auch Michel Foucault: Der Wille zum Wissen. Sexualität und Wahrheit, Band 1, Frankfurt a. M. 1977, bes. 11-23.

[248] Kolf-van Melis, Tod des Subjekts? Praktische Theologie, 179.

[249] Vgl. ebd.

zeigt Foucault einen reziproken Zusammenhang von Subjektivierungs- und Objektivierungsprozessen auf: Gleichzeitig mit der Auffassung von zum Beispiel psychisch Kranken oder Strafgefangenen als Objekten von Psychiatrie oder Strafjustiz etablierte sich ein „vernünftiges Subjekt des Wissens."[250] So wird mit dem Ergebnis der sozialhistorischen Studien von Foucault zugleich ein ‚universales Subjekt' als Quelle von Erkenntnis hinterfragt.

Auf die Subjektfrage bezogen bleibt Foucault ambivalent. Er wehrt sich von Anfang an gegen die moderne Idee des Subjekts als Grundlage von allgemeingültigen Erkenntnis- und Vernunfttheorien und arbeitet deshalb in seinen Werken eine großenteils destruktive Subjektkritik aus, die den Fragen nachgeht, wie sich Menschen als Subjekte ihres eigenen Wissens konstituieren, Machtbeziehungen ausüben oder sich ihnen unterwerfen. Auf die Gegenwart bezogen macht Foucault dennoch ethische Möglichkeiten der Selbstbestimmung aus.[251] Im Spätwerk beschäftigt er sich anhand antiker Texte mit einem konstruktiven Konzept von ‚Subjektivierung'. Dieses sieht er als eine Möglichkeit von Widerstand gegen moderne, vereinheitlichende Machtstrukturen an.[252]

Foucaults Analyse der Lebensmacht bzw. ‚Biomacht' beinhaltet eine Kritik der Moderne, die einerseits Prozesse der Individualisierung und andererseits die Entwicklung gesellschaftlicher Wohlfahrt in ihren Widersprüchlichkeiten untersucht.[253] Dies ist vor allem Inhalt der frühen Arbeiten „Überwachen und Strafen"[254] und „Der Wille zum Wissen"[255]. Individualisierung bedeutet dabei Normalisierung: Für Foucault besteht das moderne Verständnis von Individualität in Effekten normalisierender Klassifikation von Subjekten durch nor-

[250] A. a. O., 180.
[251] Vgl. a. a. O., 38.
[252] Vgl. a. a. O., 35f.
[253] Vgl. A. a. O., 140.
[254] Vgl. Michel Foucault: Überwachen und Strafen. Die Geburt des Gefängnisses. Frankfurt a. M. 1987.
[255] Vgl. Foucault, Der Wille.

mierende Sanktionen, durch ein differenziertes System von Regeln und Abweichungen.

> „Das Prinzip der kontrollierenden Überwachung und gegebenenfalls anwendbarer Sanktionsmaßnahmen, das sich im Laufe des 19. Jahrhunderts in verschiedenen Institutionen ausweitet, analysiert Foucault als einen Machtmechanismus der subjektivierenden Unterwerfung."[256]

Zunehmendes Wissen über den Menschen, zum Beispiel über Gesundheit, zieht nach Foucault neben medizinischen und hygienischen Fortschritten unter anderem bevölkerungspolitische Maßnahmen und damit Einfluss auf Entwicklungen der Gesellschaft nach sich. Dieser Einfluss stellt sich als Machtmechanismen dar, die die ‚Normalität' des Lebens definieren. Es handelt sich dabei eher um subtile denn rigide Eingriffe in Biographien und Gesellschaftsstrukturen.[257] Die Ambivalenz zwischen einerseits verbesserten individuellen Lebensbedingungen und Steigerung der Lebensstandards und andererseits zunehmender Disziplinierung und regulierender Verwaltung des Lebens wird hier deutlich sichtbar.

Diese Ambivalenz zwischen Normierung und Individualisierung, in der sich das Subjekt in Zeiten der ideologischen Hegemonie des Neoliberalismus befindet, bringt José A. Zamora auf den Punkt. Einerseits findet durch den Primat von Produktion und Tausch eine Normierung der Individuen statt. Das bedeutet Anpassung von Wahrnehmung und Denken, insbesondere Einengung auf Effizienz, Leistung und Profit:

> „Die Vermittlung der totalen Gesellschaft setzt den Primat von Produktion und Tausch fest und verlangt die Anpassung des Wahrnehmungs-, Reaktions- und Denkvermögens der ihr Unterworfenen. [...] Die Reduktion des Menschen auf Funktion innerhalb des gesellschaftlichen Funktionszusammenhangs dient seiner Ersetzbarkeit, d. h. dem Funktionieren selbst. Die zunehmende Gleichgültigkeit gegenüber den Toten hat ihre Entsprechung in der Bedeutungslosigkeit des Einzelnen jenseits der Funktion, die es im Ganzen erfüllt."[258]

---

[256] Kolf-van Melis, Tod des Subjekts? Praktische Theologie, 140.
[257] Vgl. ebd.
[258] Zamora, Krise, 427.

Dieses ‚schlechte Allgemeine', die ‚totale Gesellschaft', die nichts anderes anerkennt als Profitstreben, realisiert sich – darin liegt die Widersprüchlichkeit – durch vermeintliche Einzelinteressen:

> „Realisiert sich das schlechte Allgemeine durch die Einzelinteressen hindurch, so begräbt es tendenziell die Einzelinteressen wiederum unter sich. Die Dialektik von Allgemeinem und Besonderem ist also nicht einfach eine der Unversöhntheit, denn das Individuum wird durch Gesellschaft konstituiert und ist durch diese vermittelt."[259]

Die Anpassung an die Normen kapitalistischer Gesellschaft zeigt sich als Vereinheitlichung und schränkt somit Möglichkeiten der Individualität massiv ein, sobald sie nicht dem Leistungs- und Effizienzkriterium entspricht. Andererseits steht dem eine normative Individualisierung bzw. Vereinzelung entgegen, die es verhindert, dass die normierende Funktion, welche eine Gesellschaft über ihre zahlreichen Instanzen ausübt, überhaupt gesehen werden kann. Zamora bezieht sich, wie Hinkelammert, auf die enge Beziehung des Subjektbegriffs zum Eigentum:

> „Als Entsprungenes verdankt sich das Subjekt den Mächten, die seine Auflösung betreiben. Die autarkische Selbstbestimmung, die die aufklärerische Mündigkeit des Subjekts gegenüber jedweder Autorität proklamierte, war schon von Anfang an an Tausch und Eigentum gebunden, die nun in der verwalteten Welt jede Selbstbestimmung erwürgen. Alle Unmittelbarkeit und Substantialität des Individuums ist Trug, ihrer selbst vergessene Vermitteltheit. Die Unwahrheit des Allgemeinen, in die dem Individuum seine eigene, schmerzhaft erfahrene Vereinzelung Einsicht gewähren könnte, wird durch dieselbe Vereinzelung verstellt, durch die sich die Totalität der Vermittlung in ihm vollzieht."[260]

Zamora betont, wie Foucault, die Brüchigkeit des Individuums und der Individuation, den Zerfall von Individualität, der – im Namen von Individualisierung – befördert wird.[261]

---

[259] A. a. O., 429.
[260] A. a. O., 426.
[261] Vgl. a. a. O., 428.

3.4 Infragestellung der Kategorie ‚Geschlecht'

In sozialwissenschaftlichen feministischen Theorien ist ‚Subjekt' ein zentraler Untersuchungsgegenstand. Seit der Infragestellung des autonomen Subjekts der Aufklärung, der Kritik am ‚weißen', westlichen Feminismus durch Frauenbewegungen anderer Kontexte und der philosophischen Dekonstruktion der Kategorie ‚Subjekt' in der ‚Postmoderne' steht das ‚feministische Subjekt' als Grundlage feministischer Identitätspolitik in Frage. Der feministische Anspruch auf Veränderung der Verhältnisse befindet sich hier in einem Dilemma bzw. vor der Herausforderung, sowohl faktisch bestehende Ungleichheiten zu untersuchen, Widerstand dagegen zu artikulieren und Veränderungen anzustoßen, als auch festgelegte Geschlechterrollen und Heteronormativität aufzubrechen und diese als hierarchische Konstrukte in ihren Herrschaftsfunktionen zu dekonstruieren.[262]

Feministische Kritik an Subjektivität setzte bereits im 18. Jahrhundert ein, sie wurde von den Doppelstandards der Theoretiker der Aufklärung geradezu provoziert.[263] Schon Mary Wollstonecraft (1759-1797, englische Schriftstellerin und Frauenrechtlerin) kann als Konstruktivistin bezeichnet werden, da sie das Selbst durch die Herausforderung sozialer Traditionen und durch die Veränderung von Sozialisationsprozessen als formbar ansieht. „Das andere Geschlecht"[264] (1949) von Simone de Beauvoir verfolgt ebenso einen radikal konstruktivistischen Weg; der Mann stellt das Subjekt dar; die Frau das ‚Andere', von dem sich der Mann absetzt, um sein Subjektsein zu konstruieren. De Beauvoirs Auffassung, dass sich Frauen sowohl als Objekt als auch als Subjekt wahrnehmen, wird von späteren Theoretikerinnen oft aufgegriffen, um zumindest einen gewissen Grad von Handlungsfähigkeit durch die Konstruktion oder Rekonstruktion des Selbst zu erlangen. Für feministische Theorien ist die

---

262 Vgl. zum Beispiel Groß, Geschlecht und Widerstand, 30f.

263 Vgl. für diesen Abschnitt Hall, Subjectivity, 32-130.

264 Simone de Beauvoir: Das andere Geschlecht. Sitte und Sexus der Frau, Neuübersetzung, Hamburg 1992.

Konstruktion des Subjekts immer ein bedeutsames Thema, um den Objektstatus zu überwinden.

Mit dem ‚linguistic turn' und dem Fokus auf Diskurstheorie fand in den 1990er Jahren eine Wende statt, die die Konstruktion von Subjektivität hauptsächlich an Sprache festmacht und sich auf (de)konstruktivistische und poststrukturalistische Ansätze bezieht.[265] An dem Buch „Gender trouble. Feminism and the subversity of identity" von Judith Butler[266] wird im deutschsprachigen Raum oft der Beginn des (De)Konstruktivismus festgemacht. Butler beschäftigt sich, Bezug nehmend auf Michel Foucault und Jacques Lacan, mit der Dekonstruktion binärer Zuschreibungen, besonders der Heteronormativität. Judith Butler verortet sich in Queer-Theorie und -Politik, die davon ausgehen, dass es keine biologischen, ‚natürlichen' Voraussetzungen für diese Konstruktionen gibt und dass sie im Interesse der Hierarchisierung und Stabilisierung von Gesellschaften stattgefunden haben. Butlers Interesse liegt in einer feministischen Politik, die sich nicht auf ein weibliches Identitätskonstrukt bezieht.[267]

> „Für sie liegt die Gefahr feministischer Identitätspolitik mit ihrem Beharren auf einem Subjekt (‚Jetzt, wo wir endlich als Subjekte auftreten, soll das Subjekt tot sein?') gerade darin, die ‚Funktionsweise der Herrschaft' als ‚Regulierung und Produktion von Subjekten' zu übersehen."[268]

Allerdings geht es Butler nicht um Negierung oder Auslöschung eines feministischen Subjekts, sondern darum, die sprachlichen Funktionen zu untersuchen, in denen das Subjekt der Stabilisierung und Ver-

---

[265] Poststrukturalismus bezeichnet Theorien, die sich der Postmoderne zurechnen, aber vor allem dadurch gekennzeichnet sind, dass sie der Sprache eine zentrale Funktion zuweisen. Vgl. Groß, Geschlecht und Widerstand, 32-37; vgl. Rauchut, Wie queer ist queer?, 11-15.

[266] Erstveröffentlicht 1989, deutsch: Judith Butler: Das Unbehagen der Geschlechter, Frankfurt a. M. 1991.

[267] Vgl. zum Beispiel Trumann, Frauenbewegung, 148-151; Jutta Sommerbauer: Differenzen zwischen Frauen. Zur Positionsbestimmung und Kritik des postmodernen Feminismus, Münster 2003, 44-50; Bührmann, Arbeit, 142f.

[268] Sandra Büchel-Thalmaier: Dekonstruktive und rekonstruktive Perspektiven auf Identität und Geschlecht. Eine feministisch-religionspädagogische Analyse (= Theologische Frauenforschung in Europa 19), Münster 2005, 303, Fn. 245.

schleierung von Autorität dient, sowie um Möglichkeiten des Widerstands gegen diese Funktionen.[269]

Von feministischer Seite wurde Kritik an diesem dekonstruktivistischen Ansatz geäußert, die sich vor allem an der fehlenden Handlungsfähigkeit, der entpolitisierenden Fixierung auf plurale Identitäten und somit am Vorwurf der Politikunfähigkeit festmacht.[270] Nancy Fraser stellt die These auf, dass die Fokussierung auf die Konstruktion von Identitäten und damit die Entpolitisierung auf den historischen Kontext Anfang der 1990er Jahre zurückzuführen sei: auf das Ende des Systemgegensatzes und damit auf die Tatsache, dass sich offensichtliche politische Alternativen zunächst einmal erledigt hatten. Sie interpretiert die Entwicklung als einen Rückzug auf das Kulturelle – den sich nur eine Elite leisten könne.[271]

Jutta Sommerbauer betont ebenfalls die entpolitisierende Wirkung der Betonung von Differenz und differierenden Identitäten, die sich paradoxerweise in manchen Ansätzen aus der Forderung von Anerkennung ergibt. In der Bestrebung, Dualismen, binäre Zuschreibungen – wie zum Beispiel von ‚männlich' und ‚weiblich' – aufzuheben, werden Ungleichheiten zu Differenzen stilisiert und auf einmal positiv bewertet. Fehlt die materielle, ökonomische Perspektive, so Sommerbauer, dann führen konstruktivistisch-postmoderne Ansätze zu einer Selbstbescheidung auf Identitätspolitik im Sinn einer Anerkennungspolitik im Namen gesellschaftlicher Minderheiten.[272]

Aus feministisch-theologischer Perspektive haben sich auch Andrea Günter, Saskia Wendel und Veronika Schlör mit der poststruk-

---

[269] Vgl. a. a. O., 303, Fn. 247. vgl. Butler: Das Unbehagen, 209 -218.

[270] Vgl. Trumann, Frauenbewegung, 130-168; vgl. Sommerbauer, Differenzen, 77-111; vgl. Nagl-Docekal, Feministische Philosophie, 166-170. Zu einer Kritik vgl. Gertraud Ladner: Befreiung ohne Subjekt? Judith Butler feministisch-theologisch gegengelesen, in: Schlangenbrut, Jg. 86, August 2004, 15-19.

[271] Vgl. Nancy Fraser: Frauen, denkt ökonomisch!, in: beiträge zur feministischen theorie und praxis, Jg. 29, Heft 68, 2006, 13-18.

[272] Vgl. Sommerbauer, Differenzen, 31-38.

turalistischen Kritik am Subjekt auseinandergesetzt.[273] Veronika Schlör fasst einen Subjektbegriff, der diese Kritik ernst nimmt, aus feministisch-theologischer Perspektive treffend zusammen:

> „Das Modell eines Ich, wie es eine feministische Theologie denken könnte, müsste 1.) leiblich sein, ohne dass Geschlecht eine Zwangsrolle spielt, es müsste 2.) vielfältig, aber sich seiner selbst bewusst sein, ohne dass es in sich selbst die letzte Gewissheit sieht, es müsste 3.) durch Beziehung bestimmt sein, ohne dass es sich gänzlich verliert, durch Austausch, ohne dass es sich auflöst.“[274]

Entscheidend ist meines Erachtens die Frage von Veränderbarkeit und Handlungsfähigkeit. Problematisch wird die Debatte um Konstruktivismus, wenn die politischen Konsequenzen bzw. Forderungen auf die Anerkennung von Differenzen verengt werden. Dies wird auch nicht der ursprünglichen Kritik an Heteronormativität und Rassismus in emanzipatorischen Bewegungen gerecht, die der Kritik am binären Denken zugrunde liegen. Die Vereinfachung, Differenz als rein positiv zu bestimmen, muss vermieden werden: Es gibt auch ökonomische, klassenspezifisch definierte, kulturell konstruierte, ‚ethnische‘ etc. Differenzen, die, wie der hierarchische Geschlechterdualismus auch, Herrschaft stützen und abzulehnen sind. Das Modell der Anerkennung von Differenzen ist ein sehr individualistisches, das oft gesellschaftliche Herrschafts- bzw. Machtverhältnisse nicht genug berücksichtigt. Das Verhältnis von Partikularität, im Sinne des Einforderns von Anerkennung und Rechten für diskriminierte Gruppen, und prozeduraler Universalität, im Sinne der notwendigen Allianzen und Verständigung zwischen den Bewegungen auf – temporäre – prioritäre Ziele, muss im jeweiligen Kontext verhandelt und zwischen

[273] Vgl. Andrea Günter: Die Frau als Subjekt in Kirche und Gesellschaft. Über die politische Funktion der Subjektrede, in: Dies. (Hg.): Feministische Theologie und postmodernes Denken. Zur theologischen Relevanz der Geschlechterdifferenz, Stuttgart u. a. 1996, 91-104; vgl. Veronika Schlör: Frau, das schwache Subjekt. Poststrukturalismus – Subjekttheorie – feministische Theologie, in: Zichy/ Schmidinger, Tod des Subjekts?, 49-65; vgl. Wendel, Affektiv und inkarniert, 49-89.

[274] Schlör, Frau, 63.

den sozialen Bewegungen auch auf globaler Ebene, zum Beispiel auf den Weltsozialforen, diskutiert werden.

Berücksichtigt werden muss, dass gesellschaftlich produzierte Weiblichkeitsbilder und real erfahrbare Machtverhältnisse zwischen Frauen und Männern Selbstverständnisse von Frauen und ihre materielle Lebensrealität prägen.[275] Das Ideal einer egalitären Gesellschaft beinhaltet die Aufhebung des Geschlechterdualismus und der damit verbundenen Herrschaftsverhältnisse – wie auch die Aufhebung anderer Herrschaftsverhältnisse wie zum Beispiel rassistische oder klassenspezifische. Dennoch müssen, wenn es um die Bekämpfung von Dominanzverhältnissen geht, die sozialpolitische Realität von Geschlechterrollen und damit zusammenhängende Erwartungen, Familienkonstellationen und Diskriminierungen als politische und gesellschaftliche Faktoren, als Ausgangspunkt sozialer Machtstrukturen und Kämpfe, wahrgenommen und untersucht werden. Deswegen werden im II. Teil bestehende Verhältnisse analysiert. Die Perspektive der Überwindung von Hierarchien soll dabei nicht aus dem Auge verloren werden, das heißt, in der Beschreibung soll eine determinierende Sichtweise vermieden werden.

3.5 Postkoloniale Kritik: Infragestellung der Kategorie ‚Rasse'

Postkoloniale Theorien auf soziologischer wie theologischer Seite haben sich vor allem mit der Überwindung imperialer Dominanz befasst. Im Sinne der intersektionalen Analyse ist der Bezug zu postkolonialen Theorien sinnvoll, um die Strukturkategorie ‚Rasse' in den Blick nehmen zu können.

Aus feministischer Perspektive im deutschen Sprachraum entwickelten vor allem Maria do Mar Castro Varela und Nikita Dhawan

[275] Vgl. zum Beispiel Susanne Maurer: Zwischen Zuschreibung und Selbstgestaltung. Feministische Identitätspolitiken im Kräftefeld von Kritik, Norm und Utopie, Perspektiven, Tübingen 1996, 92.

postkoloniale Theorieansätze.[276] Postkoloniale Theorie nimmt Bezug auf marxistische und poststrukturalistische Theoriestränge. Ihre prominentesten Vertreter sind Edward Said, Gayatri C. Spivak und Homi Bhaba.[277] Den zahlreichen, im Detail unterschiedlichen Ansätzen ist die Beschäftigung mit kolonialen Diskursen aus der Perspektive der Zweidrittelwelt und die Analyse der Gewaltförmigkeit in der Konstruktion dieser Länder durch koloniale Diskurse gemeinsam. Ziel ist unter anderem eine Neudefinierung von festgelegten Kategorien, wie etwa der ‚Nicht-Westen' zu verstehen sei, sowie eine Subversion der Wahrheitsregime und Repräsentationsstrategien, die von kolonialem Denken durchtränkt und dadurch imperial, patriarchal und rassistisch sind. Die feministische Sichtweise drückt sich innerhalb dieser Theorien durch die Ziele aus, Normierungen über Disziplinierungen und Ausgrenzungen aufzubrechen, eine differente Perspektive und politische Sichtbarkeit von Frauen zu ermöglichen. Es geht vor allem um Exklusion und Inklusion, um das Einbeziehen der Kritik von zum Beispiel Schwarzen, behinderten und/oder lesbischen Frauen. Kritik wird geübt am Privileg derjenigen, die sich zu Repräsentantinnen der Marginalisierten ernennen. Feministischer Postkolonialismus wird von do Mar Castro Varela und Dhawan als ein Raum definiert, von dem aus hegemoniale Strukturen und Diskurse problematisiert werden. Dabei werden die Diskurse um Marginalisierung und Selbstmarginalisierung und die Zentrum-Peripherie-Debatte als Konstruktionen herausgefordert. Ziel ist, den ‚Subalternen'-Status abzuschaffen, der durch diese Diskurse festgeschrieben wird.[278]

Do Mar Castro Varela und Dhawan untersuchen kritisch intersektionale Ansätze, die die Anliegen postkolonialer Theorien aufzuneh-

---

[276] Vgl. zum Beispiel María do Mar Castro Varela, Nikita Dhawan: Postkoloniale Theorie. Eine kritische Einführung (= Cultural Studies 12), Bielefeld 2005, vgl. María do Mar Castro Varela, Nikita Dhawan: Feminismus und die Kunst der Selbstkritik, in: Hito Steyerl, Encarnación Gutiérrez Rodríguez (Hg.): Spricht die Subalterne deutsch? Migration und postkoloniale Kritik, Münster 2003, 270-290.

[277] Vgl. do Mar Castro Varela/Dhawan: Postkoloniale Theorie, 8.

[278] Vgl. Castro Varela/Dhawan, Feminismus, 271-274.

men suchen. Gerade im deutschsprachigen Raum seien diese eurozentristisch und nähmen die Verstrickung von Frauen des globalen Nordens in die globale Arbeitsteilung und in neokoloniale Strukturen nicht in angemessener Weise wahr. Auch befreiungstheologische Diskuse müssen sich meines Erachtens dieser Kritik stellen.[279] In diesem Sinne werde ich in der vorliegenden Arbeit versuchen, Verhältnisse in der BRD gerade im Hinblick auf Strukturen, die Zustimmung zu oder Akzeptanz von globaler Ungerechtigkeit produzieren, zu untersuchen.[280]

Theologisch wurde postkoloniale Theorie auf unterschiedliche Art und Weise aufgegriffen. Musa W. Dube ist eine der Pionierinnen postkolonialer feministischer Theologie. Im Folgenden werden einige Elemente ihres Ansatzes vorgestellt, um Fallstricke ‚westlich'-imperialistischen Denkens aus postkolonialer Perspektive sichtbar zu machen. In „Postcolonial Feminist Interpretation of the Bible" beschreibt Dube das Interesse an postkolonialer Theologie aus der Perspektive von Bewohnerinnen des südlichen Afrika. Historisch ist die Geschichte des Christentums in Afrika mit der Geschichte des Imperialismus und Kolonialismus untrennbar verbunden. Die Bibel ist in Folge dessen nun zwar auch ein afrikanisches Buch, sie ist jedoch nie ohne die Geschichte des europäischen Imperialismus zu lesen. Wie können postkoloniale Subjekte auf diesem Hintergrund mit der Bibel umgehen, ohne die Konstruktion von imperialer Überlegenheit fortzuschreiben? Der Begriff ‚postkoloniale Subjekte' beschreibt dabei sowohl Menschen aus ehemaligen kolonisierenden Ländern wie auch solche aus ehemals kolonisierten Ländern – ‚Westliche' und ‚Nicht-Westliche'. Ansätze wie Postmoderne, Postkolonialismus und Postfeminismus verweisen nach Homi Bhabha beharrlich auf das, was hinter uns liegt, und verändern damit die Gegenwart. Nicht das Insistieren auf den Verbrechen der Vergangenheit und auf

---

[279] Zur Problematisierung dieses Zusammenhangs in Bezug auf die Rezeption von Befreiungstheologie vgl. Ramminger, Kirchenkritische Bewegungen.

[280] Vgl. Castro Varela/ Dhawan, Postkoloniale Theorie.

deren Kontinuität stellt den Fokus dar, sondern Veränderung auf Befreiung hin:[281]

> „Der Begriff *postkoloniale Subjekte* beschreibt Menschen, deren Auffassungen voneinander und von ökonomischen, politischen und kulturellen Beziehungen nicht getrennt werden können von globalen Auswirkungen und von Konstruktionen des westlichen/modernen Imperialismus, die immer noch wirksam bleiben in Form von Neokolonialismus, militärischer Arroganz und Globalisierung."[282]

Biblische Texte sind zwar in ihrer eigenen historischen Umwelt und Umgebung entstanden, aber nach Auffassung postkolonialer Theorie wirken die Texte weiter. Sie haben ihren Anteil an der Geschichte und schreiben sie weit über ihren originären Kontext hinaus fort. Nach postkolonialer geschichtlicher Erfahrung ist das Herz biblischen Glaubens eine imperialistische Ideologie. Am Beginn der Gründungsgeschichte Israels liege eine imperialistische Ideologie, die auf dem Erwählungsgedanken beruhe. Das Volk Israel, wie es in der Bibel gezeichnet wird, war wiederholt Opfer von Imperialismus und musste für seine Freiheit kämpfen, aber es verfolgte auch das Recht, sich geografisch auf eventuell bewohnte Länder auszudehnen. Die Texte des Zweiten Testaments, geschrieben unter dem Römischen Imperium, setzen sich mit dem Widerstand gegen jenes auseinander, formulieren aber ebenso das Recht, einen eigenen Imperialismus zu propagieren. Von Konstantins Konversion an, so konstatiert Dube, schließt sich das Christentum konsequent der imperialistischen Ideologie an, die in Form der Rechtfertigung geografischer Expansion auf fremde Länder in den Texten immer schon angelegt war.[283] Diese imperialen Strukturen nicht zu perpetuieren, sondern zu kritisieren und in heutigen Verhältnissen neokoloniale Strukturen auszumachen und zu bekämpfen, ist das Interesse postkolonialer Theologie.

---

281 Vgl. Musa Wenkosi Dube: Postcolonial Feminist Interpretation of the Bible, Danvers 2000, 3f., 15f.

282 A. a. O., 16.

283 Vgl. a. a. O., 17f.

Auch wenn längst weithin akzeptiert ist, dass ‚Rassen' Konstrukte sind[284], so sind sie als solche doch immer noch wirksam. Der Begriff hat sich daher leider nicht erledigt. Nur, wenn sich Menschen aus ‚westlichen' Ländern ihrer Geschichte hegemonialer Macht bewusst sind und ihre biblischen und theologischen Interpretationen daraufhin untersuchen, kann es möglich sein, die Viktimisierung ‚nichtwestlicher' ‚Rassen' abzuschaffen.[285]

Geschlechterverhältnisse werden nach Dube weder in imperialistischen Kontexten noch in den Kontexten von Befreiungs- bzw. Unabhängigkeitsbewegungen ausreichend thematisiert. Frauen in ehemaligen Kolonialländern leiden unter doppelter patriarchaler Herrschaft – der ihres Landes und der der Kolonialmächte. Dem ‚Wir' (im Sinne von ‚wir Frauen') feministischer Bewegungen in ‚westlichen' Ländern können sie sich noch weniger ungebrochen anschließen als dem ‚Wir' (im Sinne von ‚wir Afrikaner') der Unabhängigkeitsbewegungen. Frauen in imperialistischen Ländern dagegen genießen Privilegien, leiden aber ebenfalls unter patriarchaler Diskriminierung. Solidarität ist in dieser Konstellation schwer herzustellen, da es unter ‚Frauen' sowohl Unterdrückerinnen als auch Unterdrückte gibt, manchmal beides in einer Person.[286]

Dube geht auf die Problematik des Verhältnisses zwischen Universalität und Partikularität ein. Universale Interpretationen der Bibel fördern imperiale Verhältnisse – allerdings kann der Ausweg nicht die Reduktion auf rein partikularistische Interpretation sein. Diese Strategie würde das unterdrückerische universale Paradigma unangetastet lassen. Die Herausforderung besteht darin, beides – Universalität und Partikularität – zu berücksichtigen, Machtverhältnisse zu analysieren, welche vereinnahmenden ‚Einbahnstraßen-Universalismus' fördern, und emanzipatorische Wege der Interdependenz zu finden.[287]

---

[284] Vgl. Wollrad, Weißsein, 14, 62-68.
[285] Vgl. Dube, Postcolonial Feminist Interpretation, 16.
[286] Vgl. a. a. O., 20.
[287] Vgl. a. a. O., 18f.

Als befreiende Konsequenz aus der Tatsache, dass die Ankunft der Bibel in Afrika mit der Eroberung des Landes durch den ‚weißen Mann' verbunden war, sieht Dube biblische Interpretation aus einer afrikanischen, an Befreiungskämpfe gebundenen Perspektive an. Diese sind jedoch genauso komplex wie die Eroberungskämpfe: Es ging und geht nicht lediglich um die Bekämpfung abstrakter Macht- und Gewaltverhältnisse, sondern auch um die Umgestaltung von Einstellungen, um das „Formen schwarzer afrikanischer Köpfe"[288], das die Über- und Unterordnungen in Einstellungen und Verhaltensweisen zementierte. Mental und geografisch wurden afrikanische Länder und Menschen für den ‚Westen' in langen ökonomischen und ideologischen imperialistischen Prozessen ausgebeutet. Politische Unabhängigkeit – Dube sieht die Befreiung Südafrikas von der Apartheid als den Meilenstein, der das Ende der Unabhängigkeitskämpfe auf dem afrikanischen Kontinent einleitete – war nur ein Schritt auf befreiende Weisen von Unabhängigkeit hin. In diesem Sinn ist der Prozess, befreiende Formen der Interdependenz zu suchen, nur ein Schritt auf dem langen Weg zur Befreiung.[289]

Eske Wollrad beschreibt die Herausforderungen postkolonialer Kritik im Kontext BRD.[290] Sie schließt dabei an die kritische Weißseinsforschung aus dem anglo-amerikanischen Kontext an und konstatiert, dass in der BRD die Konstruktion nationaler Gemeinschaft als Abstammungs- bzw. Blutgemeinschaft besonders tief verankert ist. Das Reichs- und Staatsangehörigkeitsgesetz von 1913 wurde im Jahr 1999 zwar modifiziert, Einwanderer können aber dennoch lediglich Staatsbürgerinnen, aber keine ‚Deutschen' werden. Schwarze Deutsche erleben Ausländerfeindlichkeit wegen ihres vermeintlich ‚fremden' Äußeren, egal in der wievielten Generation sie in Deutschland leben. Ihre „Körper verweisen sie in ein nationales Außen, weil sie nicht Weiß sind".[291] Weißsein gehört zur hegemonialen Imagi-

---

[288] „... the molding of black African minds ...", a. a. O., 19.
[289] A. a. O., 19f.
[290] Vgl. Wollrad, Weißsein.
[291] A. a. O., 12.

nation von Deutschsein, es muss nicht extra artikuliert werden – der Mythos, Deutschland sei ein ‚weißes' Land, hält sich hartnäckig. Um diesen Widersprüchen entgegenzutreten, wäre eine eigenständige Rassismusforschung nötig, die es in Deutschlands aber nur ansatzweise gibt. Stattdessen existiert eine umfangreiche Migrationsforschung, die aber den Gegensatz zwischen ‚Deutschen' und ‚Ausländern' oft fortsetzt und die Fiktion eines ‚weißen' Deutschland durch die Gleichsetzung von ‚Weißen' mit Deutschen perpetuiert.[292]

Für die Weißseinsforschung benennt Wollrad zwei untrennbare Dimensionen, eine erkenntniskritische und eine gesellschaftskritische. Die erkenntniskritische untersucht ‚Weißsein' als instabiles und kontextbedingtes Konstrukt, während sich die gesellschaftskritische mit den Effekten dieses Konstrukts beschäftigt. Die Auswirkungen der Norm zeigen sich sowohl auf individueller als auch auf institutioneller Ebene. Individuell ist sie „real und auf unendlich gewaltvolle Weise in Blickbeziehungen, Kommunikationsformen und Überlebenschancen eingelassen".[293] Sie wirkt aber auch in gesellschaftlichen Institutionen, in Kultur- und Wissensproduktion. Ergebnis ist ein umfassendes Kontrollsystem, das psychische und physische Herrschaft gegenüber Schwarzen Menschen und Menschen ‚of color' ausübt. Als Beispiel institutioneller Gewalt gegen diese benennt Wollrad Studien über die erzwungene Verzögerung an Schulen: Nicht-‚Weiße' werden in ihren Entwicklungsmöglichkeiten behindert, weniger gefordert und trotz guter Leistung schlechter bewertet. Flankierend wird Schwarze deutsche Geschichte in den Curricula, in der Lehrerinnenbildung und in Lehrbüchern unsichtbar gemacht.[294] ‚Weiße' Normierung und Abwertung sind zum Beispiel bereits in der Alltagssprache und auch in Kinderbüchern implementiert, in denen Schwarze Kinder oder Kinder ‚of color', wenn sie denn vorkommen, nie ‚von hier' sind.[295] ‚Weißsein' als Konstrukt und hegemoniale Norm ist im Bewusstsein

[292] Vgl. a. a. O., 11f.
[293] A. a. O., 14.
[294] Vgl. a. a. O., 15.
[295] Vgl. a. a. O., 15f.

von ‚Weißen' oft nicht vorhanden, da die ihnen zugesprochenen Privilegien als ‚normal' angesehen werden. Diese unbewusste Norm aufzubrechen bedeutet eine besondere Herausforderung für Bildungs- und Bewusstseinsarbeit, da die Hinterfragung von mit Privilegien verbundenen, internalisierten Normen immer konflikthaft ist.

3.6 Infragestellung des Status quo: Subjektwerdung statt Subjekt-Sein

Henning Luther nimmt die Infragestellung festlegender Identitätskategorien im Rahmen von Subjektwerdung aus theologischer Perspektive in den Blick. Er betont, dass das Ernstnehmen der Subjektivität von Einzelnen nicht Bestätigung oder Beruhigung des status quo bedeuten kann. Eine Praktische Theologie des Subjekts muss eine „Theorie der Subjekt-Werdung [sein], die eher bestehende Fixierungen und Zuschreibungen von Identität aufbricht."[296] Aus feministisch-theologischer Perspektive bedeutet dies: Aufbrechen von Identitäten und Zuschreibungen muss heißen, im Sinne der Kyriarchatskritik festgelegte Rollenzuweisungen und Identitäten immer wieder herrschaftskritisch in Frage zu stellen, um sowohl eurozentrische und androzentrische Sichtweisen sowie rassistische und nationalistische Identitätskonzepte aufzubrechen als auch marginalisierte Stimmen zu hören und zu Gehör zu bringen.[297]

Transzendenz, ‚Unendliches', ist nach Luther gerade nicht als Sicherheit fassbar, sondern „immer nur als ‚Spur' an der uns umgebenden Welt, die ihr Nicht-Fertigsein und ihr Unerlöst-Sein aufscheinen

---

[296] Henning Luther: Religion und Alltag. Bausteine zu einer Praktischen Theologie des Subjekts, Stuttgart 1992, 17.

[297] Vgl. zum Beispiel Christine Schaumberger: Teil II: Subversive Bekehrung. Schulderkenntnis, Schwesterlichkeit, Frauenmacht: Irritierende und inspirierende Grundmotive kritisch-feministischer Befreiungstheologie, in: Christine Schaumberger, Luise Schottroff (Hg.): Schuld und Macht. Studien zu einer feministischen Befreiungstheologie, München 1988, 153-288; vgl. Schaumberger, „Ich nehme mir meine Freiheit ..."; vgl. Schüssler Fiorenza, Grenzen überschreiten, 37-40.

lässt"[298]. Es geht also in theologischer Perspektive nicht um das Subjekt-Sein, sondern um Subjekt-Werdung, um die verletzliche Subjektivität Einzelner – unlösbar verbunden mit ihrem gesellschaftlichen Kontext. Dabei bedürfen die für Subjektwerdung bedeutsamen Kategorien von Identität – wie zum Beispiel ‚Geschlecht' und ‚Rasse' – besonderer Überprüfung. Fremdsein, Heimatlosigkeit, Suche, Verunsicherung, Aufbruch und Unruhe sind in den Mittelpunkt zu stellen, wenn Religion nicht einseitig durch Trost, Geborgenheit, Halt, Beruhigung, Gewissheit charakterisiert werden soll. Die Auffassung ernstzunehmen, dass es in (christlicher) Religion wesentlich um Subjektwerdung der Einzelnen geht, bedeutet nach Luther, sich gegen Auffassungen zu wenden, die die Funktion von Religion in der Aufrechterhaltung gesellschaftlicher Ordnung sehen. Der Gefahr von Verinnerlichung im Sinne egoistischer Vereinzelung ist dabei zum Beispiel durch die prophetischen Traditionen in Judentum und Christentum zu begegnen, die Einspruch gegen gewalttätige gesellschaftliche Verhältnisse zugunsten verwundbarer Einzelner erheben.[299]

3.7 Zusammenfassung

Zusammenfassend sind die folgenden drei Punkte zum Thema Subjektivität im Hinblick auf die Fragestellung dieser Arbeit zentral:

Der erste ist die Intersubjektivität. Das Subjekt als konkretes menschliches ist im Anschluss an Franz J. Hinkelammert immer das ausschlaggebende Kriterium. Dies schließt mit ein, dass der und die Einzelne, die notwendig von sich selbst und ihren Interessenkoordinaten ausgehen, also einen egozentrischen Ausgangspunkt einnehmen, erkennen, dass ich

> „der Andere bin und der Andere ich ist. Die Trennung zwischen meinen berechnenden Interessen und dem Gemeinwohl drängt mich zum Be-

[298] Luther, Religion, 19; Vgl. a. a. O., 19f.
[299] Vgl. a. a. O., 17f.

> wusstsein, dass ich dieses egozentrische Wesen eigener Interessen nicht sein kann".[300]

Der Mensch, der im Mittelpunkt steht, entdeckt zugleich, dass er der Andere, also die Welt ist und damit nicht die Welt, sondern sich selbst zerstört.[301] Der Mensch als Subjekt transzendiert sich als Individuum, indem er den „Konflikt zwischen kalkulierten Vorteilen der Macht von Gruppen- und Einzelinteressen einerseits und dem besseren Leben aller und jedes einzelnen andererseits"[302] austrägt.

Der zweite Punkt ist die Stärkung kritischer, leidempfindlicher Subjektwerdung. Theologisch gesprochen geht es darum, einen gesellschaftskritischen Begriff von Subjektwerdung wieder zu erlangen, der einer radikalen, das heißt an den Wurzeln ausgerichteten christlichen Praxis entspricht. Johann B. Metz spricht von der liberalen Umarmung der Aufklärung durch die moderne Theologie, die dazu führte, dass sich das bürgerliche Subjekt auch theologisch etablierte und

> „vor allem ein bestimmter bürgerlicher Begriff von Praxis den genuin christlichen Begriff einer gesellschaftskritischen Praxis und Freiheit verdrängt hat, d. h. reduziert hat auf das in der Gesellschaft problemlos existierende private Subjekt und seine moralische Rechtschaffenheit."[303]

Dem gilt es durch Leidempfindlichkeit und die gefährliche Erinnerung an den gesellschaftskritischen Stachel in Theologie und christlichem Glauben zu widerstehen.

Drittens geht es um die Infragestellung hierarchischer Differenzkonstruktionen, um die Kontingenz des Subjekts. Im Widerstand gegen Herrschaftsverhältnisse geht es um Infragestellung von Normen, mit der sich zum Beispiel Michel Foucault beschäftigt. Er stellt das Verständnis des Menschen als souveränes, autonomes und mächtiges Subjekt des Wissens in Frage und ist dadurch für die Theologie anschlussfähig, der es ebenfalls um eine Kritik an einem selbstherrli-

[300] Hinkelammert, Das Subjekt, 437.
[301] Vgl. a. a. O., 436f.
[302] A. a. O., 455.
[303] Metz: Glaube, 26.

chen Subjekt geht.[304] Politische, ökonomische und soziale Verhältnisse, Wissenskomplexe, Identitäts- und Repräsentationsstrukturen müssen immer wieder aus der Perspektive von Marginalisierten auf Strukturen von Macht und Herrschaft hinterfragt werden.

Im Hinblick auf die poststrukturalistisch-feministische Infragestellung der Kategorie Geschlecht gilt: Hinter die ‚konstruktivistische Wende' kann nicht zurückgegangen werden. Im Rahmen der Analyse und Bewertung gesellschaftlicher Verhältnisse und der Ausrichtung politischen Handelns muss allerdings zwischen Zielvorstellung und Vision auf der einen Seite und notwendigem veränderndem Handeln innerhalb der bestehenden Verhältnisse auf der anderen Seite unterschieden werden, wie Susanne Maurer treffend formuliert:

> „Die Vorstellung von der ‚Konstruktion der Wirklichkeit' verhilft zu der wichtigen Erkenntnis, wie sehr die Individuen selbst als Handelnde und Interpretierende an der Herstellung ihrer Lebensverhältnisse beteiligt sind. Darin ist gewissermaßen die – utopische? – Hoffnung enthalten, diese Lebensverhältnisse auch verändern und weiterentwickeln zu können. In diesem Zusammenhang muss die womöglich existentielle Erfahrung der Geschlechterdifferenz [...] allerdings ernst und wichtig genommen werden."[305]

Der konstruktivistische Ansatz öffnet die Perspektive hin auf Möglichkeiten, das Gegebene, Normen und Erwartungen in Frage zu stellen und kritisch zu hinterfragen. Sowohl für die individuelle und kollektive Lebensgestaltung als auch für die Entwicklung von Alternativen hat dies hohe Relevanz. Auch der Aspekt der Kritik an ausschließenden Formen eines Feminismus muss immer wieder als selbstkritische Anfrage und Reflexion mit einbezogen werden. Das bedeutet zum Beispiel, kritisch zu sein gegenüber Festschreibungen eines politischen Subjekts ‚Frau', weil diese immer aus ihrer jeweiligen Perspektive Ausschlussmechanismen produzieren, etwa gegenüber Migrantinnen, Indígenas, Frauen mit Behinderung, Mädchen oder Transsexuellen.

---

[304] Vgl. Kolf-van Melis, Tod des Subjekts? Praktische Theologie, 112.
[305] Maurer, Zwischen Zuschreibung, 100.

Postkoloniale Theorie und Theologie lenkt den Blick weiter auf Verantwortung für globale Strukturen. Postkoloniale Subjekte sind dazu aufgerufen, sich gegenseitig ebenso wahrzunehmen wie die ethische Verantwortung, die historisch bedingt auf ihnen ruht. Diese Verantwortung wahrzunehmen oder nicht, ist nicht beliebig: Die historischen Verbindungen und ihre Implikationen nicht zu untersuchen, bedeutet, das imperialistische Paradigma des Westens zu perpetuieren.[306] Im Kontext der BRD ist für die Konkretion dieser Verantwortung in der Analyse die unbewusste Norm ‚Weißsein' immer wieder zu hinterfragen, wie Eske Wollrad einfordert.

Elisabeth Schüssler Fiorenza fasst die Herausforderung der theoretischen Vermittlung zwischen dem ‚modernen' Ideal von Gleichheit und der ‚postmodernen', poststrukturalistischen Betonung von Differenz aus einer feministisch-theologischen Perspektive, die die Veränderung der Verhältnisse auf Gerechtigkeit und Egalität hin im Blick hat, treffend zusammen:

> „Unterdrückungs- und Entmenschlichungsgrenzen zu überschreiten und ihre Strukturen zu verwandeln, heißt deshalb für FeministInnen nicht nur, Unterschiede anzuerkennen, sondern auch, sich mit kritischem Blick auf den Weg zu sich selbst und zu den als Untermenschen degradierten Mitmenschen zu machen. Das heißt, unseren Objekt- und Opferstatus, der durch die kyriarchalen Strukturen aufrechterhalten wird, immer wieder im Denken und Handeln auf Hoffnung hin zu überschreiten und religiöse Subjekte zu werden. Dies heißt aber auch, die Subjektbildung der Moderne, die immer den/die/das Andere als Objekt setzt und braucht, kritisch-konstruktiv zu hinterfragen und auf respektvolle NachbarInnenschaft, gegenseitige Begegnung und solidarisches Miteinander hin zu durchbrechen."[307]

Die Ziele für solidarische Subjektwerdung, die für die Fragestellung dieser Arbeit bedeutungsvoll sind, lassen sich wie folgt zusammenfassen: Erstens soll Intersubjektivität im Sinne relationaler Autonomie als unhintergehbare Voraussetzung anerkannt werden. Subjektivität soll zweitens als kritische Instanz gegenüber Standardisierung und

[306] Vgl. Dube, Postcolonial Feminist Interpretation, 18f.
[307] Schüssler Fiorenza, Grenzüberschreitungen, 55.

Profitorientierung gestärkt und drittens soll Selbstkritik in Bezug auf Identitätskonstruktionen hinsichtlich hierarchisch konstruierter Differenzen eingefordert werden.

4. Schlüsselkategorie ‚Solidarität'

Wie bereits in der Kategorie der Intersubjektivität zum Ausdruck kam, geht es bei dem Thema ‚Subjekt' nicht um individuelle Identitätskonstruktionen, sondern die Funktion von Gemeinschaften und Verantwortung spielen in globaler Perspektive eine wichtige Rolle. Solidarität als zunächst unspezifischer Begriff wird dafür im Folgenden differenziert und feministisch-befreiungstheologisch konkretisiert.

Die politische Theologie des Subjekts ist für Johann Baptist Metz „geleitet [...] vom Gedanken des solidarischen Subjektwerdens aller Menschen vor Gott."[308] ‚Solidarität' als Begriff ist allerdings häufig nicht inhaltlich qualifiziert und wird zur Zeit so inflationär gebraucht, dass Sinn und Konturen kaum noch zu erkennen sind. „Als Identitätsformel politisch-sozialer Milieus ist der Solidaritätsbegriff heute [...] längst funktionslos geworden."[309] In der katholischen Sozialethik wurde Solidarität zwar als Sozialprinzip ausgearbeitet.[310] Dennoch ist die Bedeutung des Begriffs unklar und muss aus theologischer und emanzipatorischer Perspektive näher bestimmt und kontextuell präzisiert werden. Gerade in der BRD wird oft Mildtätigkeit mit ‚Solidarität' etikettiert, „wobei nicht selten übersehen wird, dass die neuzeitliche Idee der Solidarität von Anfang an Front machte gegen die

[308] Metz: Glaube, 20, Fn. 3. Vgl. auch a. a. O., 58.

[309] Karl Gabriel: Vorwort, in: Ders. (Hg.): Solidarität (= Jahrbuch für christliche Sozialwissenschaften 48), Münster 2007, 7-11, 7.

[310] Vgl. zum Beispiel ebd.; vgl. Marianne Heimbach-Steins: Soziale Verantwortung in der Geschichte von Christentum und Kirche, in: Dies. (Hg.): Christliche Sozialethik. Ein Lehrbuch, Band 1, Regensburg 2004, 165-186, 283-292; vgl. Arno Anzenbacher: Christliche Sozialethik. Einführung und Prinzipien, Paderborn 1997, 196-210.

vormodern-hierarchischen Almosentraditionen", ein Anliegen, das auch die päpstliche Sozialverkündigung unterstützte.[311]

4.1 Begriffsgeschichte

Das Wort ‚Solidarität' ist auf das lateinische ‚solidum', Boden, fester Grund, oder auch ‚solidus' (fest, dicht, ganz) zurückzuführen und lässt sich daher mit Verlässlichkeit assoziieren, mit einem gemeinsamen Grund, einer Gemeinsamkeit, aus der Forderungen erwachsen, entsprechend dieser Gemeinsamkeit zu handeln.[312] Enger wurde der Begriff in der Arbeiterinnenbewegung, in christlichen Soziallehren, der Soziologie und Sozialpolitik gefasst.

Grundsätzlich beschäftigen sich Debatten um ‚Solidarität' mit dem Verhältnis zwischen Menschen, die sich in ähnlicher Lage befinden und/oder einer bestimmten Gemeinschaft angehören. Welche Grenzen sind um die Gemeinschaft zu ziehen? Sind sie eng oder weit zu ziehen – oder bezeichnet Solidarität gerade den Zusammenhalt über eine Gemeinschaft hinaus, überschreitet sie die Grenzen der Gruppe? Einige betonen bewusst die Verantwortung für andere, indem sie sagen, es ginge nicht um die eigenen Interessen, sondern um die Verwirklichung von Chancen, Rechten und Zielen von Menschen, deren Lage man nicht teilt.[313]

Die historischen Wurzeln des Begriffs ‚Solidarität' liegen nach dem Philosophen Kurt Bayertz im Römischen Recht: Das ‚obligatio in solidum' bezeichnete eine

[311] Hermann-Josef Große Kracht: Jenseits von Mitleid und Barmherzigkeit. Zur Karriere solidaristischen Denkens im 19. und 20. Jahrhundert, in: Gabriel, Solidarität, 13-38, 15; vgl. Gabriel, Vorwort, 7f.

[312] Vgl. Alois Baumgartner: IV. Normative Orientierungen: 3. Solidarität, in: Heimbach-Steins, Christliche Sozialethik, 283-292, 283; vgl. Anzenbacher, Christliche Sozialethik, 196.

[313] Vgl. Andreas Wildt: Art. Solidarität, in: Ritter, Joachim; Gründer, Karlfried (Hg.): Historisches Wörterbuch der Philosophie, Bd. 9, Darmstadt 1996, Sp. 1001-1014, 1001f.; vgl. Rainer Zoll: Was ist Solidarität heute?, Frankfurt a. M. 2000, 16f.

> „spezielle Form der Haftung, nach der jedes Mitglied einer (meist familiären) Gemeinschaft für die Gesamtheit der bestehenden Schulden aufzukommen hatte und umgekehrt die Gemeinschaft für die Schulden jedes einzelnen Mitgliedes.“[314]

Seit dem Ende des 18. Jahrhunderts wurde diese Rechtsfigur auf Politik, Gesellschaft und Moral übertragen, immer häufiger bezeichnete ‚Solidarität‘ die Existenz einer wechselseitigen moralischen Verpflichtung zwischen Individuum und Gemeinschaft.[315] Als ‚solidarité‘ im Französischen wurde der Begriff in der Zeit der Aufklärung weiterhin mit einer rechtlichen Bedeutung verwendet, nämlich im Sinn von Solidarhaftung. Das heißt, mehrere Schuldnerinnen erklären sich bereit, eine geliehene bzw. geschuldete Summe zurückzuzahlen.[316]

1835 werden dann bereits zwei Bedeutungen genannt, neben der juristischen die der gegenseitigen Verantwortlichkeit zwischen zwei oder mehr Personen. Der Wandel hin zur letzteren Bedeutung vollzog sich während mehrerer Jahrzehnte; während der Französischen Revolution wurde er mehrfach verwendet, in Nachfolge und zunehmender Ersetzung des Wortes ‚Brüderlichkeit‘.[317] Im deutschsprachigen Raum wurde er – als Eigenschaftswort – wahrscheinlich zuerst von Georg Wilhelm Friedrich Hegel 1893 gebraucht; während der Revolution von 1848 war das Wort ‚Brüderlichkeit‘ in verschiedenen Varianten gebräuchlich. Hegel verwendet den Begriff in seinen Ausführungen über die bürgerliche Gesellschaft moralisch konnotiert bei der Aufgabenbeschreibung verschiedener gesellschaftlicher Gliederungen: Nach der Familie zählt er die Genossenschaft oder Korporation auf, deren Aufgabe es unter anderem ist, „sich solidarisch zu verbinden für diejenigen, welche zufälligerweise in Armut geraten.“[318]

Der ausdrückliche schriftliche Übergang zum nicht-rechtlichen Begriff findet erst in den ersten Jahrzehnten des 19. Jahrhunderts

[314] Kurt Bayertz: Begriff und Problem der Solidarität, in: Ders. (Hg.): Solidarität. Begriff und Problem, Frankfurt a. M. 1998, 11-53, 11.

[315] Vgl. ebd.

[316] Vgl. Zoll, Was ist Solidarität, 18f.

[317] Vgl. Bayertz, Begriff, 11; vgl. Zoll, Was ist Solidarität, 22.

[318] Zit. nach Zoll, ebd.

statt. Der Philosoph und christliche Sozialist Pierre Leroux (1797-1871), der als der ‚Erfinder' der Solidaritätsbegriffs gelten kann, identifiziert die gegenseitige Solidarität der Menschen in „L' Humanité" mit der wahren Form von ‚Barmherzigkeit', nach scharfer Kritik an der Unvollkommenheit der christlichen Barmherzigkeit, die er als Pflicht, Herablassung und Einseitigkeit charakterisiert. Er schreibt: „Ich wollte die Barmherzigkeit des Christentums durch die menschliche Solidarität ersetzen."[319] Nach Leroux wird der Begriff ‚Solidarität' im Französischen in Publikationen und in der Politik sehr gebräuchlich und populär, auch in englischen Publikationen begegnet er in seiner neuen Bedeutung. Es gibt allerdings zwei unterschiedliche Bestimmungen: einerseits die sozialwissenschaftliche, die soziale Bindungen bzw. soziale Zusammenhänge der Gesellschaft betrifft, andererseits den sozialen Zusammenhang von gesellschaftlichen Gruppen mit Gegnerinnen-Bezug – letzteres konkretisiert sich später in der ‚Arbeitersolidarität', bzw. ‚Kampf-Solidarität'.[320]

In der neu entstehenden Soziologie wurde ‚Solidarität' zum Terminus technicus. Für Auguste Comte und Emile Durkheim (1858-1917) bezeichnet der Begriff den „‚Zement' [...], der eine Gesellschaft zusammenhält und zu einer Einheit macht".[321] Im 20. Jahrhundert wurde er unter anderem durch Max Scheler und Henri Bergson in der Moralphilosophie übernommen, von da an steht der Begriff in weitgehend ungeklärtem Verhältnis zu Begriffen wie ‚Menschenliebe', ‚Wohlwollen', ‚Sympathie, ‚Gemeinsinn' oder ‚Loyalität'.[322] Bei den heterogenen Verwendungsweisen des Begriffes gibt es jedoch einen gemeinsamen Kern: die „Idee eines wechselseitigen Zusammenhangs zwischen den Mitgliedern einer Gruppe von Menschen."[323]

In der christlichen Sozialethik im deutschsprachigen Raum wurde vor allem an den französischen, laizistischen Solidarismus ange-

---

[319] Zit. nach Zoll, a. a. O., 23.
[320] Vgl. a. a. O., 23f.
[321] Bayertz, Begriff, 11; vgl. ebd.; vgl. Zoll, Was ist Solidarität, 24.
[322] Vgl. Bayertz, Begriff, 11.
[323] Ebd.

knüpft, der unter anderem von Léon Bourgeois (1851-1925) und Alfred Fouillée (1838-1912) entwickelt wurde und als Bewegung Ende des 19., Anfang des 20. Jahrhunderts die Interessen des französischen Kleinbürgertums vertrat. Der französische Solidarismus übernahm Motive der christlichen Erbsündenlehre und

> „trat mit dem Anspruch auf, eine zwischen Individualismus und Sozialismus vermittelnde Gesellschaftskonzeption zu entwerfen, die friedlich-reformerische Projekte gesellschaftlicher Selbstorganisation und staatlicher Sozialpolitik in den Blick nehmen wollte.“[324]

In Deutschland wurde die solidaristische Sozialphilosophie vor allem in der katholischen Soziallehre aufgegriffen, insbesondere von dem Jesuiten Heinrich Pesch (1854-1926). Auch für ihn stand ein ‚dritter Weg‘ zwischen Individualismus und Sozialismus, zwischen Zentralisation und Dezentralisation, im Mittelpunkt. Solidarität ist für Pesch – und dies wurde in die Prinzipienlehre der katholischen Soziallehre bis heute übernommen – ein Seins- und ein Verpflichtungsprinzip: Einerseits ist der Mensch wechselseitig abhängig, andererseits wird aus dem Verpflichtungsprinzip das Postulat sozialer Gerechtigkeit hergeleitet, das sich an den Staat richtet.[325]

Sowohl Hermann-Josef Große Kracht als auch Wolfgang Weigand kritisieren das aristotelisch-thomistische Verständnis ‚natürlicher‘ Verwiesenheit der Menschen aufeinander, das laut Große Kracht Auseinandersetzungen mit der politischen Moderne verhindert. Nach Weigand führt der naturrechtliche und sozialmetaphysische Entwurf dazu, dass der Transfer in die gesellschaftliche Wirklichkeit nur schwer zu leisten ist, dass Idee und Wirklichkeit auseinanderklaffen. Als besonders problematisch hebt Weigand hervor, dass Konflikte in einer ontologisch begründeten Soziallehre als Störung einer natürlichen Harmonie und göttlichen Ordnung verstanden werden, die auf individuelle menschliche Unzulänglichkeit zurückzuführen sind. Letztlich wird dem Staat als Hüter des Gemeinwohls die Aufgabe

[324] Große Kracht, Jenseits von Mitleid, 26.
[325] Vgl. a. a. O., 29ff.

zugewiesen, über den Interessengegensätzen zu stehen und Konflikte ‚objektiv' zu entscheiden. Damit ist die Möglichkeit von Solidarität letztlich ausgehebelt. Abgehoben wird auf individualistische Ethik und eine ausgleichende staatliche Instanz.[326]

Weigand weist auf drei kritische Punkte hin, die meines Erachtens hochaktuell sind: Erstens auf die Konzeption einer idealen Gesellschaft, die progressive Aspekte sozialer Konflikte außer Acht lässt, zweitens auf ein individualistisches Verständnis von Solidarität, das Konflikte nur einseitig-subjektiv verschuldet statt objektiv oder intersubjektiv verstehbar sieht; und drittens auf die Fokussierung des Privateigentums in der katholischen Soziallehre. Dem Privateigentum wird in der Theorie zwar eine soziale Verpflichtung zugesprochen, „in der kirchlichen Praxis und der von ihr beeinflußten gesellschaftlichen Wirklichkeit aber hat der Privateigentumsgedanke fast immer dominiert."[327]

Intersubjektive Verwiesenheit als Voraussetzung von Subjektivität muss nicht teleologisch und ontologisch erklärt werden, sondern kann auf empirische Beobachtungen zurückgeführt werden.[328] In jüdischen und christlichen Traditionen wird diese Verwiesenheit darüberhinaus auch auf die allen Menschen gemeinsame und gleiche Würde zurückgeführt, auf die die Schöpfungstheologie und vor allem das biblische Motiv der Gottebenbildlichkeit verweist.

Insgesamt können zwei Richtungen des Verständnisses von Solidarität festgehalten werden, in denen sich die folgenden Ausführungen bewegen, und die auch in der christlichen Soziallehre Verwendung finden: Erstens eine beschreibend-analytische ‚Seins-Solidarität', die aber in voluntaristischen Formen oft problematische Züge annimmt. Diese verweist bereits auf die zweite Form, die ‚Sollens-Solidarität'.[329]

---

[326] Vgl. a. a. O., 31f.; vgl. Wolfgang Weigand: Solidarität im Konflikt. Zu einer Theorieentwicklung von Solidarität (= Schriftenreihe der Akademie für Jugendfragen in Münster 6), Münster 1979, 271-275.

[327] A. a. O., 274.

[328] Vgl. Kapitel 3.2.

[329] Vgl. Große Kracht, Jenseits von Mitleid, 34.

4.2 Verwendungsweisen und Kontexte von Solidarität

Seinen spezifischen Gehalt erhält der Begriff ‚Solidarität' durch seine Normativität. Kurt Bayertz charakterisiert diese durch drei Bedingungen:[330]
1. Subjektives Empfinden der Gruppenmitglieder: Sie empfinden den Zusammenhalt als bedeutsam; es handelt sich deshalb nicht einfach um eine Gruppe, sondern um eine Gemeinschaft.
2. Gegenseitige Hilfe wird im Bedarfsfall erwartet; genauso ist eine Bereitschaft dazu vorhanden, sie zu gewähren. Die Motivation muss also keineswegs altruistisch sein, sondern kann aus der Erwartung, im Bedarfsfall unterstützt zu werden, oder/und der Erstrebung eines gemeinsamen Ziels entspringen.
3. Die Legitimität der Gemeinschaft und ihrer Ziele wird hierbei unterstellt: Die gegenseitige Hilfeleistung wird als Beitrag für die wichtigen und berechtigten Interessen der Gruppenmitglieder gesehen.

Im Gegensatz zu den Begriffen ‚Gerechtigkeit', ‚Gleichheit' oder ‚Freiheit' gibt es zum Begriff ‚Solidarität' vergleichsweise wenig Untersuchungen bzw. Theorien.[331] Bayertz führt dies auf zwei Gründe zurück. Als ersten Grund nennt er die Ausrichtung der neuzeitlichen Ethik, zum Beispiel des Kantianismus oder des Utilitarismus, auf universelle Normen, die damit nicht den Bezug zu eigenständigen Gemeinschaften und damit partikularen Interessen zum Gegenstand haben, sondern sich entweder auf Individuen oder die gesamte Menschheit beziehen. Für die Existenz moralischer Verpflichtungen werden in diesen universell angelegten Moralkonzepten real existierende und de facto bedeutsame Gemeinschaften wie zum Beispiel Familie, soziale Klasse, Nation oder Religionsgemeinschaften nicht als konstitutiv angesehen. Zu berücksichtigen ist hier die Gefahr des naturalistischen Fehlschlusses: Von der bloßen Zugehörigkeit zu

[330] Vgl. Bayertz, Begriff, 12.
[331] Vgl. auch Große Kracht, Jenseits von Mitleid, 17.

einer Gemeinschaft kann noch nicht auf das Vorhandensein moralischer Verpflichtungen geschlossen werden.[332]

Den zweiten Grund für das Fehlen von Solidaritätstheorien sieht Bayertz darin, dass die moderne Ethik auf dem Ideal autonomer Individualität beruht. Dementsprechend besteht die zentrale Funktion von Moral in der Sicherung der legitimen Interessen von Individuen. „Die von Gruppen und Gemeinschaften ausgehenden Ansprüche erscheinen als heteronom und folglich als Gefährdung der freien Selbstbestimmung.“[333] Ansprüche, die von Gruppen und Gemeinschaften ausgehen, sind in dieser Perspektive besonders begründungsbedürftig. Als legitim gelten sie nur dann, wenn sie freiwillig eingegangen werden oder auf Gegenseitigkeit beruhen. Solidarleistungen sind nicht als verbindlich anzusehen. Innerhalb dieses individualistischen Moralverständnisses ist also nur ein schwacher Solidaritätsbegriff möglich, wie er aus dem Versicherungsbereich bekannt ist: im Sinne von freiwillig eingegangenen, begrenzten wechselseitigen Verpflichtungen zur Sicherung individueller Interessen. Vertreterinnen nicht-individualistischer Politik und Ethik entwickelten dagegen einen starken Begriff von ‚Solidarität‘; zu diesen ‚Nebenströmungen‘ gehören zum Beispiel verschiedene Richtungen des Sozialismus, der katholischen Soziallehre, des Kommunitarismus, des Feminismus und der ‚postmodernen‘ Ethik. Ihnen ist „ein Unbehagen an der Dominanz des Allgemeinen in der modernen Ethik“[334] gemeinsam: Moral kann in ihrer Perspektive nicht auf universelle Normen reduziert werden, sondern partikulare Handlungsgründe und Pflichten seien mit einzubeziehen. Denn indem partikulare Solidaritäten ignoriert werden, wird zugleich die konkrete Identität der Individuen und damit die „wichtigste Quelle für die Motivation zu moralischem Handeln“[335] ausgeschlossen.[336]

---

[332] Vgl. Bayertz, Begriff, 13f.
[333] A. a. O., 14.
[334] Ebd.
[335] A. a. O., 15.
[336] Vgl. a. a. O., 14f.

Bayertz geht auf vier wichtige Verwendungsweisen des Begriffs ‚Solidarität' ein und folgt dabei der Leitfrage nach dem Verhältnis universeller und partikularer Verpflichtungen.

4.2.1 Solidarität als allgemeine Brüderlichkeit

In der europäischen Geschichte ist eine Entwicklung von Gemeinschaften, die auf Blutsverwandtschaft und sexuellen Beziehungen beruhen, zu größeren Gemeinschaften festzustellen, die „nicht mehr primär auf biologischen, sondern auf ethnischen, kulturellen und politischen Gemeinsamkeiten beruhen".[337] Die Erfahrung des Zerfalls der griechischen Polis führte in der stoischen Philosophie zu einem „entscheidenden Schritt über die Grenzen der Gemeinschaft hinaus, indem sie die Idee einer universellen moralischen Gemeinschaft formulierte"[338]. Dieser Schritt kennzeichnet den von Henri Bergson beschriebenen Übergang von der Moral ‚geschlossener' zu der ‚offener' Gesellschaften. Im Christentum wurde die Idee einer alle Menschen umfassenden Gemeinschaft aufgegriffen und mit einer theologischen Begründung unterlegt: Alle Menschen seien Kinder Gottes und demzufolge Geschwister. In der zweitausendjährigen Geschichte der kulturellen Dominanz des Christentums wurde diese Gotteskindschaft-Idee zur essentiellen historischen Grundlage des ethischen Universalismus.[339]

In Utilitarismus und Moralphilosophie sind Ende des 19., Anfang des 20. Jahrhunderts fragwürdige Tendenzen im Umgang mit dem Begriff der Solidarität festzustellen. So stellt Stuart Mill in „Utilitarismus" 1961 eine gefühlsmäßige Grundlage für die utilitaristische Moral fest: Gemeinschaftsgefühle der Menschen, die angeblich unter dem Einfluss fortschreitender Kultur stärker würden. Bei Max Scheler und, von Scheler ausgehend, Nicolai Hartmann ist eine Tendenz zur Ontologisierung feststellbar: Es existiere eine Art Kollektivindivi-

---

[337] A. a. O., 15.
[338] Ebd.
[339] Vgl. a. a. O., 16.

duum, die Gemeinschaft von Personen gehöre zu ihrer Wesenheit. Fragwürdig ist hierbei laut Bayertz, dass „die Idee einer solidarischen Verbundenheit aller Menschen untereinander nur schwer mit dem Bild zu vereinbaren [ist], das uns die Geschichte bietet."[340] Vielmehr scheinen Missgunst und Feindschaft genauso wie Freundlichkeit und Wohlwollen die Gefühle zwischen Menschen in gleicher Weise zu prägen. Die Anteile von Sympathie und Konflikt wechseln dabei mit den äußeren und inneren Bedingungen. Begegnet wurde diesem Argument von den Utilitaristen, zum Beispiel von Max Scheler, mit der Bestimmung universaler Solidarität als einer Wesenseigenschaft der Menschen und somit einem Transport derselben ins Metaphysische, das nicht unbedingt etwas mit der fehlbaren, empirischen Realität zu tun habe: Menschen bleiben großenteils hinter der Norm zurück und unterliegen verderblichen Einflüssen von außen.[341]

Abgesehen von den widersprechenden historischen Fakten ist die utilitaristische Argumentation für Bayertz nicht überzeugend, er führt dabei ähnliche Argumente an wie Weigand in seiner Kritik an der ontologischen Begründung christlicher Soziallehre: Die metaphysische Argumentation ist laut Bayertz erstens zirkulär, indem sie eine normative Festsetzung macht und den normativen Output durch einen entsprechenden Input (unsolidarisches Verhalten sei ‚krank') sicherstellt. Zweitens: Nicht nur äußere Faktoren setzen solidarischem Verhalten Grenzen, sondern offensichtlich auch innere. Schon David Hume (1711-1776) hatte festgestellt, dass Sympathie und Wohlwollen umso mehr abnimmt, je weiter entfernt aus dem Nahbereich die Betroffenen sich befinden. Der Weg geht von enger Verpflichtung gegenüber Familie und Freunden über weniger enge Verbundenheit in Bezug auf die Bewohnerinnen derselben Stadt oder des Landes bis hin zur völligen Gleichgültigkeit gegenüber den Bewohnern ferner Erdteile. Es existiert darüberhinaus eine Exklusivität von

340 A. a. O., 19.
341 Vgl. a. a. O., 19f.

Solidarität: Die Verbundenheit mit einer bestimmten Gruppe schließt die zu anderen Gruppen aus.[342]

Wenn dieses Phänomen der Relativität und der Exklusivität solidarischer Gefühle und Handlungsweisen ernst genommen wird, müssen Einwände gegen die universalistische Verwendung von ‚Solidarität' vorgebracht werden. In solidarischem Verhalten spielen spezifische Gemeinsamkeiten eine Rolle, die bestimmte Personen miteinander verbinden, andere, die differente Interessen oder Überzeugungen haben, dagegen ausschließen. Bayertz hebt hervor, dass die Essenz des Solidaritätsbegriffs partikular und exklusiv ist; dass es im Falle von Solidarität gerade darum geht, partikulare Bindungen hervorzuheben und

> „[d]ie Idee einer *allgemeinen* Brüderlichkeit aller Menschen und das daraus abgeleitete Postulat, daß jedes Individuum moralisch verpflichtet ist, *allen* anderen Individuen unterschiedslos zu helfen, [...] die moralische Leistungsfähigkeit der meisten Menschen zu überfordern [scheint]. Eine realistische Ethik wird die Grenzen der Sympathie und der Solidarität nicht einfach ignorieren können."[343]

Bayertz spricht sich dafür aus, dass im moralischen Bewusstsein universalistische und partikularistische Orientierungen nebeneinander existieren. Die Vorstellung sei fallen zu lassen, dass Moral auf ein einziges Prinzip zurückführbar sei. Es bleiben allerdings bei aller Berücksichtigung von Grenzen der Solidarität universalistische Unterlassungspflichten:

> „Die Grenzen der Sympathie und der Solidarität stehen nicht nur dem Postulat einer allgemeinen Menschenliebe entgegen, sondern auch der Forderung, daß jedes Individuum positive Handlungspflichten zum Wohl der gesamten Menschheit habe. Daraus, daß niemand zu Wohltaten für die gesamte Menschheit verpflichtet ist, folgt aber mitnichten, daß man Fremde töten, verletzen, bestehlen oder diskriminieren darf. Im Unterschied zu den positiven Hilfspflichten sind die zentralen Unterlassungspflichten universalistisch und müssen es bleiben. Die Alternative zur allgemeinen Menschenliebe besteht daher nicht in einer atavistischen

---

[342] Vgl. a. a. O., 16-21.
[343] A. a. O., 21.

Hordenmoral, die jeden als Freiwild betrachtet, der nicht ‚zu uns' gehört."[344]

4.2.2 Solidarität im Spannungsfeld von Gemeinschaft und Gesellschaft

Solidarität kann also nicht ‚allgemeine Menschenliebe' bezeichnen. Am ehesten ist sie nach Bayertz dazu geeignet, das innere Bindemittel für begrenzte Gemeinschaften wie Staat, Gesellschaft oder Nation zu beschreiben. Auch in dieser Auffassung spielt die ‚soziale Natur' des Menschen wieder eine Rolle – angefangen bei Aristoteles' Begriff der ‚Freundschaft' innerhalb von Familie, Geschäftsbeziehungen und der Polis, bis hin zu Beschreibungen nationaler Solidargemeinschaft, zum Beispiel durch Ernest Renan und andere Vertreter in Philosophie und Anthropologie.[345]

Eine andere Richtung schlägt beispielsweise Pjotr Alexejewitsch Kropotkin (1842-1921) ein, der die Bildung von Gruppen nicht auf Sympathie, sondern auf einen Trieb zurückführt und unter anderem auf kooperatives Verhalten auch in der Tierwelt verweist. Kropotkin bezeichnet diesen Trieb als Solidaritäts- und Sozialtrieb, der für ihn ein ‚unklares Gefühl' darstellt, einen Instinkt, dessen Triebkraft die Ahnung von Stärke durch gegenseitige Hilfe und von Freude durch soziales Leben ausmacht. Wesentlich ist für ihn, dass dieser Solidartrieb nicht auf Sympathie oder Liebe zurückgeführt werden muss, sondern eben auf alle Menschen zutrifft – auch jene, die nicht durch diese persönlichen Beziehungen verbunden sind.[346] Gleichwohl bleibt für Bayertz auch die Annahme eines Solidartriebs unbefriedigend. Er greift hier in seiner Argumentation auf Ferdinand Tönnies zurück. Seit Tönnies' „Gemeinschaft und Gesellschaft" (1887) wird zwischen kleinen, familienähnlichen Gemeinschaften und großen, anonymen Gesellschaften unterschieden, deren wesentliches Merkmal nicht die Verbundenheit, sondern die Getrenntheit von Menschen darstellt.

---

[344] A. a. O., 22.

[345] Vgl. a. a. O., 23f.

[346] Vgl. a. a. O., 23ff. Vgl. Peter Kropotkin: Gegenseitige Hilfe in der Tier- und Menschenwelt. Frankfurt a. M. u. a. 1975 (Originalausgabe 1902), 16.

Laut Tönnies finden hier keinerlei Tätigkeiten statt, die aus einer a priori vorhandenen Einheit abgeleitet werden können, sondern die Menschen sind zu allererst Individuen, die in Spannung zueinander stehen und von sich aus nichts für die anderen tun, wenn es nicht um einer gleich zu erachtenden Gegenleistung willen geschieht.[347]

Gesellschaftstheorien der Neuzeit, wie zum Beispiel nach Thomas Hobbes oder Adam Smith, teilen diese Auffassung: Die Gesellschaft sei anzusehen

> „als ein Agglomerat von Individuen, die erst sekundär untereinander verbunden sind, und diese Verbindung wird nicht über Gemeinsamkeiten oder Ähnlichkeiten erzeugt, sondern über *Verschiedenheiten*"[348].

Emile Durkheim bezieht sich auf diesen Punkt, wenn er bei der Beschreibung von Solidarität unterscheidet zwischen ‚mechanischer Solidarität', die auf Ähnlichkeiten und Übereinstimmungen im Bewusstsein der Individuen eines Kollektivs beruht, und ‚organischer Solidarität', die ein Resultat von Arbeitsteilung darstellt, welche auf der Unterschiedlichkeit von Individuen basiert und diese sogar verstärkt. Durkheim stellt fest, dass historisch gesehen die organische gegenüber der mechanischen Solidarität immer mehr an Gewicht gewinnt. Entsprechend Tönnies' Beschreibung des Übergangs von Gemeinschaft zu Gesellschaft findet sich auch bei Durkheim die Entwicklung hin zu Separierungstendenzen, zu wachsendem Individualismus oder auch zum Egoismus. Mit fortschreitender ‚Zivilisierung' treten nach seiner Auffassung gemeinsame Werte und Ziele in den Hintergrund.[349] Die Verbindungen zwischen Individuen sind dann nicht mehr normativ, sondern funktional. Sozialbeziehungen werden zunehmend indirekt und anonym, nicht mehr persönliche Bindungen, sondern komplementäre Interessen stehen im Vorder-

---

[347] Vgl. Bayertz, Begriff, 25f.; vgl. Ferdinand Tönnies: Gemeinschaft und Gesellschaft. Grundbegriffe der reinen Soziologie, Neudr. der 8. Aufl. von 1935, 3., unveränd. Auflage, Darmstadt 1991 (Originalausgabe 1887), 34.

[348] Bayertz, Begriff, 26.

[349] Vgl. Emile Durkheim: Über soziale Arbeitsteilung. Studie über die Organisation höherer Gesellschaften, 2. Aufl., Frankfurt a. M. 1988 (Originalausgabe 1902), 254.

grund. Mitmenschen werden, wenn nicht zu Konkurrentinnen, doch zu bloßen Kooperationspartnern. Dieser Prozess wurde, unter anderem von Tönnies – im Gegensatz zu Durkheims eher optimistischer Forschritts-Analyse – auch als Niedergang von Solidarität beschrieben, als ein Entsolidarisierungsprozess, an dessen Ende eine „‚Gesellschaft' bindungsloser Individuen"[350] steht. Tönnies bewertet ‚Gesellschaft' im Vergleich zu ‚Gemeinschaft' eindeutig negativ, er sieht wirkliches Zusammenleben nur möglich in Gemeinschaften, die er als lebendigen Organismus beschreibt, während Gesellschaft für ihn ein mechanisches Aggregat und Artefakt ist.[351]

Kritik an Entsolidarisierungs- und Individualisierungsprozessen wurde besonders von Vertretern des Kommunitarismus wie zum Beispiel Charles Taylor formuliert.[352] In ihrer Positionierung wird die Modernitätskritik der letzten zwei Jahrhunderte quasi zusammengefasst: die Kritik an der Tyrannei des Marktes, am Individualismus, am instrumentalistischen Staatsverständnis. Das Ziel des Kommunitarismus ist eine Wiederbelebung von Formen gemeinschaftlicher Solidarität. Allerdings sind in der Realität Gesellschaften nicht wie Familien verfasst. Die Kommunitaristen, so Bayertz, reduzieren ihre Analyse auf ideologische Ursachen und fallen damit hinter Erkenntnisse seit Ende des 19. Jahrhunderts zurück: Schon Tönnies beobachtete den Wandel von Gesellschaften als den von objektiven sozialen Strukturen, die nicht auf die Ausbreitung ‚falscher Weltanschauung' zurückzuführen sind. Auch der Weg, der sich auf Grund dieser Analyse abzeichnet, nämlich durch Konversionen des Bewusstseins Gemeinschaft und Solidarität wiederherzustellen, ist dadurch ein unrealistischer: Konversionen als nicht individuelle, sondern kollektive

[350] Bayertz: 1998, 28.

[351] Vgl. Tönnies, Gemeinschaft, 3f. Tönnies neigt allerdings zur Ontologisierung von Gemeinschaft in Bezug auf Solidarität. Vgl. Bayertz, Begriff, 26ff.

[352] Vgl. z. B. Charles Taylor: Aneinander vorbei: Die Debatte zwischen Liberalismus und Kommunitarismus, in: Axel Honneth (Hg.): Kommunitarismus. Eine Debatte über die moralischen Grundlagen moderner Gesellschaften (= „Theorie und Gesellschaft" 26), Frankfurt a. M. / New York 1993, 103-130.

Akte benötigen zu ihrer Realisierung die Stützung durch begünstigende Faktoren in der sozialen Realität. Bayertz stellt treffend fest: „Solche Faktoren, die eine Regeneration starker Gemeinschaftsbeziehungen und entsprechend starker Solidaritäten bewirken könnten, sind aber nicht in Sicht."[353]

Abgesehen davon setzen sich derartige Forderungen stets dem Verdacht aus, die patriarchale Kleinfamilie inklusive der geschlechtlichen Arbeitsteilung und Ausbeutung der Arbeitskraft von Frauen stärken zu wollen.

Nach Bayertz ist, im Sinne der bereits ausgeführten Kritik am ontologischen Modell von ‚Gemeinschaft', denn auch vor einer – zum Beispiel durch die Kommunitaristen vertretenen – verklärten Sicht auf die Gemeinschaften vergangener Zeiten zu warnen, die in der Regel auf schicksalhafter Zugehörigkeit beruhten und als Zwangsgemeinschaften bezeichnet werden können. Dass sich diese Gemeinschaften lockern, muss auch als positive Entwicklung, als Steigerung individueller Freiheit gesehen werden. Schließlich lassen sich Modernisierungsprozesse nicht auf Entsolidarisierungsprozesse reduzieren; im Gegenteil, es entstehen auch neue Solidaritäten. Es kann somit nicht um ein Ausspielen verklärter Modelle früherer ‚Gemeinschaften' gegen moderne ‚Gesellschaft' gehen. Vielmehr sind in beiden Fällen die Prozesse mehr oder weniger freiheitlich entwickelter Bindungen in den Mittelpunkt zu stellen, die häufig ambivalent sind.

Die in der Moderne neu entstehenden Solidaritäten sind dadurch geprägt, dass sie zeitlich begrenzt und punktuell sind, autonom eingegangen und auch wieder gelöst werden können. Beispiele sind Bürgerinitiativen und Selbsthilfegruppen. Modernisierungsprozesse sind also nicht eindeutig zu bewerten – Gewinne und Verluste sind gegeneinander abzuwägen und die Entscheidung für eine positive oder

[353] Bayertz, Begriff, 33; Vgl. a. a. O., 29-33.

negative Bilanz beruht großenteils auf individuellen Wertschätzungen.[354]

4.2.3 *Solidarität und die Legitimation des Sozialstaats*

Die Begründung sozialstaatlicher ‚Solidarität' ist wenig plausibel. Der Gedanke, die Sicherung materieller Wohlfahrt für alle Bürger durch den Staat als Brüderlichkeit oder Solidarität anzusehen, wird im 19. und 20. Jahrhundert zum Beispiel im französischen Solidarismus und der katholischen Soziallehre vertreten.[355] Vor allem in Deutschland allerdings sind – anders als in Frankreich – die Entstehungsbedingungen des Sozialstaats auf anderes als Solidaritätsprinzipien zurückzuführen, nämlich auf politisches Kalkül angesichts des Drucks durch die Arbeiterinnenbewegung. Im Rahmen der Bismarkschen Sozialgesetzgebung war die

> „Einführung einer gesetzlichen Kranken- und Rentenversicherung [...] ein Versuch, der politisch ständig an Einfluß gewinnenden Arbeiterbewegung das Wasser abzugraben; sie war ein Zugeständnis, das zur Stabilisierung der bestehenden Machtverhältnisse gemacht wurde. Für den Sozialstaat sprach aus der Sicht der sozialen Eliten daher kaum die moralische Idee einer wechselseitigen Fürsorgepflicht zwischen den Bürgern, als vielmehr ein politisches *Klugheits*kalkül."[356]

Führt man Solidarität anhand der bereits genannten Kriterien (subjektives Empfinden als Gemeinschaft, Erwartung von Hilfe im Bedarfsfall als im Interesse aller, Voraussetzung der Legitimität der Ziele und der Gemeinschaft) auf emotionale Verbundenheit zurück, dann wird deutlich, dass diese Kriterien auf die sozialstaatlichen Leistungen nicht zutreffen. Denn nicht moralische Ideale zur Unterstützung Bedürftiger, sondern Verrechtlichung und Institutionalisierung der Unterstützung stehen hier zur Debatte. Wenn also Solidarität bedeutet, dass Hilfeleistung aus einem Gefühl der Verbundenheit heraus und freiwillig erfolgt, ist die Bezeichnung ‚Solidarleistungen' für so-

---

[354] Vgl. a. a. O., 30f.
[355] Vgl. a. a. O., 34f.
[356] A. a. O., 36.

zialstaatliche Leistungen inadäquat. Sehr wohl ist diese Art der Institutionalisierung und Verrechtlichung als Ersatz für die früheren Solidarnetzwerke anzusehen, jedoch können sie nicht als ‚solidarisch' betrachtet werden: „[D]urch ihre Institutionalisierung wird Solidarität auf ‚Quasi-Solidarität' verdünnt."[357]

Diese Entwicklung hin zur Verrechtlichung ist als positiv zu bewerten: Im Unterschied zur Angewiesenheit auf private Wohltätigkeit setzt ein Rechtsanspruch auf Hilfe, sowohl was die Sicherheit der Hilfeleistung als auch was die Würde und Selbstachtung der Empfangenden angeht, andere Maßstäbe. Die Empfangenden sind so nicht zur Dankbarkeit verpflichtete Bürger zweiter Klasse, sondern unabhängige und selbstständige Individuen. In diesem Sinne argumentierte auch die Arbeiterbewegung des 19. und 20. Jahrhunderts. Pierre Leroux formulierte beispielsweise den Solidaritätsbegriff ausdrücklich als Gegenbegriff zu ‚Barmherzigkeit' und ‚Mildtätigkeit'. Er konstatierte ein „Naturgesetz der Solidarität", das „einen Anspruch auf die Sicherung der Existenz jedes einzelnen durch die Gemeinschaft"[358] begründet. Die Legitimationsbasis verschiebt sich durch diese Argumentation von der emotionalen Verbundenheit der Individuen auf den Gleichheitsgrundsatz, im Bewusstsein darum,

> „daß politische Gleichheit bei sozialer Ungleichheit unvollkommen bleibt, und daß die erkämpften politischen Bürgerrechte daher einer Absicherung in sozialen Rechten bedürfen. Die ‚innere Logik' des Gleichheitsgedankens führt daher, wie Thomas H. Marshall (1963) plausibel gemacht hat, von den liberalen Freiheitsrechten des 18. Jahrhunderts über die politischen Teilnahmerechte des 19. Jahrhunderts konsequenterweise zu den sozialen Wohlfahrtsrechten des 20. Jahrhunderts."[359]

Wenn soziale Gleichheit als Vorbedingung für eine vollwertige Mitgliedschaft im politischen Gemeinwesen verstanden wird, muss der Staat sie auch in Form eines Rechtes, auf das jede und jeder sich berufen kann, garantieren. An die Stelle des Appells an die Solidarität

---

[357] A. a. O., 37; Vgl. a. a. O., 36f.
[358] A. a. O., 38.
[359] A. a. O., 38f.

treten damit Gerechtigkeitsargumente. Armut und Not werden im Zuge dieser Entwicklung immer weniger als ‚Schicksal‘, von Gott oder der Natur verursacht, angesehen, sondern als soziale Probleme, zu deren Lösung der Sozialstaat beiträgt.[360] Beim gravierendsten Problem moderner Gesellschaften, der Massenerwerbslosigkeit, liegt dies für Bayertz auf der Hand. Er formuliert, was in Zeiten von ‚Hartz IV‘ längst nicht mehr selbstverständlich ist:

> „Sie [die Erwerbslosigkeit, K.S] ergibt sich aus wissenschaftlich-technischen Innovationen, aus Investitionsentscheidungen und Rationalisierungsmaßnahmen etc. und ist daher ein (indirektes) Produkt menschlichen Handelns und Entscheidens. Der soziogene Ursprung der aus ihr resultierenden Notlagen ergibt sich auch daraus, daß dieselben ökonomischen und sozialen Prozesse, die zu den spezifisch modernen Formen von Armut und Not führen, zugleich auch die vormals bestehenden Quellen der Hilfe verschüttet haben. [...] Es liegt unter diesen Bedingungen nicht nur nahe, sondern muß als ein Erfordernis der *Gerechtigkeit* angesehen werden, dem Staat zumindest einen Teil der Aufgaben zu übertragen, die vordem von der Familie oder anderen sozialen Netzwerken erfüllt wurden. Und ebenso gerecht ist, daß jene Mitglieder der Gesellschaft, die von den bestehenden ökonomischen und sozialen Strukturen am meisten profitieren, auch den größeren Teil der dafür anfallenden Kosten übernehmen. [...] An die Stelle einer ‚natürlichen‘ Brüderlichkeit tritt unter den Bedingungen der modernen Gesellschaft eine ‚künstliche‘ Gerechtigkeit, deren praktische Realisierung sich zugleich von den Individuen auf den Staat und seine Institutionen verschiebt.“[361]

4.2.4 Solidarität als Kampfbegriff

Solidarität wird als Kampfbegriff verwendet, wenn sich Menschen zusammenschließen, um gemeinsam für ihre Interessen einzutreten. Die Bandbreite ist bei einer derart allgemeinen Definition sehr groß: Beispiele sind sowohl Verbrecherbanden als auch die Arbeiterbewegung oder neue soziale Bewegungen wie feministische oder Ökologiebewegungen.[362] Diese Solidarität besitzt zwei Pole: zum einen den

---

[360] Vgl. a. a. O., 39.
[361] A. a. O., 39f.
[362] Vgl. a. a. O., 40f.

positiven Bezug auf bestimmte Ziele oder Interessen, auf deren Erreichen das Streben der Gruppe gerichtet ist, und zum zweiten einen negativen Bezugspunkt, nämlich die Widerstände anderer Gruppen, die konkurrierende Interessen vertreten. Durch diesen negativen Bezugspunkt unterscheidet sich diese Art von Solidarität von den bisher behandelten: Nicht nur schließt sie Individuen mit anderen Interessen aus und ist somit exklusiv, sondern sie ist auch konflikthaft, definiert Gegnerinnen und wird deswegen meist als ‚Kampfsolidarität' aufgefasst.[363]

Für einen normativen Begriff von Solidarität aus emanzipatorischer Perspektive ist, wie Bayertz anführt, Solidarität in Bezug zu Gerechtigkeit zu setzen. Im Hinblick auf Mafiaclans, Militärjuntas oder gemeinsam kriegführende Staaten kann ‚Solidarität' dann nur deskriptiv benutzt werden; normativ kann er allein dort gerechtfertigt verwendet werden, „wo die gemeinsamen Ziele und Interessen unter dem Gesichtspunkt der Gerechtigkeit als legitim gelten können."[364] Dies entspricht auch dem Selbstverständnis sozialer Bewegungen:

> „Im Selbstverständnis der Angehörigen politischer und sozialer Emanzipationsbewegungen geht es nicht um die Durchsetzung nackter Interessen, sondern um die Realisierung *gerechter* Ziele."[365]

Hinzuzufügen ist, dass es – angesichts der auch zum Begriff ‚Gerechtigkeit' sehr differierenden Interpretationen – in theologischer Perspektive nur um eine Gerechtigkeit in globaler Perspektive gehen kann, die den Status quo von Resssourcenverteilung und Machtverhältnissen in Frage stellt, nicht als ‚gegeben' voraussetzt. In dieser Perspektive kann zum Beispiel auch eine „uneingeschränkte Solidarität", die vom damaligen Bundeskanzler Gerhard Schröder den USA in Bezug auf den „Krieg gegen den Terror" 2001 gegen Afghanistan versprochen wurde, nur als Bekundung gemeinsamer Interessen, nicht aber als moralisch normativer Standpunkt angesehen werden.

---

[363] Vgl. a. a. O., 41.
[364] A. a. O., 45.
[365] Ebd.

Historisch ist hervorzuheben, dass Solidarität, die in diesem Sinne durch den Bezug auf Gerechtigkeit qualifiziert ist, eine entscheidende Quelle des Rechtsfortschritts darstellt: Insbesondere Menschenrechte mussten mühsam von sozialen Bewegungen wie der europäischen Arbeiterinnenbewegung, der Anti-Apartheidbewegung, der Bürgerrechtsbewegung der 1950er und 1960er Jahre in den USA oder den Frauenbewegungen erkämpft werden. Immer noch sind elementare Menschenrechte oft nicht gesichert. Daher ist Solidarität weiterhin eine wichtige politische Ressource.[366]

Kampfsolidarität in diesem Sinn als reines Mittel zum Zweck zu verstehen, wäre jedoch zu kurz gegriffen. Im Fall solidarischen Handelns – im Unterschied zu Erwerbseinkommen und Genuss im Privatbereich – sind Mittel und Ziel verbunden: „Das Streben nach dem Ziel ist hier ein Teil des Ziels selbst und dementsprechend kann aus diesem Streben bereits ein Teil der Befriedigung gezogen werden, die man sich von dem Ziel erhofft."[367] Auf dieses nicht-instrumentelle Verständnis von Solidarität wies bereits Kropotkin hin. Wenn trotz der praktischen Schwierigkeiten und Hindernisse solidarisches Handeln geschieht, so kann dies in seiner Perspektive als eine der menschlichen Natur innewohnende Disposition gedeutet werden.[368]

Damit hat Solidarität als Kampfbegriff zwei Dimensionen: Einerseits die „einer selbst unter ungünstigen Randbedingungen nicht völlig korrumpierbaren Naturanlage."[369] Andererseits erscheint sie, wie zum Beispiel Georg Lukács beschreibt, als ein Stück gelebte Utopie, eine fragmentarische Verwirklichung eines Ideals; als „Vorgriff auf das, was Menschen zu sein vermögen, wenn die für die Entfaltung ihrer moralischen Potenzen widrigen sozialen Hindernisse beseitigt

[366] Vgl. a. a. O., 44f.
[367] A. a. O., 46.
[368] Vgl. a. a. O., 46f.
[369] A. a. O., 47.

sind“[370]. Im Gegensatz zur im Marxismus verbreiteten Auffassung von Solidarität als ‚Waffe im Klassenkampf‘ verweist Lukács damit auf ihre moralische Dimension. Albert Camus in seinem Essay „L'homme revolté“ hingegen verlegt den Solidaritätsbegriff ins Metaphysische: Solidarität und Kampf sind eng verbunden. Das Individuum, das zunächst in der Begegnung mit dem Absurden radikal auf sich selbst verwiesen ist, erlangt durch Auflehnung ein Bewusstsein seiner kollektiven Natur. Es erkennt, dass diese Distanz zu sich selbst und zur Welt das Leiden aller ist, und kann deswegen die Einsamkeit überwinden.

> „Die Revolte ist also nicht bloß das Mittel, eine bereits vorab existierende Solidarität mit anderen zu entdecken, sie ist vielmehr die Erzeugung und der Ursprung aller Gemeinsamkeit.“[371]

Dadurch, dass Camus von allen historischen und sozialen Kontexten abstrahiert, verleiht er dem Begriff der Solidarität, ebenso wie den Begriffen des Absurden und der Revolte, eine überzeitliche, metaphysische Dimension. Der Mensch übersteigt sich selbst in der Realisierung solidarischen Handelns.[372]

Damit bewegt sich die Argumentation im Bereich der Naturalisierungen und metaphysischen Voraussetzungen, die vermieden werden sollten, wie bereits zum Thema Utilitarismus ausgeführt wurde. Empirisch ist eine ‚Naturanlage‘ nicht gedeckt. Allerdings ist der Punkt der Überschreitung bei Camus durchaus anschlussfähig an ein christliches Verständnis, das die Möglichkeiten der Transzendenz menschlicher Möglichkeiten und der Utopie einer anderen Welt immer mit einbezieht und noch weitergehend solidarisches Handeln auch auf die vorzeitig Gestorbenen bezieht. Bezugspunkt sind Glaubenserfahrungen, das heißt Erfahrungen, dass diese Überschreitun-

---

[370] Ebd. Vgl. Georg Lucács: Die Rolle der Moral in der kommunistischen Produktion, in: Georg Lukács: Geschichte und Klassenbewußtsein (= Georg Lukács Werke, Frühschriften II, Band 2), 2. Aufl., Darmstadt/Neuwied 1977, 90-94, 91.

[371] Bayertz, Begriff, 48. Vgl. Albert Camus: Der Mensch in der Revolte, Reinbek 1969, 21.

[372] Vgl. Bayertz, Begriff, 47f.

gen möglich sind, und Hoffnung gegen alle Plausibilität auf eine andere Wirklichkeit, die auf diesen Erfahrungen aufbaut, aber nicht ‚gedeckt' ist, sondern durch Leidenserfahrungen immer wieder in Frage gestellt werden muss.

4.2.5 *Aktuelle Kontexte und Probleme*

Aus den vier Verwendungsweisen des Begriffs ‚Solidarität' nennt Bayertz abschließend zwei Typen von Solidarität, die in seiner Perspektive legitimerweise Verwendung finden und eine je eigenständige Bedeutung haben. Er fasst damit die meines Erachtens wichtigsten Probleme in den unterschiedlichen Kontexten und Verwendungen des Begriffs zusammen. Der erste Typ ist die zuletzt behandelte ‚Kampf-Solidarität', die als Bereitschaft definiert werden kann, „einem anderen Individuum oder einer anderen Gruppe bei der Durchsetzung seiner oder ihrer Rechte zu helfen"[373]. Hierbei ist eine Gemeinschaftsbeziehung möglich und motivierend, muss aber nicht zwangsläufig dazu gehören. Ein Beispiel, bei dem Gemeinschaftsbeziehung keine Rolle spielte, war zum Beispiel die Anti-Apartheids-Bewegung in Europa; die Motivation war die Wahrnehmung des Unrechts der Apartheid.

Die Tendenz, jede Hilfeleistung als ‚Solidarität' zu benennen, zum Beispiel Spenden für Erdbeben- oder Sturmflut-Opfer, verwischt den Unterschied zu ‚Wohltätigkeit'. Solidarität sollte dagegen materielle oder symbolische Hilfe für jene bezeichnen, die für ihre Rechte kämpfen. Kampf-Solidarität kann allerdings auch noch sehr viel weiter gehen als materielle oder symbolische Hilfe, die Bayertz hier benennt – auch im wörtlichen Sinn: Man denke nur an die Internationalen Brigaden, die im Spanischen Bürgerkrieg 1936-1939 gegen die Franco-Diktatur kämpften.

Den zweiten Typ von Solidarität nennt Bayertz ‚Gemeinschafts-Solidarität', da er sich auf die wechselseitigen Bindungen und Ver-

---

[373] A. a. O., 49.

pflichtungen zwischen Menschen einer substantiell, das heißt auf gemeinsame Lebensbedingungen und Werte hin, verbundenen Gemeinschaft bezieht. Dieser Begriff ist zu unterscheiden von den universellen Grundbegriffen wie ‚Freiheit', ‚Gleichheit' und vor allem ‚Gerechtigkeit', die nicht jene Verbundenheit und damit Parteilichkeit voraussetzen.[374] Bayertz sieht in der Parteilichkeit von Gemeinschafts-Solidarität mehrere Probleme: Einerseits kann sie in Konflikt mit Gleichheits- oder Gerechtigkeitsanforderungen kommen. Dagegen müssen Kriterien für legitime und illegitime Solidarität entwickelt werden. Bayertz verweist hier noch einmal auf die positiven und negativen (Unterlassungs-)Pflichten. Weiterhin muss, vor allem bei der Ausübung öffentlicher Ämter, auf Unabhängigkeit von gemeinschaftlichen Bindungen geachtet werden.

Ein Problem ist in der Reichweite von Solidarität zu sehen, ein weiteres in den Legitimationsgründen für „die Verpflichtungen, die mit der Zugehörigkeit zu einer Gemeinschaft verbunden sind (oder sein sollen)"[375]. Die bloße Zugehörigkeit zu einer Gruppe begründet noch nicht solidarische Verpflichtungen, wie zum Beispiel am Desinteresse der meisten Frauen an feministischen Zielen zu sehen ist. Gemäß eines allgemeinen Freiheitsrechtes ist die Bildung von – freiwilligen – Gemeinschaften als Ausübung von Assoziationsfreiheit zu sehen. Allerdings existieren auch ‚nicht-freiwillige' Bindungen (zum Beispiel zu eigenen Kindern oder Eltern), die solidarisches Handeln erfordern und deren intrinsischer Wert in Bezug auf das Verhältnis von Universalismus und Partikularismus eine ethische Herausforderung darstellt[376]

In Bezug auf die Fragestellung meiner Arbeit ist festzuhalten: Im Kontext sozialer Bewegungen, die einen wichtigen Bezugspunkt darstellen, ist die ‚Kampf-Solidarität' zentral. Allerdings muss ‚Solidarität' immer kontextualisiert werden, um deutlich zu machen, welcher Be-

---

[374] Vgl. ebd.

[375] A. a. O., 50.

[376] Vgl. a. a. O., 50f.

zug zu welcher Gemeinschaft und welchen Interessen gemeint ist. Der Bezug zu globaler Gerechtigkeit ist aus theologischer Perspektive als Kriterium von Solidarität unerlässlich. Das schließt die wichtige Bedeutung einer bestimmten Solidarität, nämlich derjenigen, die unabhängig von unmittelbaren Gemeinschaftsbeziehungen gelebt wird, mit ein. Diese war und ist Ziel der Zweidrittelwelt-Solidaritätsbewegungen. Aber gerade an diesem Beispiel wird deutlich, dass es wichtig ist, den Unterschied zu ‚Barmherzigkeit' deutlich zu machen. Solidaritätsarbeit, gerade auch ohne unmittelbaren Gemeinschaftsbezug, muss beinhalten, dass ein gegenseitiges Voneinander-Lernen intendiert ist. Der Frage, was ihr Bezug zu Ländern der Zweidrittelwelt für ihre Existenz im eigenen Kontext der BRD bedeutet, müssen sich Gruppen stellen, wenn es um Solidarität und nicht um Barmherzigkeit gehen soll. Akteurinnen von Solidaritätsarbeit, die langfristig Verhältnisse im globalen Süden und Norden hin auf mehr Gerechtigkeit und Ermöglichung würdigen Lebens verändern möchten, müssen die Herausforderung annehmen, sich als Konsequenz aus den Verbindungen zu den Partnern im globalen Süden heraus in der eigenen Gesellschaft kritisch zu positionieren.[377]

Eine entscheidende Frage ist die nach der Motivation für solidarisches Handeln. Jenseits der voluntaristischen Postulierung eines ‚Solidartriebs' oder Beschwörungen vergangener Solidargemeinschaften ist die Frage danach virulent, welche Strukturen, zum Beispiel in der Organisierung von Erwerbsarbeit und Reproduktionsarbeit, solidarisches Handeln – im Nah- und Fernbereich – fördern und welche es verhindern. Das heißt auch, danach zu fragen, welche Rolle die Aspekte spielen, die durch Ablösung von Zwangsgemeinschaften entstehen: individuelle Verantwortung und individuelle politische wie soziale Rechte und neue, freiwillig eingegangene Gemeinschaften. In feministischer Sichtweise spielen nicht-freiwillige Gemeinschaften eine wichtige Rolle, da Frauen oft Verantwortung für Familienmit-

[377] Vgl. auch Ludger Weckel, Michael Ramminger: Dritte-Welt-Gruppen auf der Suche nach Solidarität, Münster 1997.

glieder und damit innerhalb nicht-freiwilliger Gemeinschaften übernehmen, und zwar häufig mit profunden Konsequenzen für Lebensführung, Lebensstandard und Erwerbsbiographie. Somit ist die oft eingeforderte ‚familiäre' Solidarität auch als problematisch zu bewerten.

4.3 Kriterien für Solidarität aus theologischer und feministischer Perspektive

Solidarität kann theologisch zunächst in den Rahmen der Verantwortung vor Gott für das Wohlergehen von Menschen im Nah- und Fernbereich, das heißt für die globale Gemeinschaft aller Menschen, gestellt werden. Diese Verantwortung lässt sich nur als Parteilichkeit für diejenigen realisieren, die von Hunger, Krieg, Marginalisierung, vorzeitigem Tod betroffen sind. Diese Parteilichkeit wiederum kann sich in unmittelbarer karitativer Hilfe, zum Beispiel in Katastrophenfällen, zeigen, oder in der Form von Solidarität. Letztere bedeutet, es werden gemeinsame Ziele benannt, die gemeinschaftlich verfolgt werden, wie zum Beispiel der Sturz einer Diktatur, der Schutz eines Lebensraumes, das Ende eines bestimmten Ausbeutungsverhältnisses durch einen Konzern, Bleiberecht für Flüchtlinge oder das Erlangen einer Existenzsicherung für Erwerbslose, die soziale, kulturelle und politische Partizipation ermöglicht. Die Beteiligung an einer solchen Solidarität kann sehr unterschiedlich ausfallen, je nach Grad der Betroffenheit, und existierende Ungleichheiten und Elemente unmittelbarer Hilfe gehören dazu. Als Solidarität werden die Aktivitäten dadurch gekennzeichnet, dass alle Beteiligten sich auf gemeinsame Ziele beziehen und dass Handlungsstrategien nach Möglichkeit gemeinsam entwickelt, besprochen und gegebenenfalls verändert werden.

An Sharon Welch anschließend ist die Auffassung von Solidarität eng mit politischer Praxis zu verknüpfen:

1) Praxis ist die Voraussetzung für Solidarität: Erst durch eine konkrete Widerstandspraxis wird man sich der Solidarität und ihrer Bedeutung bewusst.
2) Solidarität hat die Funktion eines kritischen Instruments, eines Kriteriums zur Bewertung des Wesens von Kirche und anderer gesellschaftlicher Institutionen, und stellt damit erst die Motivation für die Kritik an unterdrückerischen Institutionen her.
3) „Solidarität liefert Impulse zur politischen Aktion."[378]

Daran anschließend müssen genauere Kriterien bestimmt werden, wann Solidarität Instrument zur Bewertung werden kann. In diesem Sinne werden im Folgenden vier inhaltliche Qualifizierungen von Solidarität vorgenommen bzw. Voraussetzungen genannt, unter denen Solidarität aus einer feministisch-befreiungstheologischen Perspektive gedacht werden kann: Sorge-Verantwortung als Aufgabe von Solidarität, Schuldfähigkeit und Verantwortung, globale Gerechtigkeit und Analyse der Verhältnisse, Selbstkritik und Konflikthaftigkeit.[379]

4.3.1 *Verantwortung für Sorge-Arbeit*

Mit der Frage nach nicht-freiwilligen Gemeinschaften kann an feministische Fragestellungen in Bezug auf Solidarität im Bereich der Sorge-Arbeit angeschlossen werden. In sozialpolitischen Zusammenhängen wird oft an jene diffuse Gemeinschafts-Solidarität im Rahmen von – in vielen Fällen – nicht-freiwilligen Gemeinschaften appelliert, zum Beispiel im Rahmen der Versorgung Pflegebedürftiger, die in der BRD mit dem Verweis auf Überforderung des Sozialstaats zum erheblichen Teil auf unbezahlte Sorge-Arbeit von Angehörigen angewiesen sind. Aus feministischer Perspektive muss ‚Solidarität' vor allem das Thema der – bezahlten und unbezahlten – Sorge-Arbeit berücksichtigen.

In Skandinavien und Großbritannien haben sich eigene Debatten zum Thema ‚Sorge-Arbeit' (‚social care') und ‚Care-Ethik' entwickelt,

---

[378] Welch, Gemeinschaften, 100.
[379] Vgl. a. a. O., 99f.

die quer zur Frage von bezahlter und unbezahlter, professionalisierter oder professioneller Arbeit liegen, da fürsorgliche Praxis eine Vielzahl von Formen annehmen kann: Es sind vielfältige Tätigkeiten, auf die alle Menschen in verschiedenen Lebensphasen existenziell angewiesen sind, und die formal oder informell, bezahlt oder unbezahlt, privat oder öffentlich geregelt sein können. ‚Social care' beinhaltet neben ‚Arbeit' und ‚Kosten' auch Dimensionen wie die Eingebundenheit in ein Netz von Verantwortlichkeiten und Verpflichtungen. Vorstellungen von ‚Solidarität' und damit verbundene Konzeptionen des ‚guten Lebens' spielen dabei eine große Rolle.[380]

Nun sind in der gegenwärtigen Dienstleistungsökonomie längst Gefühle und Hingabe als produktive Ressource entdeckt worden. Die berufsförmig ausgeübten Tätigkeiten können aber nicht alle Fürsorgeaufgaben in einem Gemeinwesen erfüllen.

> „Berufliche Fürsorgetätigkeiten innerhalb des ökonomischen Leistungstauschs haben [...] andere Voraussetzungen und Charakteristika als jene Tätigkeiten fürsorglicher Praxis, die keiner Verwertungsintention folgen. Tätigkeiten fürsorglicher Praxis außerhalb von Austauschverhältnissen sind nicht geprägt von Ansprüchen auf Leistung gegen Lohn und sind – mit Blick auf Verfügbarkeiten und Hingabebereitschaft der Person – nicht von Reziprozitätserwartungen bestimmt."[381]

Die prominente Frage in der Care-Ethik ist: Wie können Gebende und Empfangende in beruflichen und nichtberuflichen Sorgebeziehungen so selbstbestimmt und so gut wie möglich leben?[382]

Dass Menschen auf personale und soziale Sorgebeziehungen angewiesen sind, wurde auf der Ebene des EU-Arbeitsrechts lange nicht berücksichtigt – wenn überhaupt, im Familienrecht. Obwohl das fordistische Familienmodell im Sinne des ‚Normalarbeitsverhältnisses' und des Ernährer-Hausfrau-Modells der Kleinfamilie[383] immer

[380] Vgl. Eva Senghaas-Knobloch: Fürsorgliche Praxis und die Debatte um einen erweiterten Arbeitsbegriff in der Arbeitsforschung, in: Kurz-Scherf, In Arbeit, 54-68, 60f.

[381] A. a. O., 61.

[382] Vgl. a. a. O., 61f.

[383] Zu Fordismus vgl. Kap. 7.3.

mehr obsolet wird, wird der implizite, der Gesellschaftsordnung zugrundeliegende Geschlechtervertrag, der die fürsorglichen Tätigkeiten den Frauen zuweist, kaum hinterfragt. Allerdings beginnen Frauen von sich aus, diesen Gesellschaftsvertrag aufzukündigen, indem sie sich weigern, Einschnitte im Einkommen durch die Übernahme von Pflege-Verantwortung in Kauf zu nehmen, oder indem sie überhaupt keine Familie gründen.[384] Berücksichtigt werden muss dabei, dass nicht nur die Emanzipationsbestrebungen der Frauen, sondern auch ökonomische Zwänge dazu beitragen: Auch in der Mittelklasse ist der ‚Familienlohn‘ längst abgeschafft und eine Familie kommt oft auch mit zwei Gehältern im Niedriglohnbereich kaum über die Runden. Nicht nur in den Köpfen der Frauen ist also der Geschlechtervertrag längst abgeschafft oder zumindest stark in Frage gestellt.

Ein weiterer Aspekt von Sorge-Verantwortung ist der der globalen ‚Versorgungsketten‘: Migrantinnen übernehmen – nicht nur in Westeuropa, sondern in vielen Industrie- und Schwellenländern, zum Beispiel in Lateinamerika, Korea oder in Hongkong – immer mehr die Sorge-Arbeit von mittelständischen Frauen, die auf diese Weise individualisiert ihre Erwerbsarbeit absichern und ihre Sorge-Verantwortung an andere Frauen abgeben. Nicht selten müssen die Migrantinnen dann ihrerseits für die Versorgung ihrer eigenen Kinder im Heimatland wieder Frauen engagieren – bezahlte oder unbezahlte. Die Folgen sind vielfältig: Prozesse von Prekarisierung und Informalisierung von Arbeit werden in Gang gesetzt. Diese Arbeit wird im ‚Privaten‘ abgeleistet und birgt damit hohe Risiken des Missbrauchs wie zum Beispiel der Lohnenthaltung, aber auch des sexuellen Missbrauchs. Oftmals führt ein unsicherer Aufenthaltsstatus dazu, dass Arbeitsverhältnisse ohne Urlaubsanspruch, Kranken- und Unfallversicherung angenommen werden, und damit dazu, dass Abhängigkeit von der Gutwilligkeit der ‚Arbeitgeberin‘ entsteht. Die Familie

[384] Vgl. Senghaas-Knobloch, Fürsorgliche Praxis, 63.

der Migrantin muss in der Folge zwangsläufig oft vernachlässigt werden.[385]

‚Solidarität' muss Verantwortungsübernahme für diese Fürsorgearbeit beinhalten. Wieviel Sprengstoff in dieser Aussage steckt, was die Verwendung des Begriffs ‚Solidarität' betrifft, kann nach den bisherigen Ausführungen bereits erahnt werden. Welche Formen von Solidarität gelebt und eingefordert werden, wird im zweiten Teil der Arbeit thematisiert. Die Frage nach der Verantwortung für Sorge-Arbeit spielt dabei eine zentrale Rolle.

4.3.2 Schuldfähigkeit und Verantwortung für globale Gerechtigkeit

Unter der Voraussetzung von Leidempfindlichkeit führt die globale Situation – genannt sei nur der 2009 erreichte traurige ‚Rekord' von einer Milliarde Hungernden[386] – zu ständiger Provokation der Glaubenden, die zu Handlungsfähigkeit führen muss: Es geht um handelnde Solidarität. Johann B. Metz verwendet den Begriff ‚Compassion', der einem christlichen Verständnis von ‚Verantwortung' entspricht, im Sinne des Jesuswortes: „[A]lles, was ihr für eines dieser meiner geringsten Geschwister getan habt, habt ihr für mich getan."[387] (Mt 25,40) In diesem Sinne verantwortlich zu handeln heißt, das eigene Handeln im Namen von Emanzipation und Autonomie an einer Autorität auszurichten, nämlich der Autorität der unschuldig Leidenden. Das Ansehen des Menschen als schuldfähig begründet geradezu seine Verantwortung: „Die Zumutung der Schuld an den

---

[385] Vgl. Claudia Gather u. a. (Hg.): Weltmarkt Privathaushalt. Bezahlte Haushaltsarbeit im globalen Wandel, Münster, 2. Aufl. 2008, 10f.; vgl. Helma Lutz: Vom Weltmarkt in den Privathaushalt. Die neuen Dienstmädchen im Zeitalter der Globalisierung, Opladen, 2. Aufl. 2008, vgl. Kapitel 10.

[386] Andrea Brock, Armin Paasch: Hungerkrise weltweit. Hat die internationale Staatengemeinschaft versagt? Köln 2009, Quelle: http://www.fian.de/online/index.php?option=com_content&view=article&id=60&Itemid=164 (letzer Zugriff am 10.07.2012), 5.

[387] Bibelzitate sind, wenn nicht anderweitig zitiert, der Bibelausgabe „Bibel in *gerechter* Sprache", hg. von Ulrike Bail u. a., Gütersloh 2006, entnommen.

Menschen ist die Zumutung der Freiheit und der Verantwortung."[388] Auch im Kontext des Begriffs ‚Solidarität' ist aus theologischer Perspektive zu betonen, dass Schuldfähigkeit und Verantwortungsübernahme gerade im politischen Kontext von Bedeutung sind und nicht nur in einem individuellen Bereich von Schuld und Sündenvergebung, auf dem meist der Schwerpunkt kirchlicher Seelsorge lag und liegt.

Theologisch wurde der Begriff der Solidarität immer schon eng mit dem Gerechtigkeits-Begriff verbunden.[389] Damit ist die Spannung zwischen Partikularität und Universalität angesprochen. Heute sind die Anforderungen der Anerkennung partikularer Belange eher noch gewachsen. Indigene und Migrantinnen beispielsweise verlangen zu Recht die Berücksichtigung ihrer Interessen. Trotzdem muss meines Erachtens für Solidarität ein unumgängliches Kriterium der globalen Gerechtigkeit gelten: Die Garantierung der Lebensmöglichkeit jedes einzelnen Menschen. Letztendlich muss immer auch universalistisch argumentiert werden: Auch wenn niemand freiwillig in eine Welt hineingeboren wurde, die von Krieg und Ungerechtigkeit gezeichnet ist, so besteht doch eine Verantwortung in Bezug auf strukturelle Gewalt und Sünde. Aus dem Ziel der Garantie von Lebensmöglichkeiten für jeden Menschen ergibt sich die Anforderung, mit den Opfern dieser Strukturen solidarisch zu sein und sich für mehr Gerechtigkeit für sie einzusetzen. Dies bedeutet eine Form der Solidarität, die nicht unbedingt auf Gemeinsamkeiten beruht. Sie ist in diesem Sinne für unseren Kontext die ausschlaggebende.

Mary Elizabeth Hobgood legt in ihrer treffenden Analyse der Verlässlichkeit von Feministinnen in Universität und Kirche für die Mehrheit von Frauen in globaler Perspektive vor allem Wert darauf, dass Selbstrelativierung angesichts der globalen Verhältnisse angezeigt ist. Sie führt die desolaten Defizite im Wissen um ähnliche oder unterschiedliche Interessenlagen unter anderem auf eine Ignoranz ge-

---

[388] Metz, Memoria passionis, 182; Vgl. a. a. O., 74, 182.

[389] Vgl. zum Beispiel Gabriel, Vorwort, 8.

genüber ökonomischen Fragen zurück. Ökonomische Institutionen, ihre systematische Reproduktion von Ungleichheit und ihre Verbindungen zu politischer Macht müssten in den unterschiedlichen Kontexten untersucht werden und im Mittelpunkt feministischen Interesses stehen, um überhaupt bestimmen zu können, welche Solidarität wem nützt. Auch für feministische Theologie im Kontext BRD ist dieses Desiderat festzustellen.[390]

4.3.3 *Selbstkritik und Konflikthaftigkeit*

Verantwortung für globale Gerechtigkeit im Kontext der ‚ersten Welt' heißt also vor allem: sich verantwortlich zeigen für Formen der Unterdrückung, die uns selbst nicht direkt betreffen. Auch in feministischer Theologie ist dies angesichts der Kritik am ausschließenden ‚weißen' Feminismus ein zentrales Anliegen geworden. Gerade für ‚weiße', ‚westliche' Feministinnen ist wichtig, wie Gerdi Nützel betont, sich selbst auch als Unterdrückerinnen wahrzunehmen, nicht nur ‚addierbare' Unterdrückungsfaktoren zu akzeptieren, sondern die Tatsache, dass es ganz andere Formen von Unterdrückung gibt, die nicht mit den bekannten Kategorien zu fassen sind:

> „Neben der Trennung von Frauen durch Zugehörigkeit zu verschiedenen Klassen, Kulturen und Ethnien tritt die spezifische Mittäter- bzw. Komplizenschaft von Frauen an bestimmten Unterdrückungsstrukturen wie Faschismus, Kolonialismus und Rassismus in den Blick."[391]

Nützel formuliert als klare Forderung aus dieser Verstrickung in Herrschaftsverhältnisse die Konsequenz, dass die globale Dimension in feministischen Bewegungen im Kontext der ‚ersten Welt' mit einbezogen werden muss: Angemessen kann die Spaltung von Frauen nur bekämpft werden, indem Veränderungen auf der strukturellen Ebene, die Umverteilung des globalen Reichtums angestrebt werden.

---

[390] Vgl. Elizabeth Hobgood: Roundtable Discussion: Intellectual Struggle and Material Solidarity. Solidarity and the Accountability of Academic Feminists and Church Activists to Typical (World-Majority) Women, in: Journal of Feminist Studies in Religion, Jg. 19, Heft 2, August 2004, 137-149.

[391] Nützel, Konvivenz, 77; Vgl. a. a. O., 79ff.

Allerdings ist dabei wichtig, die Unterschiede in der Reproduktion und der geschlechtsspezifischen Arbeitsteilung mit „Bezug auf die konkreten lokalen, kulturellen und historischen Zusammenhänge"[392] zu berücksichtigen, um nicht einseitig bestimmte Frauen zu Opfern zu stilisieren und ihnen dadurch die Handlungsfähigkeit abzusprechen. Eigene Privilegien sind kritisch zu reflektieren und Solidarität sollte nicht leichtfertig reklamiert werden. Solidarität hat in dieser Hinsicht vor allem auch eine selbstkritische Komponente:

> „Indem wir so für unsere Praxis in unserem Kontext in politischer, sozioökonomischer, geschlechtsspezifischer, kulturell-ethnischer Hinsicht Verantwortung übernehmen, wird hoffentlich unser Blick genauer und unsere Praxis und Reflexion angemessener hinsichtlich unseres eigenen Kontextes und der anderen Kontexte der ‚Anderen' sowie unserer wechselseitigen Beziehungen – Voraussetzung für eine kritische und vor allem selbstkritische Solidarität und ein gastfreundliches Zusammenleben."[393]

Jedoch ist im Anschluss an Weigand darauf zu bestehen, dass diese Solidarität im Sinne von Verantwortungsübernahme nicht realisiert werden kann, ohne Konflikte einzugehen. Gesellschaftliche Konflikte dürfen nicht dem Staat als angeblich ‚neutraler' Instanz überlassen, sondern müssen gesellschaftlich ausgetragen werden. Dazu gehören auch Verhandlungen über Bedürfnisse, die sozial – zum Beispiel über unterschiedliche Auffassungen von (Privat-)Eigentum – konstruiert und extrem kontextabhängig sind. Strukturelle und ethische Veränderungen gehören dabei untrennbar zusammen.[394] Die Veränderung ökonomischer und damit auch sozialer Strukturen, die das Privateigentum dem gemeinsamen Eigentum gegenüber bevorzugen, ist laut Weigand die Voraussetzung für die Entwicklung von Solidarität. Auch für feministische Debatten über die Möglichkeit transnationaler Solidarität ist diese Perspektive virulent: Ohne die Einbeziehung von

---

[392] A. a. O., 81.

[393] A. a. O., 87. Vgl. auch Margaret D. Kamitsuka: Feminist Theology and the Challenge of Difference, Oxford 2007, 4-18.

[394] Vgl. Weigand, Solidarität, 229-231, 275f.; vgl. auch Ludger Weckel, Ute Wannig (Hg.): Was brauchen (wir) Menschen? Nachhaltige Solidarität im internationalen Dialog, Frankfurt a. M./London 2001.

Verteilungsfragen, Klassenzugehörigkeiten und rassistischen Ausgrenzungen kann nicht glaubwürdig über Solidarität zwischen Frauen gesprochen werden.[395] Was dies konkret für die Arbeit vor Ort heißt, beschreibt Hermann Steinkamp in Bezug auf die „kleinen und großen Aktionen politischer Diakonie", in denen pastorale Mitarbeiter Solidarität mit Marginalisierten wie Asylsuchenden, Hausbesetzerinnen oder Sinti und Roma üben. Sie tun dies aus der Perspektive gesellschaftlicher Veränderung heraus, das heißt nicht die Behebung von Symptomen durch Sozialarbeit ist das Ziel, sondern politische Kritik und Widerstand gegen gesellschaftliche Zustände,

> „[...] die jene Not bedingen oder verschärfen. Sie haben dabei nicht selten gelernt, dass Solidarität eben nicht mit allen zu haben ist, die Parteilichkeit für die Armen und Marginalisierten oft automatisch die Konfrontation mit den Reichen, oft mit großen Teilen der bürgerlichen Schichten bedeutet, gelegentlich Einfluß und Ansehen kostet."[396]

Solidarisch zu sein schließt also mit ein, die eigene Position, die eigene Lebensweise in Frage zu stellen und Konflikte einzugehen, die in der Konsequenz nicht nur den freiwilligen Verzicht auf Privilegien, sondern auch gesellschaftliche Marginalisierung und Kriminalisierung bedeuten können.

---

[395] Vgl. Weigand, Solidarität, 231f., 274ff.; vgl. Ulrike Schultz: Feminismus zwischen Identitätspolitiken und Geschlechterkonstruktionen: Gibt es einen Raum für internationale feministische Solidarität?, in: gender... politik...online, Juni 2007, Quelle: http://web.fu-berlin.de/gpo/pdf/tagungen/ulrike_schultz.pdf (letzter Zugriff am 10.07.2012), 13.

[396] Steinkamp, Solidarität, 173.

5. Schlüsselkategorie ‚politische Handlungsfähigkeit'

‚Politische Handlungsfähigkeit' ist eine zentrale Kategorie, weil zunehmend offensichtlich wird, dass in der Frage der Verantwortungsübernahme fehlendes Wissen immer weniger eine Rolle spielt. Informationsüberflutung führt eher zum Problem der Unübersichtlichkeit[397] und zum weit verbreiteten Gefühl der Ohnmacht.[398] Die Frage der – individuellen und kollektiven – Handlungsfähigkeit ist daher virulent, um realistische Möglichkeiten von Veränderung gesellschaftlicher Verhältnisse in den Blick nehmen zu können.

Das gegenwärtige Ausgangsproblem formuliert Peter Wahl treffend:

> „[W]ährend es jede Menge Programme und Vorschläge aller Art für Alternativen gibt, bleibt weitgehend im Dunkeln, wieso noch immer viel zu wenige sich aktiv dafür einsetzen, obwohl das ‚Irgendwie bin ich auch dagegen' inzwischen allenthalben auf absolute Mehrheiten kommt. Genau hier aber liegt gegenwärtig die entscheidende Crux emanzipatorischer Politik: es fehlt allen der Zugang zu jenem Konglomerat aus Konformismus, Angst, Egozentrik, Unaufgeklärtheit und Lethargie, das das Verhalten so vieler Menschen beherrscht. Solange dies nicht aufgebrochen wird, bleiben auch die brillantesten Analysen und noch die plausibelsten Alternativen wirkungslos."[399]

Anknüpfend an die Analyse des Neoliberalismus liegt es nahe, das Subjekt, das zunehmend als Verwertungsressource genutzt wird, zugleich als den primären Ansatzpunkt von Veränderung zu sehen. Aktuelle Untersuchungen zeigen, dass in der BRD Resignation – vor

---

[397] Vgl. Jürgen Habermas: Die Neue Unübersichtlichkeit. Kleine Politische Schriften V (= Neue Folge 321), Frankfurt a. M. 1985, 141-163.

[398] Vgl. Anna Klein, Wilhelm Heitmeyer: Wenn die Wut kein politisches Ventil findet. Politische Kapitulation und die Folgen für schwache Gruppen, in: Heitmeyer, Deutsche Zustände 8, 164-185.

[399] Peter Wahl: Rezension zu Ulrich Brand: Gegen-Hegemonie. Perspektiven globalisierungskritischer Strategien, in: WIDERSPRUCH, 25. Jg., Nr. 48/ 2005, 258-261, 259.

allem das Gefühl, keine gesellschaftlichen Veränderungen bewirken zu können – weit verbreitet ist. Dies gilt für individuelle Handlungsfähigkeit – kollektive kommt meist erst gar nicht als Möglichkeit in den Blick, geschweige denn die Tatsache, dass beide eng miteinander verbunden sind. In diesem Sinne ist, wie bei den Kategorien Subjekt und Solidarität, Intersubjektivität eine wichtige Voraussetzung, auch für die Herangehensweise an das Thema politische Handlungsfähigkeit.[400]

5.1 Restriktive versus verallgemeinerbare Handlungsfähigkeit

Um Handlungsfähigkeit als ‚politischen', als emanzipatorischen Begriff zu kennzeichnen, bietet sich die Unterscheidung zwischen restriktiver und verallgemeinerter Handlungsfähigkeit an, die die Kritische Psychologie im Rahmen personaler Handlungsfähigkeit trifft. Zunächst werden in individueller Perspektive die Möglichkeiten der Verfügung über individuell relevante Lebensbedingungen in den Blick genommen: Im restriktiven Handlungsmodus wird die Realisierung des Verzichts auf Lebensansprüche, die nur durch Befreiungsprozesse und Widerständigkeit gegen Herrschaftsverhältnisse realisiert werden könnten, psychisch abgewehrt, um nicht bewusst gegen die eigenen Interessen verstoßen zu müssen.

> „Dies geschieht zum Beispiel in Identifizierung von Zwang mit Motivation, instrumentellen mit intersubjektiven Beziehungen, Deuten mit begreifendem Denken und Innerlichkeit mit Emotionalität."[401]

---

[400] Vgl. zum Beispiel Frigga Haug, Ulrike Gschwandtner: Sternschnuppen. Zukunftserwartungen von Schuljugend, Hamburg 2006, 152-160; vgl. Heitmeyer, Deutsche Zustände 8, 116-123, 167-180; vgl. Sabine Hark: Deviante Subjekte – Die paradoxe Politik der Identität, 2. Aufl., Opladen 1999, 178-183.

[401] Michael Zander, Thomas Pappritz: Handlungsfähigkeit als psychischer Konflikt. Vorschlag eines Forschungs-Leitfadens, in: Lorenz Huck u. a. (Hg.): Abstrakt negiert ist halb kapiert. Beiträge zur marxistischen Subjektwissenschaft. Morus Markard zum 60. Geburtstag (= Forum Wissenschaft Studien 56), Bamberg 2008, 369-383, 371.

Verallgemeinerte Handlungsfähigkeit bezeichnet im Gegensatz dazu eine „Richtungsbestimmung auf herrschaftsfreie Verhältnisse, von deren gleichberechtigter Gestaltung niemand ausgeschlossen ist und die in diesem Sinne ‚verallgemeinerbar' sind."[402] Daraus folgt, dass

> „[e]ine entscheidende Voraussetzung verallgemeinerter Handlungsfähigkeit ist, Handlungsrisiken handhabbar zu machen und Angst dadurch zu reduzieren, dass die gesellschaftlichen Lebensbedingungen als von Menschen hergestellt und potenziell selbst veränderbar begriffen werden"[403].

Intersubjektivität wird dabei konstitutiv im Blick behalten: Einerseits werden existierende Gemeinschaften wie Partnerschaften, Familien, Freundeskreise oder Nachbarschaften, die alltägliche Lebensführung strukturieren und daher das individuelle Handeln beeinflussen, in die Analyse mit einbezogen. Andererseits ist die Möglichkeit des Zusammenschlusses mit anderen, um gegen Einschränkungen der Handlungsfähigkeit Widerstand zu leisten, eine Lösungsperspektive in der Bearbeitung der Frage, wie Risiken, die mit der Erprobung neuer, befreiender Handlungsweisen einhergehen, handhabbar gemacht werden können.[404]

Die beiden Formen von Handlungsfähigkeit sind angesichts der Widersprüchlichkeiten menschlichen Handelns nicht genau voneinander zu trennen. So ist es zum Beispiel möglich, durch „herrschaftsförmige Praxis bzw. durch Teilhabe an Herrschaft"[405] gleichzeitig zu profitieren und behindert zu werden, da immer mehrere, auch miteinander konfligierende Bedürfnisse und Interessen im Spiel sind. Auch ist die nähere Bestimmung und Kontextualisierung „herrschaftsförmiger Praxis" und „herrschaftsfreier Verhältnisse" notwendig. In dieser Arbeit ist nicht der Raum für eine differenzierte Bearbeitung individueller Konfliktlagen, auf die in der Arbeit der

---

[402] A. a. O., 371, Fn. 1.
[403] Ebd.
[404] Vgl. a. a. O., 379.
[405] A. a. O., 375.

Kritischen Psychologie eingegangen wird.[406] Übernommen werden soll aber die Perspektive des Ansatzes, der nicht darauf abzielt, ‚von außen' die Handlungsfähigkeit anderer zu beurteilen. Er verortet sich innerhalb subjektwissenschaftlicher Forschung, die

> „per definitionem nicht auf Umerziehung anderer aus ist, sondern sich nur an Leute wendet, die sich durch die gegebenen Verhältnisse gehindert sehen, gemäß erkannten Notwendigkeiten zu handeln, und ein entsprechendes Interesse an deren Überwindung haben"[407].

Die Frage nach der Zufriedenheit mit Arbeits- und Lebensbedingungen ist ein relevanter Ausgangspunkt für mögliche Veränderungen. Räume zu erschließen, in denen Gespräche über Probleme möglich sind sowie darüber, was sich ändern soll und was Einzelne dafür tun wollen, ist das Entscheidende.[408] Umso notwendiger sind diese Räume in einer Situation, in der über 70 Prozent der Bevölkerung in der BRD der Meinung sind, dass die Gesellschaft veränderungsbedürftig sei, die meisten jedoch damit ein Unbehagen ausdrücken, aus dem keine Konsequenzen gezogen werden, weil keine Alternativen vorstellbar sind. Veronika Schmid und Matthias Bös stellen in der neuesten Folge „Deutsche Zustände" die These auf, dass daraus eine „nicht artikulierte und hoffnungslose Unzufriedenheit" folgt, die zwar die relative Ruhe in der BRD angesichts der Wirtschaftskrise erklärt, jedoch keinen Grund zur Erleichterung darstellt, da die Gefahr, „dass autoritäre, dogmatische Einstellungen und feindselige Mentalitäten den demokratischen Frieden still und leise von innen zersetzen"[409], erkennbar ist. Artikulation von Unzufriedenheit, kritische Auseinandersetzung mit den Realitätsanforderungen und „ein spielerisches, phantasievolles Denken mit Möglichkeiten und auch scheinbar utopi-

---

[406] Vgl. ebd., vgl. Catharina Schmalstieg: Prekäre Beschäftigung und personale Handlungsfähigkeit. Gewerkschaften als Handlungsplattform?, in: Huck, Abstrakt negiert, 131-151.

[407] Ute Osterkamp: „Selbstkritische Fragen stellen, statt Selbstverständlichkeiten zu transportieren ..." – Ein Interview, in: Huck, Abstrakt negiert, 23-42, 35.

[408] Vgl. Schmalstieg, Prekäre Beschäftigung, 142.

[409] Veronika Schmid, Mattias Bös: Aufbruchsstimmung in Krisenzeiten – oder hoffnungslos unzufrieden?, in: Heitmeyer, Deutsche Zustände 8, 107-127, 122.

schen Alternativen"[410] wäre die Voraussetzung, um das Faktische nicht übermächtig werden und alternativlos erscheinen zu lassen, und somit Handlungsmöglichkeiten und damit Lebensmöglichkeiten zu erweitern.

5.2 Überwindung von Vereinzelung: Politisierung, Protest, Widerstand und Hoffnung

Mary Daly, eine der Pionierinnen US-amerikanischer feministischer Theologie, betonte den Zusammenhang von persönlicher und politischer Befreiung: Lebensgeschichten in der Form zu teilen, dass gemeinsame und unterschiedliche Erfahrungen von Unterdrückung und Widerstand erkennbar werden, kann zu einer Erfahrung von Politisierung werden Das heißt, durch die gemeinsame Analyse der Lebensverhältnisse kann die Einsicht erwachsen, dass Probleme nicht individuell, sondern sozial und politisch, also strukturell verursacht sind und dass sich der Kampf gegen Herrschaftsverhältnisse lohnt. Erst durch solche kollektiven Politisierungserfahrungen kann, so Sharon Welch, eine Identität bejaht werden, „die sich von derjenigen unterscheidet, die durch die herrschende patriarchale Gesellschaftsstruktur aufgezwungen wird"[411]. Widerstand an sich ist schon eine Erfahrung der Nicht-Notwendigkeit des Status quo. Für einen Augenblick ist es möglich, einer anderen Identität Gestalt zu verleihen. Diese Erfahrung ist die Grundlage für politischen Widerstand gegen gesellschaftliche Strukturen, die oft undurchsichtig und übermächtig bzw. unveränderlich erscheinen. Welch konstatiert bereits Ende der 1980er Jahre die fehlende Bereitschaft, lebensfeindlichen Verhältnissen Protest und Widerstand entgegenzusetzen. Aller Notwendigkeit zum Trotz sei oft kein Widerstand vorhanden, und wenn, dann äußere er sich eher spontan und reflexhaft, nicht besonders reflektiert, in symbolischen Aktionen und mit symbolischem Ausdruck, eher imaginativ als

[410] A. a. O., 121.
[411] Welch, Gemeinschaften, 92.

analytisch. Sie spricht sich dafür aus, dass es dringend notwendig sei, drei verschiedene Dimensionen, nämlich Protest, Hoffnung und Visionen zu artikulieren, denn sie seien es, die politische Aktionen motivieren.[412]

Widerständigkeit als individualisierte Anforderung, das heißt widerständige und solidaritätsfähige Subjektivität und Identität ständig neu entwerfen zu müssen, wäre allerdings eine weitere permanente Überforderung. Das drängendste Problem sozialer Bewegungen und aller, die Interesse an der Veränderung lebensfeindlicher Verhältnisse haben, würde so übersehen: das fehlende Bewusstsein der Notwendigkeit, sich zu organisieren. Diese Notwendigkeit beinhaltet zunächst einmal, sich im reflektierenden Austausch innerhalb einer verlässlichen Gemeinschaft überhaupt bewusst zu werden, dass unbefriedigende Lebenssituationen, Armut, Erwerbslosigkeit, Isolation nicht hauptsächlich individuell verschuldet, sondern zu großem Anteil gesellschaftlich produziert und veränderbar sind. Dies wäre die Voraussetzung, damit gemeinschaftlich agiert, Solidarität gesucht und Protest organisiert werden kann. Der Ermöglichung und Verunmöglichung dieser Solidarisierung gilt daher in dieser Arbeit besondere Aufmerksamkeit.

5.3 Macht und Widerständigkeit: ‚Selbstführung als Anpassung' versus ‚Selbstsorge in Solidarität'

5.3.1 Macht und ‚Regierung' bei Michel Foucault

Von der ambivalenten Haltung Michel Foucaults zu den Möglichkeiten von Selbstbestimmung und Widerständigkeit war bereits die Rede. Die zentrale Stellung von Macht in Foucaults Analysen brachte ihm auch Kritik ein: Ihm wurde vorgeworfen, Machtverhältnisse überzubewerten. Diese beeinflussen nach Foucault sowohl individuelle Erfahrungen als auch politische und ökonomische Prozesse. Von

412 Vgl. a. a. O., 91-94; vgl. auch Haug, Die Vier-in-einem-Perspektive, 15.

seinen Kritikerinnen wird die Frage gestellt, ob somit persönlicher und politischer Widerstand überhaupt noch denkbar seien. Die Einwände – so Claudia Kolf-van Melis – treffen Foucaults Analysen allerdings nicht, denn er bezieht Widerstand grundsätzlich in die Analyse des Machtbegriffs mit ein, entkommt so der „statischen Trennung von objektiver Macht und subjektivem Widerstand" und wendet sich dem dynamischen Charakter der Macht zu, der überall und jederzeit am Werk ist und den er in konkreten und lokalen Analysen näher bestimmt.[413]

Foucaults Untersuchungen stellen also die komplexen Strukturen in den Mittelpunkt, die dafür verantwortlich sind, dass restriktive und verallgemeinerbare Handlungsfähigkeit nie zu trennen sind. Allerdings muss eingewendet werden, dass Foucault in den konkreten Analysen durchaus konkrete Herrschaftsinstanzen, wie zum Beispiel Staat, Privateigentum oder semiprivate Organisationen ausmacht, auch wenn er im Prinzipiellen jenen dynamischen, kaum fassbaren Charakter der Macht betont. Das heißt, im Konkreten ist es durchaus möglich, Quellen von Herrschaft zu bestimmen, auch wenn sie in vielfältiger Weise und durch verschiedene Akteurinnen wirken und internalisiert werden. Nur so wird Widerständigkeit ja denkbar, wenn bestimmt werden kann, wogegen sich Protest und Widerstand richten, welche Strukturen verändert werden müssen, um Lebensmöglichkeiten zu erweitern. Foucaults Verdienst ist es, für die komplexen Strukturen von Macht sensibilisiert zu haben und dafür, dass es nicht um eindimensionale Feindbilder, sondern immer auch um verinnerlichte Strukturen der Zustimmung und Mittäterinnenschaft[414] geht, sodass Handlungsfähigkeit im Sinne von Widerständigkeit immer

---

[413] Vgl. Kolf-van Melis, Tod des Subjekts? Praktische Theologie, 142.

[414] Diskussionen um Mittäterinnenschaft entwickelten sich auch in feministischen Theorien, Theologien und Bewegungen, vor allem im Anschluss an Christina Thürmer-Rohr. Vgl. Dies.: Aus der Täuschung in die Ent-Täuschung. Zur Mittäterschaft von Frauen, in: Dies.: Vagabundinnen. Feministische Essays, 6. Aufl., Berlin 1992, 38-56.

darüber hinausgeht, Forderungen an eine ‚höhere Instanz' zu stellen.[415]

Im Subjektbegriff unterscheidet sich Foucault fundamental von denjenigen, die eine ‚klassische' Auffassung von Subjekt vertreten, die die Einzigartigkeit und das Autonomiepotential des Individuums als Voraussetzung für Widerständigkeit und für das Zerstören von Gewaltstrukturen ansehen und Foucault vielfach vorwerfen, die Möglichkeit von Widerstand zu negieren. Foucault sieht Subjektivität immer als Effekt der Machtverhältnisse selbst und widerspricht der Möglichkeit, Subjekte könnten unabhängig und unbeeinflusst von Macht existieren. Auffassungen von Widerstand, die dem Subjekt selbstverständlich Selbstbestimmung und Autonomie in dem Sinne zuschreiben, dass Widerstand als individuelle Handlungsmöglichkeit konzipiert wird, „die sich einer anonymen, dem Willen und Bewußtsein der Individuen entzogenen strukturellen Macht entgegenstellt"[416], verkennen strukturelle, das Individuum mit einbeziehende Machtverhältnisse. Foucault geht es – entgegen der Kritik – genau um die Frage, wie Subjekte, die Produkte der sie prägenden Machtverhältnisse sind, Formen von Widerstand gegen diese entwickeln können. In der Zielsetzung sind allerdings bedeutende Unterschiede auszumachen, da Foucault eine Befreiung des Individuums von einflussreichen Machtstrukturen nicht für möglich hält.[417]

Foucault selbst stellt allerdings fest, dass in seinen frühen Analysen unklar bleibt, wie Formen von Selbstbestimmung und Widerstand realisiert werden können. Die Analyse von Machtmechanismen, die vereinheitlichend Subjekte disziplinieren, zusammen mit der These, dass Subjekte erst durch Machtprozesse hervorgebracht werden, lässt die Frage nach Möglichkeiten der Selbstbestimmung im Unklaren. Foucaults Ausweg besteht im Begriff der ‚Regierung', der nach 1976

---

[415] Vgl. Tilman Reitz: Die Sorge um sich selbst und niemand anderen. Foucault als Vordenker neoliberaler Vergesellschaftung, in: das argument, Jg. 45, Nr. 249, 1/2003, 82-97, bes. 87-93.

[416] Kolf-van Melis, Tod des Subjekts? Praktische Theologie, 143.

[417] Vgl. a. a. O., 142f.

gegenüber dem Machtbegriff in seinen Werken wichtiger wird. Subjektivität erhält hier in Absetzung von unterdrückenden Herrschaftstechniken mehr Bedeutung. Der Begriff ‚Regierung' umfasst für Foucault nicht nur die in der Moderne begrenzte politische Reichweite, sondern besitzt die weite Bedeutung, die er im 16. Jahrhundert hatte: die Art und Weise, wie Individuen und Gruppen geführt werden – er bezieht sich also auch auf Erziehungsstrukturen, pastorale Strukturen, Institutionen wie Krankenhäuser etc.[418]

Diese Auffassung von Regierung als Führung von Menschen verdankt sich nach Foucault einer spezifisch christlichen Machtform, der sogenannten ‚Pastoralmacht', die mit der Einführung des Pastorenamtes durchgesetzt wurde.[419] Diese Machtform präsentiert sich nicht als befehlend, sondern als sich opfernd für das Wohl der Gemeinde und vor allem sich um das individuelle Seelenheil im Jenseits kümmernd. Wichtigstes Instrument ist dabei das Geständnis als beständige Gewissenserforschung. Durch die im Hintergrund stehende christliche Lehre von der Wahrheit des Menschen wird eine Wahrheit des Individuums produziert und durch individuelle Lebensweisen und Überzeugungen durchgesetzt.

Die Pastoralmacht weitete sich nach Foucault auf verschiedene gesellschaftliche Institutionen aus, zum Beispiel auf Polizei, Erziehungssysteme oder die Familie. Pastoralmacht und politische Macht verbanden sich zu einer individualisierenden Taktik. Individualisierungs- und Totalisierungsverfahren werden in der Moderne kombiniert, um dadurch dem Staat ein umfangreiches Wissen zu vermitteln und individuelles Leben durch gesellschaftliche Institutionen so weit wie möglich zu beeinflussen. Dabei steht zunächst die ‚Führung anderer' in Form von modernen Individualisierungs- und Subjektivierungsprozessen im Vordergrund, die Foucault als unterwerfend in-

[418] Vgl. a. a. O., 149, 153.
[419] Vgl. a. a. O., 149f.

terpretiert.[420] Erst Anfang der 1980er Jahre nimmt er die andere Seite von ‚Regierung' – die Führung des Selbst – näher in den Blick. Treibende Kraft ist dabei die Suche nach neuen Formen von Subjektivität, die sich von unterwerfenden Prozessen der Individualisierung und Subjektivierung befreien können.[421]

Freiheit ist für Foucault eine grundlegende Voraussetzung, um „die unterwerfende Fessel der normierten Individualität abzulegen."[422] Hierbei ist die Unterscheidung zwischen Machtbeziehungen, die Freiheit voraussetzen, und Herrschaftszuständen, die nur beschränkte Freiheit zulassen, sinnvoll. Mit dem Zustand von Freiheit – der auch theologisch durch die Würde des Menschen Voraussetzung für ein von Gott gewolltes Dasein ist – ist nach Foucault die ethische Reflexion des Verhaltens zu anderen und zu sich selbst notwendig verbunden.

5.3.2 *Selbstführung als Anpassung*

Foucaults Begriff der Regierung bezieht sich sich auf Modelle von Führung, die sich von den Modellen Recht und Krieg absetzen. Charakteristisch ist die Scharnierfunktion von Regierung: Einerseits als Bindeglied zwischen strategischen Machtbeziehungen und Herrschaftszuständen, andererseits als Vermittlung zwischen Macht und Subjektivität. Mit diesem Begriff kann untersucht werden, wie Herrschaftstechniken sich mit Technologien des Selbst bzw. der ‚Selbstführung' verbinden.[423] Selbstführung gilt dabei

> „als widersprüchliche Subjektions-Form, bei der die Subjekte als autonome angerufen und zugleich in Subalternität gehalten werden: Selbst-

---

[420] Vgl. z. B. Michel Foucault: Die „Gouvernementalität", in: Bröckling, Ulrich u. a.: Gouvernementalität der Gegenwart: Studien zur Ökonomisierung des Sozialen, Frankfurt a. M. 2000, 41-67.

[421] Vgl. Kolf-van Melis, Tod des Subjekts? Praktische Theologie, 150f.

[422] A. a. O., 151.

[423] Vgl. Lemke, Thomas; Krasmann, Susanne; Bröckling, Ulrich: Gouvernementalität, Neoliberalismus und Selbsttechnologien. Eine Einleitung, in: Bröckling, Gouvernementalität, 7-40, 8.

> verantwortung, aber für fremdes Eigentum, Selbständigkeit als Selbstunterstellung unter die eigene Marktfähigkeit."[424]

In den Gouvernementalitätsstudien[425] werden, unter anderem aus feministischer Perspektive, diese von Foucault beschriebenen Machttechniken aufgriffen.[426] Die Politikwissenschaftlerin Susanne Schultz zeigt an Beispielen wie Gesundheitspolitik und Bekämpfung von Müttersterblichkeit in der internationalen Bevölkerungspolitik, wie neoliberale ‚Subjektprogramme', zum Beispiel Empowerment-Strategien, soziale und ökonomische Probleme in die Subjekte verlagern, indem sie sie zu persönlichen Risiken umdefinieren. Diese Form der ‚Selbstführung' als Verlagerung von Regierungsmacht in die Subjekte reduziert die Möglichkeit von Veränderung auf individuelle ‚Befähigung' und auf Anpassung an die bestehenden Verhältnisse. Allerdings muss kontextuell jeweils die Umsetzung von ‚Subjektprogrammen' in den Blick genommen werden, in denen widersprüchliche Strategien von Anpassung und Widerstand nebeneinander stattfinden können. Auch für die Einbeziehung der Sorge für Andere neben der Fokussierung individueller Eigenverantwortung existieren Spielräume. Außerdem ist auf soziale Hierarchien und Machtverhältnisse, die Rahmenbedingungen für ‚Selbstführung' darstellen, zu achten.[427] In meiner Analyse wird besonders darauf geachtet, wo im Zusammenhang mit Selbstbestimmung diese widersprüchlichen Formen

---

[424] Jan Rehmann: Herrschaft und Subjektion im Neoliberalismus. Die uneingelösten Versprechen des späten Foucault und der Gouvernementalitäts-Studien, in: Kaindl, Subjekte, 75-92, 88.

[425] Der Begriff ‚Gouvernementalität' verbindet die Begriffe ‚Regieren' (‚gouverner') und ‚Denkweise' (‚mentalité') semantisch miteinander. Vgl. Lemke, Gouvernementalität, 8.

[426] Vgl. z. B. Bröckling, Gouvernementalität; vgl. Andrea Bührmann: Das authentische Geschlecht. Die Sexualitätsdebatte der Neuen Frauenbewegung und die Foucaultsche Machtanalyse, Münster 1995; vgl. Susanne Krasmann, Michael Volkmer (Hg.): Michel Foucaults „Geschichte der Gouvernementalität" in den Sozialwissenschaften. Internationale Beiträge, Bielefeld 2007.

[427] Vgl. Susanne Schultz: Der Hype der ‚Gouvernementalität'. Anschlüsse und Blockaden für eine feministische Theoriebildung. Ein Thesenpapier, in: Lassak/ Strobel, Von Priesterinnen, 29-43, bes. 32-40.

von Selbstführung eine Rolle spielen und inwiefern sie Handlungsfähigkeit auf die restriktive Form reduzieren.

5.3.3 Selbstsorge in Solidarität

Foucault greift in seinem Spätwerk die antike Ethik als Selbstsorge auf, stellt dadurch das Selbst in den Mittelpunkt seiner Arbeit und erschließt positive Aspekte der ‚Selbstführung'.[428] In der Erkenntnis, dass Machttechnologien vor allem mittels Subjektivierungsformen funktionieren, legt er den Schwerpunkt darauf, Formen von Subjektivität zu untersuchen, die die Voraussetzung für die ‚Regierung anderer' darstellen. Er untersucht Möglichkeiten der Selbstführung und Selbstregierung, die unter anderem erst ‚regierende Subjekte' konstituieren. Selbstsorge als Bedingung der guten Regierenden wird für Foucault zur notwendigen Voraussetzung für die Leitung anderer. Das Prinzip der ‚Selbstsorge' bei Foucault umfasst einerseits eine individuelle Ethik der Existenz, andererseits einen Maßstab für die ‚gute Regierung'. Auf diese Weise wird sowohl die Gefahr subjektiver Beliebigkeit als auch die Unterwerfung unter objektive moralische Normen vermieden. Konkret geht es um Sorge um die eigene Gesundheit, Kontrolle von Begierden, Meditationstechniken, Prüfung des Gewissens und um die Beziehungen zu den Mitmenschen. Kern der Selbstsorge als Lebenspraxis stellt die „tägliche Bereitschaft zu Selbstreflexion, Verzicht und Blickveränderung dar"[429]. Die Praxis der Selbstsorge eröffnet Möglichkeiten individuellen Widerstands gegen vereinnahmende Machtverhältnisse. Mit der Thematisierung von Selbstsorge führt Foucault den Analysegegenstand der Subjek-

---

[428] Vgl. Michel Foucault: Die Sorge um sich. Sexualität und Wahrheit Band 3, 6. Aufl., Frankfurt a. M. 2000; vgl. o. A.: Freiheit und Selbstsorge. Gespräch mit Michel Foucault am 20. Januar 1984, in: Michel Foucault: Freiheit und Selbstsorge. Interview 1984 u. Vorlesung 1982, hg. von Helmut Becker u. a. (= Materialis Programm 30), Frankfurt a. M. 1985, 9-28.

[429] Hermann Steinkamp: Die sanfte Macht der Hirten. Die Bedeutung Michel Foucaults für die Praktische Theologie, Mainz 1999, 61. Vgl. Kolf-van Melis, Tod des Subjekts? Praktische Theologie, 150f.

tivierung ein. Sie bringt das Subjekt dazu, „sich selbst zu beobachten, zu analysieren, zu entziffern, als einen Bereich möglichen Wissens anzuerkennen"[430].

Hermann Steinkamp betont vor allem den selbstreflexiven Ansatz der ‚Selbstsorge' als aus befreiungstheologischer Perspektive fruchtbar, da – und dies wird durch die genannten Thesen zu ‚hoffnungsloser Unzufriedenheit' bestätigt – aktuell „[d]ie Diskrepanz zwischen politisch und rechtlich garantierter und alltäglich gelebter Freiheit in jeder Hinsicht offenkundig"[431] ist. Kommunikationstechnologie und Massenmedien beschneiden, von der Mehrheit der Bevölkerung aus gesehen, eher Freiheitspraxis, als dass sie sie unterstützen. In dieser Situation bietet das Konzept der Selbstsorge nach Steinkamp einen Schlüssel zum Verständnis des Zusammenhangs von Freiheitspraxis und Wahrheitsfähigkeit, von Selbstbestimmung und subjektivem Erkenntnisvermögen. Denn das Maß der Entfaltung des Menschen als Subjekt bestimmt die Möglichkeit der Erkenntnisfähigkeit: Erkenntnis im Sinne der Aneignung existentiell bedeutsamen Wissens ist nur möglich, wenn sie mit veränderter Wahrnehmung und Realisierung von Handlungsfähigkeit einhergeht. Steinkamp kennzeichnet dies als andere Fassung des theologischen Begriffs der Umkehr, der dadurch neu zur Geltung kommen kann. Dies ist nicht als individualistischer Vorgang gedacht, denn Beziehungen zu anderen – besonders zu jenen, die selbst ‚Meisterinnen der Selbstsorge' bzw. ausgeprägte Subjekte sind – sind konstitutiv, um jene Lebenspraxis der Selbstsorge zu erlernen.[432]

Um Handlungsfähigkeit als individuelle und kollektive in ihrer theologischen Perspektive fassen zu können, muss meines Erachtens die Ausrichtung auf Solidarität hinzukommen. In der Frage nach Handlungsfähigkeit spielt daher die Frage nach den Bedingungen

---

430 Michel Foucault: Autobiographie, in: Deutsche Zeitschrift für Philosophie, Jg. 42, 1994, 699-702, 700; vgl. Kolf-van Melis, Tod des Subjekts? Praktische Theologie, 151f., 177, 181.

431 Steinkamp, Die sanfte Macht, 61.

432 Vgl. a. a. O., 60-64.

solidarischen Handelns eine wichtige Rolle. Steinkamp sieht die Funktion von Solidarität als Qualität sozialer Praxis, als dem Prozess der Individualisierung entgegengesetzte Bewegung, die konstitutiv auf freie Zustimmung der Subjekte setzt. Sie ist nicht Mittel zum Zweck, sondern Wert an sich, Teil des Selbst der Beteiligten. Weiterhin muss neben dem Freiheitselement der Aspekt der Gleichheit gleichwertig zur Geltung kommen. Im Zusammenhang mit den Verwendungskontexten von Solidarität wurde bereits ausgeführt, dass intersubjektive Verantwortung, besonders für Sorge-Arbeit, und die Perspektive globaler Gerechtigkeit ausschlaggebend für eine feministisch-befreiungstheologische Perspektive sind. Dies und die Überlegungen zu relationaler Autonomie bieten eine meines Erachtens angemessene Modifikation des von Foucault vorausgesetzten Verständnisses von ‚Freiheit'. Dieses Verständnis muss genauer geklärt werden, da Freiheit aktuell weit verbreitet als ‚unternehmerische Freiheit' interpretiert wird. Freiheit wird im Alltagsverständnis auch häufig dahingehend definiert, dass von ungleichen und ungerechten Ausgangsbedingungen aus die gegebenenfalls vorhandenen Privilegien ohne Rücksicht auf andere genutzt werden können, während anderen durch ihre unterprivilegierte Ausgangssituation lediglich die zweifelhafte Freiheit bleibt, im Rahmen ihrer Bedingungen Überlebensmöglichkeiten zu suchen.

‚Selbstsorge' relativiert sich oder wirkt als zynische Zuschreibung, wenn Handlungsfähigkeit als lediglich auf die bestehenden Verhältnisse reaktive gesehen wird. Handlungsfähigkeit muss als gesellschaftlich beeinflussbar erkennbar sein und wird als ‚ermöglichte Handlungsfähigkeit' durch ‚verantwortete und verdankte Freiheit' im Rahmen relationaler Autonomie diskutierbar.

Mit Hilfe der Gegenüberstellung von ‚Selbstführung als Anpassung' und ‚Selbstsorge in Solidarität' können subtile und widersprüchliche Macht- und Herrschaftsmechanismen aufgedeckt werden. Kontextuelle Unterscheidungen zwischen positiver Ermächtigung (im Sinne des Konzepts der ‚Selbstsorge in Solidarität') und Herrschaft bzw. subtilen Zwängen in der Gestalt von marktförmiger und überfordernder ‚Selbstverantwortung' (im Sinne der ‚Selbstführung als Anpassung') werden im Rahmen der Analyse im II. Teil in den Blick genommen. Intersubjektivität und die Möglichkeit oder Verunmöglichung von Organisierung und kollektiver Handlungsfähigkeit spielen dabei eine wesentliche Rolle.

6. Ermöglichung solidarischer Subjektwerdung: Kernfragen für die Analyse

Im Folgenden werden Konsequenzen und Fragen, die sich aus den theoretischen Grundlegungen und Begriffsbestimmungen zu den Schlüsselkriterien ergeben, zusammengefasst. Die Kernfrage ist die nach der Ermöglichung oder Verunmöglichung solidarischer Subjektwerdung, die sich durch Intersubjektivität und politische Handlungsfähigkeit auszeichnet. Die Kontexte, in denen diese Frage gestellt wird, beziehen sich auf den Bereich der Arbeit von Frauen in der BRD.

6.1 Individuum und Gemeinschaft

Neben der Grundvoraussetzung der Intersubjektivität wurden als Konkretionen relationale Autonomie (Maria Katharina Moser), universale intersubjektive Anerkennung (Franz J. Hinkelammert) und Leidempfindlichkeit (Johann Baptist Metz) als Kriterien solidarischer Subjektwerdung bestimmt. Relationale Autonomie und universale intersubjektive Anerkennung bedeuten die verdankte und verantwortliche Freiheit des Menschen, seine Verwiesenheit auf andere und die Verantwortung dafür, ökonomische und soziale Verhältnisse anzustreben, die allen Menschen ein Leben in Würde ermöglichen. Dabei ist stets mitzubedenken, dass Menschen temporär oder kontinuierlich in Abhängigkeit von anderen leben und größtmögliche individuelle Selbstbestimmung und Verantwortlichkeit zwar Ziel, aber kontextuell sehr unterschiedlich realisierbar sind. In der Analyse wird zu fragen sein, inwiefern die zu untersuchenden politischen und ökonomischen Strukturen, symbolischen Repräsentationen und Identitätskonstruktionen diesem Intersubjektivitäts-Verständnis entsprechen, ihm widersprechen oder sich ambivalent dazu verhalten. Leidempfindlichkeit ist ein auf Individuum und Gesellschaft gerichtetes Ziel von Subjektwerdung, dessen Realisierungsmöglichkeiten an den Beispielen überprüft werden sollen.

Die Zeitdiagnosen zum Subjekt nehmen folgende Schwerpunkte in den Blick: Die Konzentration des kalkulierenden Subjekts und der entsprechenden kapitalistischen Gesellschaft auf materielle Eigeninteressen ist nach Hinkelammert tendenziell selbstzerstörerisch. In den verschiedenen Kontexten der Analyse wird danach gefragt, wo diese selbstzerstörerische Subjektivität gefördert wird, wo aber auch Potentiale zu ihrer Überwindung auszumachen sind.

Michel Foucault folgend wird besondere Aufmerksamkeit auf die Ambivalenz zwischen einerseits verbesserten Lebensbedingungen und Lebensstandards – im Kontext der Industrieländer – und zunehmender Normierung und Verwaltung des Lebens zu legen sein. Zu fragen ist: Wie stellen sich Phänomene von Individualisierung, Normierung und Standardisierung in den zu analysierenden Bereichen dar? Welche impliziten Normen und internalisierten Zwänge werden wirksam?

Dabei muss der ambivalente Umgang mit dem Thema ‚Selbstbestimmung' im Blick behalten werden: Wo wird individuelle im Sinne relationaler Autonomie gefördert, wo werden dagegen Atomisierung und Ökonomisierung unter dem Primat der Effizienz- und Profitsteigerung vorangetrieben und individuelle Bedürfnisse gerade negiert? Wird individuelle Selbstbestimmung und Lebensgestaltung als Freiheit von Fremdbestimmung und Herrschaft gefördert, oder sind neoliberale Vereinnahmungen im Sinne der Individualisierung von Verantwortung und reiner Leistungsorientierung festzustellen? Welcher Wert wird dem Individuum unabhängig von seiner Leistungsfähigkeit zugesprochen?

Schließlich ist damit eng verbunden die Orientierung an Gemeinschaften zu analysieren: Wird Gemeinschafts- und Gemeinwesenorientierung befördert, werden notwendige Abhängigkeiten berücksichtigt? Sind Bedürfnisse und gesellschaftlich als notwendig erachtete Tätigkeiten sowie die entsprechende Arbeitsteilung Thema öffentlicher Verhandlungen, oder werden unnötige ökonomische und emotionale Abhängigkeiten, besonders von Frauen, produziert und ihre Arbeitskraft ausgenutzt?

6.2 Zeitbewusstsein und Kontingenz der Verhältnisse

Die Gefahr der Selbstzerstörung der Menschheit steht auch im Mittelpunkt der Analysen von Johann Baptist Metz. Seine Kritik an der Schwächung von Subjektivität in der Moderne macht sich unter anderem am entgrenzten Zeitbewusstsein und an einer Kultur des Vergessens fest. Gegen eine Kultur der Amnesie, die den Opfern der Geschichte und der Erinnerung an sie keine Bedeutung für die Gegenwart zumisst und einem zeitlosen Fortschrittsglauben ohne Krisenbewusstsein anheimzufallen droht, setzt er die Kategorie der gefährlichen Erinnerung und das Bewusstsein von befristeter Zeit und Dringlichkeit als Ernstnehmen der Gefahr. In den zu untersuchenden Kontexten ist demnach zu fragen: Wie wird die eigene Lebenszeit in Verbindung gesetzt mit Gesellschaft und Geschichte? Existiert im Bewusstsein der Menschen so etwas wie eine ‚Weltzeit', die mit der individuellen Lebenszeit in Verbindung steht? Gibt es Möglichkeiten bzw. Räume, im Alltag – jenseits von Effizienzdruck – die Dringlichkeit von Veränderung, gesellschaftliche Krisenhaftigkeit zu erfahren und zu reflektieren? Oder werden Angst und Zeitdruck produziert und damit die kritische Beschäftigung mit den gesellschaftlichen Rahmenbedingungen für individuelle und kollektive Lebensgestaltung verhindert?

Kann eine umfassende Vision von Gesellschaft gedacht werden, die dem Glauben an eine Heilszusage Gottes entspricht und als realistische Utopie in unterschiedlichen Kontexten formuliert werden kann? Welche Erfahrungen von Widerständigkeit, welche Leidens- oder Befreiungserfahrungen sind vom Vergessen bedroht und müssen erzählt und bewahrt werden, damit Alternativen zum Bestehenden denkbar werden?

Wird die Möglichkeit der Gestaltbarkeit und Veränderbarkeit von Gesellschaft vermittelt, oder wird Unübersichtlichkeit konstruiert und Verantwortung individualisiert, sodass als das einzig Gestalt- und Veränderbare der eigene Körper, die eigene (Erwerbs-)Biographie erscheinen? In welcher Art werden, wenn sie überhaupt auszumachen sind, Beziehungen zwischen individueller und Weltgeschichte konstruiert?

Im Anschluss an die Subjektkritik von Foucault, an feministisch-konstruktivistische und postkoloniale Theorien ist ein selbtkritisches und unabgeschlossenes Subjekt in dem Sinne einzufordern, dass Identitäten nicht dualistisch und hierarchisch festgelegt werden. Rassistische, nationalistische, imperialistische, sexistische und heteronormative Dominanzverhältnisse, die dadurch entstehen, dass Identitäten, die strukturell mit Privilegien verbunden sind, naturalisiert werden, sind zu reflektieren und aufzubrechen.

In der Analyse gilt es aufzudecken, in welchen Kontexten und durch welche Mechanismen Herrschaftsverhältnisse stabilisiert werden. ‚Weißsein' oder ‚unabhängig sein', ‚kalkulierendes Subjekt' zu sein, dies gilt es als unhinterfragte Normen aufzudecken und zu reflektieren. Theologische Subjektwerdung bedeutet, kyriarchatskritisch Identitäten in Frage zu stellen, die Herrschaft stabilisieren und Hierarchien naturalisieren. Gefragt wird aber auch nach Potentialen, wie Festschreibungen aufgebrochen und Veränderungen in Richtung auf egalitäre Strukturen, die nicht auf vereinheitlichenden Identitäten beruhen, erreicht werden können.

6.3 Solidarität: Verantwortung für Gerechtigkeit

Für den Begriff ‚Solidarität' wurde aus feministischer und befreiungstheologischer Perspektive festgehalten, dass er durch Verantwortungsübernahme für globale Gerechtigkeit gekennzeichnet ist. Sorge-Arbeit muss aus feministischer Perspektive in Bezug auf Solidarität besonders berücksichtigt werden. Um nicht vorschnell Solidarität zu reklamieren oder vereinnahmend zu gebrauchen, sind Bedürfnisse und Interessenlagen, ökonomische und soziale Ungleichheiten, die Solidarität behindern (können), zu reflektieren. Solidarität bedeutet Positionierung auf Seiten der Marginalisierten und schließt damit Konflikte mit Privilegierten mit ein.

In der Analyse finden folgende Fragen zum Thema ‚Solidarität' Berücksichtigung: Werden Formen von Solidarität angesprochen und wenn ja, welche? Wer erklärt sich mit wem aus welchen Interessen heraus solidarisch? Welche Formen nimmt ‚Solidarität' an, zum Beispiel (unbezahlte) Arbeit, finanzielle, moralische Unterstützung? Wem nützt eine erklärte Solidarität, wen schließt sie aus? Geht es um Appelle an Solidarität, die Einzelne in die Verantwortung rufen, um Staat oder andere Gemeinwesen zu entlasten? Welcher Gemeinschaftsbezug ist wirksam? Sind naturalistische oder biologistische Konstruktionen von Gemeinschaft und von angeblichen ‚solidarischen' Verpflichtungen festzustellen? Wird differenziert auf Gemeinschaftsformen – wie Kleinfamilie, Paarbeziehungen, Freundschaften, Wohngemeinschaften, Gemeinwesen, Staat – und die damit zusammenhängenden Verpflichtungen eingegangen? Sind diese Verpflichtungen freiwillig eingegangene, gesellschaftlich ausgehandelt oder stellen sie sich als Zwänge dar, die auf verschiedene Weise, zum Beispiel kulturell, ökonomisch oder rechtlich ausgeübt werden? Sind diese Zwänge thematisierbar oder internalisiert und tabuisiert?

Weiter gilt zu fragen: Ist es möglich, Strukturen globaler Ungerechtigkeit und Fragen von Verantwortung zu thematisieren? Werden im Zusammenhang mit Fragen von ‚Solidarität' (globale) Verantwortung und Gerechtigkeit thematisiert? Welches Gewicht wird der Verantwortung für Sorge-Arbeit darin zugemessen?

6.4 Politische Handlungsfähigkeit – Bedingung von Veränderung und Widerstand

Politische Handlungsfähigkeit stellt den Schlüssel zur Veränderung von Gesellschaften dar. Im Mittelpunkt steht die Frage nach den Bedingungen, die es ermöglichen, Situationen als ungerecht zu erkennen und Anknüpfungsmöglichkeiten für emanzipatorische Veränderungen zu finden. Dabei stellt sich zunächst die Frage nach den Akteurinnen, den Trägern von Handlungsfähigkeit. Diese Frage stellt sich in jedem Kapitel wieder je neu und kann deshalb hier nur allgemein formuliert werden. Es geht um die Analyse von ökonomischen und sozialen Macht- und Herrschaftsstrukturen, um Ideologieproduktion auf der Ebene symbolischer Repräsentation und um das Eröffnen oder Verschließen individueller und kollektiver Handlungsmöglichkeiten. Die Akteure können – abgesehen von den Einzelpersonen – jeweils so unterschiedliche sein wie Regierungen, staatliche und suprastaatliche Institutionen, Parteien und andere politische Gruppen, Medien, Wirtschaftsunternehmen, ‚Think-Tanks', soziale Bewegungen, Kultur-, Bildungs- und Sozialisations-Institutionen, Familien und Partnerschaften. Der Rahmen von Machtbeziehungen und -instanzen muss daher jeweils kontextualisiert werden.

Dabei sind folgende Fragen für die Analyse ausschlaggebend: Welche Machtbeziehungen – auch im positiven Sinne von ‚guter Regierung', Überzeugungs- und Mobilisierungskraft – und welche Herrschaftsverhältnisse spielen eine Rolle? Wie reproduzieren sich Herrschaftsmechanismen – auch in ambivalenter Weise in ursprünglich emanzipatorischen Bewegungen? Werden Infragestellung des Status quo, Kritikfähigkeit, Bewusstseinsbildung, Selbstorganisierung gefördert bzw. zugelassen oder werden vor allem Anpassungsleistungen gefordert? Welche Erwartungen, Ängste, Konventionen und ‚Alternativlosigkeiten' werden produziert und internalisiert? Gibt es kollektive und individuelle Möglichkeiten der Reflexion und Befreiung, zum Beispiel durch Kollektivierung von ökonomischen Risiken und Verantwortung für Sorgearbeiten? Wo zeigen sich konkrete

Möglichkeiten der (Selbst-)Organisierung über Gewerkschaften oder soziale Bewegungen, wo und von wem werden diese offen oder verdeckt verhindert? Gibt es (geographische und soziale) Räume für Erinnerung an Widerstands- und Hoffnungsgeschichten und für das Ausprobieren von Alternativen?

Handlungsfähigkeit wurde als restriktive und verallgemeinerbare differenziert, wobei dies eine idealtypische und nicht trennscharfe Differenzierung darstellt und lediglich von einem Subjektstandpunkt aus formuliert werden kann, in dem Sinne, dass Möglichkeiten der Erweiterung individueller und kollektiver Handlungsfähigkeit von den Akteurinnen selbst ausgelotet werden müssen. Restriktive Handlungsfähigkeit bezeichnet als angepasst empfundenes Handeln innerhalb des Status quo, das Veränderung vermeidet und die eigenen Interessen an internalisierten, unhinterfragten Motivationen ausrichtet. Positive Veränderungen, die sich aufgrund des Ausbrechens aus Herrschaftsverhältnissen ergeben könnten, werden ausgeblendet. Verallgemeinerbare Handlungsfähigkeit dagegen begreift gesellschaftliche Verhältnisse als von Menschen produziert und prinzipiell veränderbar. Dadurch, und durch das Miteinbeziehen von bestehenden Gemeinschaften, wird Angst vor Veränderungen abgebaut. Handlungsrisiken können in den Blick genommen und gegen potentielle positive Veränderungen durch Zusammenschlüsse, das heißt, Solidarisierung und Organisierung, und widerständiges Handeln abgewogen werden.

Widerständigkeit, Protest, Hoffnung und Visionen sind dabei als geteilte Lebenserfahrungen theologische Kategorien, die für solidarische Handlungsfähigkeit fruchtbar gemacht werden können.

Foucaults Analysen zur ‚Selbstführung' zeigen allerdings, wie schwierig es ist, selbst- von fremdbestimmtem Handeln zu trennen. Mit seinem Ansatz kann untersucht werden, wie Herrschaftsmechanismen internalisiert werden und wie ambivalent sich Selbst- und Fremdbestimmung zueinander verhalten, sodass Handlungsfähigkeit in der Spannung von internalisierten Herrschaftsmechanismen und Potentialen von Widerständigkeit im Sinne solidarischer Subjektwerdung ausgelotet werden muss. Im Gegensatz dazu entwirft Foucault im Konzept der ‚Selbstsorge' einen Vorschlag, wie Widerständigkeit und ethisches Handeln in Verantwortung für sich selbst und andere gedacht werden kann. Mit dem daran anschließenden Entwurf der ‚Selbstsorge in Solidarität' als notwendige Selbstreflexion und Umkehr in Verbindung mit der Ermöglichung von Solidarität sollen Bedingungen von Handlungsfähigkeit im II. Teil bewertet werden.

II. Teil

Subjekt – Arbeit – Frau im Neoliberalismus: Widersprüchliche Phänomene im Kontext BRD

7. Subjekt – Frau – Arbeit im Neoliberalismus

Geschlechtsspezifische Diskriminierung ist in der BRD immer noch relevant.[433] Historisch gewachsene kulturelle Bilder und ökonomische Realitäten prägen unterschiedliche Lebenswirklichkeiten. Diese verschiedenen Realitäten bedingen auch die ‚Frauen Perspektiven', die in der anschließenden Analyse eingenommen werden. Die Subjektkategorien ‚Frau' und ‚Mann' sind zwar keinesfalls eindeutig, sondern stellen hierarchisch strukturierte, konstruierte Kategorien dar. Die faktischen Lebensbedingungen von ‚Frauen' und ‚Männern' sind heterogen und Menschen, die sich dem Zweigeschlechter-System nicht unterordnen wollen, sind besonders von Diskriminierungen betroffen. Ich habe mich im Rahmen dieser Arbeit für einige Ausschnitte aus ‚Frauen-Perspektiven' entschieden. Es sollen damit keine Identitäten oder Herrschaftsverhältnisse festgeschrieben, sondern Lebensrealitäten beispielhaft und so, wie sie eine relevante Anzahl von Menschen betreffen, dargestellt werden.

Die Arbeit fokussiert auf Frauen, die von der Verschränkung verschiedener Herrschaftsverhältnisse betroffen sind. In einer befreiungstheologisch-feministischen Perspektive müssen die Probleme derjenigen Frauen im Vordergrund stehen, die nicht nur geschlechtsspezifische, sondern auch soziale Ausgrenzung, ökonomische Benachteiligung und/oder Marginalisierung aufgrund von Familiensituation, Zuwanderungsgeschichte, Hautfarbe, sexueller Identität oder Orientierung erfahren. Hierbei wirken verschiedene Unterdrückungsmechanismen – geschlechtsspezifische, rassistische, soziale, ökonomische etc. – zusammen.

[433] Vgl. z. B. Projektgruppe GiB: Juliane Achatz u. a.: Geschlechterungleichheiten im Betrieb. Arbeit, Entlohnung und Gleichstllung in der Privatwirtschaft, Berlin 2010, vgl. Ute Klammer, Markus Motz (Hg.): Neue Wege – Gleiche Chancen. Expertisen zum Ersten Gleichstellungsbericht der Bundesregierung, Wiesbaden 2011.

7.1 Zum Begriff ‚Arbeit' aus feministischer Perspektive

Arbeit, besonders Erwerbsarbeit ist eine der grundlegenden Formen von Vergesellschaftung und für Subjektwerdung von großer Bedeutung:[434]

> „Nicht nur ist der Begriff der Arbeit in Politik und Umgangssprache allgegenwärtig geworden, meist verbunden mit dem Motiv, auf diese Weise für wenig beachtete, aber anstrengende, schwierige lebensnotwendige Tätigkeiten, die besondere Kompetenz erfordern, gesellschaftliche Anerkennung zu gewinnen. Sichtbar geworden ist auch eine neue Selbstverständlichkeit, mit der Männer und Frauen heute gleichermaßen am anerkannten ökonomischen Leistungsaustausch durch Erwerbsarbeit teilhaben wollen – ungeachtet aller Zugangsschwierigkeiten."[435]

Diese Zugangsschwierigkeiten betreffen vor allem Frauen, die trotz rechtlicher Gleichstellung strukturelle Diskriminierung erfahren. Grundbedingung der Diskriminierung von Frauen ist nach Frigga Haug die

> „Spaltung der Gesellschaft in einen ‚produktiven' und einen ‚unproduktiven' und daher im Namen der Profitlogik überflüssigen Bereich – deren Zueinander als politische Regelung notwendig männliche Domäne bleibt, welche die Erledigung des unproduktiven Teils durch Frauen verfügt und ihre Nicht-Entwicklung kulturell/bürokratisch sichert."[436]

Von dieser Grundbedingung her wird deutlich: Der Begriff ‚Arbeit' muss genauer definiert werden. Die unthematisierte Voraussetzung kapitalistischer Verhältnisse, nämlich die Ausbeutung ‚vorkapitalistischer' Tätigkeiten, bzw. auch die Trennung zwischen Produktion und Reproduktion (die (Wieder-)herstellung der Arbeitskraft) und die ungenügende Bearbeitung des Verhältnisses und der Bewertung von Produktions- und Reproduktionsarbeit wurden schon früh von Feministinnen kritisiert.[437] Eine genauere Bestimmung der Begriffe ist

---

[434] Vgl. Kurz-Scherf, „Arbeit neu denken ...", 31.

[435] Senghaas-Knobloch, Fürsorgliche Praxis, 54.

[436] Vgl. Haug, Frauen-Politiken, Hamburg 1996, 122.

[437] Vgl. z. B. Cornelia Giebeler: Der Bielefelder Ansatz in der feministischen Forschung: Ein Rückblick auf die Theorie und Praxis der Frauenforschung von 1975 bis 1980, in: beiträge zur feministischen theorie und praxis, Jg. 28, Nr. 66/67, 2005, 31-64, 49f.; vgl. auch Eichhorn, Cornelia: Geschlechtliche Teilung der Ar-

angesichts der verschiedenen Interpretationen von Produktions- und Reproduktionsarbeit wichtig. Gisela Notz betont, dass sowohl in der Erwerbsarbeit als auch in den Bereichen unbezahlter Reproduktionsarbeit gesellschaftlich notwendige Arbeit geleistet wird. Entsprechend definiert sie Produktionsarbeit als „instrumentell gebundene, zielgerichtete, gesellschaftlich nützliche Tätigkeit in Produktion und Dienstleistung". Unter Reproduktionsarbeit versteht sie

> „Tätigkeiten jenseits der Lohnarbeit (oder einer anderen das Einkommen sicher stellenden Erwerbsarbeit), die zur Erhaltung der menschlichen Arbeitskraft und des menschlichen Lebens notwendig sind"[438].

Allerdings wird im ersten Zitat durch die Einbeziehung von ‚Dienstleistung' in die Produktionsarbeit bereits deutlich, dass die Bereiche nicht trennscharf sind, da Bereiche der Reproduktion, wie zum Beispiel Kinderbetreuung, die Pflege von alternden Menschen oder von Menschen mit Behinderung, zu Teilen auch als bezahlte Erwerbsarbeit organisiert sind. Immer noch wird allerdings die Tatsache meist negiert oder ignoriert, dass die Voraussetzung für Erwerbsarbeit unbezahlte Arbeit ist, die „Menschen erst beziehungsfähig, lernfähig und leistungsfähig macht und erhält"[439] – und für die immer noch zum größten Teil Frauen zuständig gemacht werden.[440] Da allzu oft unter dem Begriff ‚Arbeit' lediglich die bezahlte Erwerbsarbeit verstanden und damit schätzungsweise zwei Drittel unbezahlter Arbeit einfach vorausgesetzt und damit unsichtbar gemacht werden, ist es

---

beit. Eine kritische Durchsicht der feministischen Ansätze seit der neuen Frauenbewegung, in: Jungle World, Nr. 12, 10. März 2004, Quelle: http://www.jungle-world.com/seiten/2004/11/2777.php (letzter Zugriff am 10.07.2012).

[438] Gisela Notz: Arbeit: Hausarbeit, Ehrenamt, Erwerbsarbeit, in: Becker, Ruth; Kortendieck, Renate (Hg.): Handbuch Frauen- und Geschlechterforschung. Theorie, Methoden, Empirie (= Geschlecht & Gesellschaft 35), Wiesbaden 2004, 420-428, 420.

[439] Vgl. Bührmann, Arbeit, 14.

[440] Vgl. Haug, Frauen-Politiken, 112-119, 127-147. Bei der Einbeziehung von handwerklichen und Garten-Arbeiten errechnete das Statistische Bundesamt für die Jahre 2001/2002 ein Verhältnis von 31 (Frauen) zu 19,5 (Männer) Stunden unbezahlter Arbeit pro Woche. Vgl. Statistisches Bundesamt: Im Blickpunkt: Frauen in Deutschland 2006, Wiesbaden 2006, 43f.

notwendig, bezahlte und unbezahlte Reproduktionsarbeit zu unterscheiden.[441] Es existiert eine Vielzahl von Begriffen, die von Feministinnen für solche Unterscheidungen verwendet werden. Praktikabel und auch teilweise bereits in den allgemeinen Sprachgebrauch übernommen wurde der Begriff ‚Erwerbsarbeit' oder ‚Lohnarbeit' für bezahlte Arbeit. Im Gegensatz dazu wird von ‚unbezahlter Arbeit', ‚Hausarbeit', ‚Sorge-Arbeit', ‚Fürsorgearbeit', ‚Erziehungsarbeit' etc. gesprochen.

Im Rahmen sich verändernden Begriffe von Arbeit ist die Tatsache zu berücksichtigen, dass es Überschneidungen von Erwerbsarbeit mit anderen Formen von Arbeit gibt. Gerade im Rahmen des Themenkomplexes ‚Subjektivierung von Arbeit' ist eine zentrale Beobachtung, dass ‚private' Lebensbereiche zunehmend mit Erwerbsarbeit verknüpft werden. In diesem Zusammenhang stellt sich die Frage, welche ambivalenten Folgerungen aus Flexibilisierungstendenzen, zum Beispiel bezüglich besserer ‚Vereinbarkeit' von Beruf und Familie, entstehen. Es tauchen aber auch neue Grenzverwischungen und Schwierigkeiten der Abgrenzung verschiedener Lebensbereiche auf, die tendenziell ökonomisiert und zunehmend von Effizienzkriterien bestimmt werden.[442] Angesichts dessen, dass die Bereitschaft von Frauen zurückgeht, unbezahlte Versorgungsarbeit zu übernehmen, sind verschiedene Entwicklungen festzustellen: Einerseits werden Sorgearbeiten in Institutionen ausgelagert, in denen wiederum mehrheitlich Frauen beschäftigt sind – weibliche Arbeitskraft erscheint

---

[441] Vgl. Clarissa Rudolph: Arbeitslosigkeit – Bremse oder Motor beim Wandel der Geschlechterverhältnisse?, in: Brigitte Aulenbacher, Angelika Wetterer (Hg.): Arbeit. Perspektiven und Diagnosen der Geschlechterforschung (= Forum Frauen- und Geschlechterforschung 25), Münster 2009, 138-156, 143.

[442] Vgl. z. B. Kurz-Scherf: In Arbeit, darin besonders Lena Correll: Arbeit und andere Lebensbereiche – „irgendwie vermischt sich das sehr". Fallorientierte Überlegungen zu subjektorientierter Soziabilität, 123-138; vgl. Karin Lohr, Hildegard Nickel (Hg.): Subjektivierung von Arbeit. Riskante Chancen (= Forum Frauenforschung 18), Münster 2005, darin besonders Andreas Lange u. a.: Forcierte Ambivalenzen? Herausforderungen an erwerbstätige Frauen in Zeiten der Entgrenzung und Subjektivierung, 115-148.

also vermehrt als Ware auf dem Arbeitsmarkt. Je stärker soziale Ungleichheit in einem Land ist, desto stärker wird aber auch eine andere Lösung gesucht, nämlich Haushaltshilfen in private Haushalte zu holen.[443] Auf diese Weise entstehen neue Hierarchien zwischen Frauen.

Aufbauend auf diesen Differenzierungen in Bezug auf Arbeit, unbezahlte Arbeit, Produktions- und Reproduktionsarbeit sowie die damit verbundenen geschlechtsspezifischen Implikationen und Herrschaftsverhältnisse, die die Kategorien Geschlecht, Klasse, ‚Rasse' und Körper betreffen, werden im Folgenden historische und aktuelle Entwicklungen bezüglich Arbeit in der BRD dargestellt.

7.2 Historische Entwicklung von Hausarbeit und Mutterrolle

Oft übersehen wird die Tatsache, dass die reale Trennung ‚Erwerbsarbeit' – ‚Hausarbeit' eine historisch gar nicht allzu alte Konstruktion darstellt und eng mit der Trennung zwischen ‚privat' und ‚öffentlich' und den entsprechend konnotierten geschlechtsspezifischen Arbeits- und Lebensbereichen zusammenhängt. Diese Trennung fand im Lauf der Herausbildung kapitalistischer Wirtschaftsstrukturen statt, stützte sich allerdings auf schon weitaus längere Frauenunterdrückung.[444]

---

[443] Vgl. Senghaas-Knobloch, Fürsorgliche Praxis, 63; vgl. Helma Lutz, Vom Weltmarkt; vgl. Brigitte Young: Die Herrin und die Magd. Globalisierung und Re-Konstruktion von "class, gender and race", in: WIDERSPRUCH, 19. Jg., Nr. 38, Dezember 1999 / Januar 2000, 47-60; vgl. Gisela Notz: Mehr Familienernährer, Zuverdienerinnen und Dienstmädchen. Geschlechtsspezifische Auswirkungen der Arbeitsmarktreformen, in: WIDERSPRUCH, 24. Jg., Nr. 46/2004, 33-42; vgl. auch Gemma Tulud Cruz: Die Suche nach globaler wirtschaftlicher Gerechtigkeit aus einer Gender-Perspektive: Theologische Herausforderungen und Perspektiven auf Frauenmigration im Kontext der Globalisierung, in: Lassak/Strobel, Von Priesterinnen, 63-79; vgl. Sandra Lassak: International – solidarisch – sozialkritisch. Migration als Herausforderung für feministisch-theologisches Engagement im ‚Norden', in: Lassak/Strobel, Von Priesterinnen, 81-93.

[444] Vgl. Gisela Bock, Barbara Duden: Arbeit aus Liebe – Liebe als Arbeit. Zur Entstehung der Hausarbeit im Kapitalismus. In: Gruppe Berliner Dozentinnen (Hg.): Frauen und Wissenschaft. Beiträge zur Berliner Sommeruniversität für Frauen. Ju-

‚Arbeit' entstand als Begriff erst in der Neuzeit. Nachdem ‚Arbeit' viele Epochen lang die als abhängig und unfrei geltenden Tätigkeiten von bestimmten Gruppen in Landwirtschaft, Handwerk, Handel und in Haushalten bezeichnete, begann in der westeuropäischen Stadt des Mittelalters bzw. der Frühneuzeit ein Anerkennungsschub, eine neue Wertschätzung von Arbeit,

> „[die] durch die Reformation, die Philosophie der Aufklärung und des deutschen Idealismus sowie die Bildungsreformbewegung auf der einen Seite und die Entstehung neuzeitlicher Wirtschaftswissenschaften auf der anderen Seite bleibend verankert wurde."[445]

Das Recht zur Mitsprache in städtischen Dingen setzte das Recht zum Betreiben eines Gewerbes voraus und umgekehrt; Arbeit und Bürgerrecht verschränkten sich. Verbunden war dies mit einer Verstärkung der Trennung von privaten und öffentlichen Bereichen – dem Mann wurde ‚draußen', ‚Öffentlichkeit', ‚Arbeit' zugewiesen, während der Bereich der Frau ‚drinnen', private und häusliche Tätigkeiten umfasste. Mit dieser räumlichen Zuweisung einhergehend wurden Bürgerrechte für Männer und Frauen unterschiedlich bestimmt. Aus der Perspektive erwachsener Männer fand ein Individualisierungsprozess statt, aus der Perspektive von Frauen ein Familiarisierungsprozess. In den Gesetzbüchern wurde durch das Familien- und Eherecht dem Ehemann ein Anspruch auf Macht über „das gesamte Betragen einer Person"[446] zugesprochen. Diese Vormundschaft im Eherecht wurde in Deutschland vollständig erst in der zweiten Hälfte des 20. Jahrhunderts abgeschafft. Dies bedeutete allerdings nicht, dass Frauen keiner Erwerbsarbeit nachgingen:

> „Dass Frauen lange Zeit die bürgerlichen Rechte vorenthalten wurden, bedeutete allerdings niemals, dass sie im Fall ökonomischer Notwendigkeiten nicht auch außerhalb des Hauses erwerbstätig waren. In der stän-

li 1976, Berlin 1977, 118-199; vgl. Bührmann, Arbeit, 27; vgl. Haug, Frauen-Politiken, 142.

445 Senghaas-Knobloch, Fürsorgliche Praxis, 55.

446 Ursula Vogel: Gleichheit und Herrschaft in der ehelichen Vertragsgesellschaft. Widersprüche der Aufklärung, in: Ute Gerhard (Hg.): Frauen in der Geschichte des Rechts, München 1997, 265-292, 275.

> dischen Gesellschaft erforderte die Führung eines bäuerlichen oder städtischen Haushalts vielfältige Dienste, die vom Gesinde erbracht wurden. Für Frauen armer oder verarmter höherer Stände waren auch andere Weisen möglich, zum eigenen Unterhalt beizutragen.“[447]

Bis ins 19. Jh. hinein war ‚Arbeit‘ noch keine allgemeine Bezeichnung für Erwerbstätigkeit. Ein abstrakter Begriff von Arbeit entstand erst mit der kapitalistischen Eigentümergesellschaft, die sie der Vermarktung zugänglich machte. Arbeit wurde so zum Gegenstand eines marktwirtschaftlichen Tauschvorgangs, zur Ware.

Die private Hausarbeit – und später ‚Hausfrauenarbeit‘ – bildete sich erst allmählich aus der gemeinsamen bäuerlichen Überlebensarbeit heraus. Vorher beruhte die Produktionsweise primär auf der Familienwirtschaft, das heißt, auf der Zusammenarbeit von Verwandten und Nicht-Verwandten, von Mann, Frau und Kindern, Alten und Jungen, und zwar sowohl in der Landwirtschaft als auch im städtischen Gewerbe. Da es zwischen ‚Produktion‘ und ‚Konsumtion‘ keine Trennung gab, gab es auch keine voneinander isolierte Erwerbstätigkeit und Hausarbeit. Alle waren an der gemeinsamen Erwirtschaftung von Gebrauchswerten, Eigenbedarf, für den Markt oder für den Grundherrn beteiligt. Die ‚Frauenarbeiten‘, zu denen das Aufbewahren und Sparen genauso wie das Produzieren gehörte, waren alles andere als ‚privat‘, zum Beispiel wurde für den ganzen Betrieb gekocht, mit feiner Abstimmung der Ernährung auf die Schwere der zu verrichtenden Arbeit.[448]

Erst mit der Ablösung der Ständegesellschaft zum Ende des 18., Anfang des 19. Jahrhunderts wurde die Abspaltung und zugleich Abwertung des Bereichs unbezahlter Reproduktionsarbeiten manifest:

> „Der Wandel von der früh-neuzeitlichen Ständegesellschaft zur modernen Wirtschaftsgesellschaft Europas brachte schließlich eine Ablösung des Haushalts als zentralen Ort des Wirtschaftens. Familie und Haushalt blieben weiterhin in anerkannter Frauenzuständigkeit. Sie verloren aber

---

[447] Ebd.

[448] Vgl. Bock/Duden, Arbeit, 127f.; vgl. Bührmann, Arbeit, 27.

> mit Blick auf das öffentlich anerkannte Wirtschaftsgeschehen Gestaltungsmacht und Wertschätzung. Noch vor der ‚großen Transformation', mit der Polanyi die gesellschaftlich umwerfenden Veränderungen durch die Ausdehnung des Marktprinzips auf Arbeitskräfte, Produktionsmittel und Boden bezeichnete [...], war es also zu einer *Abspaltung der konkreten alltäglichen Fürsorgepraxis vom öffentlich beachteten Wirtschaftsgeschehen* gekommen. Während dieses mit der Idee von Freiheit und Unabhängigkeit verbunden wurde, wurde jenes zwar als Tugend gepriesen, aber zugleich mit Unselbstständigkeit und Abhängigkeit konnotiert."[449]

Ein heute nicht mehr wegzudenkender Bereich der ‚Hausfrauenarbeit', die langwierige Pflege und Erziehung von Kindern, kam so gut wie nicht vor; bis Mitte des 18. Jahrhunderts waren die Sphären von Erwachsenen und Kindern nicht getrennt. Die ‚Mutterrolle' und die ‚Kindheit' entstanden erst im Verlauf des 18. Jahrhunderts, im Zuge der bürgerlichen Reformbewegung gegen die überkommenen Weisen der Kindererziehung.

> „Um diese neue Aufgabe der psychischen Zurichtung der nächsten Generation leisten zu können, mußten allerdings die Frauen daheim selbst ‚sozialisiert' werden, und es bedurfte einer riesigen Propagandabewegung des 19. Jahrhunderts, um die Mutterrolle als ‚natürliche Bestimmung' der Frauen durchzusetzen."[450]

Zusammen mit dem Begriff der Familie entwickelte sich die ‚Hausarbeit' im 17./18. Jahrhundert mit den Anfängen des Kapitalismus und entfaltete sich, in den Regionen und Ländern zu unterschiedlichen Zeiten, nach der industriellen Revolution. Im 19. und 20. Jahrhundert breitete sich der Familientypus der bürgerlichen Familie und das Konzept ‚Hausarbeit' auch in der Arbeiterinnenklasse aus. „Inhalt dieser Arbeit ist die Produktion und Reproduktion der gesellschaftlichen Arbeitskraft in physischer, emotionaler und sexueller Hinsicht."[451] Die Delegation der Hausarbeit an Frauen trug maßgeblich zur Privilegierung der Männer bei, die von der Last alltäglicher Versorgungsarbeit befreit wurden.[452]

---

[449] Senghaas-Knobloch, Fürsorgliche Praxis, 56f.
[450] Bock/Duden, Arbeit, 135.
[451] A. a. O., 123.
[452] Vgl. Bührmann, Arbeit, 27.

‚Freiheit' und ‚einen Beruf haben' wird seither dadurch definiert, dass ein Individuum über seine Arbeitskraft frei verfügen kann, frei ist von feudalen Bindungen und frei von eigenem Besitz an Produktionsmitteln. Zur Vollständigkeit fehlt aber die geschlechtsspezifische Differenzierung der ‚Freiheit'. Nur der männliche Lohnarbeiter ist in einem weiteren Sinne ‚frei' – nämlich frei von privater Reproduktionsarbeit, die von den weiblichen Familienmitgliedern übernommen wird:

> „Der historische, im 19. Jahrhundert beendete Prozeß der Befreiung der Männer von diesen Aufgaben durch die Einführung der formalen Ehefähigkeit für alle setzt die weibliche Übernahme und qualifizierte Ausfüllung der Hausfrauenrolle durch die Frau auch in nicht-bürgerlichen Schichten voraus."[453]

Durch die Verringerung der produktiven Funktionen und durch den Bedeutungsgewinn immaterieller Funktionen der Familie verlor die Hausarbeit den Charakter konkreter Arbeit – sowohl gesellschaftlich als auch im Bewusstsein der Frauen selbst. Sie wurde zum ‚Liebesdienst'. Die bürgerlichen Haushalts- und Familienstandards wurden durch die Annäherung der proletarischen an die bürgerliche Hausarbeit zu den allgemein gültigen. Die tatsächliche, immer noch sehr wohl auch aus materieller Arbeit bestehende Hausarbeit ist bis zur Gegenwart geprägt von sich wiederholenden Aufgaben, von Monotonie, von der Gleichzeitigkeit von Kopf- und Handarbeit sowie durch den ständigen Wechsel von Beziehungs- und Versorgungsarbeiten bzw. das Herstellen von Gebrauchswerten. Die Bereiche ‚Arbeit' und ‚Freizeit' sind nicht klar voneinander abgegrenzt. Einerseits impliziert dies eine für viele attraktive Autonomie der ‚Hausfrau' über Zeiteinteilung und Qualität der Arbeit, andererseits wird dadurch der Arbeitscharakter negiert. Dadurch, dass das Wohlbefinden der bzw. die Anerkennung durch Familienmitglieder den eigentlichen Nutzen der Hausarbeit für die Hausfrau darstellt und das

[453] Ursula Rabe-Kleberg: Verantwortlichkeit und Macht. Ein Beitrag zum Verhältnis von Geschlecht und Beruf angesichts der Krise traditioneller Frauenberufe (= Wissenschaftliche Reihe 54), Bielefeld 1993, 54.

Aufrechterhalten der Illusion von Hausarbeit als ‚Liebesdienst' dabei eine wichtige Rolle spielt, ist sie selbst gezwungen, den Arbeitscharakter ihrer Arbeit zu verschleiern. Dies wird noch dadurch verstärkt, dass durch technologische Erleichterungen der Hausarbeit die Anerkennung weiter sinkt, obwohl objektiv gesehen der Arbeitsaufwand sich oftmals lediglich hin zu koordinierenden, vor- und nachbereitenden Arbeiten verlagert.[454]

Die Zuständigkeit von Frauen für den Reproduktionsbereich besteht in der BRD bis heute immer noch relativ unangefochten.[455] So lässt sich die These aufstellen, dass die ‚Entgrenzung von Arbeit', zu der in den letzten Jahren im Zuge von Globalisierungsprozessen viel geforscht wurde, für Frauen schon sehr lange zum Alltag gehört. Neue Phänomene wie Subjektivierung und Entgrenzung von Arbeit verschärfen lediglich die für Frauen bereits vorhandenen Ambivalenzen, die die Versuche der Vereinbarung von sowohl Familien- und Erwerbsarbeit als auch gesellschaftlicher und politischer Partizipation mit sich bringen.[456]

7.3 Erwerbsarbeit von Frauen in der BRD

Nach dem Zweiten Weltkrieg wurde in den kapitalistischen Ländern Europas im Zuge der Durchsetzung des Fordismus, eines staatlich abgesicherten, durch Massenproduktion und Massenkonsum charakterisierbaren Klassenkompromisses, der Schutz von Arbeitern gegen die Risiken des Arbeitsmarktes verstärkt. Bis in die 1970er Jahre hinein blieb das fordistische Produktionsmodell hegemonial. Zu diesem

---

[454] Vgl. Sylvia Kontos, Karin Walser: Weil nur zählt, was Geld einbringt. Probleme der Hausfrauenarbeit (= Kennzeichen 4), Gelnhausen 1979, 89-96.

[455] Vgl. Gundula Ludwig: Zwischen „Unternehmerin ihrer selbst" und fürsorgender Weiblichkeit. Regierungstechniken und weibliche Subjektkonstruktionen im Neoliberalismus, in: beiträge zur feministischen theorie und praxis, Jg. 29, Nr. 68, 2006, 49-59, 57; vgl. Gisela Notz: Grundeinkommen gegen Ungleichheit und Armut? Anmerkungen aus feministischer Sicht, in: WIDERSPRUCH, 25. Jg., Nr. 49/2005, 115-125, 119.

[456] Vgl. Lange, Forcierte Ambivalenzen?, 124f.

Modell gehörte neben dem spezifischen Akkumulationsregime und dem hierarchisch-bürokratischen Ideal von Arbeitsorganisation auch ein spezifisches Modell sozialer Regulation, auf das sich der Begriff des ‚Normalarbeitsverhältnisses' bis heute bezieht. Antonio Gramsci untersuchte im Rahmen seiner Hegemonietheorie dieses Zusammenspiel von Arbeitsanforderungen, staatlichen Interventionen und Subjektkonstruktionen im Fordismus. Dem korrespondierte ein Familienmodell, gemäß dem ein Mann genug Lohn erhalten sollte, damit die Ehefrau sich ausschließlich um Haushalt, Kinder und soziales Leben kümmern konnte. In den meisten westlichen Industriegesellschaften galt dieses Modell bis Ende der 1960er Jahre.[457]

Frauen wurden auf die ihnen zugeteilte Hausarbeit hin erzogen, und diese kulturelle Prägung ist bis heute – wenn auch abgeschwächt – wirksam. Die in der Sozialisation zur Hausarbeit erworbenen Fähigkeiten von Frauen wirken sich auch in der Erwerbsarbeit aus – in Form von ‚reproduktionsbezogenem Arbeitsvermögen'. Diese ‚stille Qualifikation' wird zwar in der beruflichen Arbeit genutzt, aber nicht als Qualifikationen honoriert. Quasi als Voraussetzung ‚weiblichen' Arbeitsvermögens werden Anpassungsbereitschaft, Fürsorgeneigung oder Monotonieresistenz in die Arbeit eingebracht, aber auch – wegen ihres ‚Vorhandenseins' vor jeder Qualifizierung, zum Fundament ihrer Nichtbezahlung bzw. des häufigen Ausschlusses von leitenden Tätigkeiten. Von den Frauen wird diese Diskriminierung verinnerlicht und so die gesellschaftliche und betriebliche Unterbewertung unterstützt. Die zweite Frauenbewegung, die sich im Zuge der Studentenbewegung ab 1968 formierte, erreichte viel in Bezug auf rechtliche Gleichstellung und ökonomische Unabhängigkeit von Frauen, die ‚natürliche' Eignung von Frauen zur Haus- und Fürsorgearbeit wird längst von vielen hinterfragt. Dennoch sind diese Strukturen immer noch wirkmächtig. In der BRD wird die unbezahlte Familienarbeit

[457] Vgl. z. B. Ludwig, Zwischen „Unternehmerin ...", 51f, 58 Fn. 2; vgl. z. B. auch Roland Roth: Das neue Gesicht des Kapitalismus. Vom Fordismus zum Post-Fordismus, Hamburg 1986; vgl. Senghaas-Knobloch, Fürsorgliche Praxis, 59f.

immer noch zum überwiegenden Teil von Frauen erwartet und erledigt.[458]

Dass Frauen sich durch Erwerbsarbeit ökonomische Unabhängigkeit sichern können, war von Anfang an eine wichtige Forderung der zweiten Frauenbewegung, zeigte sich aber in der Krise des Fordismus auch als notwendige Maßnahme: Durch die Steigerung der Produktivität wurden viele Arbeitsplätze überflüssig; ‚Lohnkostensenkungen' waren nötig. Arbeitsplätze wurden informalisiert, das heißt, unabgesicherte und risikoreiche, leichter kündbare Arbeitsverhältnisse nahmen zu, Löhne sanken. In der Folge war es auch nicht mehr möglich, mit dem Lohn einer Arbeitskraft eine Familie zu ernähren. Was für viele Frauen in Form des ‚Zuverdienstes' sowieso durchgehend Realität geblieben war, wurde nun zur Selbstverständlichkeit: Sowohl Frauenbewegungen als auch Regierungen formulierten als Ziel die Erhöhung der Erwerbsquote von Frauen – die einen mit dem Argument der Unabhängigkeit und Selbstbestimmung, die anderen mit der Notwendigkeit, ‚weibliche Humanressourcen' besser zu nutzen, um Deutschlands oder Europas Wettbewerbsfähigkeit zu verbessern. Die Flexibilisierungen kamen Frauen, die auf Teilzeitarbeit und flexible zeitliche Lösungen aufgrund unbezahlter Reproduktionsarbeit angewiesen waren, entgegen. Allerdings wurde damit die Prekarisierung der Arbeit in Form von nicht-existenzsichernden Löhnen, ‚Minijobs' und gering abgesicherten Arbeitsstellen befördert.[459]

[458] Vgl. schon Elisabeth Beck-Gernsheim, Ilona Ostner: Frauen verändern – Berufe nicht?, in: Soziale Welt, Jg. 40, Heft 3, 1978, 257-287; vgl. z. B. GenderKompetenzZentrum an der Humboldt Universität zu Berlin (Hg.): Gender Aspekte: Unbezahlte Arbeit, Quelle: http://www.genderkompetenz.info/genderkompetenz-2003-2010/sachgebiete/arbeit/unbezahlt/aspekte/index.html (letzter Zugriff: 10.07.2012); Vgl. Waltraud Cornelißen (Hg.): Gender-Datenreport. 1. Datenreport zur Gleichstellung von Frauen und Männern in der Bundesrepublik Deutschland im Auftrag des Bundesministeriums für Familie, Senioren, Frauen und Jugend, 2. Fassung, München 2005, Quelle: http://www.bmfsfj.de/doku/ Publikationen/genderreport/root. html (letzter Zugriff am 10.07.2012), 267, 269f., 303-310.

[459] Vgl. Christina Klenner, Gertraude Krell, Manuela Maschke: Einleitung: Geschlechterungleichheiten im Betrieb, in: Projektgruppe GiB, Geschlechter-

7.4 Geschlechtsspezifische Segregation des Arbeitsmarktes

Zwei Ebenen können in der Konstitution der geschlechtsspezifischen Segregation von Arbeit unterschieden werden: die soziale und die diskursive, also Prozesse sozialer Ausschlüsse und die kulturelle Konstruktion und Rekonstruktion von Geschlechterdifferenzen. Ilona Ostner und Angelika Willms konstatieren, dass die Integration von Frauen in die Erwerbsarbeit in der Krise des Fordismus ging mit einer verstärkten geschlechtsspezifischen Segregation der Arbeitsfelder einher: „Der Einbezug der Ehefrauen wurde geradezu erreicht durch die verstärkte Beschränkung der Frauen auf spezifische, weibliche Erwerbsbereiche.“[460] Im Zuge der Entwicklung hin zur Dienstleistungsgesellschaft wurden ‚Männerarbeit‘ und ‚Frauenarbeit‘ innerhalb einzelner Berufsfelder und zwischen Berufen verstärkt voneinander abgegrenzt.[461]

Weiblich konnotierte Arbeitsbereiche zeichnen sich dadurch aus, dass sie in besonderer Weise den Einsatz des gesamten Körpers und Geistes, von Körper und Gefühl verlangen. Obwohl hohe Qualifika-

---

ungleichheiten, 9-20, 15; vgl. Silke Bothfeld, Sebastian Hübers, Sophie Rouault: Gleichstellungspolitische Rahmenbedingungen für das betriebliche Handeln. Ein internationaler Vergleich, in: Projektgruppe GiB, Geschlechterungleichheiten, 21-88, 27, 34f.; vgl. Alexandra Wagner: Atypische Beschäftigung. Eine wissenschaftliche Bilanzierung, Berlin 2010, Quelle: www.boeckler.de/pdf_fof/S-2009-327-3-1.pdf (letzter Zugriff am 10.07.2012); vgl. Ute Klammer u. a.: Neue Wege – gleiche Chancen. Kurzfassung des Sachverständigengutachtens zum Ersten Gleichstellungsbericht der Bundesregierung, in: Klammer, Neue Wege, 13-43, 22f.; vgl. Hennessy, Frauen an der Grenze, 281f.; vgl. Ludwig, Zwischen „Unternehmerin ...“; 54; vgl. Imholz/Strobel, Feministischer Internationalismus, 80f.

460 Ilona Ostner, Angelika Willms: Strukturelle Veränderungen der Frauenarbeit in Haushalt und Beruf, in: Joachim Matthes (Hg.): Krise der Arbeitsgesellschaft, Frankfurt a. M./New York 1983, 206-227, 213. Zur Aktualität geschlechtsspezifischer Segregation des Arbeitsmarktes vgl. z. B. Bothfeld, Gleichstellungspolitische Rahmenbedingungen, 28; vgl. Juliane Achatz, Miriam Beblo, Elke Wolf: Berufliche Segregation, in: Projektgruppe GiB, Geschlechterungleichheiten, 89-140.

461 Vgl. Angelika Wetterer: Professionalisierung und Geschlechterhierarchie. Vom kollektiven Frauenausschluß zur Integration mit beschränkten Möglichkeiten (= Wissenschaft ist Frauensache 3), Kassel 1993, 52-59; vgl. Ostner/Willms, Strukturelle Veränderungen.

tion nötig ist, werden die Berufe meist als ‚unvollständig' definiert. Die Qualifikationen sind dadurch gekennzeichnet, dass sie diffus ganzheitlich sind, ohne eine klare Trennung zu persönlichen Fähigkeiten. Gemäß der genannten Spaltung der Gesellschaft in männlich und weiblich konnotierte Arbeit besteht eine hierarchische Beziehung von ‚produktiver' und ‚unproduktiver' Arbeit, wobei letztere dadurch zu definieren ist, dass sie sich kapitalistischer Effizienzlogik entzieht, nicht rationalisierbar ist bzw. durch Rationalisierung deutlichen Qualitätsschaden nimmt, wie zum Beispiel Erziehung oder Pflege. Diese Trennung wird durch die Prozesse, die unter ‚Subjektivierung von Arbeit' verstanden werden, tendenziell aufgehoben, das heißt, die Trennlinie verschwimmt: Inzwischen stellen persönliche Fähigkeiten in allen Arbeitsbereichen eine wichtige Ressource dar. Auch für den Bereich ‚unqualifizierter' Arbeit gilt dies in der Form, dass die ‚Monotonieresistenz', die Frauen im Zuge von Hausarbeit entwickelt haben, für Arbeit am Fließband schätzen gelernt wurde.[462]

Arbeitsteilung zwischen Frauen und Männern ist fließender und dadurch heute schwerer zu greifen als früher: Frauen leisten zum größten Teil Erwerbsarbeit, Männer finden sich immer mehr auch in ‚weiblich konnotierten' Berufen und im Dienstleistungsbereich. Allerdings hebt dies nicht die geschlechtliche Arbeitsteilung auf, sondern die Zuordnung geschieht lediglich nicht mehr einfach nach ‚Frauen' und ‚Männern'. Geschlechtliche Segregation der Gesellschaft ist zunehmend an den gesellschaftlichen Segmenten und nicht mehr an Individuen festzumachen.[463]

Geschlechtsspezifische Segregation ist häufig nicht durch Inhalte und Qualitäten zu fassen. Sie zeichnet sich weniger durch inhaltliche Verschiedenheit der Arbeiten als durch ihre angeblich geringere Qua-

---

[462] Vgl. zum Beispiel auch André Gorz: Wissen, Wert und Kapital. Zur Kritik der Wissensökonomie, Zürich 2004, 15-29, vgl. Kontos/Walser, Weil nur zählt, 89-96; vgl. Haug, Frauen-Politiken, 117-119; vgl. Beck-Gernsheim/Ostner: Frauen verändern, 275.

[463] Vgl. z. B. Brigitte Stolz-Willig: Geschlechterdemokratie und Arbeitsmarktreform. Ein neues Leitbild, in: Utopie kreativ, Jg. 16, Heft 177/178, 2005, 644-650.

lifizierung aus, durch den niedrigeren Status im Vergleich zu angrenzenden ‚Männerberufen' sowie durch niedrigere Bezahlung, geringere Aufstiegschancen und Entscheidungsbefugnisse.[464] Hinzugefügt werden muss, dass ‚Qualifizierung' ein je nach Kontext sehr unterschiedlich, teilweise willkürlich besetzter Begriff ist. Wenn von ‚hoher Qualifikation' im Sinne ganzheitlicher Beanspruchung die Rede war, so ist dies eine parteiliche, feministische Perspektive, die im Allgemeinverständnis nicht unbedingt geteilt wird.

Besonders deutlich wird die hierarchische Dimension der geschlechtlichen Segregation von Arbeit, wenn man sich die historischen Veränderungen ansieht: Der ‚Geschlechtswechsel' eines Berufs (beispielsweise des Sekretärs hin zur Sekretärin oder von der Putzfrau zum Gebäudereiniger) ist stets mit Statusgewinn (im Fall weiblich zu männlich) bzw. Statusverlust (im Fall männlich zu weiblich) verbunden. Auch bei der Einführung neuer Technologien lässt sich dies feststellen: Während bei der Entwicklung Frauen oft Pionierarbeit leisten, führt die Segmentierung nach der Etablierung meist zu einem Wiederherstellen der Geschlechterhierarchien, auch wenn, verglichen mit dem Status quo zuvor, Frauen einen Positionsgewinn erzielen konnten.[465]

Die geschlechtsspezifische Segregation des Arbeitsmarktes ist Ergebnis kollektiver Durchsetzung ökonomischer Interessen und sozialer Klassifikationsprozesse. Zugang zu Ressourcen und berufliche Werdegänge beziehungsweise deren Begrenzungen werden hier verhandelt. Zur Legitimation dieser Prozesse wird die Konstruktion und Rekonstruktion der Geschlechterdifferenz benötigt. Dies funktioniert so, dass kontinuierlich, auf selektive und stereotypisierende Weise, Analogien zwischen bestimmten Aspekten von Tätigkeiten und bestimmten Aspekten von ‚Geschlechtscharakter' hergestellt werden. Dadurch, dass die soziale Aufmerksamkeit fortwährend auf diese Elemente gelenkt wird, entsteht der Eindruck ‚natürlicher' Homolo-

---

[464] Vgl. Wetterer, Professionalisierung, 53.
[465] Vgl. a. a. O., 54.

gie zwischen dem Geschlecht der Arbeit und dem Geschlecht der Arbeitenden. Dabei sind die Inhalte letztendlich austauschbar, nicht aber der Prozess des Vergeschlechtlichens selbst. Die bipolare Struktur der Klassifikation bleibt unabhängig von der Variabilität der einzelnen Inhalte.[466]

Prozesse sozialer Ausschlüsse und diskursiver Konstruktion von Geschlecht bedingen sich gegenseitig: So wird die Plausibilität konstruiert, dass die geschlechtsspezifische Aufteilung von Berufen eine ‚natürliche' Grundlage hat, sowie dass die Geschlechterpolarität in der ‚Praxis' der Berufseinteilungen ihren Beweis findet.[467] Wichtig für die neuere Entwicklung ist, dass es in steigender Tendenz die bereits erwähnte neue hierarchische Arbeitsteilung zwischen Frauen in Privathaushalten gibt, durch die geschlechtsspezifische Segregation weiter differenziert werden muss.

7.5 Neue Entwicklungen

Die These vom Ende der Arbeit und der Arbeitsgesellschaft, die in den 1980er Jahren von vielen Sozialwissenschaftlern vertreten wurde[468], hat sich inzwischen als Fiktion erwiesen. „Arbeit ist und bleibt offenkundig ein zentrales Medium der sozialen Integration und in zunehmendem Maße auch der Desintegration moderner Gesellschaften."[469] Die Zentralität von Arbeit hat sich im 21. Jahrhundert sowohl auf individueller wie auch auf gesellschaftlicher Ebene eher gesteigert, anstatt dass, wie vorhergesagt, die wesentlichen Impulse aus der Lebens- statt aus der Arbeitswelt bezogen würden. Die Zweifel am Zukunftspotential der sozialen Organisation, Verteilung und Bewertung von Arbeit in den modernen Gesellschaften werden allerdings durch die neueren Entwicklungen bestätigt. Zeitgleich bildet sich eine ‚Hy-

[466] Vgl. a. a. O., 57f.
[467] Vgl. a. a. O., 58f.
[468] Vgl. z. B. André Gorz: Arbeit zwischen Elend und Utopie, Frankfurt a. M. 1998; Jeremy Rifkin: Das Ende der Arbeit und ihre Zukunft, Frankfurt a. M. 1996.
[469] Kurz-Scherf, „Arbeit neu denken ...", 15.

perarbeitsgesellschaft', die utopischen Energien arbeitszentrierter Gesellschaftskonzepte haben sich erschöpft, das Negativ-Szenario, das Hannah Arendt bereits in den 1950er Jahren skizzierte – eine Gesellschaft von ‚Jobholdern' – scheint sich zu bewahrheiten, und das Problem der Erwerbslosigkeit stabilisiert noch den Arbeitsmythos, der Erwerbsarbeit parallel zu ihrem fortschreitenden Sinnverlust immer mehr ins Zentrum allen Strebens stellt. Allerdings zeichnet sich die gegenwärtige Situation durch vielfältige Ambivalenzen aus, die sich in Konzepten der Arbeitsforschung wie zum Beispiel ‚Entgrenzung', ‚Subjektivierung', ‚Informatisierung', ‚Informalisierung' oder in neuen Begriffen wie ‚Wissensarbeit', ‚Arbeitskraftunternehmerin' oder ‚Selbstunternehmer' zeigen.[470]

Die ‚Krise der Arbeit' ist zu einem nicht unerheblichen Teil auch eine Krise ihrer historischen, androzentrischen Strukturen. Mit der Transformation von Arbeit gehen Veränderungen der Geschlechterverhältnisse einher, die aus feministischer Perspektive durchaus positiv zu bewerten sind: Überkommene Geschlechterstereotypen wie die Hausfrauenehe bzw. das fordistische ‚Ernährermodell' werden allmählich überwunden, was vor allem erweiterte Spielräume für Frauen bedeutet. Zugangsbarrieren zu privilegierten, tradierten, geschlechtsspezifisch segregierten Tätigkeitsfeldern werden durchlässig. Mit dem Dienstleistungssektor expandieren Beschäftigungsbereiche, in denen vor allem Frauen tätig sind. Jedenfalls werden von den Veränderungen nicht mehr durchgängig die Privilegierung von Männern und die Diskriminierung von Frauen fortgesetzt, sondern auch durchbrochen.[471]

Susanne Schultz und Katharina Pühl fassen diese widersprüchlichen Entwicklungen treffend als gleichzeitige Flexibilisierung und Festschreibung der Geschlechterverhältnisse. In Bezug auf neoliberale Formierung der Subjekte sind diese Prozesse von Bedeutung. Schultz und Pühl stellten im Anschluss, aber auch mit Kritik an Stu-

---

[470] Vgl. a. a. O., 15.18.
[471] Vgl. a. a. O., 18.

dien, die an Foucaults Konzept der ‚Selbstführung' anschließen, Studien zum ‚Selbstunternehmerinnentum' an. Sie zeigen auf, dass individualisierende, ‚selbstaktivierende' Programme durchaus positive Effekte, zum Beispiel auf Motivation oder Authentizität von Existenzgründerinnen, haben. Diese Effekte können nicht einfach unter die negative Beurteilung von erzwungener Anpassung an den Arbeitsmarkt und Unterwerfung unter Effizienzkriterien gefasst werden, sondern entsprechen durchaus Zielen der Frauenbewegung wie Selbstbestimmung und Unabhängigkeit. Gleichzeitig wird zum Beispiel ‚Kundenorientierung als weibliche Stärke' bewusst systematisch gefördert und damit Geschlechterrollen festgeschrieben.[472]

Diese (Re-)Produktion von Geschlechterstereotypen und -hierarchien wurde zum Beispiel von Ingrid Kurz-Scherf untersucht.[473] Sie macht an vier Beispielen deutlich, wie ‚neue' und ‚alte' Weisen dieser (Re-)Produktion ineinandergreifen:

1) Die Arbeitsteilung zwischen Frauen und Männern in Bezug auf die unbezahlte Haus-/Erziehungs-/Pflege- und Sorge-Arbeit im privaten Haushalt hat sich kaum verändert; diese Arbeiten werden immer noch ganz überwiegend von Frauen geleistet. Trotz der tendenziellen Flexibilisierung ‚weiblicher Lebenszusammenhänge' hält sich diese Konstante hartnäckig: Diese unbezahlte Arbeit ist nach wie vor die Voraussetzung für das Funktionieren kapitalistischen Wirtschaftens und dadurch, dass sie zum größten Teil in die Zuständigkeit von Frauen fällt, werden ökonomische Ungleichheiten und Geschlechterrollen festgeschrieben. Schwerwiegende Veränderungen ergeben sich allerdings dadurch, dass diese Arbeiten zunehmend von überwiegend gering bezahlten und schlecht abgesicherten weiblichen Arbeitskräften übernommen werden.

---

[472] Vgl. Susanne Schultz, Katharina Pühl: Gouvernementalität und Geschlecht. Über das Paradox der Festschreibung und Flexibilisierung der Geschlechterverhältnisse, in: Sabine Hess, Ramona Lenz (Hg.): Geschlecht und Globalisierung. Ein kulturwissenschaftlicher Streifzug durch transnationale Räume, Königstein im Taunus 2001, 102-127.

[473] Vgl. Kurz-Scherf, „Arbeit neu denken ...".

2) Die geschlechtsspezifische Segregation von Arbeitsfeldern bleibt bestehen, wenn sich auch teilweise neue Formen herausbilden. Weiblich konnotierte Tätigkeitsfelder

> „zeichnen sich weiterhin durch deutlich schlechtere Ausstattung aus, was die Höhe des Einkommens, die Qualität der Arbeitsbedingungen, Aufstiegs- und Entwicklungschancen aber auch den Grad und die Qualität der Berufsausbildung und der Interessensvertretung anbelangt."[474]

Die Strategie, durch Vermehrung ungesicherter Beschäftigungsverhältnisse Arbeit ‚billiger' zu machen, trifft vor allem Frauen.
3) In der Dimension ‚Zeit' bilden sich neue Differenzierungen und Hierarchisierungen heraus: Nach unten hin (Befristung, Teilzeitarbeit, geringfügige oder diskontinuierliche Beschäftigung) betrifft sie zumeist Frauen, nach oben hin (‚Arbeit ohne Ende') vor allem Männer.
4) Die ‚gläsernen Decken', das ungeschriebene ‚Gesetz' der hierarchisch zunehmenden Dominanz von Männern hält sich in der Arbeitshierarchie hartnäckig.[475]

Im internationalen Vergleich schneidet Deutschland in der Geschlechterpolitik traditionell schlecht ab. Beim Thema Arbeit ist dies besonders deutlich: In der internationalen Debatte um Qualität der Arbeit nimmt ‚gender equality' einen breiten Raum ein – so zum Beispiel in den Debatten der ILO (international labour organisation) oder der EU. In der BRD dagegen wird dieser Themenkomplex allenfalls gestreift. Negativ wirkt sich dies besonders auf die fehlende Beachtung und Erneuerung von Berufsfeldern wie den personen-

[474] Kurz-Scherf, „Arbeit neu denken ...", 19.

[475] Vgl. ebd.; vgl. Notz, Mehr Familienernährer, 33ff.; vgl. Gisela Notz: Warum Armut (oft) weiblich ist, in: Klönne, Es geht anders!, 97-103, 97.98f.; vgl. Bundesministerium für Familie, Senioren, Frauen und Jugend (Hg.): Frauen in Führungspositionen. Barrieren und Brücken, 4. Aufl., Berlin 2011, Quelle: http://www.bmfsfj.de/BMFSFJ/Service/Publikationen/publikationen,did=134254.html (letzter Zugriff: 10.07.2012); vgl. Bundesministerium für Familie, Senioren, Frauen und Jugend (Hg.): Frauen in Führungspositionen. Entgeltunterschiede bei Vorständen, Berlin 2011, Quelle: http://www.bmfsfj.de/BMFSFJ/Service/Publikationen/publikationen,did=185344.html (letzter Zugriff am 10.07.2012); vgl. Klenner, Einleitung, 14; vgl. Klammer, Neue Wege – Gleiche Chancen. Kurzfassung, 23f.

und haushaltsnahen Diensten, im Bildungswesen oder hinsichtlich betrieblicher Arbeitszeitregime aus.[476]

Eine weitere, für Frauen nachteilige Tendenz ist, die marktförmige, teure Arbeitskraft durch Hausarbeitskraft zu ersetzen. Die Krise des Sozialstaats wird somit auf dem Rücken der Frauen zu lösen versucht. Zur Zeit ist vor allem im Pflegebereich der Versuch festzustellen, wieder mehr Pflege in privaten Haushalten zu fördern. Familie und Ehrenamt sollen den Rückzug des Staates aus sozialen Verpflichtungen auffangen – Leidtragende dessen sind vor allem Frauen, die die Last der Doppelbelastung tragen oder andere Frauen – oft Migrantinnen – prekär beschäftigen.[477]

In einem erweiterten Begriff von Produktion und Arbeit spielt die Produktion von sozialen Beziehungen und ‚immateriellen Produkten' eine wichtige Rolle. ‚Immaterielle Arbeit' ist ein Begriff, der von einigen TheoretikerInnen aufgegriffen wurde, um die Zunahme der Bedeutung von sozialer Kompetenz, Kommunikation und Kreativität zu beschreiben, also von subjektiven Eigenschaften, die durch Erfahrung, Intuition und Sozialisation und weniger durch Schule und Ausbildung gelernt werden. In der Arbeits- und Industriesoziologie wird dieses und damit zusammenhängende Phänomene mit Hilfe des Konzepts ‚Subjektivierung von Arbeit' beschrieben.[478]

---

[476] Vgl. Kurz-Scherf, „Arbeit neu denken ...", 19f. Vgl. Bothfeld, Gleichstellungspolitische Rahmenbedingungen.

[477] Vgl. Ostner/Willms, Strukturelle Veränderungen, 218f.; vgl. Gisela Notz: Die ganze Bäckerei! Geschlechtsspezifische Auswirkungen der Hartz-Reformen, in: Forum Wissenschaft, Nr. 1, 2004, Quelle: http://www.bdwi.de/forum/archiv/archiv/97868.html (letzter Zugriff am 10.07.2012).

[478] Vgl. Ulrike Prokop: Weiblicher Lebenszusammenhang. Von der Beschränktheit der Strategien und der Unangemessenheit der Wünsche. Frankfurt a. M. 1979, 65ff.; vgl. Eichhorn, Geschlechtliche Teilung; vgl. Gorz, Wissen, 15-64.

7.6 Subjektivierung von Arbeit und ihre Ambivalenzen als Spezifikum des Neoliberalismus

Im Folgenden werden einige Ergebnisse des Projekts „GendA" zur Subjektivierung von Arbeit vorgestellt.[479]

7.6.1 Entstehung und Kontexte des Begriffs ‚Subjektivierung von Arbeit'

‚Entgrenzung' ist spätestens seit dem Kongress „Grenzenlose Gesellschaft" der deutschsprachigen Gesellschaften für Soziologie 1998 ein wichtiges Stichwort. Eine neue Bedeutung von ‚Subjekt' mit ambivalenten Folgen wird von G. Günter Voß und Cornelia Weiß als eine der Folgen dieser Entgrenzungsprozesse gesehen. Teil davon sind die Debatten um ‚Subjektivierung' in der Arbeits- und Industriesoziologie. Zur ‚Entgrenzung von Arbeit' gehören zum Beispiel Flexibilisierung von Arbeitszeit, Deregulierung von Beschäftigungsformen und ihrer Sicherung, Rücknahme beruflicher Spezialisierungen. Begrenzungen funktionalisierter Bereiche werden aufgeweicht und tendenziell abgebaut. Wenn diese Strukturen nun entgrenzt werden, flexibilisiert und vervielfältigt sich einerseits die Handlungsfähigkeit, andererseits fallen handlungsleitende Strukturen weg und zwingen so Individuen immer mehr, ihr eigenes Handeln selbst zu strukturieren. Die Anforderungen an Selbstorganisation und Selbstregulierung der Einzelnen steigen. Dieses Phänomen wird in der Arbeits- und Industriesoziologie als ‚Subjektivierung' bezeichnet. Die Konsequenzen

[479] „GendA – Netzwerk feministische Arbeitsforschung" war ein Projekt an der Universität Marburg, das zwischen 2002 und 2005 Interdependenzen, Vereinbarkeiten und Unvereinbarkeiten sowie Widersprüchlichkeiten von Erwerbsarbeit im Zusammenhang mit anderen Lebensbereichen, sozialen Teilsystemen und existierenden Lebensformen untersuchte. Seine Inhalte werden in der Forschungs- und Kooperationsstelle „GendA – Forschungs- und Kooperationsstelle Arbeit, Demokratie und Geschlecht" unter der Leitung von Ingrid Kurz-Scherf an der Universität Marburg weitergeführt. Vgl. Stefanie Janczyk: Arbeit, Leben, Soziabilität. Zur Frage von Interdependenzen in einer ausdifferenzierten (Arbeits-)Gesellschaft, in: Kurz-Scherf: 2005, 104-122, 106.

sind widerspüchlich – wachsende Selbstgestaltung des Handelns steht erweiterten Anforderungen an diese Selbstgestaltung gegenüber, die die Personen zu überlasten drohen.[480]

Zu unterscheiden sind nach Voß und Weiß vier Arten der Subjektivierung von Arbeit: Die kompensatorische, die normative, die aktive und die ideologische. Schon vor der ‚Entgrenzungsdiskussion', seit Mitte der 1980er Jahre, wurde auf die Bedeutung der Subjektivierung von Arbeit hingewiesen und dazu geforscht. Von den 1980er bis in die 1990er Jahre waren vor allem zwei Weisen des Sprechens über Subjektivierung vorhanden: Erstens die ‚kompensatorische Subjektivierung', die die Wichtigkeit der Subjektivität der Arbeitenden und ihrer eigenlogischen, kompensatorischen Eingriffe bezeichnet. Diese Form von Subjektivierung gewinnt an Gewicht angesichts dessen, dass technische Anlagen zunehmend einer Eigendynamik folgen. Zweitens die ‚normative Subjektivierung', die im Zuge der Wertewandeldiskussion der 1970er und 1980er Jahre den Prozess der zunehmenden Forderung junger Arbeitskräfte beschreibt, individuelle Ziele und subjektive Referenzen in die Erwerbsarbeit einzubringen.[481]

Ab Ende der 1990er, Beginn der 2000er Jahre werden zwei neue Varianten von ‚Subjektivierung von Arbeit' verwendet: Im Zuge der beschriebenen Entgrenzungen müssen arbeitende Subjekte sich als Person mit ihren Wissensbeständen und Erfahrungen ganz persönlich in die Arbeit einbringen – Subjektivität ist hier ‚funktionales Erfordernis', um mit entgrenzten Arbeitsverhältnissen fertig zu werden, und wird als ‚aktive Subjektivierung' bezeichnet. Schließlich ist auch die Rede von ‚ideologischer Subjektivierung': Ebenso auf der Basis von Entgrenzungen appellieren verschiedene Seiten daran, dass die Individuen für sich und ihre Arbeit Verantwortung übernehmen müssen. Stichworte dafür sind ‚Ich-AG', ‚Selbst-GmbH' oder ‚Selbstunternehmertum'.[482]

---

[480] Vgl. Günter G. Voß, Cornelia Weiß: Subjektivierung von Arbeit – Subjektivierung von Arbeitskraft, in: Kurz-Scherf, In Arbeit, 139-153, 139f.

[481] Vgl. a. a. O., 141.

[482] Vgl. ebd.

Die vier Arten von Subjektivierung weisen in eine gemeinsame Richtung. Im Zentrum steht hier die ,aktive Subjektivierung'. Die Entgrenzung von Strukturen fordert eine verstärkte Selbstorganisation der in ihnen Handelnden – die ,aktive Subjektivierung von Arbeit'. Zwei Ebenen verstärkter betrieblicher und damit gesellschaftlicher Nutzung von Subjektivität sind damit angesprochen: Erstens müssen subjektive Potentiale der Einzelnen mehr in die Arbeitsprozesse integriert werden. Zweitens soll ihre Subjektivität – das bedeutet zum Beispiel ihre Kreativität, Innovativität, Verantwortlichkeit, Verbindlichkeit, Leistungswille, Solidarität – intensiver und umfassender genutzt werden. Es geht also um die Erfordernis, sogar den Zwang, intensiver als bisher ,subjektive' Anteile als Arbeitende in sich freizulegen und einer Nutzung und Verwertung im Arbeitsprozess zur Verfügung zu stellen. Darüberhinaus muss überhaupt die Fähigkeit zur Subjektivität, „die Fähigkeit, ,Subjekt seiner Selbst' zu sein"[483], das heißt, die Kompetenz zur aktiven Selbststeuerung, mehr in die Erwerbsarbeit eingebracht werden.[484]

7.6.2 *Subjektivierung von Arbeit als Ökonomisierung von ,Subjekt' und ,Solidarität'*

Subjektivierungsprozesse in Betrieben sind von diesen gezielt intendiert, um über Entgrenzung von Strukturen die ,Ressource Subjektivität' in zunehmender Qualität und Intensität zu nutzen. Obwohl die

483 A. a. O., 142.

484 Auch international sind die Prozesse, die unter ,Subjektivierung von Arbeit' in der Industriesoziologie verstanden werden, Gegenstand von Analysen. Die Konsequenz dieser Studien, nämlich der prozesshafte Übergang von Fremd-Kontrolle auf Formen der Selbst-Kontrolle durch das verstärkte Einbringen-Müssen und Ausgebeutet-Werden von Subjektivität im Betrieb, wurde langfristig bereits in den 1930er Jahren von Norbert Elias diagnostiziert. Michel Foucault rekurriert, wie bereits erwähnt wurde, explizit auf den Begriff von Subjektivierung und beschreibt die Mechanismen, wie Kontrolle historisch zunehmend in die Subjekte eindringt. Gilles Deleuze spricht im Rückgriff auf Foucault vom Übergang von einer Disziplinar- zur Kontrollgesellschaft. Disziplinierende Institutionen wie Gefängnisse, Kliniken, Kasernen etc. verlieren in dieser Theorie an Bedeutung; Kontrolle wird internalisiert und erfolgt über subtile Mechanismen. Vgl. a. a. O., 146.

verstärkte Ausbeutung menschlicher Kompetenzen nicht nur Nachteile für die Betroffenen haben muss, geht es doch in den Betrieben nicht um die Bewältigung von Problemen wie zum Beispiel steigenden Anforderungen oder um die Entfaltungsmöglichkeiten der Mitarbeiterinnen. Es geht vielmehr um die Erweiterung organisatorischer Steuerungsmechanismen. Der bisher übliche Mechanismus von Hierarchie und direkter Kontrolle widerspricht eigentlich nach den am klassisch ökonomischen Maßstab des ‚freien Marktes' gemessenen Kriterien dem ‚optimalen' Mechanismus, basierend auf Konkurrenz und Preiswettbewerb. Jener Marktmechanismus löst die direkte Kontrolle nun zunehmend ab und gewinnt auch innerbetrieblich an Relevanz. Durch die Verlegung von Marktanforderungen und -zwängen in die Betriebe soll der Wettbewerb bis an den einzelnen Arbeitsplatz wirksam werden. Mechanismen wie Zielvereinbarung, Konkurrenz, Benchmarking, Projektorganisation werden in wachsendem Ausmaß in der Betriebsorganisation eingesetzt.[485]

G. Günter Voß und Cornelia Weiß identifizieren zwei zusätzliche Dimensionen, die Subjektivierungsprozesse ausmachen: ‚Solidarität' und ‚Subjektivität'. ‚Solidarität' in diesem Zusammenhang kann auch als ‚Assoziativität' bezeichnet werden und bezieht sich auf die Organisation von Arbeitskräften mit dem Ziel verstärkter sozialer Selbstorganisation und selbstgesteuerter Kooperation. Bisher wurde diese in Form von gewerkschaftlicher Organisierung eher als Gefahr für Betriebe aufgefasst – jetzt sollen sie zunehmend für betriebliche Ziele genutzt werden, zum Beispiel in Form von Gruppen- bzw. Teamarbeit. ‚Solidarität' soll also direkt für betriebswirtschaftliche Interessen, für Effizienz und Profitsteigerung, verwertet werden.[486]

Die Formen und Möglichkeiten von Herrschaft und Macht ändern und erweitern sich durch diese zusätzlichen Mechanismen, die Solidarität und Subjektivität marktförmig ausrichten. Klassische, direkte Herrschafts- und Kontrollmechanismen werden unterlaufen und

[485] Vgl. a. a. O., 143f.
[486] Vgl. a. a. O., 144.

verlieren an Bedeutung, gleichzeitig werden sie aber durch indirekte Formen wie zum Beispiel Ergebnissteuerung, Zielvereinbarungen, Gruppendruck bzw. -haftung, Steuerung durch Unternehmenskultur etc. ersetzt. Weiterhin sollen also betriebliche Interessen und Gestaltungsansprüche herrschaftsförmig durchgesetzt werden.[487]

7.6.3 Subjektivierung von Arbeit im Kontext von gewerkschaftlichen Strategien

Joachim Beerhorst untersucht in seinem Beitrag zum GendA-Projekt die Reaktionen und Potentiale der Gewerkschaften in Bezug auf das Thema ‚Subjektivierung von Arbeit' und verbindet damit die Analyse des Phänomens mit derjenigen der emanzipatorischer Potentiale. Er nimmt die Perspektive sozialer Bewegungen und politischer Handlungsfähigkeit ein und spricht implizit wichtige Ansätze auch in Bezug auf Geschlechterverhältnisse an, zum Beispiel die Frage von ‚Selbstbestimmung' im Bereich Erwerbsarbeit.[488]

Um die Interessen von Gewerkschaftspolitik nachvollziehen zu können, muss der Gegensatz von Kapital und Arbeit in den Blick genommen werden. Im Kapitalismus werden die Menschen systematisch von der Verfügung über ihre materiellen Produktionsbedingungen getrennt und getrennt gehalten; dies ist als ‚stummer Zwang' der ökonomischen Verhältnisse ein ständiger sozialer Zustand. Diese Arbeitsbedingungen und das sozial-ökonomische Zwangsverhältnis sind keine Selbstverständlichkeit; die Arbeitenden müssen dazu gebracht werden – obwohl sie ihre Autonomie für den kontraktierten Nutzungszeitraum aufgeben –, arbeiten zu wollen, nach Karl Marx ausgedrückt, ‚industriell' zu werden. Dies kann auch als Einschluss-Ausschluss-Double-bind bürokratisch-kapitalistischer Arbeitsorganisation bezeichnet werden: Dass die Arbeit als produktive Ressource

[487] Vgl. ebd.
[488] Vgl. Joachim Beerhorst: Objekt und Subjekt – Von den Möglichkeiten und Schwierigkeiten gewerkschaftlicher Arbeitspolitik, in: Kurz-Scherf, In Arbeit, 156-171.

und Objekt funktional beherrscht werden soll, bedingt den Ausschluss der Arbeitenden von Entscheidungen, die den Arbeitsprozess betreffen. Zugleich fordert aber die Nutzung der Arbeitenden mit ihren am Subjekt haftenden spezifischen Fähigkeiten wie zum Beispiel Kreativität und Produktivität, sie in Entscheidungen über den Arbeitsvollzug mit einzubeziehen. In der Konsequenz bedarf es selbstbestimmter Anteile des Subjekts im Arbeitsprozess für eine funktionierende kapitalistische Produktion. Diese notwendige Selbsttätigkeit der Arbeitenden kann sich sowohl als stärkere Identifizierung mit der heteronomen Arbeit, aber auch als mögliche Emanzipationsbestrebungen entfalten. Auf Arbeit gerichtete Politik rekurriert genau darauf, dass Subjektivität nicht völlig von fremdgesetzten Imperativen abhängig ist, sondern überschüssigen Eigensinn generiert – was sich zum Beispiel in verweigerter Kooperation, Äußerungen in reflektierenden Gesprächen oder Motiven für gewerkschaftliche Interessenvertretung niederschlägt. Dies ist auch Anlass für die Hoffnung auf emanzipatorische Potentiale. Allerdings werden die Auseinandersetzungen um Subjektivierung der Arbeit von Gewerkschaften und ihnen nahe stehenden Organisationen bisher kaum als wichtiges politisches Feld wahrgenommen.[489]

Beerhorst plädiert dafür, die Seite der Arbeitenden in der Analyse von Subjektivierungsprozessen stärker in den Blick zu nehmen. Die Seite der objektiven Faktoren, die die Arbeitssituation strukturieren, dominiere in den Analysen, während die subjektive Seite weniger analysiert werde. In der kritischen Wissenschaft wird nach Beerhorst in Bezug auf ‚Subjektivierung' vor allem das Verhältnis zwischen Kontinuität und Bruch analysiert. Schon immer war die Eigentätigkeit des Subjekts über die festgelegte Arbeitsordnung hinaus für funktionierende Arbeitsprozesse erforderlich. Weiterhin zeigt sich Kontinuität darin, dass die Anwenderinnen fremden Arbeitsvermögens auf Dysfunktionalitäten von Arbeitsorganisation reflektieren, die Einbeziehung des ‚subjektiven Faktors' in neue Arbeitskonzepte betreiben

[489] Vgl. a. a. O., 158ff.; vgl. auch Heinrich, Kritik, 98.

und darin das Phänomen möglichst vollständiger Nutzung der Arbeitskraft im Interesse optimaler Kapitalverwertung fortführen. Der Bruch dagegen ist darin zu sehen, dass viel mehr Dispositionsmöglichkeiten als bisher an die arbeitenden Subjekte übertragen werden und Subjektivität eine weitaus größere Rolle spielt als vorher. Früher eher als Störfaktor angesehen, wird Subjektivität nun zur Produktivkraft, das Selbst tritt an die Stelle offen auftretender Fremdbestimmung. Trotzdem bleibt eine Kontinuität in diesem Bruch. Das Selbst wird fremdbestimmt, und zwar stärker als zuvor:

> „Denn die Selbstkontrolle subjektiviert das Transformationsproblem – die Beschäftigten sind selbst verantwortlich für die Übersetzung ihrer eigenen Fähigkeiten in Leistung. Selbstorganisation und Selbstverantwortung laufen auf die Selbstökonomisierung und Selbstrationalisierung hinaus, auf die Marktgängigkeit der eigenen Arbeit und Person und die systematische Rationalisierung des gesamten Lebenszusammenhangs [...].“[490]

Selbstbestimmung, so insistiert Beerhorst, geht nicht in ‚Selbstorganisation‘ auf, sondern setzt ein bestimmendes Subjekt voraus, das nicht nur mögliche Reaktionen, sondern auch seine Ziele selbst bestimmt. Subjektivierung von Arbeit ist also vor allem als ein Wandel von Herrschaft hin zu ‚Herrschaft durch Autonomie‘ zu verstehen. Trotzdem scheint in den subjektbezogenen Arbeitskonzepten etwas auf, was ideologiekritisch auf eine alternative Organisationsform hinweist: auf eine selbstbestimmte, autonome Produktion.[491]

Vorausgesetzt, dass mehr Selbstbestimmung in der Erwerbsarbeit in der Weise emanzipatorisches Ziel ist, dass nicht nur Profitorientierung, sondern auch Interessen und Gestaltungsansprüche der Arbeitenden zum Zuge kommen, ist es weiterführend, und nach Beerhorst ein Forschungsdesiderat, danach zu fragen, inwieweit die subjektiven Ansprüche an Arbeit sich gegen die heteronomen Anforderungen von Marktwirtschaft richten. Des weiteren ist die Frage zu stellen, inwiefern und in welchen Formen größerer Einfluss auf die Gestal-

---

[490] Beerhorst, Objekt, 162; Vgl. a. a. O., 161ff.
[491] Vgl. ebd.

tung von Arbeit von der Seite der Subjekte aus aktiv eingefordert und vorangetrieben wird. Beerhorst bezieht sich für Erkenntnisgewinn in diesem Bereich auf existierende Studien innerhalb der Jugendforschung. Hier sind widersprüchliche Entwicklungen in den Einstellungen zu Erwerbsarbeit festzustellen. Einerseits spielen hier Arbeit und Beruf generell eine große Rolle – es wird als wichtig angesehen, dass sie Freude vermitteln und Selbstständigkeit ermöglichen. Gleichzeitig ist aber ein gewisser Konformismus zu beobachten, der sich zum Beispiel an hohem Integrationsbedürfnis, Leistungsorientierung und Machtbewusstsein manifestiert. Zu verstehen ist dies als Reaktion auf beständige ökonomische und soziale Unsicherheit und als

> „unter den gegebenen Bedingungen rational erscheinende individuelle Verhaltensorientierung [...]. Auch hier bleibt offen, welche Orientierungen sich in und gegenüber der Arbeitswelt artikulieren und mobilisieren lassen bzw. in welchen Mischungsverhältnissen sie auftreten."[492]

Beerhorst formuliert einige Konsequenzen für Gewerkschaftspolitik:[493] Einerseits benennt er die Schwierigkeit, dass nun von Unternehmensseite her die Kritik an entleerten Arbeitsinhalten, an fehlender Selbstständigkeit in der Arbeit, Abtrennung von geistigen Potentialen aus der Produktion oder an rigiden äußeren Kontrollregimes, also an der Negierung des Subjekts, im Interesse profitablerer Kapitalverwertung aufgegriffen wird. Damit wird Herrschaft über die Arbeitenden zurückgenommen – allerdings in der Form, sich an den betriebsrätlichen und gewerkschaftlichen Interessenvertretungen vorbei direkt mit den Beschäftigten in Bezug auf Arbeitsgestaltung und Beteiligungsformen kurzzuschließen. Damit werden Formen

---

[492] A. a. O., 163. Beerhorst bezieht sich unter anderem auf die Shell-Jugendstudien 2000 und 2002. In Bezug auf die Forschungslage weist Beerhorst darauf hin, dass im Gegensatz zu den Motiven und Impulsen, die vom Management ausgehen, diejenigen der Subjekte unbestimmter, vieldeutiger, unterschiedlicher und viel stärker spekulativ zu erfassen sind. Eine Erforschung der Seite der Subjekte wäre in einer emanzipatorisch orientierten gewerkschaftlichen Arbeitspolitik aufzunehmen, kritisch zu reflektieren, zu verstärken und strategisch zu vermitteln. Vgl. a. a. O., 162f.

[493] Vgl. a. a. O., 163f.

bisheriger Interessenvertretung überholt, was ein manchmal unterschätzter Einschnitt in die bisherigen industriellen Beziehungen ist. Eine Antwort von gewerkschaftlicher Seite sollte laut Beerhorst in Form einer Doppelstrategie so aussehen,

> „diese instrumentelle Subjektivierung in ihren negativen Folgen zu erkennen und, wenn nicht zu vermeiden, so doch zu begrenzen und durch die Reflexion, Artikulation und Stärkung subjektiver Arbeitsinteressen zu unterlaufen und zu wenden."[494]

Gewerkschaftspolitik ist nach Beerhorst sehr weit davon entfernt, die Phänomene der Krise der kapitalistischen Arbeitsgesellschaft angemessen anzugehen. Diese zeigen sich in den Problemen im Objektbereich gesellschaftlicher Arbeit: in der anhaltenden und wachsenden Diskrepanz zwischen Angebot und Nachfrage von Arbeit, in der Spaltung der Arbeitsmärkte und der Segmentierung von Einschluss, Prekarität und Ausschluss, in der Schwierigkeit, massenhaft sinnvolle Arbeit zu kreieren und zu finanzieren und in der ambivalenten Reorganisation von Arbeitsprozessen. Angegangen werden könnten diese Probleme durch verschiedene Maßnahmen. Zu nennen sind hier die Verkürzung von Arbeitszeit und der Rückbau von alten, problematisch gewordenen Arbeitsfeldern in Zusammenhang mit der Entwicklung von neuen und sozial erwünschten. Diese Maßnahmen hätten die qualitative Veränderung von Arbeitsprozessen zum Ziel, aber auch ein neues Verständnis des Arbeitsbegriffs und des Verhältnisses von Arbeit und Einkommen. Doch auch wenn davon in gegenwärtigen Gewerkschaftspolitiken wenig zu sehen ist, scheint die Chance zur Politisierung von Arbeit, die sich diesen Zielen widmen würde, nicht perspektivlos – die praktizierten Konzepte allerdings schon. Das zeigt sich

> „im ‚kollektiven Vorbewussten', wie sich aus nachdenklicheren Äußerungen in Teilöffentlichkeiten (beispielsweise der gewerkschaftlichen Bildungsarbeit) oder im privaten Alltagsraum entschlüsseln lässt"[495].

[494] A. a. O., 164.
[495] A. a. O., 168.

Beerhorst interpretiert die hohe Bereitschaft zur Verinnerlichung der ökonomischen Imperative als die auf Sigmund Freud beruhende und von Theodor W. Adorno aufgegriffene ‚Identifikation mit dem Aggressor', die „subjektive Verhärtung gegenüber nonkonformistischen Positionen, aber auch die aufschließbare Empfänglichkeit für politische Alternativen in sich"[496] birgt.

> „So lange also objektive (arbeits-)gesellschaftliche Krisenphänomene subjektiv als solche empfunden und erkannt werden und alternative, zugleich aber ‚anschlussfähige' Deutungen und Lösungsvorschläge die Vorherrschaft des mentalen und politischen Reduktionismus streitig machen, hat die Politisierung der selbsterzeugten Objektivität Chancen. Aus verdinglichter Notwendigkeit kann in Bewegung setzende Not-Wendigkeit werden."[497]

Für Gewerkschaften haben Subjektivierungsprozesse noch eine weitere brisante Implikation: Neue Widersprüche des eigenen Willens stellen sich heraus, wenn den Individuen die Entscheidungen über Arbeitsvollzüge, -zeiten, teilweise auch -orte selbst überlassen werden wie nie zuvor. Gleichzeitig werden die Produktivitäts- und Rentabilitätsvorgaben, Fertigstellungstermine, Personalbemessung sowie die Rahmenbedingungen von Arbeit immer enger und unerbittlicher. So fordern die neuen Freiheiten in der Gestaltung von Arbeit also einen hohen Preis: Verdichtung von Arbeit, Entgrenzung von Arbeitszeit, Begrenzung oder Besetzung der Lebenswelt durch die Arbeitswelt. Autonomiegewinne und Autonomieverluste bedingen sich also gegenseitig. Eine mögliche Folge davon ist, dass zur Erfüllung der qualitativen und quantitativen Aufgaben, mit denen sich die teilautonom Arbeitenden zum Teil hochgradig identifizieren, auf erworbene Rechte verzichtet und die traditionelle Interessenvertretung ins Abseits gedrängt wird. Zum Beispiel werden Tarifverträge nicht nur von Arbeitgebenden bedroht, sondern auch von Arbeitnehmenden, die sie aus Angst heraus unterlaufen, den Arbeitsplatz zu verlieren oder die Arbeit nicht zu schaffen. Gewerkschaften und Betriebsräte geraten so

---

[496] Ebd.
[497] Ebd.

in Gegensatz zu den Menschen, deren Interessen sie eigentlich wahren wollen. Und dadurch, dass sich Arbeitgebende als Befürworterinnen von Autonomie darstellen, erscheinen die Institutionen der Interessenvertretung häufig als letzte ‚Festungen der Fremdbestimmung' im Betrieb. Angesichts dessen wären Demokratisierung und Anstöße von Reflexion und Politisierungsprozessen prioritäre Ziele:

> „Worum es gewerkschaftlicher und betriebsrätlicher Interessenpolitik für und mit teilautonom Arbeitenden wohl gehen musste, wäre anstelle einer paternalistischen eine katalytische Funktion: Prozesse auszulösen, Räume zu schaffen, Kriterien zu entwickeln, Wertvorstellungen einzubringen, die die Arbeitenden selbst zur bewussten Auseinandersetzung mit ihren eigenen Ambivalenzen und zur Verständigung über ihre Interessen veranlassen."[498]

Es geht also, anschließend an die Überlegungen zu politischer Handlungsfähigkeit, darum, Raum zu schaffen, um individuell und gemeinsam die eigene Situation zu reflektieren und Möglichkeiten der Veränderung in den Blick zu nehmen, um verallgemeinerte Handlungsfähigkeit zu erreichen. Dabei müssen Handlungsrisiken berücksichtigt und Ängste bearbeitet werden, um überhaupt Versuche von Widerstand oder alternativen Bewältigungsstrategien zu ermöglichen.[499]

7.7 Zusammenfassung

Angesichts dessen, dass Geschlechterrollen gleichzeitig flexibilisiert und festgeschrieben werden, und angesichts der immer noch hartnäckig verfestigten geschlechtsspezifischen Arbeitsteilung und Segregation des Arbeitsmarktes ist zu konstatieren, dass in der BRD Gleichheit zwischen den Geschlechtern in weiter Ferne liegt, auch wenn in den vergangenen Jahrzehnten für die rechtliche Gleichstellung und die Auflösung des ‚Ernährermodells', also für die ökonomische Unabhängigkeit von Frauen, einiges erreicht wurde. Es kristallisiert sich heraus, dass Frauen besonders von Prozessen der Flexibilisierung und

[498] A. a. O., 169; Vgl. A. a. O., 168f.
[499] Vgl. Schmalstieg, Prekäre Beschäftigung.

Deregulierung von Arbeit betroffen sind. ‚Integration' in Erwerbsarbeit als Ziel feministischer Bewegungen wurde einerseits zu wenig mit dem Kampf für eine gerechtere Verteilung unbezahlter Reproduktionsarbeit verbunden. Andererseits brachte sie in vielen Fällen nicht die erhoffte ökonomische Unabhängigkeit, da für Frauen geeignete Arbeitsplätze oft in ungesicherten und niedrig bezahlten Arbeitsbereichen geschaffen wurden.

Das Phänomen der ‚Subjektivierung von Arbeit' betrifft in Form der neoliberalen Ökonomisierung von Subjektivität und Solidarität alle Lohnarbeitenden. Da vor allem Hochqualifizierte von den zunehmend zugestandenen Freiräumen zugunsten der Ausschöpfung subjektiver Potentiale für den Arbeitsprozess profitieren, ist anzunehmen, dass weiblich konnotierte Erwerbsarbeit, die großenteils im Dienstleistungssektor und im Niedriglohnbereich zu finden ist, weniger von den positiven Auswirkungen dieses Phänomens betroffen ist. Frauen und alle Menschen, die unbezahlte Sorge-Arbeit übernehmen, sind von den steigenden Anforderungen an Flexibilität, Verfügbarkeit und Ausrichtung aller Lebensbereiche auf Erwerbsarbeit negativ betroffen, da sie unterschiedliche Arbeitsformen miteinander vereinbaren müssen.

Forderungen nach der Berücksichtigung von intersubjektiven Abhängigkeiten und nach Ermöglichung von leistungsunabhängiger ‚Selbstbestimmung', die auch die individuelle und kollektive Bestimmung von Zielen, und zwar unabhängig von Verwertungsinteressen, mit einschließt, werden durch die Tendenzen zur zunehmenden Vermarktung von Subjektivität und Solidaritätspotentialen, die sich im Blick auf Arbeitsverhältnisse herausstellen, zunehmend relevant.

8. Wandel im Dienstleistungssektor

Der Dienstleistungssektor steht für ein schwer rationalisierbares, weiblich konnotiertes Berufsfeld. Gerade ‚personennahe Dienstleistungen' wie Pflege und Erziehung sind nicht maschinell ersetzbar und nehmen in ihrer Relevanz – auch angesichts der höheren Lebenserwartung – eher zu als ab. Der Begriff ‚Dienstleistungsgesellschaft' ist, wie im Folgenden gezeigt wird, insgesamt kritisch zu sehen, da mit der Begründung des Wandels zur ‚Dienstleistungsgesellschaft' Prekarisierungsprozesse befördert werden. Als Tendenzen im Rahmen neoliberaler Globalisierung hebe ich im Folgenden Prekarisierung und die bleibende Bedeutung geschlechtsspezifischer Arbeitsteilung heraus.

8.1 Prekarisierungstendenzen

8.1.1 Globale Perspektive: ‚Feminisierung' und Informalisierung von Arbeit

In globaler Perspektive ist festzustellen, dass es einen Prozess gibt, der als ‚Feminisierung der Arbeit' bezeichnet werden kann. Der Gebrauch dieses Begriffes variiert und ist umstritten, er ist aber am ehesten nutzbar zur Beschreibung der Ausdehnung weiblicher Erwerbsarbeit in Verbindung mit der Tatsache zunehmender Prekarisierung in der Erwerbsarbeit. Exemplarisch ist dies in Lateinamerika und Asien an den Produktionsstätten in den Freihandelszonen – ‚Maquilas' oder auch ‚Sweatshops' genannt – und an den zunehmenden Anteilen informalisierter Heimarbeit zu sehen. Die Tatsache, dass auch immer mehr Männer von Prekarisierung, Informalisierung und Flexibilisierung der Arbeit und somit von ‚feminisierter Arbeit' betroffen sind, ist ein Indiz dafür, dass sich Geschlechterverhältnisse mehr und mehr umstrukturieren, aber deshalb nicht weniger wirksam sind. Hinzu kommt die bleibende traditionelle Rollenaufteilung im Bereich der Reproduktionsarbeit und damit eine Doppelbelastung für viele Frauen. Auf den Arbeitsmärkten werden die ‚Geschlechtergrenzen' zwar durchlässiger, es bleiben aber geschlechtliche Konnotationen von Arbeitsfeldern, wie besonders für den Dienstleistungsbereich im Folgenden gezeigt wird. Für die Subjekte bedeutet dies ein erschwertes Durchschauen der geschlechtsspezifischen Segregation des Arbeitsmarktes.[500]

In den ‚Industrieländern' geht diese Entwicklung der ‚Feminisierung von Arbeit'mit ‚Tertiarisierung', das heißt der Entwicklung zu ‚Dienstleistungsgesellschaften' einher. Durch Rationalisierung und Technologie hat sich der Anteil der produktiven Industriewirtschaft erheblich verringert. Massenerwerbslosigkeit und eine Neuorientierung an Beschäftigungsfeldern im Dienstleistungssektor sind die Folgen. ‚Herkömmliche' Erwerbsarbeit wird umstrukturiert, zum Beispiel durch Flexibilisierung und Zunahme von Teilzeitarbeit – mit ambivalenten Folgen für Menschen mit Verpflichtungen in Sorge- und Reproduktionsarbeit, also vornehmlich Frauen: Die Aufnahme von Erwerbstätigkeit dieser Menschen wird einerseits erleichtert, andererseits werden Prozesse der Prekarisierung in Gang gesetzt.

8.1.2 Entwicklung zur ‚Dienstleistungsgesellschaft': Legitimierung von Prekarisierungsprozessen in der BRD

Für Prekarisierungstendenzen in der BRD sind nicht zuletzt die Arbeitsmarktreformen verantwortlich, die in den Jahren 2004/2005

[500] Vgl. Frigga Haug: Feminisierung der Arbeit, in: Dies. (Hg.): Historisch-kritisches Wörterbuch des Feminismus, Band 1, Hamburg 2003, 127-142; vgl. Wichterich, Femme global; vgl. Haug, Frauen-Politiken, 94; vgl. auch: Phase 2 Göttingen (Autor/-innenkollektiv): Subject closed? Über Widersprüche in der Bestimmung des weiblichen Subjekts, in: Phase 2.13, Herbst 2004, Quelle: phase2.nadir.org/index.php?artikel=228&print= (letzter Zugriff am 10.07.2012); vgl. auch Rosemary Hennessy: Frauengrenzen und Frauenwiderstand im Neoliberalismus, in: das argument, Jg. 42, Heft 234, 1/2000, 49-56.

unter anderem mit dem Argument eingeführt wurden, der ‚Tertiarisierung' der Gesellschaft gerecht werden zu müssen. Brigitte Stolz-Willig untersuchte Arbeitsmarktanalysen, die für die politische Begründung der Reformen maßgeblich waren, und identifizierte in Problemdiagnosen und Lösungsansätzen ein neues Leitbild, das offensichtlich Prekarisierungstendenzen fördert und in Verbindung damit die geschlechtsspezifische Segregation des Arbeitsmarktes und die Abwertung weiblich konnotierter Arbeit forciert. Damit ist es aus emanzipatorischer Perspektive zu kritisieren.[501]

Die Grundannahme von Arbeitsmarktanalysen, die Einfluss auf die politische Gestaltung der Reformen hatten, ist nach Stolz-Willig, dass der Arbeitsmarkt strukturelle Probleme aufweise: Gründe für Erwerbslosigkeit seien zum Beispiel das vermeintlich zu hohe Lohnniveau, das sich an der industriellen Arbeit orientiere (‚Kostenkrankheit'[502]) und ein zu hohes Sicherungsniveau, das Erwerbslose zur Untätigkeit animiere. Diese Faktoren wurden als verantwortlich für mangelnde Dynamik im Dienstleistungssektor ausgemacht. Laut den in der Arbeitspolitik tätigen Beratern galt es deshalb, so Stolz-Willig, den niedrig produktiven – und dadurch notwendigerweise niedrig bezahlten – Dienstleistungssektor auszubauen. Beschäftigungspotential wurde vor allem in den personennahen Dienstleistungen wie Pflege, Gesundheit, Bildung und Freizeit gesehen. Für solche Dienstleistungen wurde ein anderes Arbeitsregime als für industrielle Arbeit gefordert. Entlohnungsformen, Arbeitszeiten und soziale Sicherung müssten angepasst werden; die Standards in der qualifizierten Berufsarbeit mit Flächentarifvertrag und Kündigungsschutz kennzeichneten ein industrielles Beschäftigungsmodell, das nicht als universal gültig angesehen werden könne. Personennahe Dienste galten somit als Beschäftigungspotentiale für einen weitgehend deregulierten Niedriglohnsektor.[503]

---

[501] Vgl. Stolz-Willig, Geschlechterdemokratie.

[502] Vgl. auch Christiane Bender, Hans Graßl: Arbeiten und Leben in der Dienstleistungsgesellschaft, Konstanz 2004, 72f.

[503] Vgl. Stolz-Willig, Geschlechterdemokratie, 644f.

Dass diese Deregulierungen ideologisch so erfolgreich waren, liegt auch an den geschlechtlich konnotierten, verstärkt polarisiert dargestellten Tätigkeitsfeldern: Einem wissensbasierten Hoch-Lohn-Sektor der High-Tech-Ökonomie steht also der Niedriglohn-Sektor der ‚flexiblen Helferinnen' gegenüber, dessen geschlechtsspezifische Struktur offensichtlich ist. Erziehen und Pflegen werden, wie alle hausarbeits- oder körpernahen Tätigkeiten, als nur bescheidener Beitrag zur Wertschöpfung angesehen. Sie gelten als reproduktionsnah und werden daher als ‚frauenspezifisch' definiert. Qualitätsfragen spielen in diesen Überlegungen und deren praktischer Umsetzung eine untergeordnete Rolle; Qualifizierung wird – angesichts der ‚angeborenen', ‚weiblichen' Qualifizierung – geringere Bedeutung beigemessen. Diese Tätigkeiten besitzen einen zweifelhaften Ruf der ‚quasi-natürlichen' Befähigung und sie gehen mit der Auffassung einher, dass sie nicht entsprechend der gesellschaftlich bestimmten Reproduktionskosten entlohnt werden müssen.[504]

Arbeitsmarktpolitische Beraterinnen forderten für die Durchsetzung entsprechend deregulierter ‚Beschäftigungsförderung' eine Durchsetzung veränderter kultureller und sozialer Normen. Publikationen der gemeinsamen Kommission für Zukunftsfragen der Freistaaten Bayern und Sachsen[505] ist beispielsweise zu entnehmen, dass hohe materielle wie immaterielle Ansprüche an Erwerbsarbeit ebenso zu überwinden seien wie ausgeprägtes Sicherheitsstreben. Bedürfnisse nach Gestaltbarkeit von Alltag und Lebensbiografien werden als ‚Vollkasko-Mentalität' bezeichnet.[506]

---

[504] Vgl. a. a. O., 645; vgl. auch Klammer, Neue Wege – Gleiche Chancen. Kurzfassung, 19f.

[505] Diese Kommission erstellte einen ausführlichen Bericht zu Ursachen und Entwicklung von Arbeitslosigkeit, der 1996 und 1997 veröffentlicht wurde. Vgl. Meinhard Miegel u. a.: Bericht der Kommission für Zukunftsfragen, 3 Teile, Bonn 1996/1997, Quelle: http://www.bayern.de/Kommission-fuer-Zukunftsfragen-.1699/index.htm (letzter Zugriff am 10.07.2012).

[506] Vgl. für diesen und den nächsten Absatz Stolz-Willig, Geschlechterdemokratie, 645f.

Ein Element der Schaffung des Niedriglohnsektors stellte die Einführung von ‚Ein-Euro-Jobs' – offiziell ‚Arbeitsgelegenheiten mit Mehraufwandsentschädigung' für Bezieherinnen von Arbeitslosengeld II – dar. Diese wurden als Maßnahmen für Langzeiterwerbslose eingeführt, denen bei Verweigerung das Arbeitslosengeld gekürzt werden kann. Sie werden mit einer ‚Aufwandsentschädigung' von etwa einem Euro vergütet, die Kosten für die Arbeitgebenden werden zu einem großen Teil von der Arbeitsagentur übernommen. Im Jahr 2008 gingen 764.000 Menschen ‚Ein-Euro-Jobs' nach. Offiziell sind sie als ‚zusätzliche' Tätigkeiten gekennzeichnet, aber die Tendenz, dass sie reguläre Arbeitsstellen ersetzen und dadurch zur Prekarisierung beitragen, ist deutlich erkennbar. Die Arbeitsgelegenheiten werden hauptsächlich im Dienstleistungsbereich vergeben: ‚Ein-Euro-Jobberinnen' verrichten vor allem personenbezogene und soziale Dienstleistungen, etwa in Betreuung, Versorgung, Beratung, Pflege, Reinigung, Hausmeistertätigkeiten, Tätigkeiten im Umwelt- und Recyclingbereich, in Bibliotheken, Transportdienstleistungen oder Grünflächenpflege. Viele Personen werden demnach in öffentlichen kommunalen Arbeitsbereichen eingesetzt und ersetzen dort zuvor bestehende, bessere Arbeitsverhältnisse, wie zum Beispiel im öffentlichen Personennahverkehr als ‚Kundenbetreuer'.[507]

[507] Vgl. Deutscher Gewerkschaftsbund (DGB) Bundesvorstand (Hg.): Praxis und neue Entwicklungen bei 1-Euro-Jobs, Arbeitsmarkt aktuell, 4/2009, Mai 2009, Quelle: http://www.dgb.de/themen/++co++b6fde4ca-24a5-11df-4f82-001ec9b03e44/@@index.html?tab=Alle&display_page=11&k:list=Arbeit (letzter Zugriff am 10.07.2012); vgl. Katrin Hohmeyer, Joachim Wolff: Wirkungen von Ein-Euro-Jobs für ALG-II-Bezieher. Macht die Dosierung einen Unterschied?, IAB-Kurzbericht, Aktuelle Analysen und Kommentare aus dem Institut für Arbeitsmarkt- und Berufsforschung, 4/2010, Quelle: http://www.iab.de/194/section.aspx/Publikation/k100317n01 (letzter Zugriff am 10.07.2012); vgl. Mag Wompel: Schwarze Schafe der Erwerbslosenindustrie. Ein-Euro-Jobs bundesweit, in: Agenturschluss (Hg.): Schwarzbuch Hartz IV. Sozialer Angriff und Widerstand – Eine Zwischenbilanz, Berlin/Hamburg 2006, 84-88, 85f. Zusätzlich zu Prekarisierung ist in Bezug auf ‚Ein-Euro-Jobs' zu kritisieren, dass sie nach der Auffassung zum Beispiel eines Gutachtens der Hans-Böckler-Stiftung teilweise gegen das Pflichtarbeitsverbot im Internationalen Völkerrecht verstoßen. Vgl. Max Kern: Zur Frage der Vereinbarkeit von Recht und Praxis der Arbeit nach

Seit der Häufung kritischer Studien wird die Praxis der Ein-Euro-Jobs zwar zunehmend auf den Prüfstand gestellt, eine grundsätzliche Kehrtwende in Bezug auf die Abwertung von Arbeit und die Rechtfertigung eines ‚Niedrigstlohnsektors' ist allerdings nicht zu erkennen.

Stolz-Willig folgend kann für die Begründung der Einführung der Arbeitsmarktreformen zusammengefasst werden: Erstens wurde mangelndes Wachstum im Dienstleistungsbereich für die Beschäftigungskrise verantwortlich gemacht, zweitens wurde behauptet, dass der Arbeitstyp ein grundsätzlich anderer sei und drittens wurden Regulierungen und Qualitätsstandards zu Beschäftigungsbarrieren erklärt. Gefordert wurde ein Abschied von bestimmten Lebens- und Arbeitseinstellungen sowie ein Sozialstaats-Umbau, der Transferleistungen verringern, die (Frauen-)Erwerbsquote erhöhen und die Marktfähigkeit sozialer Dienstleistungen fördern sollte. Dadurch fand zwar einerseits ein Abschied vom Modell des ‚Familienernährers' statt, zugleich wurden aber

> „eine Polarisierung und Hierarchisierung der als männlich konnotierten industriellen Wertschöpfung und der als weiblich konnotierten niedrigproduktiven Dienste als ökonomische Strukturnotwendigkeit festgeschrieben"[508]

sowie umfassende Prekarisierungsprozesse in Gang gesetzt. Ausgespart bleiben außerdem Fragen nach Bedeutung, Wert und Organisationsformen von Arbeit, die bisher unbezahlt geleistet wurde. Sie werden lediglich als Problem von Nachfrage und Angebot verhandelt. Fragen der Qualität von Arbeit und Leben, aber auch nach Umverteilung von Arbeit und Einkommen zwischen den Geschlechtern werden nicht gestellt.

---

§ 16 Abs. 3 SGB II i.V.m. § 31 SGB II mit dem IAO-Übereinkommen (Nr. 29) über Zwangs- oder Pflichtarbeit, 1930, Abschlussbericht, Grand-Saconnex, Mai 2008, Quelle: www.boeckler.de/pdf_fof/S-2007-79-3-1.pdf (letzter Zugriff am 10.07.2012).

[508] Stolz-Willig, Geschlechterdemokratie, 646.

8.1.3 Verschränkung von Tertiarisierung und Industrialisierung: Entsubjektivierung und Prekarisierung

Tendenzen zur Prekarisierung von Arbeit und zur Aufrechterhaltung geschlechtsspezifischer Arbeitsteilung stellen auch Christiane Bender und Hans Graßl in ihrer Analyse des Dienstleistungssektors fest. Sie legen den Schwerpunkt auf Dehumanisierung und Sinnverlust, die mit der wachsenden Profitorientierung im Dienstleistungssektor einhergehen. Bender und Graßl beschäftigen sich mit Theorien vom ‚Übergang' von der agrarischen über die industrielle hin zur ‚Dienstleistungsgesellschaft'. Sie argumentieren dahingehend, dass die ‚Tertiarisierung' der Industriegesellschaft und die Industrialisierung des tertiären Sektors parallel stattfinden. Sie erweitern die ökonomische Analyse um diejenige der sozialstrukturellen Bedingungen und der Entwicklungs- und Rationalisierungspotentiale des ‚Projekts Dienstleistungsgesellschaft'.[509]

Bender und Graßl setzen sich kritisch mit Theorien der postindustriellen (Dienstleistungs-)Gesellschaften von Daniel Bell, Jean Fourastié und Ulrich Beck auseinander, die in miteinander vergleichbarer Weise positiven Bezug auf das Humanisierungspotential von ‚Dienstleistungsgesellschaften' nehmen. Ein Wandel hin zur ‚Dienstleistungsgesellschaft' sei in ihrer Perspektive mit weniger Profitorientierung und stattdessen mit der Ausrichtung an Gesundheit, Bildung und Lebensqualität (Bell) sowie mit Individualisierungsgewinnen (Beck) verbunden. Fourastié erwartet, dass durch umfassende Rationalisierung und Produktionssteigerung Verteilungskämpfe nicht mehr notwendig seien. Bender und Graßl hingegen stellen fest, dass bei allen dreien die Produktionszusammenhänge von Industrie- und Dienstleistungswirtschaft ausgeblendet werden. Die von ihnen kritisierten Theorien übersehen, dass auf der einen Seite in der industriellen Arbeit selbst der Produktionsprozess durch Dienstleistungsfunktionen wie Forschung, Entwicklung, Planung, Verwaltung, Management oder Beratung dominiert wird. Dies wird hauptsächlich

---

[509] Vgl. Bender/Graßl, Arbeiten und Leben, 9-11.

durch die technische Informatisierung von Waren und Wissen möglich. Kompetenz und Erfahrungswissen werden durch Datenverarbeitungs-Netzwerke, Kommunikations und Informatisierungsnetzwerke „objektiviert und sind dadurch weltweit abrufbar“[510]. Produktion, Organisation und Kontrolle können dadurch flexibilisiert werden. In der Arbeitsorganisation schlägt sich dies zum Beispiel in kleineren Stammbelegschaften und projektbezogenen Arbeitsteams nieder. Die Bedeutung des güterproduzierenden Sektors ist dennoch nicht geschwunden; die Dienstleistungstätigkeiten in diesem Bereich werden allerdings den Vorgaben der Industrie unterworfen.[511]

Auf der anderen Seite erfährt der Dienstleistungsbereich selbst zunehmende Rationalisierungs- und Standardisierungsmaßnahmen, die aus dem industriellen Sektor abgeleitet werden. Bender und Graßl rezipieren in diesem Zusammenhang die These der ‚McDonaldisierung‘ von George Ritzer, der sich ebenfalls kritisch auf die Humanisierungspotentiale der Tertiarisierung bezieht, indem er die Phänomene des Ineinandergreifens von Industrialisierung und Tertiarisierung analysiert. Er untersucht ein auf den ersten Blick paradoxes Phänomen im Bereich der klassischen Serviceberufe jenseits der Güterproduktion anhand des Beispiels des McDonalds-Konzerns. Hier findet zunehmende Rationalisierung in Form von verstärkter Arbeitsteilung sowie industriellen Verfahren der Arbeitsteilung und -organisation statt. Diese ‚McDonaldisierung‘ ist dabei nur eines von vielen Phänomenen, die die Verbreitung fordistischer Modelle industrieller Organisation von Arbeit in immer mehr Bereichen zeigen; immer

> „weitere kommunale Arbeitssphären wie kleinbetriebliches Handwerk, Erziehung, Pflege und Fürsorge und damit auch die bisher als rationalisierungsresistent geltenden personenorientierten Dienstleistungen werden auf dieser Grundlage rationalisiert.“[512]

---

510 A. a. O., 32.

511 Vgl. a. a. O., 30ff.

512 A. a. O., 35. Vgl. George Ritzer: Die McDonaldisierung der Gesellschaft, 4., völl. neue Aufl., Konstanz 2006. Bender und Graßl beziehen sich auf die Ausgabe von

Die untersuchten Veränderungen in diesem Sektor der sozialen Reproduktion, der Kultur und Organisation der Nahrungszubereitung weisen enge Zusammenhänge mit den veränderten Arbeitszeitmustern in der Güterproduktion auf. Der Zusammenhang zwischen gesellschaftlichen Makrostrukturen und individuellen Optionen verändert sich also sowohl in der Produktions- als auch in der Reproduktionssphäre; Produktions- und Konsumgewohnheiten verändern sich. Den optimistischen Theorien von Fourastié, Bell und Beck, nach denen der Wandel zum Dienstleistungssektor ‚Humanisierungspotential' habe, muss daher skeptisch begegnet werden.

Ritzer bezieht sich, wie auch Franz Hinkelammert, auf die ‚Irrationalität der Rationalisierten'.[513] Diese besteht darin, dass negative Effekte (zweck-)rationalen Handelns ausgeblendet werden. Negative Effekte betreffen nach Ritzer Sozialleben, Ökologie sowie Entfremdung zwischen Personal und Konsumierenden. Die Auswirkungen seien erheblich: Zerstörung lokaler Produktion und Dienstleistungen, Erosion soziokultureller Milieus, negative Einflüsse auf die ‚Dritte Welt'. Insgesamt diagnostiziert Ritzer eine bedrohliche und unausweichliche Entwicklung der Entfremdung, die im Rahmen umfassender Rationalisierung, Modernisierung und Globalisierung gesellschaftlichen Lebens stehe. Auch der Umgang mit Geburt und Tod werde durch die Rationalisierungsstrategien der ‚McDonaldisierung' unpersönlicher. Zusammen mit umfassenden Kommerzialisierungsprozessen sind davon auch beispielsweise Kindererziehung oder Bildung betroffen. Insgesamt sieht Ritzer vor allem diese zunehmend unpersönliche Gestaltung von Beziehungen innerhalb der Gesellschaft als alarmierend an.[514]

Zu kritisieren ist allerdings mit Bender und Graßl Ritzers einseitige und geschlechtsblinde Perspektive. Ambivalenzen und Vielschichtigkeiten können mit seiner Analyse nicht in den Blick genommen wer-

---

1995. Vgl. Ders.: Die McDonaldisierung der Gesellschaft, 2. Aufl., Frankfurt a. M. 1995.

[513] Vgl Kapitel 3.3.1.

[514] Vgl. Ritzer, Die McDonaldisierung (2006), bes. 201-235.

den. Er diagnostiziert Entfremdungsprozesse, das heißt, die zunehmend unpersönliche Gestaltung von Beziehungen sowie die Kommerzialisierung von Lebensbereichen wie Erziehung, Bildung oder Sexualität. Diese Entfremdungsprozesse kommen laut Ritzer durch Rationalisierung, Modernisierung und Globalisierung in der Erwerbsarbeit zustande. Problematisch ist dabei, dass diese Analyse unhinterfragt auf dem Modell des ‚Familienernährers' und damit auf geschlechtsspezifischer Arbeitsteilung beruht. Werden die Zwänge im Reproduktionsbereich berücksichtigt, verliert Ritzers implizite Alternative zur ‚McDonaldisierung', nämlich das Setzen auf zwischenmenschliche Beziehungen im Reproduktionsbereich, an Plausibilität: Versteckt stellt Ritzer die Hausfrauen- und Mutterehe als positives Kontrastmodell dar, innerhalb dessen die Sorge um Nahrung und Wohlergehen bereitwillig und liebevoll erfüllt wird.[515] Faktoren, die für die Rationalisierungsdynamik ausschlaggebend sind, werden so unterschlagen. In Bezug auf Rationalisierungsprozesse im Dienstleistungssektor sind Ritzers Analysen dennoch als bedeutend und aktuell einzustufen.[516]

Bender und Graßl sehen das Charakteristische der aktuellen Entwicklung zur ‚Dienstleistungsgesellschaft' in der Ausweitung der kapitalistischen Produktionsweise auf nicht-industrielle Bereiche. Dafür werden neue Bedürfnisse entdeckt, Konsumerwartungen geweckt und neue Märkte geschaffen. Die Autorinnen fassen die Tendenzen zusammen, die anhand der Analysen im Zusammenhang mit ‚Subjektivierung von Arbeit' bereits thematisiert wurden:

> „In modernen Gesellschaften wird (bei allen Unterschieden nationaler Entwicklungspfade) der Einzelne immer stärker in die Produktion und die Verwertung von Dienstleistungen einbezogen. Diese Entwicklung zieht einen ständigen Anstieg der Aktivitäten nach sich, die im Bezug zu Personen (im Gegensatz zu Sachen) stehen, unabhängig davon, ob dieser

[515] Vgl. z. B. den Abschnitt zum Essverhalten in Familien, vgl. Ritzer, Die McDonaldisierung (2006), 226-229.

[516] Vgl. Ritzer, Die McDonaldisierung (2006), 201-235; vgl. Bender/Graßl, Arbeiten und Leben, 68-71, 75, 83.

> Anstieg in Ämtern, in Firmen, im Handel oder in sozial- und wohlfahrtsstaatlichen Einrichtungen stattfindet."[517]

Dieser Trend hat jedoch die positiven Erwartungen, die an diese Entwicklungen gerichtet wurden, nicht erfüllt, humane Grundsätze der Organisation von Arbeit und Konsum haben sich nicht durchgesetzt. Dies liegt zum einen am niedrigen Lohnniveau im Dienstleistungssektor, der sich im Vergleich zum industriellen Sektor durch geringere Möglichkeit zur Rationalisierung und damit zur Profitsteigerung auszeichnet. Zum anderen werden Dienstleistungen durch die Konsumentinnen innerhalb der begrenzten Möglichkeiten auch durch technische Lösungen ersetzt, beispielsweise durch Versandhandel.[518]

Bender und Graßl kritisieren, Ritzers Analysen folgend, die Individualisierungsthese Ulrich Becks, die davon ausgeht, dass durch die Auflösung industriegesellschaftlicher Strukturen die Chancen individueller Lebensgestaltung erhöht werden. Die aufgezeigte Verschränkung von Tertiarisierung und Industrialisierung widerlegt dies. De facto ist nämlich eine zunehmende Bestimmung der Industriearbeit von deregulierten Dienstleistungsfunktionen festzustellen, welche wiederum in ihrer Organisation den tradierten industriegesellschaftlichen Mechanismen wie Rationalisierung, Macht- und Aushandlungsprozessen unterliegen. Bender und Graßl zeigen, dass es keinen Zusammenhang „zwischen der Auflösung der tradierten industriekapitalistischen Strukturen und der Verbesserung der Arbeits- und Lebensverhältnisse"[519] gibt. In den Rationalisierungsstrategien im tertiären Sektor, die zugunsten von Wettbewerbsfähigkeit und Kundinnen-Orientierung durchgeführt werden, zeigt sich, dass nicht Freiheitsspielräume, sondern vielmehr Kontrollmechanismen und Aufgabenüberlappung zunehmen. ‚Individualisierungschancen' in deregulierten Arbeitsmärkten stehen die Autorin und der Autor skeptisch gegenüber und betonen demgegenüber gravierende soziale Brüche: Mit vielen Dienstleistungsjobs sind Erfahrungen von Entsubjektivie-

---

[517] A. a. O., 72.
[518] Vgl. a. a. O., 72f.
[519] A. a. O., 12.

rung verbunden, die durch den großen Druck und die Angst, die die Massenerwerbslosigkeit auslöst, aber nicht thematisiert werden können.

Unter ‚Entsubjektivierung' kann theologisch verstanden werden, dass Menschen durch diese Arbeitsbedingungen davon abgehalten werden, für sich und andere in dem Sinn Verantwortung zu übernehmen, dass Leben in Solidarität und Würde für alle möglich ist. Ich greife diesen Begriff von Bender und Graßl auf, denn während der Begriff ‚Entfremdung' ein ‚natürliches Wesen' nicht-entfremdeter Arbeit suggeriert, macht der Begriff ‚Entsubjektivierung' einerseits die Distanz zum Konzept von ‚Subjektwerdung' deutlich, das von den Zielen ‚Intersubjektivität' und ‚Selbstsorge in Solidarität' geprägt ist. Andererseits bringt der Ausdruck ‚Entsubjektivierung' zum Ausdruck, dass laut Bender und Graßl explizit die Hoffnungen, die mit den Entwicklungen hin zur ‚Subjektivierung von Arbeit' einhergingen, enttäuscht wurden. Wie bereits vermutet, scheinen die Freiräume, die sich durch ‚Subjektivierung von Arbeit', etwa für Frauen, abzeichnen, äußerst gering zu sein.

Bender und Graßl bestätigen also die Zweifel an den Individualisierungschancen von Deregulierungen und Flexibilisierungen. Sie konstatieren, dass die viel gelobte Flexibilisierung vor allem Beanspruchung des ‚ganzen Menschen', der rund um die Uhr beschäftigten Mitarbeiterin bedeutet. Deutlich wird aber auch, dass die beschriebenen Prozesse der Entsubjektivierung mit denen der Prekarisierung zusammenhängen:

> „Deinstitutionalisierungsprozesse, wie wir sie im Strukturwandel der gesellschaftlichen Arbeitsteilungen beobachten, führen nicht notwendigerweise zu einer Ausweitung, sondern für viele auch zu einer Verringerung der individuellen Handlungschancen. Die Optionen der Individuen, sich zu entfalten und zu verwirklichen, bleiben auch in Zukunft abhängig von Ressourcen (kulturelles, soziales und ökonomisches Kapital), über die sie verfügen. [...] Die mit der Erwerbsarbeit verknüpften Institutionen regulieren im Wesentlichen die Zugangschancen."[520]

[520] A. a. O., 41f.

Der Arbeitsdruck auf die verbliebenen Beschäftigten wächst. In allen Arbeitssektoren geht der Trend dahin, alte Arbeitszeitstandards aufzugeben, wodurch sich die Vermittlungsmöglichkeiten beruflicher und außerberuflicher Entfaltungschancen verschlechtern. Das Zeitbudget, das für Erwerbsarbeit aufgewendet werden muss, weitet sich aus und beschneidet jenes sowohl für Familie als auch für Reflexion des Alltags und politisches oder gewerkschaftliches Engagement. Gesteigerte Lohndifferenzierungen haben die Konsequenz, dass auch Menschen im Niedriglohnsektor zu immer längeren Arbeitszeiten gezwungen sind. Im Unterschied zu Hochqualifizierten liegen hier die Gründe nicht in der ‚Subjektivierung von Arbeit', sondern im schieren Zwang zur Existenzsicherung. Reguläre Stellen werden in wachsendem Ausmaß durch gering entlohnte Leiharbeitsstellen oder ‚Mini-Jobs' ersetzt. Um von diesen leben zu können, müssen zwei oder drei Stellen angenommen werden – die Entgrenzung von Arbeitszeit ist also auch hier die Folge.[521]

8.1.4 Von der Konsumentin zur Prosumentin

Ein weiteres Phänomen im Dienstleistungssektor ist ambivalent zu bewerten: Technisierung und gleichzeitige Privatisierung von Dienstleistungsfunktionen führen dazu, dass Konsumentinnen zu ‚Prosumentinnen' werden: Viele Dienstleistungen müssen nun von der Kundin erbracht werden, zum Beispiel ‚Home Banking'. Das Bedürfnis nach rationaler Gestaltung der Eigenarbeit steigt, um die Zeitautonomie nicht zu stark einzugrenzen. Auf der einen Seite zeitigt dies

[521] Vgl. a. a. O., 11f., 32ff.; vgl. zum Ausbau des Niedriglohnsektors: Kalina, Thorsten; Weinkopf, Claudia: Niedriglohnbeschäftigung 2010: Fast jede/r Vierte arbeitet für Niedriglohn, IAQ-Report. Aktuelle Forschungsergebnisse aus dem Institut Arbeit und Qualifikation, 1/ 2012, Quelle: http://www.iaq.uni-due.de/iaq-report/2012/report2012-01.php (letzter Zugriff am 10.07.2012); vgl. zu Niedriglohnjobs im Dienstleistungsbereich zum Beispiel: Claudia Gather: Putzen für die Mittelschichten. Billige Dienstleistungen auf Kosten der „working poor"?, in: Neue Gesellschaft/Frankfurter Hefte, Jg. 53, 9/2006, 25-29; vgl. Tissy Bruns: Ein erfolgreiches Komplott. Illegale Hausarbeit floriert, in: Neue Gesellschaft/Frankfurter Hefte, Jg. 53, 9/2006, 29-33.

positive Effekte im Sinne der Entlastung von Menschen mit Sorge-Verantwortung. Sie werden in die Lage versetzt, vieles über Internet von zu Hause aus erledigen zu können, wie etwa Bankgeschäfte, Einkauf von Konsumgütern, Einreichen von Anträgen bei Behörden. Auch die steigende Nachfrage nach elektronischen Rationalisierungshilfen, die Beschleunigung von Handelsprozessen, die Erleichterung von Marktzugängen und steigende Transparenz für Anbietende und Konsumierende von haushaltsrelevanten Gütern und Dienstleistungen werden von Bender und Graßl als positive Effekte genannt.[522]

Andererseits führt diese Entwicklung dazu, dass ein großer Teil des volkswirtschaftlichen Arbeitsvolumens verloren geht. In Banken, Reisebüros und Transportbetrieben werden vor allem teilzeitfähige Arbeitsplätze, also bislang ‚Frauendomänen', abgebaut. „Die vielerorts propagierten High Tech-Arbeitsplätze haben sich zu Männerdomänen mit teilweise sehr familienfeindlichen Arbeitszeitkulturen entwickelt."[523] Zusätzlich werden Arbeitsplätze in Länder mit niedrigerem Lohnniveau ausgelagert.[524]

8.2 Beharrungstendenzen geschlechtsspezifischer Arbeitsteilung

Bender und Graßl weisen im Zusammenhang mit der Frage nach ‚Individualisierungschancen' auch auf die Relevanz der institutionellen Rahmenbedingungen hin. Die in der BRD minimale ‚Dienstleistungsproduktion' des Staates ist ihrer Ansicht nach ein Grund dafür, dass der Anteil nichterwerbstätiger Bevölkerung, vor allem von Frauen, vergleichsweise hoch sei. Dies verweist auf das Grundproblem der Beharrungstendenz geschlechtsspezifischer Arbeitsteilung, die Verwiesenheit unbezahlter Reproduktionsarbeit an Frauen. Hier ist auch auf die Kritik von Bender und Graßl an George Ritzer in Bezug

---

[522] Vgl. Bender/Graßl, Arbeiten und Leben, 135f.
[523] A. a. O., 135.
[524] Vgl. a. a. O., 134f.; vgl. Schild, Globalisierung, 21f.

auf seine unhinterfragte Grundvoraussetzung und implizite Alternative zum entfremdenden Rationalisierungsprozess zurückzukommen – die geschlechtsspezifische Arbeits- und Rollenverteilung. Auch wenn Ritzers Theorie der ‚McDonaldisierung' wesentlich zu einem kritischen Verständnis der Tertiarisierung beigetragen hat, so sind doch in feministischer Perspektive vor allem gegenüber seinen Erkenntnissen und Lösungsvorschlägen Einwände zu erheben.[525] Die von Ritzer vorgeschlagenen Alternativen implizieren eine naiv-romantische Vorstellung von angeblich subjektnahen kleinfamilialen Strukturen, die auf geschlechtsspezifischer Arbeitsteilung beruhen. Es stellt keine Alternative dar, sich allein auf informelle Sphären und zwischenmenschliche Beziehungen zurückzuziehen.[526]

Eine genauere Betrachtung der von Ritzer festgestellten Phänomene der Entsubjektivierung, besonders des zugrundegelegten Verhältnisses von Industrie- und Dienstleistungsgesellschaft, erfordert daher eine tiefere Analyse unterschiedlicher Institutionalisierungsmuster von Arbeit und Familie, Arbeitszeit und Freizeit.[527] Bei der Entwicklung der Kleinfamilie als Kerngemeinschaft spielt, wie bereits erwähnt, das Aufkommen geschlechtsspezifischer Arbeitsteilung eine zentrale Rolle. Im ‚Modernisierungsprozess' kristallisiert sich

> „[...] die Kleinfamilie ökonomisch, sozial, rechtlich und kulturell zu einer Institution heraus, die durch Heirat die Verknüpfung von unterschiedlichen Interaktionsformen der Sexualität, der Liebe, der biologischen und sozialen Elternschaft und der Partnerschaft legitimiert [...]."[528]

Zudem setzte sich die Form der Erwerbsarbeit innerhalb betrieblicher Organisation durch, in der Erwerbstätige ihre Existenz durch Lohnarbeit sichern. Dabei wurden die Bereiche Erwerbsarbeit und Öffentlichkeit Männern, die Bereiche Familie, Freizeit, ‚Privatsphäre'

---

[525] Vgl. Bender/ Graßl, Arbeiten und Leben, 40f. Vgl. Ritzer, Die McDonaldisierung (2006), 311-356.

[526] Vgl. Bender/ Graßl, Arbeiten und Leben, 13, 70f.

[527] Vgl. a. a. O., 73.

[528] Ebd.

Frauen zugeschrieben. Beide Geschlechter waren auf die institutionalisierte Form des Zusammenlebens, die Kleinfamilie, angewiesen.[529]

Analysen zu Arbeits- und Lebensbedingungen im Kapitalismus bezogen sich lange Zeit fast ausschließlich auf diejenigen von ‚voll' erwerbstätigen Männern, die den ‚Familienlohn' erwirtschafteten. Im Gegensatz zu deren – durchaus kritisierenswerten – Entfremdungserfahrungen in den Betrieben wurden die Lebens- und Arbeitsbedingungen der Frauen in der Familie als von nicht-hierarchischen Beziehungen und von Freiwilligkeit geprägt begriffen. De facto gab es allerdings vielfache Zwänge, die den Frauen auferlegten, ihre Betätigung auf die Unterstützung und Pflege von Familienangehörigen, die Zubereitung von Nahrung, auf Hausarbeit und die Erziehung von Kindern zu begrenzen. Legitimierung erfuhren diese Zwänge vornehmlich erstens durch konservative und christliche Parteien, die diese Zustände ethisch positiv bewerteten, zweitens durch rechtliche Sanktionierung und

> „[...] durch den uneinsichtigen unnachgiebigen Widerstand, den die von Männern geführten Arbeitsorganisationen gegen Alternativ-Modelle leisteten, deren Einführung zur Verringerung der Benachteiligung von Frauen hätten führen können"[530].

Folge war unter anderem, dass Frauen lange von höher dotierten Posten in Betrieben ausgeschlossen blieben.[531]

Im 20. Jahrhundert fanden erhebliche Auseinandersetzungen und Veränderungen statt, die die Stellung von Frauen in der Gesellschaft betrafen. Die sich durchsetzende Idee der Gleichberechtigung war eine wesentliche Ursache für die Veränderung gesellschaftlicher Institutionen wie die der Kleinfamilie, Bildungs-, sozial- und wohlfahrts-

---

529 Vgl. a. a. O. 73f.; vgl. Uta Meier-Gräwe: Familie, Ökonomie und Gesellschaft – Über die Wirkungsmächtigkeit des vermeintlich Privaten, in: Karin Jurczyk, Mechtild Oechsle (Hg.): Das Private neu denken. Erosionen, Ambivalenzen, Leistungen (= Forum Frauen- und Geschlechterforschung 21), Münster 2008, 113-132, 116f.

530 Bender/ Graßl, Arbeiten und Leben, 74.

531 Vgl. ebd. Dieses Phänomen ist zwar rechtlich, aber nicht faktisch obsolet. Vgl. zum Beispiel o. A., Karriere.

staatlicher Organisationen, aber auch intermediärer Organisationen wie Stiftungen oder Kirchen. Im Zuge des Strukturwandels gingen immer mehr Frauen einer Erwerbstätigkeit nach. Allerdings wurde die Rolle des männlichen ‚Familienernährers' in Bezug auf Familienarbeit nicht gleichzeitig neu bestimmt. Andernfalls hätte auf der Seite der Männer das Erwerbsarbeitsvolumen sinken und das Volumen unbezahlter Arbeit steigen müssen. Die Konsequenz daraus, dass dies nicht stattfand, war, dass der Bedarf an privaten oder staatlichen Dienstleistungen im Bereich der vorher in Familien geleisteten Arbeiten erheblich anstieg. Dies betrifft bis in die Gegenwart sowohl Kindererziehung und -betreuung als auch Haushaltsführung, Ernährung und Pflege. So fand eine Transformation von familiären zu öffentlich geleisteten Dienstleistungen statt, die im Hinblick auf Qualität und Definition eine Neubestimmung erfuhren. Aus feministischer Perspektive ist dies jedoch auf keinen Fall als rein negative Entwicklung zu werten, wie es Kulturkritiker mit dem ‚Verlust an menschlicher Wärme' beklagen. Der – im Idealfall – ‚intime' Charakter, den diese Dienstleistungen vorher hatten, wandelte sich in einen eher professionellen, unpersönlicheren und sachlicheren. Für diejenigen, die Dienstleistungen in Anspruch nehmen (müssen), ist dies möglicherweise von Vorteil: Sie erhalten erheblich mehr Einfluss auf die Qualität der Dienstleistungen, da diese durch fachliche Normierung, emotionale Distanz und damit geringere emotionale Abhängigkeiten gekennzeichnet sind.[532]

Auf die Vorteile einer Verrechtlichung des Anspruchs auf Dienstleistungen – gerade in Zeiten, in denen eine Versorgung über eine (Kern-)Gemeinschaft nicht (mehr) selbstverständlich ist – wurde bereits eingegangen. Bender und Graßl weisen darauf hin, dass auch die sozialstaatlichen Institutionen entlang der geschlechtsspezifischen Arbeitsteilung konstituiert wurden. Das Verhältnis von Staat, Wirtschaft und Familie wird durch geschlechtsspezifische Moralvorstellungen geprägt. Allerdings führte die Ausweitung des Sozial-

---

[532] Vgl. Bender/Graßl, Arbeiten und Leben, 76f.

staats, zum Beispiel der staatlichen Bildungsangebote sowie Renten-, Kranken- und Arbeitslosenversicherungen dazu, dass benachteiligte Menschen nicht mehr ausschließlich von familiären Netzwerken abhängig sind. Dies betrifft etwa Menschen, die durch Behinderungen oder Unfälle erwerbsunfähig sind oder aus anderen Gründen erwerbslos wurden, Kinder aus armen Familien oder alte Menschen. Positiv sind gerade für Frauen Professionalisierungstendenzen im Pflege- und Sorgearbeits-Bereich und die zunehmende Auslagerung der Aufgaben aus dem informellen familiären Bereich sowie aus der selbstverständlichen Zuweisung an unbezahlte Arbeit von Frauen zu bewerten. Hier stellt allerdings die Entwicklung hin zu ökonomisierter Sorge-Arbeit innerhalb der Privathaushalte in Form von prekarisierten Arbeitsstellen eine problematische Konsequenz dar.[533]

Die Professionalisierung bleibt dabei oft zugunsten billiger Arbeitskraft auf der Strecke, sodass letztendlich weder die betroffenen Menschen noch die Arbeitskräfte von der Ökonomisierung der Sorge-Arbeit profitieren. Hier lässt sich wieder an die Entsubjektivierungsthese anknüpfen: Wenn Profiterwartungen und Marktmechanismen die größere Rolle spielen, ändern sich die Kriterien für gute Arbeit. Die unmittelbare Beziehung zwischen zwei Menschen, wechselseitige Interaktion und Perspektivenübernahme werden dann, statt hauptsächlich von den Bedürfnissen des Menschen mit Pflegebedarf bestimmt zu werden, von Effizienzkriterien bestimmt. Verantwortungsvoll diese Sorgeaufgaben zu übernehmen schließt daher ein, über die Legitimität von Profitstreben in diesen Bereichen kritisch nachzudenken und Alternativen zu entwickeln, die nicht wieder in das konservative Familienmodell und auf die Zuschreibung der Reproduktionsarbeit an Frauen zurückfallen.[534]

---

[533] Vgl. a. a. O., 77f., 114; vgl. Meier-Gräwe, Familie, 113.

[534] Vgl. Bender/Graßl, Arbeiten und Leben, 78f.; vgl. zum Beispiel Stefan Leibold: Wie organisiert man „gute Pflege"? Bausteine zu einer Ethik ambulanter Pflegedienste, Freiburg i. Br. 2005, 52ff.; vgl. Udo Kelle: „Kundenorientierung" in der Altenpflege? Potemkinsche Dörfer sozialpolitischen Qualitätsmanagements, in:

8.3 Theologische Schlussfolgerungen

8.3.1 Entsubjektivierungstendenzen und struktureller Götzendienst

Gerade von den Dienstleistungsbereichen sind wichtige Lebensbereiche und -abschnitte wie zum Beispiel Geburt, Tod, Kindererziehung und Bildung betroffen. Wenn diese ökonomisiert werden, hat dies Auswirkungen auf Zusammenleben, Einstellungen und Subjektkonstitutionen, die weit über den Erwerbsarbeitsbereich hinausgehen. Effizienzkriterien beginnen dann überall zu greifen. Nachdenken über strukturelle Ungleichheit und Ungerechtigkeit, über vorzeitiges Sterben, über Hunger, Krieg und Tod in anderen Erdteilen benötigt jedoch Zeit und Reflexion, die in einem ‚standardisierten Leben', in dem Individuen immer mehr Bereiche bestimmten Effizienzkritierien unterwerfen müssen, kaum noch Platz haben. Bewusstsein für Intersubjektivität, Leidempfindlichkeit und globale Verantwortung, die für solidarische Subjektwerdung als bedeutend herausgestellt wurden, können so nur sehr schwer entwickelt werden.

Rationalisierungstendenzen und Standardisierungen im Dienstleistungssektor verhindern individuell abgestimmte Dienstleistungen in Form des Eingehens auf individuelle Bedürfnisse. Konsumkultur wird normiert, Kreativität ist nicht erwünscht – zumindest nicht, wenn sie nicht die Rationalisierung fördert. Es gibt dafür kaum zeitliche Spielräume. Daher verringern sich in dieser Perspektive die Chancen einer ‚Subjektivierung von Arbeit' erheblich und verkehren sich eher zu Tendenzen hin zu Entsubjektivierung.

Die Verfügung über kulturelle, soziale und ökonomische Ressourcen, die für die Entfaltung persönlicher Lebensperspektiven ausschlaggebend sind, wird durch Rationalisierung und Prekarisierung für immer weniger Menschen selbstverständlich. Rationalisierungsprozesse wirken sich aus in der Entgrenzung von Erwerbsarbeitszeit

---

PROKLA, Jg. 37, Heft 146, 1/2007, 113-128; vgl. auch Haug, Frauen-Politiken, 117ff.

und damit in der Beschneidung von Zeit für Reproduktion und Reflexion.

Im Bereich der Politik um Erwerbslosigkeit produzieren die Logiken von Rationalisierung und ‚Kostenkrankheit' und das Bemühen um Akzeptanz für niedrige Löhne, die kein Existenz sicherndes Einkommen gewährleisten, Angst und Unsicherheit. Durch Rationalisierung und Orientierung auf Profitsteigerung ausgelöste Massenerwerbslosigkeit und Drohungen mit Verlagerung von Produktionsstätten erschweren Kritikfähigkeit und schwächen gewerkschaftliche Aktivitäten. Die Sicherheit, über eine lebenslange Erwerbsarbeit die Existenz absichern zu können, geht verloren. Eine Infragestellung von Effizienz und Profitorientierung ist somit kaum möglich. Für das Nachdenken über mögliche alternative Organisation von Arbeit und Leben – sowohl lokal als auch global – bleiben kaum persönliche und zeitliche Ressourcen. Die Beschäftigung mit strukturellen Problemen, mit ungerechten Verhältnissen, mit den Schicksalen von Menschen, die sich nicht im Nahbereich befinden, wird somit erschwert, wenn nicht sogar verhindert.

Diese Tendenzen widersprechen einem Menschenbild, das die Würde und Gottebenbildlichkeit jedes und jeder Einzelnen in den Mittelpunkt stellt. Arbeitskraft in den Dienst des Profits zu stellen, anstatt in den Dienst eines würdigen Lebens für alle, ist als Sünde und Götzendienst anzuprangern. Strukturell setzt sich diese sündige Struktur in den behaupteten Sachzwängen fort, die verhindern, dass über eine andere Art und Weise der Organisation von Arbeit und Leben, von Arbeitsverteilung und Existenzsicherung nachgedacht werden kann.

8.3.2 Entsolidarisierung durch Individualisierung und geschlechtliche Arbeitsteilung

Geschlechtsspezifische Konnotationen, die die Voraussetzung ‚natürlicher weiblicher Fähigkeiten' und die Segregation des Arbeitsmarktes aufrecht erhalten, werden durch den Wandel zur ‚Dienstleistungsgesellschaft' verschärft. Auf diese Weise sind niedrige Lohnniveaus und Einsparungen qualifizierter Arbeitskräfte möglich. Gleichzeitig wird die Verantwortung für viele Dienstleistungstätigkeiten immer noch stillschweigend unbezahlter Arbeit, oft von Frauen, zugewiesen. Individuelle Selbstbestimmung im Sinn von ‚Selbstsorge in Solidarität' wird durch diese Prekarisierungsprozesse vor allem für Menschen im Niedriglohnbereich mit Verantwortung für Kinder oder Pflegebedürftige erschwert. Die beiden Ziele, Existenzsicherung durch Erwerbsarbeit und qualitativ gute Sorge-Arbeit zu organisieren, sind kaum gleichzeitig zufriedenstellend zu realisieren.

Ein essentielles Problem ist die Zuweisung von Verantwortung für zwischenmenschliche Beziehungen, Fürsorge, Erziehung und Anerkennung in die Hände von Kleinfamilien und generell in die Hände von Frauen. Die Zuweisung von Aufgaben, die eigentlich alle übernehmen müssten, an eine bestimmte Gruppe entlastet zwar die Übrigen, erschwert aber eine wünschenswerte Verantwortungsübernahme.

Organisierung gegen Ausbeutung und für gemeinsame ökonomische und soziale Verantwortung, zum Beispiel die gerechte Verteilung von Ressourcen, wird durch die Entwicklung hin zu Einzelverträgen und durch den Bedeutungsverlust von Flächentarifverträgen, Gewerkschaften und Betriebsräten im Dienstleistungssektor erschwert.

8.3.3 Handlungsalternativen

Es gilt, Alternativen der gemeinwesenorientierten Fürsorge zu finden, der Verantwortung aller für gesellschaftlich notwendige Arbeit und damit auch für Dienstleistungen. Eine umfassende Ökonomisierung kann unter Gesichtspunkten von Lebens- und Arbeitsqualität nicht die Alternative sein. Wenn eine Ausrichtung an individuellen Bedürfnissen und die Ermöglichung würdigen Lebens jenseits von Leistungsfähigkeit als Ziele akzeptiert werden, müsste dies die Erkenntnis einschließen, dass personennahe Dienstleistungen nicht profitabel organisiert werden können. Diese Einsicht müsste dazu führen, Profitorientierung als die Vergesellschaftungsmaxime insgesamt in Frage zu stellen. Dazu gehört auch eine Entkoppelung der Existenzsicherung von Erwerbsarbeit, die zur Zeit zum großen Teil an Mehrwertproduktion geknüpft ist. Das Ziel muss sein, abseits der Kleinfamilie nach gemeinschaftlichen Lösungen zu suchen, und zwar unter Partizipation vor allem der Betroffenen.

Eine Aufgabe christlicher Gemeinden, die der Ursprungsidee von Kirche entsprechen würde, ist es, existenzielle Bedürfnisse nicht individuell, sondern von der Gemeinschaft her zu verhandeln und es als die Aufgabe der kleinen Gemeinschaften – aber vermittelt bis hin zur globalen Ebene – anzusehen, individuelle Bedürfnisse so mit Strukturen der Produktion und Reproduktion zu vermitteln, dass ‚Leben in Fülle' für jeden und jede gewährleistet ist. Die Aufgabe von Gemeinschaften wäre angesichts der Individualisierungs- und Entsolidarisierungstendenzen, diese Vermittlung sowohl innerhalb der Gemeinschaften zu thematisieren und zu organisieren als auch gesellschaftlich in der prophetischen Tradition der Anklage von Unrecht und Ausbeutung zu intervenieren.

9. Frauen zwischen ‚Vereinbarkeitspolitik' und Re-Familiarisierungszwängen: Widersprüchliche Regulierung des Verhältnisses von Produktions- und Reproduktionsarbeit

Die Grenzen zwischen ‚öffentlich' und ‚privat' verschieben sich ständig auf Grund von unterschiedlichen gesellschaftlichen Kräfteverhältnissen, die die Organisation von Produktion und sozialer Reproduktion aushandeln. Dies steht in engem Zusammenhang mit dem Wandel in den Geschlechterverhältnissen.

9.1 Familie als Organisationsmodell und Ort von Reproduktionsarbeit in der BRD

Bürgerliche Formen der Familie entwickelten sich in der Neuzeit in Form eines Zusammenwirkens von Romantisierung der Ehe und neuer Rollenzuweisung an die Kleinfamilie als ‚Hort' jenseits der Profitlogik zur Regenerierung von Arbeitskraft und unbezahlter Reproduktionsarbeit. Diese Formen sind kritisch zu hinterfragen, weil sie eine Überforderung von Zweierbeziehungen und Entsolidarisierungs- und Isolierungsprozesse befördert haben, die emanzipatorische Ziele kollektiver Reflexion und politischer Organisierung konterkarieren. Eine auf Solidarität gerichtete Praxis muss sich gegen Weltbilder wenden, die Bedürfnisse und Praxen für solidarisches Zusammenleben ausschließlich im ‚Privaten', das heißt, in der Kleinfamilie, verorten. Statt dessen wäre herauszuarbeiten,

> „wie das konkrete Überleben und die Lebensqualität der Einzelnen und die dazu notwendige Unterstützung durch andere als Ausgangspunkt für die Gestaltung aller gesellschaftlichen Bereiche begriffen werden könnte

> und auf welche Weise dies im Gegensatz steht zu einer Regulierung von Gesellschaft nach Marktprinzipien.“[535]

Wenn im Folgenden von ‚Familie‘ die Rede ist, sind alle Formen des Zusammenlebens gemeint, in denen alltägliche Reproduktionsarbeiten stattfinden.

Wie bereits erwähnt, machte die Kleinfamilie einen Grundwiderspruch kapitalistischer Gesellschaften lebbar: Tätigkeiten, die der Reproduktion der Einzelnen dienen, sind zu einem großen Teil nicht oder nur schwer ökonomisch verwertbar; sie stehen der Produktionslogik in ihrem Zeitverständnis und ihrer Verbindlichkeit entgegen. Da sie aber für die Erhaltung und lebenswerte Gestaltung von Leben notwendig sind, wurden über die Kleinfamilie, die sich im Fordismus auch in der Arbeiterinnenklasse als Modell durchsetzte, die verschiedenen geschlechtlichen Zuständigkeiten für die beiden Bereiche festgeschrieben, die durch die bürgerliche Ideologie zweier komplementär sich ergänzender Geschlechter bereits fest verankert waren. Frauen wurden durch diese Trennung in ihrer Einflussnahme auf den ‚Privatbereich‘ reduziert. Gleichzeitig wurde ideologisch ‚weiblicher Lebenssinn‘ auf die Kleinfamilie hin fokussiert. Dadurch wurde es Frauen erschwert, die gesamtgesellschaftliche Bedeutung ihrer Tätigkeiten zu erkennen. Aus der Perspektive gesellschaftlicher Verantwortung für lebenswertes Zusammenleben konnte die Verantwortung für Bedingungen und Möglichkeiten individueller Reproduktion in die Kleinfamilie, genauer, auf die ‚private‘, unbezahlte Arbeit von Frauen, abgeschoben werden. Für zwischenmenschliche Beziehungen und selbstbestimmte Entfaltung wurden hauptsächlich Familien– und mit ihnen die Frauen – zuständig und ‚der Lohnarbeiter‘ wurde zunehmend als männlich konstruiert – was nicht die Tatsache verdecken soll, dass zum Beispiel in Arbeiterfamilien immer beide Geschlechter auch erwerbstätig waren.[536]

---

[535] Iris Nowak: Feminismus für die Elite – Familie fürs Volk, in: das argument, Jg. 44, Nr. 247, 4/2002, 459-472, 460.

[536] Vgl. a. a. O., 461. Nowak vermutet, dass die Etablierung dieser Vorstellungen im Alltag auch die Akzeptanz zunehmend ‚entfremdeter‘ Fabrikarbeit erhöhte, bzw.

Diese geschlechtsspezifischen Arbeitsteilungen haben sich aktuell zwar durch individuelle Politik, die auf einzelne ‚Erwerbsfähige' abzielt, aufgeweicht. Sie sind aber immer noch erkennbar und schlagen sich gegenwärtig als die sogenannte ‚Doppelbelastung' für Frauen nieder. Im europäischen Vergleich zeigen sie sich am schärfsten in der BRD, wo sie in Tarifvereinbarungen, aber auch in Steuerrecht, Sozialversicherung und Familienpolitik erkennbar sind und Moralvorstellungen und kulturelle Bilder entscheidend prägen.[537]

Ungeachtet der angeführten patriarchalen und beschränkenden Struktur von Kleinfamilien setzen politische Strategien mehrheitlich seit langem an der Familie in ihrer Funktion als Refugium angesichts entsolidarisierter Gesellschaft an, indem sie auf die individuelle Verantwortung für solidarische Familienstrukturen verweisen. Um einen ‚ungefährlichen' Ersatz für solidarische Strukturen zu finden, die eventuell in Form von (zum Beispiel gewerkschaftlicher) Organisierung die gesellschaftliche Ordnung gefährden könnten, wird auf die solidarischen Verpflichtungen innerhalb der Kleinfamilien abgehoben. Neoliberale Politik greift auf diese Weise durch ihre Familienpolitik durchaus die vorhandenen Sehnsüchte nach solidarischen Lebensformen jenseits von Vermarktungsinteressen auf. Dabei wird die Realität in Form von zunehmend brüchigeren Familien und hohen Scheidungsraten, die darauf verweisen könnte, dass andere Formen des Zusammenlebens eine zunehmend wichtigere Rolle spielen und in die gesellschaftliche Diskussion gebracht werden müssten, ignoriert. Diese könnten als größere, verbindliche Gemeinschaften, die nicht nur auf Zweierbeziehungen, sondern auf dauerhaften Verbindlichkeiten und geteilter Verantwortung für Erziehung und Sorge-Arbeit beruhen, sich verändernde Zweierbeziehungen entlasten.[538]

---

sie zieht sogar die Möglichkeit in Betracht, dass sie überhaupt erst die Voraussetzungen für deren Akzeptanz schufen.

[537] Vgl. a. a. O., 460f.

[538] Vgl. a. a. O., 459f. Zum Brüchigwerden von Familien vgl. zum Beispiel Marion Bayerl: Die Familie als gesellschaftliches Leitbild. Ein Beitrag zur Familienethik

Das fordistische Produktionsmodell wurde zunehmend obsolet, denn seit den 1970er Jahren setzten sich andere Produktionsweisen durch. Es gibt mehr Teamarbeit, mehr Forderungen an die Eigenorganisation der Arbeiterinnen und Angestellten, aber viel weniger Bedarf an Arbeitskräften. Die Umwandlung von ‚Normalarbeitsverhältnissen' in Teilzeit-, flexibilisierte, deregulierte, kurz prekarisierte Arbeit und die zunehmende Orientierung von Frauen auf Erwerbsarbeit beförderten sich gegenseitig; in der Folge war die ausschließliche Festlegung von Frauen auf familiäre, unbezahlte Reproduktionsarbeiten nicht mehr wünschenswert. Trotzdem wurde das Reproduktionsmodell ‚Kleinfamilie' und die Zuweisung von Reproduktionsarbeiten an Frauen perpetuiert.

Festzuhalten ist also: Das Modell des ‚Alleinverdieners', des ‚Familienernährers', hat mittlerweile auch in der bürgerlichen Mittelschicht ausgedient, denn ein abgesicherter ‚Familienlohn' wird inzwischen als zu teuer angesehen. Trotzdem kann vom ‚traditionellen Familienmodell' gesprochen werden. Dieses definiert sich durch ein Zusammenleben in Kleinfamilien und dadurch, dass Frauen weiterhin weitgehend für die Reproduktionsarbeiten zuständig bleiben. Hier zeigt sich bereits die Widersprüchlichkeit zwischen individualisierter ‚Vereinbarkeitspolitik' und dem Festhalten am traditionellen Familienmodell.[539]

---

aus theologisch-ethischer Sicht (= Erfurter Theologische Studien 92), Würzburg 2006, 103-106.

[539] Vgl. zum Beispiel Kathrin Ganz: Familienpolitik: Welche Formen von Elternschaft sind erwünscht?, Artikel auf der Seite des Feministischen Instituts Hamburg, 03.01.2009, Quelle: http://www.feministisches-institut.de/familienpolitik/ (letzter Zugriff am 10.07.2012); vgl. Gabriele Winker: Freiheit oder Planwirtschaft? Das absurde Theater des Streits um Kinderkrippen und die Widersprüche im System der Reproduktion, Artikel auf der Seite des Feministischen Instituts Hamburg, 08.05.2007, Quelle: http://www.feministisches-institut.de/krippen.html (letzter Zugriff am 10.07.2012).

9.2 Widersprüchlichkeit der Familienpolitik: Individualisierte Vereinbarkeitspolitik und traditionelles Familienmodell

Iris Nowak identifizierte 2002 eine widersprüchliche Doppelstrategie in der Familienpolitik der Regierung in der BRD, die meines Erachtens bis heute gültig ist: Diese Strategie setzt einerseits auf das bereits skizzierte Festhalten am Modell der Kleinfamilie, andererseits auf eine auf das Individuum abzielende Politik der Vereinbarkeit von Familie und Beruf.[540]

Den Rahmen für die Entwicklungen in der BRD stellen die Tendenzen in der EU dar, im Sinne einer ‚Arbeitsgesellschaft' das ‚adult worker model' durchzusetzen, also die reguläre Erwerbstätigkeit für jede erwachsene Person. Herausgehoben wird dabei gern eine ‚Gleichberechtigung' in der Form, dass das Erwerbsindividuum als ‚geschlechtsneutral' angesehen wird. Dies führt allerdings dazu, dass Verantwortlichkeiten in unbezahlter Reproduktionsarbeit, die die ‚Erwerbsfähigkeit' der Individuen entscheidend beeinträchtigen können, ignoriert werden. Flankierende Maßnahmen wie der Ausbau von Kinderbetreuung und Pflegeeinrichtungen, die notwendig sind, um dieses Modell überhaupt zu ermöglichen, wurden erst spät in den Blick genommen, durch die Grundrechte-Charta der EU, die im Jahre 2000 beschlossen wurde, und durch neue sozialpolitische Verfahren auf EU-Ebene. Aus feministischer Perspektive ist diese Entwicklung als ambivalent zu bewerten, da einerseits mehr ökonomische Unabhängigkeit für Frauen angestrebt wird, andererseits aber die ‚Doppelbelastung' durch Erwerbs- und Reproduktionsarbeit, die durch die Kommodifizierungszwänge[541] verschärft wurde, erst langsam in den

[540] Vgl. Nowak, Feminismus, 461-465.

[541] Kommodifizierung bedeutet Inwertsetzung, Zur-Ware-Werden, in diesem Fall die Arbeitskraft betreffend. Es bezieht sich auf ‚commodity' (engl. = Ware), welches wiederum auf den Begriff ‚commoditas' (lat. = Nutzen, Vorteil, Zweckmäßigkeit) zurückgeht.

Blick kommt und Veränderungsprozesse nur zögerlich angestrebt werden.[542]

Familienpolitik in der BRD bezieht sich zumeist auf einen Solidaritätsbegriff, der den erarbeiteten Kriterien, nämlich Verantwortung für Sorge-Arbeit und globale Gerechtigkeit, Schuldfähigkeit, Selbstkritik und Konfliktfähigkeit, widerspricht. Vor allem fehlt der Bezug auf Gemeinschaften, die über den unmittelbaren Nahbereich, das heißt zur Zeit vor allem, die Kleinfamilie, hinausgehen. Wie Iris Nowak betont, wurde die Bedeutung der Kleinfamilie zeitlich und inhaltlich entgrenzt; zunehmend wurde auf die Bedeutung von Familien in ihrer Funktion als Ausgleich zu den härter werdenden Bedingungen auf dem Arbeitsmarkt abgehoben. Die Funktion der Kleinfamilie, die Reproduktion der Arbeitskräfte für die Betriebe zu gewährleisten, gewann offensichtlich noch einmal an Bedeutung angesichts des zunehmenden Drucks auf Erwerbslose und alle ‚Erwerbsfähigen', Arbeit anzunehmen – egal zu welchen Bedingungen. Nowak schreibt:

> „Sie [die Familie als zunehmend entgrenzte soziale Praxis, K.S.] stellt sich als Möglichkeit dar, neue Vorstellungen von Geschlechtergerechtigkeit und weiblichen Lebensentwürfen, die sich nicht mehr bloß über Familie definieren, zu verbinden mit der Aufrechterhaltung der privatförmig organisierten Sicherung des Überlebens und der Entwicklung der Einzelnen. In dieser Privatförmigkeit wird diese Aufgabe auch weiterhin in unsichtbarer Form von Frauen geleistet."[543]

Auf diese Weise findet also eine ‚Modernisierung' statt, ohne das traditionelle Familien- und Geschlechterrollenbild ernsthaft aufbrechen zu müssen.[544]

---

[542] Christiane Dienel konstatiert, dass dort, wo zunehmende Erwerbsarbeit von Frauen nicht durch vermehrte Bemühungen in Richtung Kinderbetreuung begleitet wird, die Geburtenraten rückläufig sind. Vgl. Christiane Dienel: Eltern, Kinder und Erwerbsarbeit: Die EU als familienpolitischer Akteur, in: Sigrid Leitner u. a. (Hg.): Wohlfahrtsstaat und Geschlechterverhältnis im Umbruch. Was kommt nach dem Ernährermodell? (= Jahrbuch für Europa- und Nordamerika-Studien 7), Wiesbaden 2004, 285-307, 305f.

[543] Nowak, Feminismus, 460.

[544] Vgl. ebd.

9.2.1 *Beispiel Kinderbetreuung: Prekarisierung und Individualisierung von Verantwortung*

Die Forderung, Ganztagsbetreuung von Kindern zu ermöglichen, wird schon lange von feministischen Bewegungen im Namen von Selbstbestimmung und ökonomischer Unabhängigkeit von Frauen erhoben. Wichtig ist dabei, dass dies unabhängig von der sozialen Herkunft gewährleistet werden muss. Iris Nowak weist darauf hin, dass das Ziel der Vereinbarkeit von Familie und Beruf und damit der Ausbau der Kinderbetreuung nicht nur von Frauenbewegungen gefordert wurde, sondern sowohl in Regierungsprogrammen als auch von wirtschaftsnahen Einrichtungen wie dem Deutschen Institut für Wirtschaftsforschung (DIW) oder der Bertelsmann-Stiftung aufgegriffen wurde. Dies sei auf die ‚Humankapital-Logik' zurückzuführen: Gut ausgebildete Frauen dürften ihre Arbeitskraft nicht mit Kinderbetreuung verschwenden, sondern müssten dem Arbeitsmarkt zur Verfügung stehen. Im Jahr 2003 wurde im Auftrag der Bundesregierung eine Studie zum Thema einer nachhaltigen Familienpolitik erstellt, die deren konservative Einstellung zum ‚Ernährermodell' fundamental veränderte. Seitdem verschob sich in der Familienpolitik die Orientierung auf individuelle Vereinbarkeit von Familie und Beruf – allerdings mit dem genannten Schwerpunkt auf der Verwertbarkeit von Arbeitskraft, nicht mit dem feministischer Bewegungen auf ökonomischer Unabhängigkeit jenseits sozialer Herkunft. Eine emanzipatorische Forderung wurde somit für ökonomische Zwecke vereinnahmt. Zusätzlich muss betont werden, dass ‚Vereinbarkeit' zwar politisch-rhetorisch reklamiert, jedoch längst nicht verwirklicht ist.[545]

Der Rahmen von ‚Vereinbarkeitspolitik', wie sie zur Zeit betrieben wird, stellt sich als neoliberale Politik im Sinne der Ökonomisierung des Sozialen dar. Es geht um Inwertsetzung aller gesellschaftlichen Bereiche, und damit auch um den Abbau staatlicher Sozialleistungen, damit Unternehmen und Gutverdienende entlastet und die Verwertungsbedingungen des Kapitals verbessert werden können. In dieser

---

[545] Vgl. a. a. O., 469f.; vgl. Ganz, Familienpolitik. Vgl. o. A., Familie.

Perspektive ist es die günstigste Variante, wenn die anfallenden Reproduktionsarbeiten in den Familien übernommen werden. Das zum 01.01.2007 eingeführte Elterngeld für die ersten 12 Lebensmonate eines Kindes reiht sich in diese Logik ein. In den Folgejahren kann durch Tagesmütter und Haushaltshilfen, für die es bereits steuerliche Absatzmöglichkeiten gibt, die Betreuung gewährleistet werden. Die Tendenz ist, dass staatliche Maßnahmen auf die Förderung von Mittelklasse-Familien zugeschnitten werden. Geringverdienende, Erwerbslose, unter ihnen auch viele Migrantinnen und Alleinerziehende, haben andere Bedürfnisse: Sie können sich Tagesmütter oder Haushaltshilfen nicht leisten, geschweige denn die Kosten dafür von der Steuer absetzen. Sie sind darauf angewiesen, dass eine qualitativ hochwertige öffentliche, kostengünstige Kinderbetreuung organisiert wird, die auch zeitlich den Erfordernissen prekär Beschäftigter angepasst wird.[546]

Die Frage, wer die Reproduktionsarbeit, die weiterhin überwiegend unbezahlt geleistet wird, übernimmt, wird also politisch äußerst ambivalent behandelt: Rhetorisch wird der Wille geäußert, Kinderbetreuung auszubauen, faktisch wird der Bedarf bei weitem nicht anerkannt. Durch das neue Elterngeld werden Eltern mit niedrigen Einkommen finanziell schlechter gestellt und können sich auf diese Weise weniger Kinderbetreuung ‚leisten'. Die Forderung nach Gleichbehandlung unabhängig von sozialer Herkunft wird damit gerade nicht erfüllt.

Insgesamt ist mit Nowak zu kritisieren, dass es keine Diskussion darum gibt, wie für alle gesellschaftlichen Schichten familiäre Arbeit mit Erwerbsarbeit zu vereinbaren sei. Vielmehr wird auf die angeblichen Nowendigkeiten geringerer Löhne und geringerer staatlicher Regulierung abgehoben. Sorge-Arbeit in den Familien kann daneben

---

[546] Vgl. Winker, Freiheit; vgl. Sonja Nielbock, Tanja Carstensen: Was kommt nach den „Vätermonaten"? Von kleinen Erfolgen durch das neue Elterngeld und vielen offenen Fragen danach, Artikel auf der Seite des Feministischen Instituts Hamburg, 11.10.2008, Quelle: http://www.feministisches-institut.de/vaetermonate.html (letzter Zugriff am 10.07.2012).

kaum in befriedigender Weise geleistet werden. Hier greift die ideologische Einflussnahme: Durch erhöhte Anerkennung von Sorge-Arbeit in den Familien wird von fehlenden Betreuungsmöglichkeiten abgelenkt und die Akzeptanz von dregulierten Beschäftigungsverhältnissen erhöht, die zwar oft mehr Flexibilität, aber stets geringeren Lebensstandard und schlechtere Absicherung beinhalten. Dabei geht es im Endeffekt nicht um die Anerkennung der Leistung derjenigen, die versuchen, prekarisierte Arbeit mit Kindererziehung zu vereinbaren, sondern diese Anerkennung dient der Etablierung und Akzeptanz von prekären Verhältnissen und der Individualisierung von Verantwortung für Reproduktionsarbeit.[547]

9.2.2 *Beispiel Altenpflege: Ökonomisierung und Re-Familiarisierung*

Die Folgen der Ökonomisierung des Sozialen sind im Bereich der Altenpflege besonders deutlich zu erkennen. Mangel an Pflegekräften, das Problem der Sozialhilfeabhängigkeit von Pflegebedürftigen und abnehmendes Pflegepotential in den Familien führten 1995 zur Einführung der Pflegeversicherung. Mit ihr wurde ein kostendeckendes Pauschalsystem der Krankenkassen durch ein Modulsystem ersetzt, das einzelne Leistungen inhaltlich und zeitlich definiert, mit abrechenbaren Punktwerten versieht und damit diese Leistungen kontrollierbar macht. Besonders der Abschied vom Kostenerstattungsprinzip bedeutet eine Mehrbelastung der Pflegebedürftigen und ihrer Familien, da die Zuschüsse nicht am notwendigen Bedarf, sondern an der Beitragssatzstabilität ausgerichtet sind. Alle darüberhinausgehend notwendigen Leistungen müssen von Menschen mit Pflegebedarf selbst getragen werden. Dies stellt auch die Praxis der Wohlfahrtsverbände vor große Probleme, weil sie in der Folge eine Reihe von Pflegetätigkeiten, die bisher individuell auf die Pflegebedürftigen abgestimmt waren, nicht mehr abrechnen können. Stefan Leibold stellt in der Bewertung der Pflegeversicherung gravierende

547 Vgl. Nowak, Feminismus, 471; vgl. Bothfeld, Gleichstellungspolitische Rahmenbedingungen, 34ff.

Widersprüche und Mängel in Bezug auf Qualität der Pflege und Gerechtigkeitsfragen fest. So sieht er durch die mangelnde Kostendeckung „erhebliche und größer werdende Lücken der pflegerischen Versorgung“[548], deren Folge eine weiter fortschreitende Erosion familiärer Pflege sei. Die Erbringung bedarfsgerechter Pflege werde auch dadurch gefährdet, dass auf durch sinkende Einnahmen auf Seiten der Pflegeversicherung verursachte Probleme mit Herabstufungen der Pflegestufen reagiert werde, ohne Belege für die Abnahme des Pflegebedarfs zu erbringen. Hier deutet sich bereits der gravierende Strukturfehler der Pflegeversicherung an, die Aufgabenvermischung bei den Pflegekassen, die „gleichzeitig Verträge schließen, Preise festsetzen, beraten und die Qualität kontrollieren sollen“[549]. Dies führt unvermeidbar zu Zielkonflikten, die sich zum Nachteil der Menschen mit Pflegebedarf auswirken. Soziale und psychische Aspekte der Pflege sieht Leibold in den Modulen in unzureichendem Maße berücksichtigt.[550]

Zudem begünstigt das System der Pflegeversicherung eine Umverteilung von unten nach oben, da die Entlastung umso größer ausfällt, je höher das Einkommen ist, und kann somit als ungerecht bezeichnet werden.[551]

Udo Kelle untersuchte einen wichtigen Aspekt in Bezug auf die Ökonomisierung von Pflege: die Behandlung der Menschen mit Pflegebedarf als ‚Kundinnen‘. Er stellt zunächst einmal fest, dass nach Einführung der Pflegeversicherung viele Akteure in der Altenpflege

> „sich angesichts eines steigenden Bedarfs an Leistungen einerseits und verringerter Finanzierungsoptionen andererseits zunehmend an einer streng betriebswirtschaftlichen Logik von Effizienz und Effektivität“[552]

---

[548] Leibold, Wie organisiert man, 344.
[549] A. a. O., 346.
[550] Vgl. a. a. O., 18f., 21, 24f., 52-58, 344-346. Vgl. auch Deutscher Caritasverband: Das Recht auf Entlastung und Hilfe. Caritas fordert bessere Regelungen für Haushaltshilfen, 24.04.2009, Quelle: http://www.katholisch.de/Nachricht.aspx?NId=991 (letzter Zugriff am 10.07.2012).
[551] Vgl. Leibold, Wie organisiert man, 345f.
[552] Kelle, „Kundenorientierung“, 115.

orientieren. Umfangreichere oder verbesserte Leistungen sollen anhand ungenügender Finanzierung erbracht werden. Dies führt zur Einsetzung von Qualitätsmanagements- und -sicherungsprozessen, im Zuge derer von Menschen mit Pflegebedarf zunehmend als ‚Kundinnen' die Rede ist. Kelle zeigt auf, dass allerdings wichtige Merkmale, die den Kundenbegriff definieren, auf viele Menschen mit Pflegebedarf nicht zutreffen: Sie können in der Regel nur geringen Einfluss auf Qualität und Inhalt des ‚Angebots' nehmen, oft können sie sich nicht einmal selbst für ein bestimmtes Angebot entscheiden, sondern dies wird von Angehörigen übernommen. Physisch und psychisch sind sie oft nicht in der Lage, die Qualität von Leistungen zu beurteilen, und befinden sich in existenzieller Abhängigkeit von den Anbietenden. Selten sind Alternativen verfügbar und die Transparenz von Einzelleistungen ist oft nicht gegeben. Insgesamt ist festzustellen, dass eine extreme Abhängigkeitssituation besteht und damit ein asymmetrisches Machtverhältnis zwischen Dienstleistenden und ihren ‚Kunden', welches das angenommene ökonomische Verhältnis als unangemessen erscheinen lassen muss. Dieses beruht nämlich normalerweise auf Wahlmöglichkeiten und auf Einflussnahme, Qualität und Inhalt betreffend. Kelle zeigt dies am Beispiel der ‚Kundinnenbefragungen' in Altenheimen auf, die aufgrund von Vorauswahl, Aufnahme- und Kommunikationsfähigkeit der Pflegebedürftigen massiv beschönigende Ergebnisse hervorbringen.[553]

In feministischer Perspektive muss vor allem die bereits benannte, durch den Abschied vom Kostendeckungsprinzip forcierte Angewiesenheit auf Angehörige oder Sozialhilfe negativ hervorgehoben werden. Sigrid Leitner, Ilona Ostner und Margit Schratzenstaller bewerten die Widersprüchlichkeit zwischen ‚Vereinbarkeitspolitik' – die ja nicht nur auf Kinderbetreuung, sondern auch auf Pflegetätigkeiten zielen müsste – und dem Festhalten am traditionellen Familienmodell als Tendenzen zu (Re-)Kommodifizierung (der Arbeitskraft von Frauen) und (Re-)Familiarisierung, das heißt, der erneut stärkeren

[553] Vgl. a. a. O.

Belastung der Familien durch unbezahlte Reproduktionsarbeit. De-Familiarisierung, also Entlastung von Familien, führt dazu, dass Frauen mehr Spielräume haben – entweder, um ihre Arbeitskraft zu verkaufen, oder zum Beispiel auch um Zeit für die Reflexion ihrer Lebens- und Arbeitsbedingungen und gegebenenfalls kollektive Organisierungsprozesse zu gewinnen. Daher ist De-Familiarisierung aus emanzipatorischer Perspektive zu begrüßen, auch wenn nicht ausgemacht ist, in welche Richtung die Spielräume genutzt werden. Abgesehen von den individuellen Konstitutionen, Vorlieben und vor allem finanziellen Zwängen, die Individuen zur Arbeitskraftvermarktung drängen, kommt dies auch auf den Einfluss gesellschaftlicher Kräfte an. Wie im Folgenden gezeigt wird, gehen die Tendenzen – hier am Beispiel Pflege gezeigt – jedoch eher dahin, dass als De-Familiarisierung ausgewiesene Maßnahmen einer Re-Familiarisierung Vorschub leisten.[554]

Im Bereich der Pflege ist – so die These von Leitner, Ostner und Schratzenstaller – die Tendenz zur Re-Familiarisierung besonders deutlich. Durch den steigenden Anteil zu versorgender Pflegebedürftiger sind insgesamt die Anteile sowohl der Versorgung in Pflegeheimen als auch der Versorgung durch ambulante Betreuung und häusliche Versorgung durch Angehörige angestiegen. Der Anteil häuslicher Pflege durch Angehörige ist allerdings – nach einer Rückläufigkeit in den Jahren zuvor – zwischen 2005 und 2007 erst wieder leicht angestiegen. Dies entspricht der zunehmenden Anrufung der Familienpolitik an die Verantwortungsübernahme in den Familien – die für den Staat kostengünstigste Lösung.[555]

Die Gesetzliche Pflegeversicherung, die 1995 für ambulante, 1997 für stationäre Leistungen eingeführt wurde, reagierte auf die sinkende Bereitschaft zu familiärer Betreuung und stellte damit, zumindest in

---

[554] Vgl. Sigrid Leitner u. a.: Einleitung: Was kommt nach dem Ernährermodell? Sozialpolitik zwischen Re-Kommodifizierung und Re-Familiarisierung, in: Leitner, Wohlfahrtsstaat, 9-27.

[555] Vgl. Gisela Notz: Frauen in der Pflegearbeit. Professionell und privat immer verfügbar?, in: WIDERSPRUCH, 27. Jg., Nr. 52/ 2007, 97-106, 97.

ihrer Absicht, eine De-Familiarisierungsmaßnahme dar. Dem entgegengesetzt ist allerdings der Inhalt der Veränderungen: Ambulante Leistungen werden seit der Einführung der Pflegeversicherungen bevorzugt, die ohnehin zu knappen Leistungen wurden gedeckelt und pauschaliert. So sind Pflegebedürftige auf familiäre Selbsthilfe bzw. bei geringem Einkommen auf Sozialhilfe und damit ebenfalls auf Angehörige angewiesen. Durch die Kürzung der Leistungen wird Eigenverantwortlichkeit und damit – im Fall von Einkommensarmut – das Wohlwollen der Familie zum Maßstab; Pflegebedürftige werden abhängiger, je geringer ihr Einkommen ist. Eine Maßnahme, die angeblich der De-Familiarisierung dienen sollte, wurde so zum Re-Familiarisierungs-Instrument.[556]

Zusammenfassend ist zu konstatieren, dass Kürzungen im Sozialversicherungsbereich, hier exemplarisch an der Pflegeversicherung aufgezeigt, einer Verschlechterung der Versorgungsbedingungen Vorschub leisten. Vor allem Frauen, deren Einkommen geringer ist und die durch geschlechtsspezifische Arbeitsmarktdisparitäten bereits von Prekarisierung und Armutsrisiken betroffen sind, sind dadurch wieder verstärkt auf familiäre Unterstützung bzw. Sozialhilfe angewiesen. Insbesondere Alleinerziehende, die nicht oder nur prekär in den Arbeitsmarkt integriert sind und von ihren Familien nicht unterstützt werden (können), sowie einkommensarme, kranke oder pflegebedürftige alleinstehende alte Menschen, die in der Mehrzahl ebenfalls Frauen sind, sind von diesen Tendenzen betroffen.[557]

---

[556] Vgl. Leitner, Was kommt nach dem Ernährermodell?, 19.

[557] Vgl. a. a. O., 20. Diese Entwicklung steht in einem größeren Kontext innerhalb der EU. Christina Stecker stellt in einem Ländervergleich zwischen Dänemark, Großbritannien und den Niederlanden fest, dass sich EU-weit die Abkehr vom Ernährermodell als ein ‚doppelter Fluch' für Frauen erwiesen hat: Sie sind von der Fragmentierung des Wohlfahrtsstaats und von der Teilung der Gesellschaften in Besserverdienende und Geringverdienende oder Nicht-Erwerbstätige besonders betroffen. Eigenständige Erwerbstätigkeit von Frauen – lange Zeit die zentrale Forderung der Frauenbewegungen – erweist sich als Falle: Durch Kommodifizierungszwang (der Zwang, die eigene Arbeitskraft zu verkaufen) und De-Kommodifizierungsrisiko (das Risiko der Erwerbslosigkeit) erfolgt keine positive Individualisierung, d. h. finanzielle Unabhängigkeit von Frauen. Im Gegenteil sind

9.3 Konstruierter Gegensatz zwischen Kinderlosen und Familien

Als bedeutungsvoll für die Einstellung zu zunehmend prekären sozialen Verhältnissen und für die erstaunlich hartnäckige Zustimmung zum traditionellen Familienmodell kann auch der moralische Diskurs um Familien und Kinderlose angesehen werden. 2001 wurde im Rahmen der Diskussion über die Pflegeversicherung ein Urteil des Bundesverfassungsgerichts zu dieser Thematik gefällt: Es sei nicht gerecht, dass Kinderlose – meist ist die Rede von ‚Doppelverdienenden' – und Menschen mit Kindern zu gleichen Teilen in die Versicherung einzahlen, weil alle von denjenigen profitierten, die Kinder haben. Iris Nowak analysierte den unter anderem in der Urteilsbegründung und in den darauf folgenden Debatten konstruierten Gegensatz zwischen Kinderlosen und Familien, der seitdem in der Familienpolitik eine Rolle spielt.[558]

Eine positive Konsequenz des Urteils war, dass die in Familien geleistete unbezahlte Arbeit endlich mehr Anerkennung erhielt. Der unhinterfragte Hintergrund ist allerdings als höchst problematisch zu beurteilen. Im Zusammenhang mit Familienpolitik werden die angeblichen Sachzwänge nicht in Frage gestellt, dass durch die längere Lebenserwartung und den Geburtenrückgang länger gearbeitet werden müsse, dass höhere Sozialabgaben geleistet werden müssten und dass Menschen zunehmend auf private Rentenversicherung angewiesen

---

die eigenständig erzielten Einkommen und die Renten nicht ausreichend und bringen weiterhin – wo möglich – die Abhängigkeit vom ‚Familienernährer' oder von sozialen Sicherungssystemen und damit Prekarisierung mit sich. Vgl. Christina Stecker: Der Fluch der Verheißung: Kommodifizierungszwang und De-Kommodifizierungsrisiko im „adult worker model", in: Leitner, Wohlfahrtsstaat, 243-256, 254.

[558] Vgl. auch: Statistisches Bundesamt (Hg.): Mikrozensus 2008. Neue Daten zur Kinderlosigkeit in Deutschland. Geburten und Kinderlosigkeit in Deutschland, Wiesbaden 2009, Quelle: https://www.destatis.de/DE/PresseService/Presse/Pressekonferenzen/2009/Kinderlosigkeit/begleitheft_Kinderlosigkeit.html (letzter Zugriff am 10.07.2012); vgl. Bundesministerium für Familie, Senioren, Frauen und Jugend (Hg.): Familie ja, Kinder nein. Was ist los in Deutschland?, Berlin 2005.

seien. Völlig ausgeblendet bleibt die reelle und potentielle Zuwanderung. Die Arbeit von Migrantinnen, ohne die ein großer Teil gesellschaftlich notwendiger Arbeit unerledigt bliebe, wird nicht als Teil der Gesellschaft anerkannt, zu großem Teil wird sie in Form von ‚Saisonarbeit', als ‚temporär' ausgeblendet, auch wenn es sich de facto um permanent benötigte Arbeit, zum Beispiel in der Bauwirtschaft oder in der Altenpflege, handelt. Aber auch abgesehen von dieser rassistischen Exklusion darf die hinter der Argumentation der Bundesregierung stehende Annahme, die Renten seien sicher, wenn nur die Geburtenzahlen stiegen, bezweifelt werden. Denn auch in Zukunft ist davon auszugehen, dass die Ausrichtung in Politik und Wirtschaft an Produktionssteigerung – und damit an Rationalisierungs-, Deregulierungs- und Prekarisierungsmaßnahmen – weiterhin ausschlaggebend sein wird. Es ist zu erwarten, dass ein eventuell durch Geburtenrückgang entstehender Arbeitskräftemangel dadurch überkompensiert werden wird. Strukturelle Erwerbslosigkeit wird also vermutlich noch zunehmen. Daher ist gegenwärtig die Prognose wahrscheinlicher, dass die eigenen Kinder später erwerbslos oder prekär, zum Beispiel ohne oder mit verschwindend geringer Sozialversicherung, beschäftigt werden, als diejenige, dass sie die Rentenkassen mit ihren Beiträgen füllen werden.[559]

Die hohe Akzeptanz der fragwürdigen Annahme, dass Geburtensteigerung zur Erholung der Versicherungssysteme führen würde, führte auf Seiten der Bundesregierung in der Debatte um die Pflegeversicherung zur Aufnahme einer alten feministischen Forderung: der Anerkennung von Reproduktionsarbeit als anerkennenswerte Arbeit. Verteilungs- und Besteuerungsfragen wurden dabei allerdings nicht gestellt. Die geschlechtsspezifische Arbeitsteilung wurde nicht problematisiert. Stattdessen wurden die Konflikte in einen konstruierten Gegensatz zwischen Kinderlosen und Familien hinein verlegt, wobei letztere unzulässig homogenisiert wurden.[560] Dabei war ein moralisie-

[559] Vgl. Nowak, Feminismus, 465.
[560] Vgl a. a. O., 466f.

render Diskurs vorherrschend, der auch heute wirkmächtig ist: Kinderlosen wird vorgeworfen, moralisch verwerflich, egoistisch und der Gesellschaft gegenüber verantwortungslos zu sein, während Familien die eigentlich notwendige Arbeit leisteten. Zum einen werden Familien dadurch vordergründig auf der Seite der Marginalisierten dargestellt. Allerdings wird zum Beispiel durch das neue Elterngeld, das Besserverdienende bevorzugt und Bezieherinnen von Arbeitslosengeld II vom Bezug ausschließt, die Einstellung vermittelt, dass Gutverdienende die ‚besseren' Eltern darstellen. Zum anderen werden kinderlose Lebensweisen, die häufig die Konsequenz des Aufbrechens von traditionellen Geschlechterverhältnissen sind, delegitimiert.

Die moralische Empörung richtet sich besonders gegen Frauen, die sich dem traditionellen ‚Ernährermodell' widersetzen. Argumentiert wird dabei häufig damit, dass gesellschaftliche Verantwortungsübernahme Einschränkungen der Handlungsfähigkeit, das heißt, das Aufgeben oder Aussetzen der Berufstätigkeit – mit sich bringt. Das eigentlich Problematische, nämlich die Tatsache, dass Menschen ohne Kinder hinsichtlich der Qualität von Erwerbsarbeit und Lohnhöhe größere Handlungsspielräume haben, wird nicht zum Gegenstand der Kritik, wohl aber ist der Einspruch zu vernehmen, dass Kinderlose nicht unentgeltlich vom Verzicht der anderen auf diese größeren Spielräume profitieren sollen. Dieser ‚Verzicht' freilich wird in dem Sinne positiv besetzt, dass er überhaupt erst Menschlichkeit und Lebensqualität ermögliche. Iris Nowak zieht daraus den Schluss, dass diese Argumentation dazu dient, prekäre Lebensweisen trotz zunehmend sichtbarem Reichtum in der Gesellschaft als „selbstbewusst gewählte[n] Versuch [zu] begreifen, den Weg zu einem guten Leben zu finden."[561] Leben mit Kindern stellt sich auf diese Weise als moralisch hochstehende, weil weniger egoistische Lebensweise dar, die zu wählen aber die Entscheidung für notwendigen Verzicht beinhaltet. Eine emanzipatorische Sichtweise hätte zu betonen, dass der Beitrag

561 Ebd.

zu einer solidarischen Gesellschaft nicht von eigenen Kindern abhängig ist.[562]

Zusammengefasst: Durch den moralischen Diskurs im Rückgriff auf die Gegenüberstellung von ‚Doppelverdienenden' und Kinderlosen wird auf Kritik an sozialen Verhältnissen verzichtet, die dazu führen, dass Verantwortungsübernahme für andere zu Verzicht auf Lebensqualität und gesellschaftliche Partizipation führt, während diejenigen, die sich von Verantwortung – zumindest von familiärer – entbinden, Anforderungen an Flexibilität und Mobilität erfüllen und damit die besseren Chancen auf gesellschaftliche Teilhabe besitzen. Formen von Solidarität werden so über den Arbeitsmarkt diskreditiert und ‚bestraft', wenn auch moralisch aufgewertet.[563] Ergänzt werden muss hier meines Erachtens, dass Verantwortungsübernahme für andere auch bedeuten kann, abgesehen von eigenen Kindern oder zu pflegenden Angehörigen auch Verantwortung für die Angehörigen und Kinder anderer zu übernehmen.

9.4 Theologische Schlussfolgerungen

9.4.1 Individualisierung der Risiken statt Gemeinwohlorientierung

Im Verhältnis Produktionsarbeit – Reproduktionsarbeit ist zu den untersuchten Beispielen festzustellen, dass vor allem Widersprüche in der ‚Familienpolitik' oder ‚Vereinbarkeitspolitik' eklatant sind: Einerseits wird verlangt, dass das ‚geschlechtsneutrale' Erwerbsindividuum für seine Existenzsicherung einer Erwerbstätigkeit nachgeht, andererseits werden aber zu wenige und für viele nicht bezahlbare Möglichkeiten der Kinderbetreuung organisiert. Dass dies besonders den Ganztagsbereich betrifft – und zwar spätestens beim Schuleintritt der Kinder – wird vor dem Hintergrund nicht-existenzsichernder Löhne höchst problematisch. Dies zeigt sich vor allem am Beispiel Alleiner-

[562] Vgl. a. a. O., 467f.
[563] Vgl. ebd.

ziehender, die für Existenzsicherung auf eine hohe Stundenzahl von Erwerbstätigkeit und damit auf Ganztagsbetreuung angewiesen sind.

Im Pflegebereich liegt die Widersprüchlichkeit darin, dass einerseits individualisierte Versicherungspflicht besteht, andererseits gerade bei diesen oft hochgradig abhängigen Menschen die Angewiesenheit auf familiäre Unterstützung oder Sozialhilfe bestehen bleibt, wenn sie ökonomisch relativ schlecht gestellt sind. Gerade die Schwächsten der Gesellschaft werden allein gelassen und ihrem Schicksal, dem – oft gar nicht (mehr) existenten – familiären Umfeld und den unter Sparzwang stehenden Behörden überlassen.

Nur sehr gut Verdienende können Betreuungsaufgaben an schlecht Entlohnte, meist ebenfalls Frauen, abgeben. Reproduktionstätigkeiten werden in zunehmendem Maße zur Ware – aber dies hat eben seine Grenzen: erstens in der Qualität, die zum Beispiel bei der Pflege sinkt, wenn im Minutentakt ‚abgerechnet' wird, und zweitens im begrenzten Kreis derjenigen, die bezahlte Versorgungsarbeit überhaupt in Anspruch nehmen können.[564]

Auch die familienpolitische Doppelstrategie des Kinderlosen-Diskurses und der Vereinbarkeitsdebatte muss von emanzipatorischer Seite in ihrer Widersprüchlichkeit kritisiert werden: Die Vereinbarkeits-Debatte zielt, konsequent zu Ende gedacht, letztlich auf einen allgemein gültigen Anspruch aller Frauen auf eine selbstbestimmte Existenz. Dieser muss eingefordert werden, und um dies umzusetzen sind grundsätzliche gesellschaftliche Veränderungen nötig: Der Anspruch auf selbstbestimmte Existenz kann nur realisiert werden, wenn alle

> „unbezahlten und bezahlten notwendigen Leistungen für das Überleben, das Glück und Wohlbefinden der Menschen und der übrigen Lebewesen endlich Priorität über der marktwirtschaftlich und profitorientierten Produktion der Lebensmittel erlangen."[565]

---

[564] Vgl. Winker, Traditionelle Geschlechterordnung, 36f.; vgl. Notz, Mehr Familienernährer.

[565] Nowak, Feminismus, 471.

Die Forderung, dass allen Menschen aufgrund ihrer Geschöpflichkeit die gleiche Würde zukommen muss, impliziert als Konsequenz, dass die individuell unterschiedlichen Bedingungen, was die familiäre und ökonomische Situation betrifft, unterschiedliche Maßnahmen erfordern, um diese gleiche Würde zu gewährleisten. Oberste Priorität muss dann haben – im Gegensatz zur gegenwärtig verfolgten Familienpolitik – nicht die Besser- sondern die Schlechtergestellten zu fördern.

9.4.2 Neue Solidaritätsformen

De facto wird verantwortete Solidarität von ökonomischen Ressourcen abhängig gemacht. Auf der Ebene symbolischer Repräsentation bleibt aber das Bild der Karrierefrauen und -männer, die Beruf mit Familie vereinbaren können, als individuell – ‚aus eigener Kraft' – erreichbares und erstrebenswertes Ideal wirksam.

Formen der Solidarität werden in der Familien- und Vereinbarkeitspolitik lediglich in Form der Kleinfamilie angesprochen. Die real existierenden Kleinfamilien, ‚Patchwork-Familien' und Partnerschaften werden damit überfordert. Als ‚unfreiwillige' Art der Gemeinschafts-Solidarität hat diese Form der eingeforderten Familiensolidarität Pflichtcharakter und nichts von der Blickrichtung einer verantworteten Solidarität, die auch in globaler Perspektive Aufmerksamkeit auf notwendige Veränderungen ungerechter Strukturen lenken könnte.

9.4.3 Nachfolge als kollektive Aufgabe

Angesichts von Re-Familiarisierungstendenzen ist die Notwendigkeit dringlich, alternative Formen kollektiver Verantwortung zu finden – sei es in generationenübergreifenden Wohnprojekten, verbindlichen Wohngemeinschaften oder anderen Formen kollektivierter oder/und öffentlich finanzierter, professionalisierter Sorge-Arbeit. Damit könnte die Verantwortung für Kinder, Alternde und Kranke gesellschaftlich statt individuell realisiert werden und Unterstützungsmöglichkeiten unabhängig von individuellen finanziellen Ressourcen zugänglich gemacht werden.[566]

Aus der Perspektive von Menschen, die wenige ökonomische Ressourcen besitzen, muss konstatiert werden, dass, wenn sie Verantwortung für Kinder oder Menschen mit Pflegebedarf übernehmen, das Armutsrisiko sehr hoch ist. Durch hohe zeitliche Beanspruchung, Unsicherheit und Existenzängste ist zu erwarten, dass Freiräume für das Entwickeln von alternativen Formen von Solidarität und Verantwortungsübernahme kaum vorhanden sind.

[566] Vgl. auch Iris Nowak: Von mutigen Männern und erfolgreichen Frauen. Work-life-Balance in prekarisierten Verhältnissen, in: Kaindl, Subjekte, 59-74, 68. Iris Nowak weist darauf hin, dass die Bereiche ‚Familie' und ‚Beruf' als klar voneinander getrennt „ihre bisherigen Formen verlieren und in neuer Weise zueinander angeordnet werden müssen, damit neue geschlechtergerechte Lebensformen möglich werden." Ebd.

10. Migrantinnen als Arbeitskräfte in Privathaushalten: Neue Hierarchien zwischen Frauen

Das Phänomen von Migrantinnen als Haushaltsarbeiterinnen wirft Fragen auf, die besonders für das Verständnis von Solidarität relevant sind. Hervorzuheben ist, dass es nur einen kleinen Ausschnitt der Lebensrealität von Migrantinnen in der BRD betrifft. Die Gefahren einer Viktimisierung und paternalistischen Sichtweise sowie der Etablierung einer ‚weißen' Norm bestehen, wenn der Fokus einseitig auf Migrantinnen in ausbeuterischen Arbeitsverhältnissen gelegt wird. Konstrukte und Normen wie ‚Rasse' oder ‚Weißsein' sind zu hinterfragen. Nicht das Phänomen an sich ist als problematisch zu bewerten, sondern die Implikationen, die dieses Phänomen für Arbeitsverhältnisse und Solidarität unter Frauen hat. Infragestellungen ‚weißer' Normativität sollen auch den Blick auf die Situation von Haushaltsarbeiterinnen und ihren ‚Arbeitgeberinnen' prägen.[567]

Für die Frage nach Entsolidarisierungsprozessen und Ökonomisierung ist das Phänomen virulent, da es oft unsichtbar gemacht wird und an ihm struktureller Rassismus, neue Hierarchien – und dadurch Entsolidarisierung – zwischen Frauen sowie das Problem geschlechtsspezifischer Arbeitsteilung und individueller Lösungsstrategien beleuchtet werden können. Dabei sind in diesem Kapitel vor allem Verschränkungen von geschlechtlicher und ‚ethnisierter' Arbeitsteilung relevant. Es geht um Bewältigungsstrategien von Frauen, Reproduktions- und Produktionsarbeit zu verbinden und um die dadurch etablierten neuen Hierarchien zwischen Frauen. Das Phänomen von Migrantinnen als Haushaltsarbeiterinnen wird daraufhin untersucht,

[567] Vgl. Wollrad, Weißsein, 12f. Vgl. auch Serhat Karakayali: Gespenster der Migration. Zur Genealogie illegaler Einwanderung in der Bundesrepublik Deutschland, Bielefeld 2008, 251-258.

wie sich Herrschaftsverhältnisse, Identitätskonstruktionen und geschlechtliche Zuschreibungen verändern.

10.1 ‚Feminisierung' von Migration und effizienzorientierte Migrationspolitik in der BRD

Neoliberale Globalisierung produzierte in den letzten Jahrzehnten zunehmende Migration. Zu differenzieren sind hier verschiedene Mobilitätsformen, die unterschiedlich machtbesetzt sind: Tourismus, Mobilität innerhalb transnationaler Unternehmen, Flucht aus wirtschaftlichen und politischen Gründen, temporäre und andauernde Migration von Arbeitskräften. Frauen sind von den Veränderungen in besonderer Weise betroffen, und zwar sowohl in Bezug auf die Bedingungen in den Zielländern, in denen zunehmend ganze Arbeitssegmente wie Haushaltsarbeit und Prostitution auf Migrantinnen zugeschnitten sind, als auch in Bezug auf die verursachenden Bedingungen in den Herkunftsländern. Tendenziell lässt sich eine ‚Feminisierung der Migration' feststellen. Dieser Begriff umfasst unterschiedliche Tendenzen: Der Frauenanteil an den weltweit Migrierenden steigt. Vor allem drei Tätigkeitsfelder sind von zunehmender Migration betroffen: Gastronomie, Unterhaltungsindustrie bzw. Prostitution und Haushaltsarbeit, die den größten Anteil ausmacht. Im Fall von Frauen werden regelrechte globale Versorgungsketten ausgelöst, da sie oft ihre Familien zurücklassen und Sorge-Arbeit wiederum an andere Frauen abgeben müssen, mit weitreichenden Folgen für Familien und Partnerschaften.[568]

---

[568] Vgl. Annette Treibel: Migration als Form der Emanzipation? Motive und Muster der Wanderung von Frauen, in: Christoph Butterwegge, Gudrun Hentges (Hg.): Zuwanderung im Zeichen der Globalisierung. Migrations- Integrations- und Minderheitenpolitik, 4., aktualis. Auflage, Wiesbaden 2009, 103-120, 116; vgl. Elisabeth Beck-Gernsheim: Und für Opa sorgt 'ne Frau aus Osteuropa. Die stille Globalisierung der Familienarbeit, in: Helmut König u. a. (Hg.): Die Zukunft der Arbeit in Europa. Chancen und Risiken neuer Beschäftigungsverhältnisse, Bielefeld 2009, 91-101, 97-99; vgl. Lutz, Vom Weltmarkt, 30; vgl. Sabine Hess, Ramona Lenz: Kulturelle Globalisierung und Geschlecht – ein Buchprojekt, in: Hess/

Im Zusammenhang mit dem Wandel im Dienstleistungssektor war bereits davon die Rede, dass neoliberale Politik Spaltungen verursacht, die zunehmend auf der einen Seite hochqualifizierte und -bezahlte und auf der anderen Seite „zunehmend ethnisierte und äußerst prekäre Sektoren"[569] hervorbringen. Die BRD ist seit langem ein Einwanderungsland. Sie war – wie jede ‚Nation' – von Anfang an kein ‚einheitliches' Land oder eine ‚einheitliche' Ethnie. Angesichts der Geschichte der Völkerwanderung und der verschiedenen territorialen Veränderungen stellt sich die Nation ‚Deutschland' als relativ neues Konstrukt dar.[570]

Dass die BRD auf Einwanderung geradezu angewiesen ist, zeigen der demographische Wandel, der meist als ‚Problem' bezeichnet wird, und der Fachkräftemangel in bestimmten Segmenten der Wirtschaft. Die Bemühungen der verschiedenen Bundesregierungen zielen seit langer Zeit im Rahmen eines entsprechenden EU-Migrationsregimes darauf ab, auf der einen Seite möglichst hoch qualifizierten Fachkräften, die auf absehbare Zeit keine Sozialleistungen in Anspruch nehmen werden, die Einwanderung zu erleichtern. Auf der anderen Seite wird zunehmende Abschottung gegenüber Migrantinnen praktiziert, die diesen Anforderungen der Arbeitsmärkte nicht entsprechen. Das neue ‚Zuwanderungsgesetz' der BRD von 2005 stellt für Migranten, die nicht die gefragten Qualifikationen mitbringen, eine Verschärfung dar, da die Eingliederung in den Arbeitsmarkt ausschlaggebend für die Erlangung eines Aufenthaltstitels wurde. Allerdings wird ignoriert,

Lenz, Geschlecht, 10-33, 22; vgl. auch Petra Dannecker: Die Feminisierung der Migration, in: Informationszentrum 3. Welt, Nr. 295, September 2006, 23-27; vgl. Rachel Salazar Parrenas: Servants of Globalization: Women, Migration and Domestic Work, Stanford 2001; vgl. auch Cruz, Die Suche, 63-65.

[569] Hess/Lenz, Kulturelle Globalisierung, 19.

[570] Vgl. Wollrad, Weißsein, vor allem 73-88, 117-129, 130-146. Vgl. zur Geschichte und Situation Schwarzer Deutscher: Katharina Oguntoye u. a. (Hg.): Farbe bekennen. Afro-deutsche Frauen auf den Spuren ihrer Geschichte, 3. Aufl., Berlin 2006; vgl. Annemarie Sancar: Geschlechterdifferenz und Ethnisierung in Migrationsdiskurs und Migrationspolitik, in: Heike Walz u. a. (Hg.): „Als hätten sie uns neu erfunden". Beobachtungen zu Fremdheit und Geschlecht, Luzern 2003, 55-63.

dass es eine große Nachfrage nach billigen Arbeitskräften für den flexibilisierten, deregulierten und prekarisierten Arbeitsmarkt gibt, auf dem es sehr viel schwerer ist, den Nachweis der ‚Eingliederung' in den Arbeitsmarkt zu erbringen. So findet die Zuwanderung in diesem Bereich zu großem Teil illegalisiert statt. Es ist also zu sehen, dass auch im Migrationsregime Ökonomisierung und Effizienzorientierung verstärkt werden, mit existenziellen Folgen: Die Chancen, aufgrund von politischer Verfolgung oder über Familienzusammenführung in der BRD ein Aufenthaltsrecht zu bekommen, sind drastisch gesunken. Den größten Skandal im Rahmen der Abschottungspolitik stellen die Hunderten von Toten dar, die jährlich an den EU-Außengrenzen sterben, beim Versuch, die Grenzen der EU per Boot oder schwimmend zu überwinden, oder bei Abschiebemaßnahmen.[571]

10.2 Migrantinnen als Haushaltsarbeiterinnen in der BRD

Menschen mit Zuwanderungsgeschichte sind in der BRD in allen Arbeitsfeldern präsent. Ich greife ein Arbeitsfeld von vielen heraus, das von Migrantinnen und prekären Arbeitsbedingungen geprägt ist. Der Begriff ‚Migrantin' ist zwangsläufig unpräzise, weil er Menschen umfassen kann, die sich temporär, zum Beispiel aufgrund eines (Saison-)Arbeitsverhältnisses in der BRD aufhalten, die hier geboren sind, bis hin zu Zuwanderungsgeschichten über Generationen hinweg. Davon unabhängig sind Fragen nach Staatsbürgerschaft oder Aufenthalts- und Arbeitsgenehmigung, nach denen die individuellen Situationen ebenfalls differenziert werden müssen.

---

[571] Vgl. Encarnación Gutiérrez Rodríguez: Das postkoloniale Europa dekonstruieren. Zu Prekarisierung, Migration und Arbeit in der EU, in: WIDERSPRUCH, 25. Jg., Nr. 48/2005, 71-81, 72f., 76. Vgl. zum EU-Grenzregime zum Beispiel o. A.: Debatte im EU-Rat: Aufrüstung der europäischen Grenzagentur, Presseerklärung von pro asyl, 25.02.2010. Quelle: http://www.proasyl.de/en/press/press/news/debatte_im_eu_rat_aufruestung_der_europaeischen_grenzagentur (letzter Zugriff am 10.07.2012); vgl. Jürgen Gottschlich, Sabine am Orde (Hg.): Europa macht dicht. Wer zahlt den Preis für unseren Wohlstand?, Frankfurt a. M. 2011.

Angesichts der differenzierten Arbeitsteilung aufgrund von Kategorien wie Klasse, Geschlecht und Ethnie ist aber festzuhalten, dass Migranten und Migrantinnen, die auf Existenzsicherung durch Erwerbsarbeit angewiesen sind, im Niedriglohnbereich (zum Beispiel in der Bauwirtschaft) und vor allem im Dienstleistungssektor in höherer Anzahl vertreten sind. Aufgrund rassistischer Arbeitsteilung, der Niedriglöhne und der Unsicherheit der Arbeitsverhältnisse arbeiten viele dieser Migrantinnen trotz teilweise hoher Qualifikationen zum Beispiel in Mini-Jobs in Supermärkten oder Hotels, in der Gastronomie, in Call-Centern, in Putz-Jobs bei Reinigungsdiensten und Firmen oder in der Sexarbeit. Für den kleinen Ausschnitt, der in diesem Kapitel interessiert, beschränke ich mich auf Frauen, die unter prekären Bedingungen in der privaten Haushaltsarbeit tätig sind. Diese erhielten in den letzten Jahren wissenschaftlich – und bereits seit längerem im Bereich von Selbst- und Unterstützungsorganisationen – mehr Beachtung.[572]

Das Problem geschlechtlicher der Arbeitsteilung ist in der BRD immer noch ungelöst: Die Verantwortung für Haushaltsarbeiten sowie für Fürsorge-, Erziehungs- und Pflegeaufgaben liegt nach wie vor zum großen Teil in den Händen von Frauen, und zwar mangels ausreichender öffentlicher Alternativen auf der individuellen Ebene. Zunehmend wird die Lösung dieses Problems darin gesucht, Migrantinnen für die Haushaltsarbeit anzustellen. Zusätzliche Faktoren für diese Entwicklung sind zunehmende Erwerbsarbeit von Frauen, Prekarisierung und Flexibilisierung des Arbeitsmarktes. Erst durch die Entstehung informeller, niedrig entlohnter, kaum abgesicherter Arbeitsstellen mit geringsten bzw. keinen Beiträgen zu Sozialversiche-

---

[572] Vgl. Bettina Roß: Ethnizität und Geschlecht in der internationalen Arbeitsteilung, in: Heike Brabandt u. a. (Hg.): Mehrheit am Rand? Geschlechterverhältnisse, globale Ungleichheit und transnationale Handlungsansätze (= Politik und Geschlecht 19), Wiesbaden 2008, 69-86, vor allem 74ff.; vgl. Gather, Putzen, 28f.; vgl. Luxenir Caixeta: Jenseits eines simplen Verelendungsdiskurses, in: kulturrisse, IG Infoblätter Nr. 24, Heft 4, Mai 2006, Quelle: http://kulturrisse.at/ausgaben/042006/oppositionen/jenseits-eines-simplen-verelendungsdiskurses (letzter Zugriff am 10.07.2012).

rung, Kranken- oder Urlaubsgeld konnten es sich Mittelschichtfrauen leisten, andere für Haushaltsarbeit und teilweise auch für die Kinderbetreuung und zunehmend für die Pflege von Angehörigen anzustellen. Dadurch schufen diese Veränderungen im Arbeisregime unter anderem im Bereich der Haushaltsarbeit zwei Klassen von Frauen. Darauf wies zum Beispiel Brigitte Young bereits Ende der 1990er Jahre hin. Migrantinnen werden zum unverzichtbaren Teil einer Unterstützungsstruktur, die hiesigen Frauen berufliche Karrieren erlaubt. Die wachsende Berufstätigkeit von Frauen ist also verknüpft mit der Funktion von Migrantinnen auf diesem Arbeitsmarkt. Es gibt eine neue ‚internationale' Arbeitsteilung im Haushalt. Die bezahlte Arbeit außerhalb des Hauses ist dabei höher bewertet als die bezahlte Hausarbeit, das heißt, beide Frauen sind nicht etwa dadurch gleichgestellt, dass sie arbeiten. Den Hintergrund bilden gesellschaftliche Zwänge und Geschlechterverhältnisse: Solange Kinderversorgung und Altenpflege zum großen Teil privatisiert und in der Verantwortung von Frauen bleiben, sind berufstätige Frauen dazu gezwungen, individuelle Lösungen zu finden.[573]

Genaue Zahlen kennt – entsprechend der rechtlichen Situation – niemand. Die Schätzungen reichen von 1,4 bis 3 Millionen Beschäftigten in der illegalisierten Haushaltsarbeit, wobei hier die in der Pflege Beschäftigten mitgeschätzt sind. Mehr als 90% dieser Haushaltsarbeit wird schätzungsweise von weiblichen Migrantinnen verrichtet. In Deutschland überwiegen in diesem Sektor Frauen aus anderen osteuropäischen Staaten – zurückzuführen auf Verarmungsprozesse in diesen Ländern seit Anfang der 1990er Jahre. Im Folgenden wird der Schwerpunkt auf Haushaltsarbeiterinnen im engeren Sinne gelegt, nicht auf die schätzungsweise 100.000 überwiegend nicht angemeldeten Pflegekräfte in Haushalten von Menschen mit Pflegebedarf.[574]

---

[573] Vgl. Lutz, Vom Weltmarkt, 18ff., 207f.; vgl. Roß, Ethnizität, 79; vgl. Gutiérrez Rodríguez, Das postkoloniale Europa, 76-81; vgl. Young, Die Herrin, vgl. Hess/ Lenz, Kulturelle Globalisierung, 19.

[574] Vgl. Deutscher Caritasverband, Das Recht; vgl. Lutz, Vom Weltmarkt, 204f.; vgl. Kathrin Englert: Globalisierte Hausarbeiterinnen in Deutschland, in:

10.2.1 Prekäre Arbeitsbedingungen und struktureller Rassismus

Aufgrund ihres oft unsicheren Aufenthaltsstatus sind Migrantinnen in vielen Fällen billige und flexible Arbeitskräfte, denen in den meisten Fällen kein Urlaubs- oder Krankengeld gezahlt wird und die keine Sozialversicherung erhalten. Lediglich 5% der sogenannten Familiendienstleisterinnen sind regulär beschäftigt. Die Migrantinnen selber bevorzugen oft diese unsicheren Arbeitsverhältnisse, um den Behörden nicht aufzufallen. Auch die Anrechnung des Lohnes auf das Arbeitslosengeld führt zur Ablehnung gesicherter Beschäftigung. Dabei spielt allerdings oft auch Unwissenheit über die rechtliche Situation eine Rolle. So ist es zum Beispiel längst möglich, Personen auch anonym bei einer Unfallversicherung zu melden und Lohn unabhängig vom Aufenthaltsstatus einzuklagen.[575]

Der Unterschied zu den früheren ‚Dienstbotinnen'-Berufen ist, dass heute vor allem umfangreiche und schmutzige Arbeiten in Privathaushalten vergeben werden. Aufstiegs- oder Ausstiegsmöglichkeiten gibt es kaum – im Unterschied zu Verhältnissen im späten 19. bis in die erste Hälfte des 20. Jahrhunderts, in denen die ‚Dienstboten'-Stellen eher ein Durchgangsstadium darstellten und, sobald sich die Gelegenheit bot, Alternativen in Verwaltungen oder industrieller Produktion gewählt wurden.[576]

Abgesehen von diesen politischen und ökonomischen Faktoren spielen auf den Ebenen der Identitätskonstruktion und der symbolischen Repräsentation hierarchisch konstruierte Differenzen im Ver-

---

Groß/Winker 2007, 79-101, 79f.; vgl. Bruns, Ein erfolgreiches Komplott, 32; vgl. Gather, Putzen, 26.

[575] Vgl. Institut der deutschen Wirtschaft: Familienunterstützende Dienstleistungen. Jobchancen für Geringqualifizierte, Beitrag des Informationsdienst des Instituts der deutschen Wirtschaft Köln, Nr. 9, 26.02.2009, Quelle: http://www.iwkoeln.de/de/infodienste/iwd/archiv/beitrag/42018 (letzter Zugriff: 10.07.2012); vgl. Lutz, Vom Weltmarkt, 44, 204; vgl. RESPECT-Initiative Berlin: Manifest der Superprecaria, in: Lassak/ Strobel 2005, 95-102, 101; vgl. Gather, Putzen, 26.

[576] Vgl. a. a. O., 28.

hältnis der Haushaltsarbeiterinnen und ihrer ‚Arbeitgeberinnen'[577] eine große Rolle. Die Beziehungsmuster sind kompliziert und können nicht mit einfachen Schemata von Ausbeutung und Rückkehr feudaler Strukturen beschrieben werden. Die meisten ‚Arbeitgeberinnen' sind bestrebt, eine freundschaftliches, fast familiäres Verhältnis zu konstruieren. Dies hat allerdings offensichtlich die Funktion, die im Arbeitsverhältnis faktisch bestehenden Asymmetrien zu kaschieren. Auf der Seite der ‚Arbeitgeberinnen' wird nach Helma Lutz das hierarchische Verhältnis zur ‚Arbeitnehmerin' maßgeblich durch die Konstruktion von ethnischen Differenzen legitimiert, zum Beispiel durch den Hinweis auf die Rückständigkeit des Heimatlandes der Migrantin. Gleichzeitig werden jedoch Hochqualifizierte als Haushaltsarbeiterinnen bevorzugt. Dies kann darauf zurückgeführt werden, dass, obwohl Haushaltsarbeiterinnen aufgrund ethnischer Differenz selektiert werden, die ‚Arbeitgeberinnen' bestrebt sind, die Differenz in Lebensweise und Kommunikationsstil nicht zu groß werden zu lassen. Die offensichtlich rassistischen Strukturen, die dazu führen, dass von einer Migrantin in der BRD eine Tätigkeit ausgeübt wird, die einen tiefgreifenden Abstieg in sozialer Hinsicht im Vergleich zu dem im Herkunftsland ausgeübten Beruf darstellt, werden dabei ignoriert.[578]

10.2.2 Legalisierung und Professionalisierung – ambivalente Verbesserungsstrategien

Angesichts der prekären Arbeitsbedingungen liegt es nahe, Professionalisierung und Legalisierung als Verbesserungsstrategien einzufordern. Helma Lutz weist darauf hin, dass es gegen eine Professionalisierung des Berufs der Haushaltsarbeiterin, gerade bei Frauen, auch deshalb Widerstände gibt, weil die ‚natürliche Befähigung' von Frauen

[577] Helma Lutz benutzt die Begriffe ‚Arbeitnehmerin' und ‚Arbeitgeberin' um zu betonen, dass es sich um ein Arbeitsverhältnis handelt; wenn auch um kein rechtlich abgesichertes. Vgl. Lutz, Vom Weltmarkt, 44, 202f.

[578] Vgl. a. a. O., 12, 93-99, 206.

für diese Arbeiten immer noch angenommen wird. Sie vermutet, dass eine Professionalisierung eine „tiefe Verunsicherung für einen Kernbereich der weiblichen Identitätsarbeit“[579] verursachen würde. Maria S. Rerrich beschreibt aus der Sicht der Migrantinnen den Vorteil dieser Vorurteile und Klischees über Wissen und Kenntnis von Frauen – und gerade von Frauen aus ökonomisch schwachen Ländern – im Bereich Haushaltsarbeit. Diese Vorurteile führen dazu, dass es für Migrantinnen kaum problematisch ist, in diesem Bereich einen Job zu finden, ohne dass diese Kenntnisse jemals nachgewiesen werden müssten. An den Migrantinnen selbst liegt es dann allerdings, sich diese über informelle Netzwerke anzueignen.[580]

Ein Hindernis für Professionalisierung und Legalisierung stellt das Grundproblem der Beharrungstendenz geschlechtlicher Arbeitsteilung dar. Die Funktionalität der Haushaltsarbeiterinnen für die Stabilisierung von Gesellschaften wie der BRD wird immer noch tabuisiert. Es gab zwar in letzter Zeit Versuche der Bundesregierung, die Legalisierung der Beschäftigung durch steuerliche Vorteile zu erleichtern, sie sind allerdings bisher kaum auf fruchtbaren Boden gefallen und scheinen eher dem Demonstrieren guten Willens zu dienen, gegen moralisch verurteilte undokumentierte Arbeit anzugehen zu dienen, nicht als wirksame Maßnahmen, um das Problem der Verteilung von Familien- und Haushaltsarbeit anzugehen. Die fehlende Ahndung undokumentierter Arbeit in Privathaushalten ist einerseits auf die rechtlich stark geschützte Privatsphäre zurückzuführen, andererseits aber – so kann vermutet werden – darauf, dass sie gesellschaftlich erwünscht ist, da auf diese Weise ein eigentlich gesellschaftliches, nicht (nur) individuelles Problem – die Doppelbelastung von Frauen – gelöst werden kann.[581]

---

579 A. a. O., 203f.

580 Vgl. Maria Rerrich: Global mit Besen und Schrubber. Warum unsere Nachfrage nach cosmobilen Haushaltshilfen ein Politikum darstellt, in: Le Monde diplomatique, 11.05.2007, 12-13.

581 Vgl. z. B. Englert, Globalisierte Hausarbeiterinnen; vgl. Bruns, Ein erfolgreiches Komplott, 29f.

Seit den späten 1960er Jahren bewegen sich die Realitäten von Familien und die offiziellen Rahmenbedingungen auseinander: Die Förderung traditioneller Arbeitsteilung, zum Beispiel durch Einführung des Ehegattensplitting in den 1950er Jahren, ist immer noch nicht abgeschafft. Dass Teilfamilien, Witwen und alleinerziehende Mütter erhebliche Nachteile davon haben, wird ignoriert. Ebenfalls in den 50er Jahren wurde auch das ,Dienstboten'-Modell obsolet. Sowohl die allgemeine Lohnentwicklung, durch die sich kaum jemand noch Haushaltshilfen leisten konnte, als auch das kulturell unerwünschte Modell der persönlichen Unterordnung trugen dazu bei. Die 1950er und 1960er Jahre waren in der BRD auch die Hoch-Zeit des sog. ,Ernährermodells'. Statt der Dienstbotinnen verrichteten nun Ehefrauen die Haushaltsarbeit, oft zusätzlich zur Erwerbsarbeit, die aber als ,Zuverdienst' angesehen und, wenn möglich, abgeschafft wurde. Die niedrige Anerkenung von Haushaltsarbeit als ,Frauen-Arbeit' blieb bestehen. Das kulturelle Unbehagen am ,Untergebenen-Status' führt zu unaufrichtigem Umgehen mit den nun wieder zunehmend beschäftigten Haushaltshilfen und fördert so auch die undokumentierte Arbeit und die Schattenwirtschaft. Die postfordistische Lohnentwicklung führte dazu, dass innerhalb von Familien beide Elternteile – Alleinerziehende sowieso – einer Erwerbsarbeit nachgehen müssen, während das Problem der Haushaltsarbeit ungelöst bleibt – dadurch, dass es keinen offenen gesellschaftlichen Diskurs darüber gibt, dass der Beruf der Haushaltsarbeiterin wieder eingeführt wurde, bleibt es auch schwierig, Anerkennung und bessere Arbeitsbedingungen einzufordern.[582]

Forderungen nach Legalisierung und Professionalisierung von Haushaltsarbeit sind aus der Perspektive der Migrantinnen als ambivalent zu beurteilen. Es bestehen einerseits Hindernisse für Professionalisierung und Legalisierung in ihrem häufig prekären Aufenthaltsstatus. Andererseits darf dies keinesfalls eine Legitimierung für ,Arbeitgeberinnen' sein, prekäre Arbeitsverhältnisse zu fördern. Ar-

[582] Vgl. a. a. O., 31f.

beitsrechte, gerechter Lohn, Lohnfortzahlung im Krankheitsfall oder im Urlaub sowie Unfallversicherung sind, wie bereits erwähnt, auch unabhängig vom Aufenthaltsstatus möglich.

Ein weiterer Aspekt, der die Professionalisierung erschwert, sind die Besonderheiten, die dieses Arbeitsfeld von anderen unterscheiden, wie Lutz aufzeigt. Sie bestehen vor allem in vier Punkten: 1) Der Arbeitsort privater Haushalt entzieht sich jeder Form von Arbeitsplatzkontrolle. 2) Durch den intimen Charakter dieses Arbeitsortes sind die Anforderungen einer Anpassung an die Individualität der ‚Arbeitgeberinnen' sehr hoch. 3) Die „hierarchisierte Differenz zwischen der institutionellen Eigenlogik der Arbeit im Privatraum und der des Erwerbssystems"[583] bleibt weiterhin bestehen. Haushaltsarbeit bleibt tendenziell vergeschlechtlicht, ohne gesellschaftliches Ansehen und verbunden mit der Auffassung, dass sie unentgeltlich erbracht werden müsste.

> „Sie kann jederzeit, wenn die finanziellen Umstände dies erfordern, von der bezahlten in die unbezahlte Form konvertiert werden, d. h. in der Regel von Frauen als familiale und nachbarschaftliche Dienstleistung erbracht werden."[584]

4) Die Arbeit ist sowohl technisch als auch körperlich anspruchsvoll, aber auch emotional höchst aufgeladen.[585]

Diese Schwierigkeiten in Bezug auf Legalisierung und Professionalisierung verdeutlichen: Reproduktionsarbeiten individuell über den ‚Arbeitsmarkt' zu organisieren und damit den ‚Dienstbotinnen'-Beruf wieder einzuführen, fördert und perpetuiert innerhalb der bestehenden Strukturen rassistische und sexistische Verhältnisse.

---

[583] Lutz, Vom Weltmarkt, 91.
[584] Ebd.
[585] Vgl. a. a. O., 90f.

10.3 Perspektiven aus der Sicht sozialer Bewegungen

Ein Ziel in der Veränderung des Verhältnisses von ‚Arbeitgeberin' und ‚Arbeitnehmerin' im Fall von Haushaltsarbeit besteht aus emanzipatorischer Perspektive darin, die ungleichen Positionen als ‚Arbeitgeberin' und ‚Arbeitnehmerin' nicht hierarchisch im Sinne von Überlegenheit zu konstruieren, sondern nüchtern als rechtlich-vertragliche Verbindungen, die auf beiden Seiten Rechte und Pflichten beinhalten. Um dieses Ziel zu erreichen, müsste sich als Basis die Auffassung durchsetzen, dass ökonomische Ungleichheiten nicht auf die Personen selbst oder auf die Rückständigkeit ihres Herkunftslandes zurückzuführen sind, sondern dass die Asymmetrien strukturell, zum Beispiel durch ökonomische Ungleichheit und rassistische Arbeitsteilung, bedingt sind, und dass diese strukturellen Ursachen aus emanzipatorischer Perspektive bekämpft werden müssen. Dafür sind Bündnisse unter den Frauen verschiedenster Positionen unerlässlich. Dabei müssen die unterschiedlichen Forderungen und Bedürfnisse, besonders aber diejenigen der ökonomisch abhängigen und von Diskriminierung betroffenen Haushaltsarbeiterinnen, berücksichtigt werden. RESPECT, eine Selbstorganisierungs- und Unterstützungs-Initiative für migrantische Haushaltsarbeiterinnen in Berlin, stellt zum Beispiel folgende Forderungen den ‚Arbeitgeberinnen' gegenüber auf: die Versachlichung der Beziehung zwischen ‚Arbeitgeberin' und ‚Arbeitnehmerin', die Anerkennung der äußerst prekären Situation von illegalisierten Migrantinnen, welche oft existenziell durch Abschiebung und ökonomische Unsicherheit bedroht sind, das Respektieren körperlicher und emotionaler Grenzen sowie klare Absprachen bezüglich Arbeitszeiten und Arbeitsinhalten.[586]

Wenn die Perspektive nicht nur eine individuelle, sondern eine gesamtgesellschaftliche ist, die die Wertschätzung und Sichtbarkeit sowie die Umverteilung unbezahlter Haushalts- und Sorge-Arbeit im Blick hat, sollten Strategien sozialer Bewegungen, die sich für die

---

[586] Vgl. RESPECT-Initiative Berlin, Manifest, vor allem 101.

Anerkennung von Rechten für Einwandernde, für Legalisierung und Arbeitsrechte von Migrantinnen einsetzen, bei den Ambivalenzen gesellschaftlicher Arbeitsteilung ansetzen. Strategien, die auf Öffentlichkeitsarbeit, Skandalisierung prekärer Arbeitsbedingungen und strukturellen Rassismus' zielen, müssen von unmittelbaren Anforderungen in Selbstorganisierungs- und Unterstützungspolitik unterschieden werden. Bei letzteren ist Öffentlichkeit oft eher schädlich, wenn es um individuelle und kollektive Bewältigungsstrategien im prekarisierten Alltag geht. Wichtig ist meines Erachtens eine Doppelstrategie: Auf der einen Seite muss die Tabuisierung der auf dem Rücken von Migrantinnen ausgetragenen individualisierten Lösungsstrategien für geschlechtliche Arbeitsteilung aufgebrochen werden. Es gilt also, die Verteilung gesellschaftlich notwendiger Arbeit, zusammen mit Fragen von Existenzsicherung und Arbeitsrechten, öffentlich zu thematisieren. Aufenthaltsrechte, soziale Sicherung und menschenwürdige Löhne unabhängig von der Staatsbürgerschaft sind politisch einzufordern. Auf der anderen Seite gilt es, die faktische Situation derjenigen, die für Hungerlöhne arbeiten und nicht ohne illegalisierte Arbeit über die Runden kommen, anzuerkennen. Für ihre würdigen Lebensbedingungen gilt es sich auch jenseits von bürgerlichen Gesetzes- oder Moralvorstellungen einzusetzen.

Beschäftigung mit dem Thema Migration verlangt immer auch Positionierung im Hinblick auf Grenzregime, Nationalismen und Rassismen. Ein internationalistischer Zugang zu politischer und theologischer Praxis bedeutet auch, hier vor Ort die vorherrschende repressive Zuwanderungspolitik in der BRD zu kritisieren, die sich im Rahmen der ‚Festung Europa' zunehmend auf die EU-Außengrenzen fokussiert. Im Widerspruch zur gewollten ‚globalen Mobilität' von Kapital und hochqualifizierten Arbeitskräften suggerieren Diskurse von ‚Demographieproblemen' ein Aussterben von ‚Deutschen' und schiebt das Bild vom ‚vollen Boot' die Probleme struktureller Erwerbslosigkeit auf Menschen mit Migrationshintergrund ab. Diese Ideologieproduktion sorgt dafür, dass sich in der BRD – im Unterschied zum Beispiel zu anderen ehemaligen Kolonialländern wie

Frankreich oder Großbritannien – hartnäckig ein ethnisiertes Verständnis von Staatsbürgerinnenschaft hält, das ‚Deutschsein' mit ‚Weißsein' identifiziert. Eines der restriktivsten Einbürgerungssyteme in Europa wird so legitimiert. Zwei Beispiele mögen zur Illustration genügen: die politischen Widerstände gegen doppelte Staatsbürgerinnenschaft von Erwachsenen und der unmenschliche Umgang mit Asylbewerberinnen, die zusätzlich zu häufigen Traumatisierungen im Herkunftsland in den lagerartigen Zuständen deutscher Unterbringungs-Einrichtungen diskriminiert und als Bürgerinnen zweiter Klasse behandelt werden. Einzufordern sind vor diesem Hintergrund einklagbare Menschenrechte auf Bewegungsfreiheit, auf grenzüberschreitende Mobilität, auf ökonomische, soziale und politische Rechte unabhängig von Herkunft und Papieren. Das Konzept von Nationalstaaten steht in Konsequenz dieser Forderungen grundsätzlich zur Disposition.

10.4 Theologische Schlussfolgerungen

10.4.1 Aufbrechen rassistischer Identitätskonstruktionen

Identitätskonstruktionen finden in den Beziehungen zwischen migrantischen Haushaltsarbeiterinnen und ihren ‚Arbeitgeberinnen' oft auf dem Hintergrund hierarchischer Konstruktionen von ‚ethnischer' Differenz statt. Dies dient der Legitimierung von Ungleichheit und prekären Arbeitsverhältnissen. Den Zusammenhang zwischen rassistischen Fremdzuschreibungen und ökonomischer und sozialer Ungleichheit gilt es zu thematisieren und Herrschaftsverhältnisse zwischen Frauen anzuprangern. Einzufordern sind Arbeitsrechte, aber auch Veränderungen der Zuwanderungsgesetze, um ökonomisch schlechter Gestellte und prekär Arbeitende nicht zu diskriminieren.

Symbolische Repräsentationen in Bezug auf ‚Nation', die Migration und Zuwanderung als ‚unnormal' und als Problem ansehen, sind als rassistisch zu thematisieren. Dies schließt ein, auf Viktimisierungsdiskurse, auch im Bereich von Unterstützungsgruppen für Flüchtlinge und Asylsuchende, zu achten. Auch Solidaritätsinitiativen tendieren manchmal dazu, einseitig die problematische Seite der Migration – im Sinne der Opferpespektive – zu betonen und dadurch die Normalität der hier lebenden Menschen mit Zuwanderungsgeschichte unsichtbar zu machen. Im Bereich der Identitätskonstruktion fördert das manchmal Paternalismus und die Begrenzung auf moralische Appelle an die Aufnahme von Flüchtlingen. Auch wenn das Skandalisieren der Lebensbedingungen von Asylbewerberinnen und von Abschiebungen wichtig ist, muss gleichzeitig auf die selbstverständliche Präsenz von Menschen mit Zuwanderungsgeschichte in der BRD sowie auf die als selbstverständlich geltende freie Wahl des Wohnsitzes für BRD-Bürgerinnen verwiesen werden, aber auch auf die vielfältigen Formen von subtilem und strukturellem Rassismus, denen viele Migrantinnen im Alltagsleben ausgesetzt sind.

Hier ist auf Transzendenz als Hinweis auf das Fragmentarische alles Weltlichen und auf die Infragestellungen der für Subjektwerdung bedeutsamen Kategorien zu verweisen.[587]

10.4.2 Solidarität: Bekämpfung von Paternalismus und von Strukturen der Ungerechtigkeit

Das Beispiel migrantischer Haushaltsarbeiterinnen zeigt, dass ein genauer Blick auf die Konstruktion von ‚Solidarität' geworfen werden muss. Indem ‚Arbeitgeberinnen' ihr Tun für ein ‚gutes Werk' der Solidarität halten, da sie zur existenziellen Sicherung von teilweise Illegalisierten beitragen, werden die genannten hierarchischen Differenzen und legitimierten Ungleichheiten zwischen Frauen in Kauf genommen. Solidarität, die gemeinsame Ausgangsbedingungen zur Grundlage nimmt, das heißt, globale Verhältnisse als strukturell be-

[587] Vgl. Kapitel 3.4 bis 3.6. Auch die Geschichte von Maria und Martha (Lk 10,38-42) kann beispielsweise als Thematisierung und Infragestellung weiblicher Rollenzuweisung interpretiert werden.

dingt ansieht, würde ökonomische Ungleichheit nicht den Einzelnen oder Bedingungen in anderen Ländern zur Last legen, sondern Wege suchen, wie strukturelle Ungleichheiten bekämpft werden können. Gleichzeitig ist in den faktisch bestehenden Arbeitsverhältnissen eine Verrechtlichung notwendig, um Gleichwertigkeit zumindest dahingehend zu unterstützen, dass es nicht um Großzügigkeit und Wohlfahrt, sondern um beiderseitige Rechte und Pflichten geht.

Solidarität heißt aber auch, den Umgang mit Flüchtlingen und Asylbewerberinnen in der BRD zum Thema zu machen und sich für das Recht auf Aufenthalt, Arbeit, Wohnung und Bewegungsfreiheit für alle, die hier leben wollen, einzusetzen. Bedürfnisse und Sichtweisen der Betroffenen müssen in der Unterstützungsarbeit im Mittelpunkt stehen, anstatt paternalistisch die Interessen der Unterstützenden zu verfolgen. Selbstorganisation zu unterstützen sollte prioritär sein – und dies schließt die Bereitschaft ein, zu akzeptieren, dass die Bedürfnisse der Betroffenen andere sind, als sich dies Unterstützende manchmal vorstellen oder wünschen, gerade wenn es um die Themen Einwanderung und ‚Integration' geht.

Einer ‚Solidarität zwischen Frauen' steht beim Phänomen migrantischer Hausarbeiterinnen die Tatsache entgegen, dass sich eher neue Hierarchien und Machtverhältnisse herausbilden als solidarische Praxen bzw. dass globale Herrschaftsverhältnisse stabilisiert werden. Die Tatsache, dass Migrantinnen in Haushalten reicherer Länder Arbeit suchen, wird durch ökonomische Ungleichverhältnisse zwischen den Ländern verursacht. Helma Lutz hebt hier Verarmungsprozesse nach Systemtransformationen wie zum Beispiel in Osteuropa sowie Naturkatastrophen, Kriege und Misswirtschaft als Ursachen hervor. Ergänzt werden müssen die neo- bzw. postkolonialen Strukturen in Form der Weltbank, des Internationalen Währungsfonds oder der Welthandelsorganisation. Globale Arbeitsteilung muss in die Diskussion gebracht werden, die viel mehr umfasst, als das kleine Beispiel migrantischer Haushaltsarbeiterinnen zeigen kann. Globale Wertschöpfungsketten sind in neokolonialer Struktur so organisiert, dass natürliche und Arbeitskraft-Ressourcen aus armen Ländern billig abgeschöpft werden und die in den Industrieländern gefertigten Produkte subventioniert exportiert werden. Auf diese Weise werden einheimische Märkte zerstört und Profite einseitig zugunsten der Industrieländer erzeugt. Formen internationaler Solidarität, die diese Zusammenhänge nicht aufdecken, verschweigen strukturelle Ursachen von Ungleichheit und tragen zu ihrer Stabilisierung bei.[588]

10.4.3 *Menschen- und Teilhaberechte – unabhängig vom Aufenthaltsstatus*

Die Tradition der Menschenrechte geht unter anderem auf den christlichen Glauben zurück. Wenn mit der gleichen Würde aller Menschen ernst gemacht werden soll, dann darf die Idee der gesellschaftlichen Teilhaberechte nicht vom Aufenthaltsstatus abhängen.[589]

Zum Thema politischer Handlungsfähigkeit, das heißt, der konkreten Realisierung von Veränderungen in Richtung auf Solidarität und Gerechtigkeit, sind auch Gewerkschaften gefragt. Erst sehr zaghaft öffnen diese sich für die Anliegen von Migrantinnen und prekär Beschäftigten. Ihre Unterstützung wird im Kampf für ein Arbeitsrecht für alle und beim Einklagen von Entlohnung und Versicherungsleistungen dringend gebraucht.[590]

Eine offene Frage ist, ob es gelingen kann, durch Offenlegen und Reflektieren ungleicher Ausgangssituationen Herrschaftsverhältnisse sichtbar und thematisierbar zu machen und vor allem, sie zu verändern. Zu einer Handlungsfähigkeit im Sinn von ‚Selbstsorge in Solidarität' wurde als zentraler Punkt die Bereitschaft zur Selbstreflexion

---

[588] Vgl. zum Beispiel Lutz, Vom Weltmarkt, 204f.; vgl. Roß, Ethnizität, 72ff.

[589] Das Bundesverfassungsgericht hat beispielsweise längst das Asylbewerberleistungsgesetz für verfassungswidrig erklärt, weil es Leistungen unter der festgelegten Grenze zur Existenzsicherung vorsieht – politisch folgt daraus kein Handlungsdruck, diese untragbare Situation zu ändern. Vgl. o. A.: Antwort der Bundesregierung auf die Große Anfrage der Abgeordneten Ulla Jelpke, Jan Korte, Klaus Ernst, weiterer Abgeordneter und der Fraktion DIE LINKE am 10.11.2010, Drucksache 17/3660, 4, Quelle: http://dipbt.bundestag.de/dip21/btd/17/036/1703660.pdf (letzter Zugriff am 10.07.2012).

[590] Vgl. RESPECT-Initiative Berlin, Manifest, 100f.

benannt. Auf der Seite von Frauen, die vor dem Problem stehen, Erwerbsarbeit und Sorgeaufgaben zu verbinden, ist ernsthaft die Frage zu stellen, was politisch bewirkt wird, wenn sie sich auf individualisierte Lösungen einlassen bzw. aufgrund von (vermeintlichen) Sachzwängen einlassen müssen. Das Stichwort ‚Politisierung des Alltags' ist im Zusammenhang mit dem Phänomen migrantischer Haushaltsarbeiterinnen besonders wichtig. Angesichts des sehr unterschiedlichen Alltags migrantischer Haushaltsarbeiterinnen und ihrer ‚Arbeitgeberinnen' wird zum Beispiel deutlich, wie stark polarisiert die Gesellschaft in der BRD ist. Der Beruf des Dienstmädchens wird quasi durch die Hintertür wieder eingeführt. Selbstkritische Reflexion würde bedeuten, die privilegierte Rolle als ‚Arbeitgeberin' zu reflektieren, die prekäre Arbeitsverhältnisse und rassistische Hierarchien festschreibt. Folge der Reflexion dieser Verhältnisse könnte sein, geschlechtliche Arbeitsteilung in Produktions- und Reproduktionsarbeit und gemeinschaftliche Verantwortungsübernahme öffentlich und innerhalb von Partnerschaften und Familien zum Thema zu machen und gerechtere Verteilung einzufordern. Die Sinnhaftigkeit und Grenzen einer Ökonomisierung von Reproduktionstätigkeiten und damit Lösungen über den Kauf von Arbeitskraft müssen thematisiert werden.

Selbstorganisierung von Migrantinnen und ihre Unterstützung im Kampf um faire Arbeitsbedingungen, um Löhne, die ein würdiges Leben erlauben, um Absicherungen gegen Krankheit und Unfälle sowie um die Möglichkeiten abgesicherter Urlaubs- und Rentenzeiten stehen bei den Erfordernissen politischer Handlungsfähigkeit an erster Stelle. Wie bereits erwähnt, muss hier allerdings zwischen der unmittelbaren Unterstützungsarbeit im Alltag und politisch und öffentlich wirksamen Kämpfen differenziert werden, die sich hinsichtlich der Strategien und der Mittel unterscheiden. Kriterien müssen immer wieder die Stimmen der Betroffenen sein, um paternalistische Unterstützungsarbeit zu vermeiden.

Dabei ist der Horizont noch auf weitere unmittelbar notwendige Kämpfe in diesem Zusammenhang zu weiten: Auf struktureller Ebene auf Kämpfe um Bleiberecht, Arbeitserlaubnisse, kostenlose Gesundheitsversorgung, Kinderbetreuung, Schulbesuche und Deutschkurse, die Anerkennung von Berufs- und Studienabschlüssen und Zeugnissen. Dazu gehört auf repräsentativer Ebene das Streiten um eine Konstruktion von ‚Bürgerschaft' jenseits von nationaler Identität, die soziale und politische Teilhaberechte sichert, um die Anerkennung der BRD als Einwanderungsland und die Wahrnehmung historischer Verantwortung gegenüber Menschen aus arm gemachten Ländern. Auf der Ebene der Identitätskonstruktionen geht es um angstfreie Offenheit im Wissen um eigene Heterogenität, um die Bereitschaft zu einem Zusammenleben, das alle Mitglieder einer Gesellschaft unabhängig von Staatsbürgerinnenschaft, Sprache, Hautfarbe oder Religion auf Augenhöhe behandelt sowie den Willen, Ressourcen und gesellschaftlich notwendige Arbeit global umzuverteilen und damit auch vor der eigenen Haustür nicht halt zu machen.[591]

[591] Vgl. zum Beispiel auch Lutz, Vom Weltmarkt, 208f.

11. Die Arbeitsmarktreform ‚Hartz IV' und ihre Auswirkungen auf Geschlechterverhältnisse

Die Einführung der ‚Gesetze zu modernen Dienstleistungen am Arbeitsmarkt', nach dem Vorsitzenden der entsprechenden Kommission Peter Hartz ‚Hartz I-IV' benannt, war ein wichtiges Element in der neoliberalen Umgestaltung des Sozialstaats in der BRD. Sie ist im Kontext der ‚Agenda 2010' der rot-grünen Bundesregierung zu sehen, die 2003 als Reform-Agenda für die durch fehlende Finanzierung gefährdeten sozialen Sicherungssysteme verkündet wurde. Als offizielle Auslöser für die Arbeitsmarktreformen wurden einerseits der ‚Vermittlungsskandal', das heißt der Nachweis des Bundesrechnungshofes, dass die Zahlen der Arbeitsämter über die Vermittlung von Erwerbslosen in Erwerbsarbeit geschönt waren, andererseits der unverhältnismäßige Verwaltungsaufwand, der zur Zahl der zu Vermittelnden in keinerlei Verhältnis stand, genannt.[592]

Im Rahmen der ‚Agenda 2010' fand eine umfassende Umgestaltung des Sozialversicherungssystems statt. Sie basierte auf den Grundsätzen des Schröder-Blair-Papiers von 1999, das eine wirtschaftsfreundliche Ausrichtung, Umgestaltung der Sozialsysteme und Flexibilisierung von Arbeit als neues Profil der europäischen Sozialdemokratie kennzeichnete. Kranken-, Pflege-, Renten- und Arbeitslosenversicherung wurden gemäß dem neoliberalen Kurs der Bundesregierung umfassend auf mehr ‚Eigenverantwortung' der Bürgerinnen angelegt, das Solidarsystem ausgehöhlt und zusätzliche private Vorsorge vorangetrieben. Frauen sind von den Auswirkungen besonders betroffen, wobei wiederum das Verhältnis von Erwerbsarbeit und Existenzsicherung eine wichtige Rolle spielt.[593]

---

[592] Vgl. zum Beispiel Lenhart, Soziale Bürgerrechte, 16.

[593] Vgl. Thomas Wagner: Draußen – Leben mit Hartz IV. Eine Herausforderung für die Kirche und ihre Caritas, Freiburg i. Br. 2008, 12f.; vgl. Lenhart, Soziale

11.1 Eckpunkte von ‚Hartz IV'

Folgende Maßnahmen wurden von den ‚Hartz-Gesetzen' 1-3 im Kern eingeführt: Beschleunigung der Arbeitsvermittlung, Personal-Service-Agenturen für die Vermittlung von Leiharbeit, die Förderung geringfügiger Beschäftigung durch Einführung sogenannter ‚Mini-Jobs', die mit bis zu 400 Euro vergütet werden und stark entlastet von Sozialabgaben sind, Unterstützung für individuelle Selbstständigkeit, Verschärfung der Zumutbarkeit für von Erwerbslosen anzunehmende Arbeit.[594] In der folgenden Analyse beschränke ich mich auf ‚Hartz IV', das die Regelungen des Sozialgesetzbuches (SGB) II und damit die Zusammenlegung der früheren Arbeitslosenhilfe mit der Sozialhilfe zum ‚Arbeitslosengeld (ALG) II' zum Gegenstand hatte.

Arbeitsmarktpolitik wurde durch die Einführung des Arbeitslosengeldes (ALG) II grundlegend verändert: Das sich am vorherigen Einkommen orientierende Arbeitslosengeld wurde auf ein Jahr begrenzt; anschließend gelten die Erwerbslosen als ‚Langzeiterwerbslose' und erhalten steuerfinanzierte Transferleistungen, die lediglich das Existenzminimum garantieren sollen und auf der Höhe der früheren Sozialhilfe angesiedelt sind, allerdings je nach Bedürftigkeit der Erwerbslosen und – dies ist eine weitere grundlegende Neuerung – ihrer haushaltsbezogenen ‚Bedarfsgemeinschaft'. Diese stellt eine Bezugsgemeinschaft für Leistungen nach dem SGB II dar. Kriterium und Voraussetzung für den Bezug ist die ‚Erwerbsfähigkeit', das heißt, die Fähigkeit, drei Stunden am Tag arbeiten zu können. Die früheren Sozialhilfebezieher und Arbeitslosenhilfebezieherinnen sind, sofern

Bürgerrechte, 16f.; vgl. Antonia Gohr: Auf dem „dritten Weg" in den „aktivierenden Sozialstaat"? Programmatische Ziele von Rot-Grün, in: Antonia Gohr, Martin Seeleib-Kaiser (Hg.): Sozial- und Wirtschaftspolitik unter Rot-Grün, Wiesbaden 2003, 37-60, 48.

[594] Vgl. Dorothee Frings: Arbeitsmarktreformen und Zuwanderungsrecht – Auswirkungen für Migrantinnen und Migranten. Juristische Expertise, Frankfurt a. M. 2005, 14f.

sie die Kriterien erfüllen, mit einbezogen.[595] Dabei werden alle Mitglieder einer ‚Bedarfsgemeinschaft', unabhängig vom Geschlecht, auf ihre ‚Erwerbsfähigkeit' sowie auf Einkommen und Vermögen hin überprüft. Alle ‚Erwerbsfähigen' – mit nur noch wenigen Ausnahmen, Ausbildung und körperliche Beeinträchtigungen betreffend – müssen zum Abbau der Hilfebedürftigkeit beitragen. Soziale Gerechtigkeit und soziale Teilhabe werden in wachsendem Ausmaß an Erwerbsarbeit gebunden. Angesichts der steigenden Massenerwerbslosigkeit wirkt dies besonders widersinnig. Dazu kommen die ‚workfare'[596]-Tendenzen, die den Bürgerinnen nicht nur die Möglichkeit dieser Integration über Erwerbsarbeit geben, sondern sie zur Aufnahme einer Erwerbsarbeit zwingen. Dies wird über verschärfte Zumutbarkeitsregelungen, Auflagen und Kürzung der Unterstützung im Falle der Nichteinhaltung realisiert.[597]

11.2 Begründungen und Leitbilder der Arbeitsmarktreformen

11.2.1 Individuelle Vermittlungshemmnisse und notwendiger Ausbau des Niedriglohnsektors

Die Ursachen für die Massenerwerbslosigkeit wurden von der eingesetzten Kommission ‚Moderne Dienstleistungen am Arbeitsmarkt' unter Leitung von Peter Hartz, die ihren Bericht im August 2002 vorlegte, nicht auf struktureller Ebene analysiert. Erwerbslosigkeit, so der Bericht, sei vielmehr das Ergebnis von ‚Vermittlungshemnissen' auf Seiten der Erwerbslosen. Die Ursachen wurden also rein auf individueller Ebene ausgemacht und diese Analyse bestimmt die Leitli-

---

[595] Nicht-Erwerbsfähige sowie Kinder in Haushalten von ALG II-Beziehenden erhalten das sogenannte ‚Sozialgeld', für das derselbe Regelsatz gilt, der aber je nach bemessenem ‚Bedarf' unter 100 % des Regelsatzes liegt.

[596] ‚Workfare' bezeichnet im Gegensatz zu ‚welfare' (Wohlfahrt) die ‚Wohlpflicht', d. h. eine mit Arbeitspflicht verbundene Sozialfürsorge. Vgl. Susanne Koch u. a.: Workfare: Möglichkeiten und Grenzen, in: Zeitschrift für ArbeitsmarktForschung, Jg. 38, 2/3/2005, 419-440, 419.

[597] Vgl. Rudolph, Arbeitslosigkeit, 141f.

nien, nach denen die Reformgesetze gestaltet wurden: ‚Fördern und Fordern' und ‚Eigeninitiative stärken'. Im Folgenden werden weitere Hintergründe dieser individualisierten Sicht und ambivalente Konsequenzen untersucht.[598]

Als Grundlage für die Arbeitsmarktreformen gilt eine Analyse von arbeitsmarktpolitischen Beratern im ‚Bündnis für Arbeit'[599], die

> „Überregulierungen im Beschäftigungssystem, ein Lohnniveau, das sich an den Produktivitätsmargen der in ihrer Bedeutung schwindenden industriellen Arbeit orientiert und ein soziales Sicherungsniveau, das die von Arbeitslosigkeit Betroffenen zur Untätigkeit verleitet"[600]

feststellt. Wie bereits in Bezug auf den Dienstleistungssektor ausgeführt, forderten die Beratenden die Absenkung von Standards wie qualifizierte Berufsarbeit, Flächentarifvertrag oder Kündigungsschutz im niedrigqualifizierten, niedrigproduktiven und damit niedrig bezahlten Dienstleistungssektor. Beschäftigungsintensive Dienstleistungen, zum Beispiel in der Alten- und Kinderbetreuung, seien marktfähig zu gestalten. Angesichts der schwierigen Akzeptanz in der Bevölkerung sei der der Zwang zur Arbeitsaufnahme, also die Zumutbarkeitsregelungen, zu verschärfen. Andererseits sollte es staatliche Subventionen zur Abfederung niedriger Löhne geben.

Daraus folgten für die Arbeitsmarktreformen die Forderungen nach Abschied von bestimmten, zu sehr auf Sicherheit ausgerichteten Lebenseinstellungen und nach einem Umbau des Sozialstaates, der Sozialtransfers verringert, die (Frauen)Erwerbsquote erhöht und die Marktfähigkeit von sozialen und kulturellen Dienstleistungen vergrö-

---

[598] Vgl. a. a. O., 146, 150f.

[599] Das Bündnis für Arbeit wurde nach dem Regierungswechsel 1998 eingerichtet. Hier verabredeten bis nach der Wahl im Jahr 2002 Bundesregierung und Spitzenvertreter von Arbeitgeberverbänden und Gewerkschaften Maßnahmen zur Reduzierung von Arbeitslosigkeit, zum Aufbau von Beschäftigung und zur Verbesserung der Wettbewerbsfähigkeit deutscher Unternehmen. Vgl. Werner Reutter: Das Bündnis für Arbeit, Ausbildung und Wettbewerbsfähigkeit, in: Gohr/Seeleib-Kaiser, Sozial- und Wirtschaftspolitik, 289-306, 289, 294.

[600] Stolz-Willig, Geschlechterdemokratie, 644.

ßert. Reguläre Arbeit wurde so durch Tendenzen zur Prekarisierung und durch subventionierte Niedriglohnarbeit ersetzt.[601]

11.2.2 Widerspruch zwischen dem Leitbild der ‚geschlechtsneutralen Erwerbsperson' und vorausgesetzter geschlechtlicher Arbeitsteilung

Für die Arbeitsmarktreformen handlungsleitend ist das Bild von allgemeiner Erwerbstätigkeit, von auf sich allein gestellten Individuen, die für ihre Existenz sorgen müssen. Dieses geht auf die bereits erwähnten Tendenzen in der EU-Politik zurück, das ‚adult worker'-Modell einzuführen. Scheinbar ‚geschlechtsneutrale' Individuen sollen zu autonomen Marktteilnehmenden gemacht werden, die dem Arbeitsmarkt zur Verfügung zu stehen haben, ohne Berücksichtigung individueller Verantwortung für soziale Reproduktion. Ein eklatanter Widerspruch besteht zwischen diesem Leitbild ‚geschlechtsneutraler' Individuen und der de facto existierenden geschlechtlichen Arbeitsteilung. Ursachen für die mangelnde Intensität des Dienstleistungssektors sind in dieser Perspektive in der Unzulänglichkeit der sozialen Sicherungssysteme auszumachen, die nach wie vor am ‚Ernährermodell' und an traditionellen Geschlechterrollen ausgerichtet sind. Christa Rudolph weist auf den Widerspruch zwischen dem Leitbild der individualisierten, ‚geschlechtsneutralen' Erwerbsperson und der geschlechtlichen Arbeitsteilung im Kontext gesellschaftlicher Integration hin. Es gibt nach Rudolph immer noch tendenziell zwei Formen von ‚Arbeitsmarktbürgerinnen': Eine Gruppe, hauptsächlich Männer, die über Erwerbsintegration soziale Integration erreicht, und eine zweite – hauptsächlich Frauen – die ihre Rolle in zwei Bereichen, in der familiären Sorge-Arbeit und in der Erwerbstätigkeit ansiedelt und dadurch weniger Chancen zu gesellschaftlicher Partizipation hat. Dies zeigt sich in den Fakten, dass die gestiegene Erwerbsquote von Frauen nahezu ausschließlich auf Teilzeitarbeit zurückzuführen ist

[601] Vgl. Stolz-Willig, Geschlechterdemokratie; vgl. Kapitel 8.

und dass das unterschiedliche Zeitbudget, das Frauen und Männer für Haus- und Familienarbeit verwenden, sich kaum verändert.[602]

11.3 Geschlechtsspezifische Unterschiede im Umgang mit Erwerbslosigkeit

In Folge der Auflösung des ‚Normalarbeitsverhältnisses' im Postfordismus nähern sich die Erwerbsquoten von Frauen (steigend) und Männern (sinkend) an. Arbeitsverhältnisse werden flexibilisierter und prekarisierter, Phasen der Erwerbslosigkeit werden häufiger, bruchlose Erwerbsbiographien seltener. In der Art und Weise, wie ‚Arbeitslosigkeit'[603] definiert wird, stellt Rudolph Widersprüchlichkeiten fest. Einerseits ist sie durch die Abwesenheit von Erwerbsarbeit gekennzeichnet, andererseits durch Ansprüche auf Erwerbslosenunterstützung. Davon ausgehend, dass längst nicht alle gesellschaftlichen Gruppen erwerbstätig sind, existiert zusätzlich das Kriterium der Verfügbarkeit der Erwerbslosen für den Arbeitsmarkt. Auf diese Weise gelten Schüler, Studentinnen oder Rentnerinnen nicht als ‚arbeitslos', da sie anderen Tätigkeiten als Erwerbsarbeit nachgehen oder die Erwerbsarbeitsphase beendet haben. Ebenso werden Hausfrauen und Mütter behandelt – sie stehen entweder dem Erwerbsarbeitsmarkt nicht zur Verfügung oder sie haben keine Ansprüche auf Unterstützung ‚erarbeitet' – dies ist ja nur durch Erwerbsarbeit, nicht durch unbezahlte Sorge-Arbeit möglich. Ca. 20% der Beschäftigungslosen fallen in diese Kategorie der Hausfrauen und Mütter, auch als ‚stille Reserve' bezeichnet. Auf diese Weise wird nicht nur das ‚Ernährermodell' unterstützt, sondern zudem erhält unbe-

---

602 Vgl. Rudolph, Arbeitslosigkeit, 143; vgl. Statistisches Bundesamt, Im Blickpunkt: Frauen in Deutschland, 43 f.

603 Rudolph verwendet durchgehend den offiziell verwendeten Begriff der ‚Arbeitslosigkeit'. Ich bevorzuge aus der kritischen Perspektive auf den Arbeitsbegriff, der oft ausschließlich Erwerbsarbeit bezeichnet und Formen unbezahlter Arbeit ausschließt, den Begriff der Erwerbslosigkeit. Daher setze ich ‚Arbeitslosigkeit' in Anführungszeichen.

zahlte Sorge-Arbeit weder Anerkennung noch wird sie überhaupt sichtbar – sie stellt ein Armutsrisiko dar. Diese 20% tauchen in den Statistiken über Erwerbsarbeit nicht auf, was in einem verfälschten Bild über die realen Zahlen Erwerbsarbeitssuchender resultiert. Durch die Koppelung der Inanspruchnahme von Förderungen an den Status ‚arbeitslos' weiten sich die Nachteile auch auf die Möglichkeiten der betroffenen Personen aus, Fördermaßnahmen zu nutzen. Trotz der Einführung des Status als ‚arbeitssuchend' werden die Nachteile nicht ausgeglichen – gerade wenn die Arbeitsstellenlage sehr schlecht ist, werden Betroffene kaum vorstellig, um sich als ‚arbeitssuchend' zu melden.[604]

Auch in der Auswertung der offiziellen Statistiken sind bereits geschlechtsspezifische Unterschiede festzustellen: Lange Zeit lag die Erwerbslosenquote von Frauen – obwohl sie eine geringere Erwerbsquote aufwiesen – über derjenigen der Männer (im Jahr 1991: 8,5% vs. 6,9%). Im Jahr 2000 hatten sich die Quoten bis auf 0,6% angenähert (10,4% und 9,8%). Als das vierte Gesetz der Arbeitsmarktreformen eingeführt wurde, wurde deutlich, dass die ‚stille Reserve' bisher außen vor geblieben war: Bei Männern stieg die Erwerbslosenquote um 1, bei Frauen um 2%.[605]

11.4 Umsetzung von ‚Hartz IV': Faktische Ungleichbehandlung

De facto findet eine Gleichbehandlung von Männern und Frauen trotz der Rhetorik der ‚geschlechtsneutralen' Erwerbsperson nicht statt. Clarissa Rudolph stellt fest, dass sowohl in der Verarbeitung von Erwerbslosigkeit auf persönlicher Ebene als auch bei den Fallbearbeitungen in den Arbeitsagenturen und Jobcentern viel stärker auf traditionelle Geschlechterrollenverteilung rekurriert wird, als es ei-

[604] Vgl. Rudolph, Arbeitslosigkeit, 140f.; vgl. Bothfeld, Gleichstellungspolitische Rahmenbedingungen, 27f.
[605] Vgl. Rudolph, Arbeitslosigkeit, 141.

gentlich dem Wandel der Geschlechterverhältnisse, gerade im Bereich der Erwerbsarbeit, entspräche. Sie führt dies darauf zurück, dass der Wandel den ‚privaten' Bereich noch nicht im gleichen Ausmaß erfasst hat. Das System sozialer Sicherung baut auf dem ‚Normalarbeitsverhältnis' auf, welches, wie bereits gezeigt wurde, aufgrund von veränderten Produktionsverhältnissen und dem Wandel der Geschlechterverhältnisse als obsolet zu bezeichnen ist.[606]

Die städtischen Kommunen besitzen Spielräume bei der Umsetzung der Reformen, das heißt, spezielle Förderungen können vereinbart werden. Karin Lenhart und Clarissa Rudolph konstatieren, dass die Spielräume zur Förderung von Frauen nicht genutzt werden, dass – im Gegenteil – eine Benachteiligung festzustellen ist. Gender Mainstreaming, das heißt, geschlechtersensibler Umgang, ist zwar teilweise als Ziel in den Umsetzungsprogrammen aufgeführt, aber de facto zeigt sich, dass keine Umsetzung stattfindet. Die Maßgabe, die ‚Kunden' je nach ihren Neigungen und Interessen zu qualifizieren und zu fördern, wird, wenn die spezifischen Lebenslagen von Frauen berücksichtigt werden, oft nicht eingehalten. Spezielle Fördermaßnahmen für Frauen, um ihre Nachteile durch Kindererziehungs- oder Pflegezeiten auszugleichen, wurden eingestellt, unter anderem mit der Begründung von Gleichbehandlung und der Verhinderung von Wettbewerbsvorteilen. Auch die Einrichtung hauptamtlicher Stellen für Gleichstellungsbeauftragte, die für Jobcenter und Agenturen für Arbeit programmatisch geboten wurde, wurden in vielen Fällen erfolgreich verhindert, es finden kaum entsprechende Schulungen statt. „Gleichstellungsarbeit wird nur zufällig und punktuell eingebracht."[607] Gerade bei Müttern sind stereotype Rollenzuweisungen feststellbar. Dies zeigt sich unter anderem am Umgang mit Müttern, die von Förderungen ausgenommen werden, wenn das Kind unter drei Jahren alt ist, weil es als selbstverständlich betrachtet wird, dass die Mutter dann Betreuungsaufgaben nachgeht. Angesichts der im-

---

[606] Vgl. a. a. O., 138f.
[607] A. a. O., 153.

mer noch ungenügend vorhandenen Betreuungseinrichtungen kann dies einerseits als Entlastung gewertet werden, andererseits werden Frauen in den ersten drei Lebensjahren eines Kindes auf Betreuungsaufgaben verwiesen, auch wenn ihre Vorstellungen der Vereinbarung von Berufstätigkeit und Kindererziehung ganz andere sind, ganz zu schweigen von Notwendigkeiten der Existenzsicherung. Die Tatsache, dass nach drei Jahren Abwesenheit vom Arbeitsmarkt die Chancen auf qualifizierte Arbeitsstellen sehr gering sind, wird damit ignoriert. Für allein erziehende Frauen wirkt sich diese Benachteiligung besonders negativ aus. Zum Umgang mit Männern, die kleine Kinder versorgen, sind keine entsprechenden Sonderregelungen vorhanden. Hier wird offenbar eine ‚Frau im Hintergrund' vorausgesetzt. Diese Tendenz setzt sich fort, wenn zum Beispiel die Vermittlung in Teilzeitarbeit weniger als solche in Vollzeitstellen gefördert wird – für Menschen mit Verantwortung für Sorgearbeiten sind diese kaum realisierbar.[608]

Die Strategien der Arbeitsmarktreformen sind, wie auch diejenigen in der ‚Vereinbarkeitspolitik', als widersprüchlich anzusehen: Einerseits findet eine ‚Arbeitsmarktindividualisierung', der Abbau abgeleiteter Sicherheitsansprüche und damit positiv zu bewertende Individualisierung von sozialen Sicherungsansprüchen statt. Andererseits wird aber die Familiensubsidiarität in den Fürsorgesystemen verstärkt. In der Sprache der Arbeitsmarktreformen wird die ‚Bedarfsgemeinschaft' stärker als vorher in die Verantwortung genommen. Das Konstrukt der Bedarfsgemeinschaft konterkariert die individuelle Ausrichtung der Reformen: „nicht die individuelle Existenz wird gefördert, sondern an einer Familiensubsidiarität festgehalten, die eng an das Leitbild des Familienernährers gekoppelt ist"[609]. Besonders Frauen sind davon betroffen, dass sie in SGB II-Hilfebezug kommen, weil der Partner erwerbslos wurde, oder auch – dies ist besonders negativ zu werten – keine ‚Bedürftigkeit' nach Auslaufen des ALG I

---

[608] Vgl. Lenhart, Soziale Bürgerrechte, 43-46; vgl. Rudolph, Arbeitslosigkeit, 152-154.
[609] A. a. O., 147.

mehr vorliegt und sie zu ‚Nicht-Leistungsempfängerinnen' werden, wenn der Lebenspartner ein zu hohes Einkommen oder Vermögen besitzt. Bei den Nicht-Leistungsempfangenden sind deutlich mehr Frauen vertreten. Diese werden über das SGB III erfasst und haben keinen Anspruch auf arbeitsmarktpolitische Maßnahmen. Die Wiederkehr in den Arbeitsmarkt wird also zusätzlich zur materiellen Abhängigkeit vom Partner erschwert. Diese kommt durch Sozialisation, entsprechende Berufswahl und geschlechtsspezifische Arbeitsteilung häufig spätestens nach dem ersten Kind sowie begründet durch geschlechtsspezifische Einkommensunterschiede zustande. Allerdings existiert, wie Karin Lenhart betont, auch für die ALG II-Beziehenden kein Rechtsanspruch auf Förderung; die ‚Eingliederungsvereinbarung' formuliert einseitig Verpflichtungen der Erwerbslosen.[610]

Durch die Orientierung an Bedarfsgemeinschaften entstehen weitere Nachteile für Frauen, indem vor allem diejenigen Mitglieder einer Bedarfsgemeinschaft gefördert werden, bei denen die Arbeitsaufnahme am wahrscheinlichsten ist. Wenn die Hilfebedürftigkeit der Bedarfsgemeinschaft durch die Erwerbstätigkeit eines Mitglieds wieder aufgehoben ist, verlieren alle weiteren Mitglieder ihren Förderanspruch und müssen zum Beispiel eine begonnene Qualifizierungs- oder Weiterbildungsmaßnahme sofort abbrechen. Männer erhalten zudem öfter Angebote zur Vermittlung als Frauen.[611]

Als Fazit kann festgehalten werden, dass traditionelle Geschlechterrollenverteilung und Arbeitsteilung durch die Ausgestaltung und Umsetzung des SGB II gefördert statt verringert werden.

---

[610] Vgl. Rudolph, Arbeitslosigkeit, 146-149; vgl. Lenhart, Soziale Bürgerrechte, 12. ‚Illegale' Tricks werden dadurch befördert, Bezieherinnen erreichen teilweise durch unwahre Angaben Förderungen. Vgl. a. a. O., 125.

[611] Vgl. Rudolph, Arbeitslosigkeit:147f.; vgl. Lenhart, Soziale Bürgerrechte, 44.

11.5 Auswirkungen der Arbeitsmarktreformen

11.5.1 Individualisierung und Stigmatisierung

Der Umbau der sozialen Sicherungssysteme hin zu individualisierter Verantwortung wird ideologisch flankiert von einer Stigmatisierung von Erwerbslosen: Strukturelle Erwerbslosigkeit wird negiert, den Betroffenen wird individuelle Verantwortung für ihre Hilfebedürftigkeit zugeschrieben, sie werden als Parasiten des Sozialstaats diffamiert. Die erhöhte Eigenverantwortung drückt sich zum Beispiel in den ‚Eingliederungsvereinbarungen' aus, die gegebenenfalls durch Streichung bzw. Kürzungen der Bezüge erzwungen werden. Diese sind geprägt von Pflichten der Hilfebeziehenden; zum Beispiel eine bestimmte Anzahl an Bewerbungen in der Woche zu verfassen und/oder an einer ‚Eingliederungsmaßnahme' teilzunehmen. Dem gegenüber sind die Pflichten der Behörden – entgegen dem Wortsinn der ‚Vereinbarung', die vermeintlich Gegenseitigkeit impliziert – äußerst vage formuliert. Ein Rechtsanspruch auf Fördermaßnahmen besteht für die Hilfebedürftigen nicht.[612]

11.5.2 Prekarisierung und Armutsrisiken

Hartz IV ist nach Karin Lenhart eine zentrale Komponente beim Umbau von ‚welfare' zu ‚workfare' nach dem angelsächsischen Vorbild. Dabei wird auf Aufgabenreduzierung des Staates und zunehmende Selbstverpflichtung der Bürgerinnen bei der sozialen Absicherung gesetzt. Dies bedeutet einen Bruch mit früheren Gesetzesentscheidungen: Das Bundesverwaltungsgericht hatte 1970 betont, dass soziale Sicherung über ein Existenzminimum hinaus soziale Teilhabe sicherstellen muss, die sich an den Lebensgewohnheiten der Umwelt orientiert. Im Bundessozialhilfegesetz von 1962 hieß es noch weitergehend im Sinne der Legitimierung von sozialen Rechten, dass die Führung eines Lebens ermöglicht werden soll, das der Würde des

---

[612] Vgl. a. a. O., 11f.

Menschen entspricht. Dieser Standard ist inzwischen in Frage gestellt.[613]

Zunächst einmal sind also alle Erwerbslosen von höheren Armutsrisiken betroffen. Dass die Maßgabe und sozialpolitische Errungenschaft der Garantie von Existenzsicherung augehöhlt wird, zeigt die Praxis der Leistungskürzung bei Ablehnung von Maßnahmen. Besonders Kinder von ALG II-Empfangenden sind die Leidtragenden, da ihnen bisher lediglich 60% (unter 14 Jahren) bzw. 70% (zwischen 14 und 17 Jahren) des Regelsatzes zugesprochen werden, obwohl sie in Bezug auf Kleidung in der Wachstumsphase und Kosten für Bildung gerade einen hohen finanziellen Bedarf haben. Zuschüsse für außergewöhnliche Belastungen, zum Beispiel aufgrund von chronischen Krankheiten oder notwendigen Anschaffungen, sind zwar möglich, müssen aber sehr oft vor Gericht erstritten werden.[614]

Für Frauen besteht ein besonderes Armutsrisiko. Der Ausbau des Niedriglohnsektors führt dazu, dass Qualitäts- und Qualifikationsstandards von besonders auch frauentypischen Arbeitsbereichen in Frage gestellt werden. Erwerbstätige Frauen waren 2006 zu 30,5% im Niedriglohnsektor tätig – im Vergleich zu 14,2% der Männer. Dazu kommt die Ungleichheit in den Aufstiegschancen. Eine Studie über vollzeitbeschäftigte Geringverdienende kam zu dem Ergebnis, dass nahezu 20% der Männer, dagegen weniger als 11% der Frauen innerhalb von sechs Jahren einen Aufstieg aus dem Niedriglohnsektor

---

[613] Vgl. a. a. O., 10.

[614] Die Grundlage zur Berechnung der Regelsätze für Kinder und Erwachsene wurde inzwischen vom Bundesverfassungsgericht für verfassungswidrig erklärt; jedoch auch die neue Berechnung ist von zweifelhafter Qualität. Vgl. Annelie Buntenbach: Menschenwürdiges Existenzminimum wird nicht gewahrt. Regelbedarfe sind weiterhin verfassungswidrig, in: Soziale Sicherheit extra, Sonderheft September 2011, 4f., Quelle: www.boeckler.de/pdf/pm_wsi_2011_09_05.pdf (letzter Zugriff am 10.07.2012); vgl. Irene Becker: Bewertung der Neuregelungen des SGB II. Methodische Gesichtspunkte der Bedarfsbemessung vor dem Hintergrund des »Hartz-IV-Urteils« des Bundesverfassungsgerichts, in: a. a. O., 9-51, 50f.; vgl. Johannes Münder: Verfassungsrechtliche Bewertung des Gesetzes zur Ermittlung von Regelbedarfen und zur Änderung des Zweiten und Zwölften Buches Sozialgesetzbuch vom 24. 03. 2011 – BGBl. I S. 453, in: a. a. O., 63-94, 93f.

heraus schaffen. Eigenständige Existenzsicherung als Ziel bleibt für viele Frauen in weiter Ferne, Abhängigkeiten von Partnern oder von staatlichen Transferleistungen bleiben erhalten. Gerade auch Frauen, die jenseits der heterosexuellen Ehe, zum Beispiel als allein erziehend oder in nicht-ehelichen Gemeinschaften leben, sind negativ betroffen: Nicht-eheliche Lebensgemeinschaften werden zwar ebenso als Bedarfsgemeinschaften behandelt, zusätzlich sind hier jedoch weder gemeinsame Krankenversicherung noch Steuerersparnisse möglich.[615]

Die Höhe des ALG II muss als unzureichend und Armut fördernd eingeschätzt werden. Eine Vielzahl von Berechnungen zeigen, dass Erwerbslosigkeit und Armut bzw. Armutsrisiko eng zusammenhängen: Der Armutsbericht von 2008 konstatiert, dass Erwerbslose mit 43% ein dreimal höheres Armutsrisiko haben als die Gesamtbevölkerung (13%). Dabei geht es um materielle, aber auch um soziale Partizipation, die drastisch erschwert werden. Allerdings sind dabei nicht nur erwerbslose Leistungsbezieherinnen betroffen, sondern das Feld differenziert sich: Die Gruppen von Nicht-Leistungsbezieherinnen, die wegen des Einkommen ihres Partners aus der Förderung fallen, und von ‚Aufstockerinnen', die zusätzlich zu ihren geringen Gehältern ALG II beziehen wird größer. In der BRD sind 53% der ‚Aufstockenden' Frauen.[616]

11.5.3 Aushöhlung sozialer Rechte

Karin Lenhart hebt hervor, dass im Zuge der Sozialstaatsreformen unveräußerlich geglaubte soziale Rechte beschnitten, sogar zeitweise ausgesetzt werden. Lenhart verweist darauf, dass das 20. Jahrhundert nach 1945 als die Zeitspanne angesehen wird, in der – nach Kämpfen um die Verwirklichung rechtlicher Gleichstellung im 18. und politischer Gleichstellung im 19. Jahrhundert – die soziale Gleichstellung vorangetrieben wurde. Dies änderte sich mit dem Beginn neoliberaler Politik in den frühen 1980er Jahren. Lenhart verweist auf die Konflik-

[615] Vgl. Rudolph, Arbeitslosigkeit, 150.
[616] Vgl. a. a. O., 149; vgl. Lenhart, Soziale Bürgerrechte, 77-80.

te um die Bemühungen, soziale Rechte mit Bürgerrechten zu verknüpfen. Während die einen darauf pochten, dass soziale (Wohlfahrts-)Rechte dem Staatsbürgerin-Status inhärent seien, bezeichneten andere sie als Beschneidung individueller Freiheit und Selbstverantwortung.[617]

Rekurrierend auf Freiheit und Selbstverantwortung wurde nach Lenhart in der BRD spätestens mit ‚Hartz IV' die Rolle des Staates als Garant für das Wohlergehen der Bürgerinnen zurückgeschraubt und die Individuen direkt dem Marktgeschehen ausgesetzt.[618]

Soziale und politische Rechte werden immer hart erkämpft, auch die von Frauen. Diese finden sich nun im Dilemma wieder, dass sie einerseits als Individuen dem Erwerbsarbeitsmarkt zur Verfügung stehen sollen und auch wollen, andererseits immer noch hauptsächlich für die Sorge-Arbeit verantwortlich sind.

---

[617] Vgl. a. a. O., 14, 23. Die gegenwärtigen Konflikte um Anerkennung zum Beispiel von Asylbewerbern oder um die Zuerkennung der deutschen Staatsbürgerschaft von lange hier lebenden Menschen mit Zuwanderungsgeschichte weisen darauf hin, dass der Staatsbürgerinnen-Status als Voraussetzung sozialer Rechte durchaus zu hinterfragen ist.

[618] Als Vorreiterin bzw. Vorreiter neoliberaler Politik in den 1980er Jahren gelten Margaret Thatcher (Großbritannien) und Ronald Reagan (USA). Im Angelsächsischen wurde dieses Modell der Regelung von Arbeitsverhältnissen über den Markt ‚welfare to work' oder auch ‚Wisconsin-Modell' genannt. Auswirkungen des darauf folgenden massiven Ausbaus des Niedriglohnsektors in den USA beschreibt eindringlich aus einer Innen-Perspektive Barbara Ehrenreich: Arbeit poor. Unterwegs in der Dienstleistungsgesellschaft, München 2001. Im Jahr 2003 belegte eine Studie des Deutschen Städte- und Gemeindebundes bereits das Scheitern dieses Modells. Vgl. Deutscher Städte- und Gemeindebund: Wisconsin-Modell gescheitert! Keine Kommunalisierung der Langzeitarbeitslosigkeit in Deutschland!, November 2003, Quelle: http://archiv.dstgb.de/homepage/pressemeldungen/archiv2003/newsitem00786/786_1_599.pdf (letzter Zugriff: 10.07.2012).

11.6 Notwendige Konsequenz: Aufwertung unbezahlter Arbeit und politische Organisierung

Clarissa Rudolph sieht in der Tatsache, dass das Phänomen der Erwerbslosigkeit in der Arbeitsforschung nur eine untergeordnete Rolle spielt, ein Zeichen für die „Notwendigkeit der Integration unbezahlter Arbeit in Arbeitsforschung und Arbeitspolitik“[619]. Denn während Phasen der Erwerbslosigkeit spielt die Arbeitsteilung im ‚privaten‘ Bereich eine wichtige Rolle für das subjektive Erleben und für eine Re-Integration in den Erwerbsarbeitsmarkt.[620]

Rudolph konstatiert eine Kontinuität in der unterschiedlichen Verarbeitung von Erwerbslosigkeit bei Männern und Frauen.[621] Frauen leisten durch die Orientierung auf unbezahlte Arbeit in Familie und Haushalt auch als Erwerbslose gesellschaftlich relevante und wertvolle Arbeit, sowohl im subjektiven Empfinden als auch bezüglich sozialer Anerkennung. Rudolph sieht damit Frauen gestärkt und eine längst fällige Anerkennung unbezahlter Arbeit – wenn auch noch nicht gleichwertig zur Erwerbsarbeit – als positiv an. Andererseits ist damit eine Festlegung von Frauen auf ihre ‚traditionelle‘ Rolle und damit eine Schwächung von Frauen verbunden.[622] Notwendig verknüpft werden muss diese Anerkennung unbezahlter Sorge-Arbeit daher mit Konzepten von Existenzsicherung, sozialer und politischer Teilhabe jenseits von Erwerbsarbeit.

Positive Auswirkungen von vorhandenen Alternativen zur Erwerbsarbeit auf die subjektive Verarbeitung konstatiert auch Karin Lenhart. In ihrer Untersuchung spielen allerdings nicht Sorgeaufgaben, sondern politisches und ehrenamtliches Engagement diese Rolle.

---

[619] Rudolph, Arbeitslosigkeit, 138.

[620] Vgl. a. a. O., 138f.

[621] Sie bezieht sich dabei auf Studien, die im Rahmen des Forschungsprojektes „Aktuelle lokale Arbeitsmarktpolitik: Die Umsetzung von Hartz IV und ihre Auswirkungen auf Geschlechterdemokratie und Geschlechterverhältnisse“ von 2005 bis 2006 an der Forschungsstelle GendA der Universität Marburg durchgeführt wurden.

[622] Vgl. Rudolph, Arbeitslosigkeit, 144f., 151f.

Hier ist besonders auffällig, wie Zugehörigkeit zu sozialen Bewegungen und Reflexion auf die eigene Situation innerhalb eines Kollektivs, das Orientierung innerhalb eines größeren politischen Rahmens ermöglicht, subjektive Perspektiven und Handlungsfähigkeiten verändern. Lenhart macht verschiedene Typen in Bezug auf Bewältigungsstrategien mit Erwerbslosigkeit aus. Bei zwei von sechs Typen, der der ‚politischen Rebellin' und der der ‚Autonomen', ist diese Ausrichtung zu erkennen. Die Konsequenzen sind beachtlich. Erstens ist bei diesen Typen festzustellen, dass sie durch Schikanen der Mitarbeitenden der Arbeitsagentur, zum Beispiel in Form der Androhung von Kürzungen bei Ablehnung einer Maßnahme, weniger angreifbar sind. Grund ist die Ablehnung individualisierter Verantwortung für die eigene Erwerbslosigkeit. Gegenmaßnahmen bestehen darin, sich kollektiv gegen Drangsalierungen zu wehren und finanzielle Notlagen durch bestehende Gemeinschaften abzufedern. Zweitens reduziert sich durch die Übernahme unbezahlter Arbeit in politischen und kulturellen Bereichen und durch die Aufwertung dieser Arbeiten im Rahmen von Gemeinschaften die Gefahr von Resignation und fehlender Sinngebung für das eigene Tätigsein.[623]

11.7 Theologische Schlussfolgerungen

11.7.1 Vermeintliche Neutralität und faktische Diskriminierung von Frauen

Zunächst einmal ist die Ausrichtung der Arbeitsmarktreformen an individualisierter Verantwortung und der zugehörige Kontext neoliberaler Politik grundsätzlich zu kritisieren. Sie ignorieren strukturelle Massenerwerbslosigkeit und suggerieren persönliches Versagen der Erwerbslosen. Damit wird soziale Sicherung am bzw. längst auch unter dem Existenzminimum legitimiert, wenn Kürzungen im Fall der Ablehnung von Maßnahmen berücksichtigt werden. Der Ermög-

[623] Vgl. Lenhart, Soziale Bürgerrechte, 126f.

lichung eines Lebens in Würde steht dies entgegen. Besonders auffällig ist dies in der häufigen Verweigerung von Zuschüssen für besondere Bedürfnisse. Das Fokussieren individueller Verantwortung in Kombination mit struktureller Erwerbslosigkeit, das die Chancen auf Erwerbsarbeit de facto verschlechtert, führt zu Ängsten und Überforderung.

Abgesehen von dieser grundsätzlich negativ zu bewertenden Ausrichtung der Arbeitsmarktreformen sind aus feministischer, ‚Hartz IV'-immanenter Perspektive ambivalente Auswirkungen festzustellen. Durch den individuellen Zugang und die Heranziehung aller Mitglieder der Bedarfsgemeinschaften für die Vermittlung ist es theoretisch möglich, dass Geschlechterverhältnisse nicht in den traditionellen Begrenzungen verharren – zum Beispiel, wenn ein Partner oder eine Partnerin erwerbslos wird. Da allerdings sowohl der Arbeitsmarkt als auch das soziale Sicherungssytem weiterhin nach traditionellen Geschlechterrollen strukturiert sind, stoßen die Möglichkeiten gleichberechtigter Partizipationschancen sehr schnell an ihre Grenzen. Dazu tragen die Wiedereinführung und Förderung von Mini-Jobs, ungleiche Einkommensverhältnisse und unzureichende Kinderbetreuungsmöglichkeiten ebenso bei wie das steuerliche Ehegattensplitting und die Familienpolitik.[624]

Daher sind die Auswirkungen auf Geschlechterverhältnisse als ambivalent anzusehen und ebenso die Geschlechterbilder, die hinter den Reformen stehen. Verstärkte Erwerbsarbeit von Frauen bedeutet weder ihre Entlastung von Sorge-Arbeit noch die Veränderung geschlechtsspezifischer Spaltungen auf dem Arbeitsmarkt. Die Ökonomisierung und Privatisierung von Betreuungsarbeit verschärft die Ungleichheit der Zugangsmöglichkeiten zu diesen Dienstleistungen. Dadurch vertiefen sich soziale Spaltungen, sowohl unter den erwerbstätigen Frauen als auch zwischen ihnen und denen, die ihnen durch die Verrichtung von Dienstleistungstätigkeiten die Erwerbstätigkeiten ermöglichen.

[624] Vgl. Rudolph, Arbeitslosigkeit, 151.

Pointiert ausgedrückt kann mit Brigitte Stolz-Willig die These aufgestellt werden, dass hinter den Arbeitsmarktreformen und ihrem Leitbild einer individualisierten Erwerbsgesellschaft sowie ihres Protagonisten, des Unternehmers bzw. der Unternehmerin der eigenen Arbeitskraft, unter anderem das Ziel steht, dass erwerbstätige Mütter für einen deregulierten und unterbezahlten Dienstleistungssektor funktionalisiert werden sollen. Gestützt wird diese These durch die Ausweitung des Niedriglohnsektors, dessen Frauenanteil doppelt so hoch ist wie der der Männer. Die neue Aufmerksamkeit für Erwerbstätigkeit und für die ‚Vereinbarkeit' von Familie und Beruf kann somit aus der ökonomischen Nutzbarkeit der ‚Humankapitalreserve' Frau abgeleitet werden.[625]

11.7.2 Erzwungene Solidarität

Solidarität wird durch die Konstruktion von Bedarfsgemeinschaften in die private Sphäre verlegt und aufgezwungen, also ihrer Freiwilligkeit beraubt. Dadurch wird die Abhängigkeit derer, die diese Solidarität benötigen, verstärkt. Aus feministisch-befreiungstheologischer Perspektive kann eine solche Form der Solidarität nicht mehr Solidarität genannt werden. Da Frauen immer noch die meisten unbezahlten Fürsorgetätigkeiten verrichten, sind sie besonders oft auf diese erzwungene ‚Solidarität' der Bedarfsgemeinschaft verwiesen. Andere Formen von Solidarität jenseits dieser Zwangsverpflichtungen werden dadurch diskreditiert, aber nicht weniger notwendig. Wie die Untersuchungen Karin Lenharts zeigen, wirkt sich Solidarisierung im Sinne politischer Organisierung positiv auf Lebensqualität und die Verminderung von Existenznöten aus.

[625] Vgl. Stolz-Willig, Geschlechterdemokratie, 647f.; vgl. Statistisches Bundesamt, Mikrozensus 2008; vgl. Kalina, Niedriglohnbeschäftigung.

11.7.3 Alternativen zum Erwerbsarbeits-Modell und zur geschlechtlichen Arbeitsteilung?

Die konstatierten Auswirkungen von Erwerbslosigkeit und die positive Bewertung von Alternativen zu Erwerbsarbeit, die in der Erwerbslosigkeit Sinn vermitteln können, weisen darauf hin, wie wichtig es ist, Alternativen zur ‚Arbeitsgesellschaft' zu entwickeln. Soziale Anerkennung ausschließlich über Erwerbsarbeit zu definieren, ist angesichts der Massenerwerbslosigkeit letztendlich selbstzerstörerisch.[626] Vermieden werden muss allerdings, als Reaktion darauf die unbezahlte Fürsorge- und Haushaltsarbeit von Frauen ideologisch aufzuwerten, ohne die Frage der Existenzsicherung zu berücksichtigen. Die Verteilung gesellschaftlich notwendiger, ‚nicht-profitabler' Arbeit muss gesellschaftlich diskutiert und ausgehandelt werden, statt diese Aushandlungen den ‚privaten Räumen' von Partnerbeziehungen und Familien zu belassen, die sich patriarchal reproduzieren. Des weiteren ist dieser Bereich der unbezahlten Arbeit nicht nur im Bereich von Haushalt und personennahen Dienstleistungen wie Fürsorge, Pflege und Erziehung zu denken, sondern auch kulturelle, künstlerische und politische Arbeit und Partizipation an gesellschaftlichen Aushandlungsprozessen sind mit in die Arbeitsteilung einzubeziehen.[627]

Der Einblick, den Karin Lenhart mit ihrer qualitativen Studie zur Situation von ‚Hartz IV' betroffene Frauen gibt, vermittelt einen Eindruck der Resigniertheit und auch Enttäuschung über die sozialen Proteste gegen die Arbeitsmarktreformen. Einige nahmen zwar anfänglich an den Protesten teil, waren aber bald enttäuscht über die Folgenlosigkeit. Bei der Entscheidung für oder gegen Engagement in sozialen Protesten wird deutlich, dass reale Handlungsoptionen eine zentrale Rolle spielen. Nicht ‚naive Utopien' sind gefragt, sondern Machtverhältnisse im Blick zu behalten und realistische Alternativen sowie Möglichkeiten der Verwirklichung zu entwickeln. Hierzu ge-

---

[626] Vgl. auch Rudolph, Arbeitslosigkeit, 146, 152, 154.

[627] Ein Modell dafür entwickelte zum Beispiel Frigga Haug. Vgl. Haug, Die Vier-in-einem-Perspektive.

hört zum Beispiel ein bedingungsloses Grundeinkommen, das aber zwingend mit dem Aufbrechen geschlechtsspezifischer Arbeitsteilung und Infragestellung der ‚Arbeitsgesellschaft' verknüpft werden muss, weil sonst Prekarisierung und Armutsrisiko durch Verantwortungsübernahme für unbezahlte Reproduktionsarbeit nicht bekämpft werden können.[628]

Mangelnder Protest, Widerstand und Schwierigkeiten politischer Organisierung haben viel mit verbreiteter Resignation und Ohnmachtsgefühlen politischen Prozessen gegenüber zu tun. Soziale Stigmatisierung verhindert öffentliches Auftreten. Dies kann nur in einer sozial stabilisierenden Gruppe überwunden werden. Die bestehenden Erwerbsloseninitiativen werden allerdings oft als abschreckend empfunden, da sie eine zu negative Herangehensweise hätten und im schwierigen Alltag nicht weiter helfen könnten. Fragen nach der Bildung von Kollektiven, die Verlässlichkeit in Notlagen gewährleisten und positive Erfahrungen von Solidarisierung vermitteln, sind daher für politische Handlungsfähigkeit zentral.[629]

[628] Vgl. auch Lenhart, Soziale Bürgerrechte, 118f., 126f.
[629] Vgl. a. a. O., 118, 120f.

12. Zusammenfassung

Im Folgenden werden Ergebnisse zusammengefasst, die die Analysen in Kapitel 8 bis 11 in Bezug auf die Ausgangsfragen und -thesen erbracht haben. Am Anfang dieser Arbeit stand die Frage, welche Gründe dafür ausgemacht werden können, dass Tendenzen eher zu weniger als zu mehr Verantwortungsübernahme für globale Gerechtigkeit festzustellen sind. These war, dass Ökonomisierungsprozesse im Zuge von Globalisierung und Neoliberalismus Entsolidarisierung und extrem individualisierte (Über-)Lebensstrategien befördern. Fokussiert wurde die Analyse auf den Bereich der bezahlten und unbezahlten Arbeit in der BRD, und zwar aus einer feministischen Perspektive, die versucht, Verhältnisse intersektional zu untersuchen, das heißt die Verschränkungen und Widersprüchlichkeiten zu berücksichtigen, die verschiedene Herrschaftsverhältnisse in Bezug auf die Kategorien Klasse, Geschlecht, ‚Rasse' und Körper auf den drei Ebenen der Strukturen, der symbolischen Repräsentation und der Identitätskonstruktionen hervorbringen. Diese drei Ebenen wirken, wie die folgende Zusammenfassung zeigt, eng zusammen.

Die Untersuchungen in den vier behandelten Beispielbereichen konzentrieren sich auf Frauen in unterschiedlichen, aber größtenteils sozial benachteiligten Positionen. Insgesamt kann hier eine Tendenz zu Erfahrungen ausgemacht werden, die mit Resignation, Ohnmacht, Ausgeliefertsein beschrieben werden können. Dies hängt vor allem mit dem Ausmaß der Verantwortung zusammen, die Menschen für ihr vermeintlich individuell zu tragendes und zu gestaltendes ‚Schicksal' – ihren Erfolg oder ihr Versagen – auf sich nehmen müssen. Auf die vermeintlich überkomplexen, kaum überschaubaren gesamtgesellschaftlichen Zustände hin wird die Gestaltbarkeit sehr gering geschätzt, während gleichzeitig der individuelle Einfluss auf den Lebenslauf, den Lebensstandard stark plausibel gemacht wird. Dies führt zu Unsicherheit, Überforderung und Frustration und dazu, dass Möglichkeiten, kollektive Handlungsfähigkeit zu entwickeln, das heißt, sich Orte des Austauschs und der Reflexion und damit Menschen mit ähnlichen Interessen zu suchen und sich zu organisieren, kaum gesehen und genutzt werden.

Die neoliberale Ausweitung von Profitorientierung auf alle Lebensbereiche wurde vor allem in Bezug auf Subjektivierung von Arbeit und in Bezug auf den Dienstleistungssektor untersucht. Festgestellt wurde, dass Rationalisierungsprozesse Entsubjektivierungstendenzen hervorbringen. Besonders negativ sind diese dort zu spüren, wo es um personennahe Dienstleistungen wie zum Beispiel Altenpflege geht. Nicht individuelle Bedürfnisse von Gebenden und Empfangen der Dienstleistungen stehen im Mittelpunkt, sondern ökonomische Gesichtspunkte. Untergraben wird damit sowohl die Notwendigkeit sinnvoller und qualitativ guter Arbeit, als auch die Würde zum Beispiel von Menschen mit Pflegebedarf. Die Verknüpfung weiter Teile des Dienstleistungssektors mit ‚natürlicher weiblicher Befähigung' leistet diesen Entwicklungen Vorschub, weil auf diese Weise Qualität durch Professionalität und existenzsichernde Löhne nicht als Notwendigkeit gesehen wird.

In engem Zusammenhang damit stehen Beharrungstendenzen geschlechtsspezifischer Arbeitsteilung. Die Ungleichverteilung unbezahlter Reproduktionsarbeit ist immer noch eklatant. Vor allem Frauen sind dadurch von Prekarisierung und Armutsrisiko betroffen, da sie durch Verantwortungsübernahme für unbezahlte Sorge-Arbeit oft unflexibel und zeitlich gebunden sind. Auch die Abhängigkeit von Partnern, zum Beispiel im Fall von Erwerbslosigkeit, wird befördert statt abgebaut.

Insgesamt wird so ein Arbeitsregime stabilisiert, das soziale Reproduktion als unprofitablen Bereich der individuellen Verantwortung – oft der von Frauen – überlässt und gesellschaftliche Verantwortung für diese Arbeiten negiert. Das Beispiel migrantischer Haushaltsarbeiterinnen behandelt eine weitere Dimension dieser Tendenzen in Form rassistischer Arbeitsteilung. Frauen handeln die Verantwortung für Reproduktionsarbeiten in einer Weise untereinander aus, die Rassismen und soziale sowie ökonomische Ausgrenzungen festigt und ausweitet. Dieses Beispiel gibt einen Einblick in die Beharrung von ‚internationaler' und rassistisch sowie neokolonial geprägter ‚Arbeitsteilung'. Wertschöpfungsketten, die Ausbeutung von Ressourcen in südlichen Ländern für den Konsum der reichen Länder, konnten in dieser Arbeit nicht behandelt werden. Es wird aber deutlich, dass diesen globalen Ungerechtigkeitsverhältnissen kaum Aufmerksamkeit zuteil wird, denn schon offensichtliche rassistische Ausbeutung in Form von ‚ethnisierter Hausarbeit' hier vor Ort findet kaum öffentliche Wahrnehmung.

Auch dies ist auf die fehlende gesellschaftliche Verantwortungsübernahme für Arbeit und Arbeitsteilung und auf die zunehmende Profitorientierung zurückzuführen. In extrem individualisierter Verantwortung für einen kleinen individuellen Teilbereich, die eigene Existenz und die derjenigen Menschen, für die mehr oder weniger freiwillig Verantwortung übernommen wird, kann weder die Frage nach Sinnhaftigkeit der eigenen Arbeit angemessen in den Blick kommen, noch Fragen nach gesellschaftlich notwendiger Arbeit und deren Verteilung. Fragen der globalen Verteilung von Arbeit und Ressourcen bleiben vollständig außen vor. Verantwortungsübernahme für globale Strukturen der Ungerechtigkeit wird so ein unerreichbares Ziel.

Tendenzen zu Individualisierung und Entsolidarisierung stellen sich allerdings widersprüchlich dar. So wird Verantwortung für das eigene Versagen oder ökonomischen Erfolg unbeachtet sozialer und ökonomischer Ausgangsbedingungen individualisiert, im Fall von Erwerbslosigkeit oder Pflegebedürftigkeit aber unbekümmert auf vermeintlich vorhandene und zu unbezahlter Sorge-Arbeit bereite Kerngemeinschaften zurückgegriffen: In diesen Fällen ist extreme Angewiesenheit auf andere kennzeichnend, da individuelle Rechte auf Versorgung, auf Arbeit, Existenzsicherung oder die Ermöglichung sozialer, kultureller und politischer Teilhabe fehlen. Auf diese Weise ist sowohl das individuelle Schicksal als auch das von Angehörigen abhängig vom ökonomischen Vermögen von Kerngemeinschaften. Als diese werden weiterhin traditionelle Kleinfamilien definiert, unbeachtet deren Erosion. Die Ermöglichung von Gemeinschaften, die von Verwandtschaften und Zweierbeziehungen unabhängig sind und Verantwortungsübernahme in einem weiteren Kreis ermöglichen könnten, ist in Bezug auf rechtliche Pflichten und Rechte, aber auch in der Organisation des Zusammenlebens, kaum im Blick.

Durch die beschriebenen Verhältnisse werden Armutsrisiko, Existenzängste und Zeitdruck für viele zum bestimmenden Lebensgefühl. Nur unmittelbare Bedürfnisse und Notwendigkeiten prägen damit den Horizont. Möglichkeiten umfassender Veränderung in Richtung auf Solidarität über das enge eigene Umfeld hinaus können nicht in den Blick kommen.

Auch durch Legitimierung und damit Festschreibung von Ungleichheit aufgrund von ‚Rasse', Klasse, Geschlecht und Körper wird solidarische Subjektwerdung verhindert. Skandale gegen die Menschlichkeit werden verschwiegen und gesellschaftlich unsichtbar gemacht: Abschiebungen – immer wieder auch mit Todesfolge –, das Sterben an den Außengrenzen der EU, Existenzen in Armut, in Niedriglohn und unwürdigen Arbeitsbedingungen mitten im reichen Industrieland BRD, Erwerbslosigkeit ohne soziale und politische Teilhabemöglichkeiten, Kinderarmut, Vereinsamung im Alter.

Insgesamt kann geschlussfolgert werden, dass die Entwicklungen zwar widersprüchlich sind und an einigen Stellen gerade für Frauen Freiräume, individuelle Selbstbestimmung und ökonomische Unabhängigkeit größer geworden sind. Ingesamt aber, insbesondere wenn eine globale Perspektive eingenommen wird, sind Entsolidarisierungs- und Entsubjektivierungstendenzen vorherrschend.

Dadurch, dass diese zu einem hohen Maß verinnerlicht, das heißt, akzeptiert und als unabänderlich angesehen werden, ist es äußerst schwer, diese Tendenzen aufzubrechen in Richtung eines Denkens und Handelns, das intersubjektive und globale Verantwortung, größere, verbindliche und gemeinschaftliche, solidarische Zusammenhänge jenseits von Familien mehr in den Mittelpunkt rücken könnte.

III. Teil

Herausforderungen für die theologische Praxis

Im abschließenden dritten Teil werden Herausforderungen genauer in den Blick genommen, die sich aus den Analysen für die theologische Praxis ergeben. Aus der theologischen Reflexion von Arbeits- und Geschlechterverhältnissen im Neoliberalismus im Kontext der BRD ergeben sich auf dem Hintergrund der erarbeiteten Schlüsselkategorien Subjekt, Solidarität und politische Handlungsfähigkeit vielfältige Notwendigkeiten für eine Praxis, die für einen befreienden Gott und für eine angebrochene ‚andere Welt Gottes' steht. Ausgehend von zehn Jahren Erfahrung politisch-theologischer Bildungsarbeit am Institut für Theologie und Politik formuliere ich Perspektiven für drei Themenkomplexe: Umkehr, Gemeinde und Konflikt. Ich gehe damit auf Probleme ein, mit denen ich im Kontext der Bildungsarbeit konfrontiert bin. Dies sind vor allem die weit verbreitete Einstellung, dass Glaube Privatsache sei und nichts mit politischen Verhältnissen zu tun habe, Abwehr- und Ohnmachtsreflexe als Reaktion auf Konfrontation mit globaler Ungerechtigkeit und der Verstrickung in Ausbeutungsstrukturen und die Vereinzelung, das Fixiert-Sein auf das individuelle Erleben, den persönlichen Erfolg, der Glaube, dass sich Handlungsmacht auf den individuellen Bereich beschränkt. Die Ausgangsfrage lautet, wie angesichts der aufgezeigten Tendenzen hin zu Entsolidarisierung und Entsubjektivierung, zu Individualisierung und Prekarisierung veränderndes Handeln in Richtung auf solidarische Subjektwerdung ermöglicht werden kann.

13. Subjektwerdung: Spritiualität der Umkehr

Im Kapitel zur Schlüsselkategorie ‚Subjekt' wurde ein Konzept von Subjektwerdung entwickelt, das den Fokus auf Intersubjektivität, relationale Autonomie und Reflexion von Herrschaftsverhältnissen und deren Verinnerlichung richtet. Die Analysen haben gezeigt, dass die dort untersuchten Realitäten weit davon entfernt sind, dieser Schwerpunktsetzung zu entsprechen oder auf sie hinzuwirken. Es zeigten sich, im Gegenteil, Tendenzen zu extremer Individualisierung bzw. Atomisierung, zur Ökonomisierung des Sozialen und zur Ausblendung der Notwendigkeiten sozialer Reproduktion. Vorangetrieben werden Prekarisierung und Ausschlüsse, die auf Rassismen und auf die Legitimation und Festschreibung von Ungleichwertigkeit aufgrund ökonomischer, sozialer und geschlechtlicher Ungleichheiten zurückzuführen sind. Das Lebensgefühl vieler Menschen ist zunehmend geprägt von Überforderung durch individualisierte Verantwortung für das eigene Schicksal und für diejenigen, für die sie Verantwortung übernommen haben. Ohnmachts- und Resignationsgefühle, soziale und rassistische Ausgrenzungen und dadurch fehlende soziale und politische Teilhabe betreffen relevante Bevölkerungsanteile. Die von diesen Prozessen Betroffenen befinden sich in sehr unterschiedlichen Lebenslagen, aber aus theologischer Perspektive können sie als Marginalisierte angesehen werden und als Menschen, die oftmals die Notwendigkeit von Veränderung sehen, aber keine Möglichkeiten ihrer Verwirklichung. Gerade sie sind die Subjekte von Theologie und Kirche.

Ist christlicher Glaube, wie er zur Zeit vermittelt wird, relevant für diese Lebenswirklichkeiten? Bewirkt der Glaube an Gott in jüdischer und christlicher Tradition einen anderen Blick auf diese lebensfeindlichen gesellschaftlichen Verhältnisse und eröffnet er Handlungsoptionen und Perspektiven, die diese überwinden helfen? Hierzu ist zunächst die Frage zu stellen, ob und wie Glaube in der Zeit, in der geschichtlichen Wirklichkeit, sichtbar werden kann und soll.

13.1 Die Zeichen der Zeit erkennen – Offenbarung, Glauben und Geschichte

Als ein Kriterium für solidarische Subjektwerdung war vom veränderten Zeitbewusstsein und vom notwendigen Leidbewusstsein die Rede. Im Anschluss an Johann Baptist Metz wurde eine aktuelle Entgrenzung des Bewusstseins von Zeit diagnostiziert, die der theologischen Rede von befristeter Zeit und der Dringlichkeit von Veränderung eine erneute Relevanz zuschreibt. Ebenfalls anschließend an Metz wurde die Kategorie der gefährlichen Erinnerung stark gemacht, die gegen eine Kultur des Vergessens die Erinnerung an die Leidenden und die Hoffnung auf Gerechtigkeit für die Opfer der Geschichte setzt. Angesichts der Analyse ist zu konstatieren, dass einerseits aus der Perspektive der von Atomisierung und Prekarisierung betroffenen Subjekte für eine solche Art von Erinnerung und Erzählung kaum Raum bleibt. Andererseits lässt das Erscheinungsbild der real existierenden Gemeinden Räume vermissen, in denen Glaube für aktuelle lebensfeindliche Politik gefährliche Erinnerung ist, in denen auch Erzählungen gegenwärtig Leidender Platz haben. Daher gehe ich einen Schritt hinter das Postulat gefährlicher Erinnerung und apokalyptischen Denkens zurück und stelle Überlegungen zum grundsätzlichen Wirksam-Werden des Glaubens in der Zeit – und damit in der Gegenwart – und zu den Subjekten, die für diese Wirksamkeit verantwortlich sind, vor.

Juan Luis Segundo formuliert: „Die Geschichte läßt uns nicht zur Ruhe kommen. Sie ist wie ein uneingelöstes Versprechen.“[630] Gotteserfahrung hat ihren Ort im Hier und Jetzt, in den historischen Erfahrungen und Subjekten. Menschliche Geschichte ist komplex, wider-

[630] Juan Luis Segundo: Offenbarung, Glaube und Zeichen der Zeit, in: Ellacuría/Sobrino, Mysterium Liberationis, 433-460, 440.

sprüchlich und von Erfahrungen des Scheiterns begleitet. Diese Auffassung steht im Gegensatz zu manchen linearen Fortschrittsvorstellungen, die heute immer noch vorherrschen, auch wenn sie durch die Krisenerfahrungen der kapitalistischen Weltwirtschaft ins Wanken geraten. Eine christliche Konzeption von Geschichte legt Wert auf soziale und interpersonale Beziehungen, auf die Gleichwertigkeit ‚großer' und ‚kleiner' Ereignisse, innerhalb von Beziehungsnetzen und über sie hinausgehend. Fernando Castillo sieht das Proprium christlicher Geschichtskonzeption darin, dass Gottes Gegenwart „von der Rückseite der Geschichte her" zu denken ist,

> „in der Geschichte der Armen, der Zerbrechlichen, der Leidenden, Unterdrückten, der Marginalisierten und Diskriminierten. Er ist in der Rede und in der Geschichte derer präsent, die scheinbar keine Geschichte haben oder von ihr ausgeschlossen sind. Dies zeigt auch die Geschichte von Jesus von Nazaret: von seiner befreienden Predigt und Praxis in Galiläa bei den Ausgeschlossenen bis zur Radikalität seines Todes am Kreuz."[631]

Der Mensch kann nur in den Dimensionen von Zeit und Geschichtlichkeit Gott erfahren – dementsprechend teilt Gott sich innerhalb dieser Dimensionen, also in unvollkommener und kontingenter Form, mit. Dies ist aber nicht so zu verstehen wie ein Gott als „Herr der Geschichte"[632]. Vielmehr wird, zum Beispiel im Fall der Geschichte des Auszugs aus Ägypten im Buch Exodus, Gott angerufen, um den Prozess zu unterbrechen. Dies hat weitreichende Konsequenzen für das Offenbarungsverständnis, so Ignacio Ellacuría:

> „Ohne die Geschichte ist die Reichweite von Offenbarung und Selbstmitteilung Gottes absolut eingeengt. Mit der Geschichte [...] bleibt einerseits offen, was die Menschheit und mit ihr die gesamte Wirklichkeit herzugeben vermögen, und andererseits bleibt die reale Möglichkeit be-

[631] Fernando Castillo: Evangelium, Kultur und Identität. Stationen und Themen eines befreiungstheologischen Diskurses, hg. v. Kuno Füssel, Michael Ramminger, Luzern 2000, 204.

[632] Ellacuría, Geschichtlichkeit, 323.

stehen, daß sich zeigt, was Gott für den Menschen und der Mensch für Gott ist."[633]

Dabei ist eben diese Offenheit für die Zukunft das Wesentliche, die einerseits die radikale Freiheit der Menschen – und Gottes – bestätigt und einem Fortschrittsdenken im Sinn einer sich immerfort verbessernden, sich vervollkommnenden Geschichte widerspricht.[634] Im Unterbrechen des Prozesses wird Geschichte überschritten, transzendiert, aber nicht aufgehoben. Gott setzt sich gegenwartig, indem Heil, Erlösung und Befreiung geschichtlich greifbar werden. Darin offenbart sich Gott und überbietet geschichtliches Handeln.

> „[Gott] erscheint so als das transzendente Moment in einer einzigen Heilspraxis, als jenes Moment, das die Grenzen menschlichen Handelns durchbricht und/oder den tiefen Sinn dieses Handelns bergend einholt."[635]

Mit der Freiheit Gottes, seines Eingreifens, wird allerdings das Theodizee-Problem virulent: Warum lässt sich Gott, zum Beispiel in der Befreiungserfahrung Israels in der Exodusgeschichte, „aus freiem Wollen in einzigartiger Weise auf ein Volk in seiner Erniedrigung ein"[636], und ließ es während der Shoah im Stich? Meines Erachtens ist diese Frage nicht zu beantworten – wir können sie nicht beantworten, es bleibt Unbegreiflichkeit von Leiden und das Scheitern der Aktualisierung von Gottes Willen. Und doch bleibt als das Herz jüdischen und christlichen Glaubens die Offenheit von Zukunft, die die Menschen in die Verantwortung ruft:

> „Das Moment der Zukunft – die nicht bloß jenseitig ist, sondern im Spiel Verheißung-Hoffnung, Handeln Gottes-Antwort des Menschen projektiv wirksam wird – macht die geschichtliche Offenbarung Gottes als solche erst möglich und nimmt die Menschen in die Pflicht sich zu öffnen, sich nicht in einer bereits gegebenen Erfahrung oder in den engen Grenzen ihrer Endlichkeit zu verschließen."[637]

---

633 Ebd.

634 Vgl. a. a. O., 323f.

635 A. a. O., 327; Vgl. a. a. O., 322-332.

636 A. a. O., 328.

637 A. a. O., 324.

Das Thema ‚Veränderbarkeit' steht also im Mittelpunkt, wenn Geschichtlichkeit, Handeln der Menschen und Handeln Gottes zusammengedacht werden. An einen geschichtlichen Gott zu glauben heißt, mit einer veränderbaren Geschichte zu rechnen, deren Ausgang offen ist, die Kehrtwendungen nicht ausschließt. Einem Fatalismus, der angesichts der analysierten Erfahrungen oft naheliegt, ist in dieser Perspektive entschieden zu widersprechen. Glaube heißt, mit dem Sich-Mitteilen Gottes im Geschichtlichen und Biographischen zu rechnen.

Biblisch werden diese Gedanken nach Ellacuría sehr deutlich. In den Geschichten des Ersten Testaments kommt in besonderer Weise zum Ausdruck, dass das Handeln des Menschen – wenn es nicht sündhaft in sich verschlossen ist, sondern offen für geschichtlich mögliche Gnade und Heil – „förmlich heilshafte und verändernde Kraft hat, nicht nur an sich, sondern auch hinsichtlich der Geschichte."[638] Konkret bedeutet das ein enges Ineinandergreifen von geschichtlichen Ereignissen und der Deutung des Willens und der Verheißung Gottes:

> „Das ‚neue' Volk Israel konstituiert sich schon im alten Testament immer neu als Rest, dem die ergangene Verheißung gilt, aber auch zugleich als Keim der Verheißung, die sich noch erfüllen soll. Und es konstituiert sich durch die Erfahrung eines politischen Scheiterns, das die göttliche Verheißung in eine andere Perspektive rückt: Das geschichtliche Scheitern bei der Verwirklichung politischer Macht und der Durchsetzung von Israels Macht wie auch bei der Schaffung neuer Beziehungen unter den Menschen und der Menschen mit Gott führt zu einer neuen Deutung der göttlichen Verheißung."[639]

Auch im Zweiten Testament wird großer Wert auf die historische und politische Verwirklichung der Messianität Jesu gelegt, zum Beispiel im Johannes-Evangelium, das Jesus als den neuen Mose zeichnet. Hier wird nach Ellacuríca noch deutlicher als im Ersten Testament erkennbar, dass Scheitern zur Geschichtlichkeit, zur Geschichte

---

[638] A. a. O., 331; vgl. ebd.
[639] A. a. O., 338.

Gottes mit den Menschen gehört. Dies zeigt sich im Scheitern des Messias Jesus und in der Zerstörung des Jerusalemer Tempels im Jahr 70. Zu dieser Zeit spielen im jüdischen Glauben ein Universalismus, der die ganze Welt erlöst sieht, und der Messianismus eine immer größere Rolle. Die Jesusbewegung ist nur eine von vielen, die aber eine große Wirkungsgeschichte nach sich zieht. Die christliche Kirche entwickelt sich als neuer Ort, als Gemeinschaft – neben anderen –, die es als ihre Aufgabe sieht, „Heilsgeschichte voranzubringen“[640]. Die primäre Frage, um die es der Kirche gehen muss, ist diejenige danach, „was das Leben Gottes unter den Menschen gegenwärtig macht.“[641] Dann liegen ihre Aufgaben mitten in den Nöten der Menschen, von denen im II. Teil einige konkret beschrieben wurden. Wichtiger wäre dann zum Beispiel die Nähe zu und Solidarität mit den Not leidenden Menschen als die Loyalität zu staatlichen Behörden, wenn es um Illegalisierte, um den Umgang mit Erwerbslosen oder um die Unterstützung von gewerkschaftlichen und anderen Kämpfen für menschliche Arbeitsbedingungen geht.

Menschliche Nöte als orientierende ‚Zeichen der Zeit‘ (vgl. Mt 16,3) zu fassen, ist einer der grundlegenden Lernschritte aus dem II. Vatikanischen Konzil.[642] Juan Luis Segundo zieht eine enge Verbindung zwischen Offenbarung, Glaube und Zeichen der Zeit und zeigt auf, dass die Reihenfolge, in der diese drei Begriffe in der konkreten Geschichte zur Erscheinung kommen, die umgekehrte ist: Zeichen der Zeit – Glaube – Offenbarung bilden eine anthropologische oder existenzielle Sequenz. Wenn es um Zeichen der Zeit geht, ist die wichtige Frage nach Unterscheidung angeschnitten: Wie kann das Wort Gottes von ‚menschlichen‘ Worten unterschieden werden? Segundo nimmt die Kanonisierung der Bibel als Beispiel, diese Frage zu erörtern. Im Ersten wie im Zweiten Testament finden sich einander widersprechende Aussagen. Trotzdem wurden die Testamente im

---

[640] Ebd.

[641] A. a. O., 345; Vgl. a. a. O., 332-337.

[642] Vgl. vor allem die Pastoralkonstitution „Gaudium et Spes“ 1-4; vgl. Rahner/Vorgrimler, Kleines Konzilskompendium, 449-452.

Ganzen kanonisiert. Das historische Problem der Kriterien bleibt ein unlösbares und muss trotzdem immer wieder historisch – kontingent – entschieden werden.

Hinweise auf Kriterien geben nach Segundo zwei Aspekte: Erstens hat Jesus sich konsequent geweigert, „in seinen Werken und in seiner Botschaft mit Hilfe von ‚Zeichen vom Himmel' seinen Zuhörern zu helfen, die Gegenwart Gottes festzustellen."[643] Was bedeutet das? In biblischen Geschichten wird deutlich, dass Gott sich den Menschen durch Handlungen und Vorstellungen mitteilt.

> „Folglich wird in beiden Fällen allein derjenige die Mitteilung verstehen, der eingestimmt ist auf die Prioritäten des Herzens dieses Gottes. Und aufgrund dessen ist das Anzeigen menschlicher Befreiung in der Geschichte auch ein Zeichen für die Gegenwart und Offenbarung Gottes. [...] Gott gibt sich als derjenige, der ‚dem Menschen etwas offenbart', zu erkennen, wenn er in diesem Menschen einer geschichtlichen Sensibilität begegenet, die sich mit seinen eigenen Absichten trifft."[644]

Beispiele von Menschen in den Evangelien, die die Zeichen der Zeit, das heißt, den Willen Gottes, verstanden haben, ohne die biblische Erfahrung zu kennen, stützen diese Ansicht.[645] Hier trifft Segundo sich mit Rahners Annahme des übernatürlichen Existenzials. Segundo zieht daraus die Schlussfolgerung, dass nicht Gott selber vorgibt, was in der Geschichte Israels und der Jesusbewegung seine Gegenwart oder Offenbarung ausmacht. Denn die Menschen sind in die Verantwortung gestellt, auf bestmögliche Art und Weise die Prioritäten Gottes ausfindig zu machen.[646]

Den zweiten Hinweis sieht Segundo im historischen Kanonisierungsprozess, in dem sich ein Paradigma des theologischen Ereignisses zeige. Am Beispiel Mose formuliert Segundo folgende Anhaltspunkte: Moses macht eine Kontrasterfahrung, die seinen existierenden Glauben – ein anthropologischer, da er noch nicht über eine

---

[643] Segundo, Offenbarung, 452.

[644] A. a. O., 453.

[645] Ebd. Segundo bezieht sich auf den Hinweis Jesu zu den Bewohnern Ninives und der Königin des Südens, Mt 12, 38-42 par. Lk 16, 29-32.

[646] Ebd.

Bibel verfügt –, sein Wertesystem, herausfordert: Er glaubt als einer von wenigen, dass die Situation nicht diejenige sein kann, die Gott will. Dadurch wird aus einem Geschehen ein Zeichen, das zum Handeln auffordert und sein Vorgehen in eine Begeisterung verändert, von der andere angesteckt werden. Diese Kontrasterfahrungen machen deutlich, dass es Begebenheiten und Zustände gibt, die den Sinn der Existenz aufs Spiel setzen.

> „Sie als Zeichen wahrzunehmen – so wie es nach dem Text bei Mose geschieht – und nicht zuzulassen, daß sie als unbedeutend abgetan werden, das wird davon abhängen, mit welcher Kraft dieser Glaube, der der Offenbarung (die von solchen Spitzenmomenten befördert wird) vorausliegt, sich als empfänglich erwies für das Schicksal dieser und nicht anderer Werte auf unserer menschlichen Erde.“[647]

Die Zeichen der Zeit zu erkennen hieße, sich auf aktuelle Kontrasterfahrungen einzulassen und zu erspüren, auf welche Weise Gott in dieser Situation gegenwärtig werden will. Es geht darum, wie Mose „durch die ansteckende Begeisterung, welche von der Entdeckung der auf eine befreiende göttliche Gegenwart verweisenden Zeichen entfacht wurde“[648], eine Geschichte in Gang zu setzen, einen geschichtlichen Prozess zu initiieren. Dabei ist die Entdeckung der Gegenwart Gottes nicht statisch, weswegen auch die biblischen Geschichten so unterschiedlich und teilweise widersprüchlich sind.

> „Mose lehrt uns nicht etwas ein für allemal Feststehendes, sondern das Erlernen des Lernens, also wie in der Geschichte noch mehr Zeichen derselben offenbarenden und befreienden Gegenwart Gottes zu entdecken sind.“[649]

Die Erfahrung grundlegender Befreiung dauert nach der Exodusgeschichte fort und hält Israel aufrecht. Nur so ist erkennbar, dass sich hier Gottes Offenbarung zeigt. Und der Prozess des Mose, der ein Volk, eine Tradition, einen Lernprozess begründete, wird mit Jesus und der Jesusbewegung fortgesetzt:

---

[647] A. a. O., 457; Vgl. a. a. O., 454f.
[648] A. a. O., 457.
[649] A. a. O., 458.

> „Jesus und Paulus machen eine neue befreiende Erfahrung: Sie lassen die Knechtschaft einer privilegierten Situation hinter sich und versuchen, für die Zeichen der Zeit, die von dort kommen, wo der Mensch leidet, sowie arm, unterdrückt und in seinen menschlichen Möglichkeiten behindert ist, ständig aufnahmebereit zu sein.“[650]

Es geht also einerseits darum, ganz unterschiedliche Erfahrungen in ihrer Unterschiedlichkeit gelten zu lassen. Die Perspektive notwendigen Zusammendenkens von Universalität und Partikularität wird hiermit wieder aufgegriffen. Georges Casalis formulierte dazu:

> „Die Universalität und die Einheit des Evangeliums sind kein Dogma a priori, sondern die Summe von Erfahrungen, die unendlich verschieden, niemals kodifiziert, immer erneuerbar sind, aber stetig in ihrer Diversität konvergieren [...] Die Universalität des Evangeliums besteht darin, daß es jeden anspricht und befreit, der es annimmt und ihm folgt, ohne ihn dabei aus seiner eigenen Geschichte herauszureißen, und ohne ihm eine Maske aufzusetzen.“[651]

Andererseits ist der Moment des befreienden Gottes ein durchgehend vorhandenes Element. Es handelt sich um eine Vorstellung von Gott, die davon ausgeht, dass er und sie Kontrasterfahrungen und damit die Möglichkeit von Befreiung überhaupt erst denk- und lebbar macht. Das Erkennen der Zeichen der Zeit aus der Perspektive des privilegierten Vermittlungsortes Gottes, nämlich der Perspektive der Marginalisierten, bildet die Handlungsorientierung für christliche Praxis. Eine solche befähigt zur Positionierung innerhalb der Komplexität moderner Gesellschaften und entfaltet sich an den kritischen Punkten, die entsprechend kontextualisiert werden müssen. Einige Kontrasterfahrungen, wie sie heute stattfinden, wurden im II. Teil untersucht: Es sind die Erfahrungen von Überforderung durch Individualisierung der Verantwortung für sich selbst und für Menschen, die auf Sorge-Arbeit angewiesen sind. Es sind Erfahrungen von Unsicherheit, von Angst vor vermindertem Lebensstandard, vor Abschiebung, vor dem Verlust der finanziellen und sozialen Existenz. Sie

---

[650] A. a. O., 459.

[651] Georges Casalis: Die richtigen Ideen fallen nicht vom Himmel. Grundlagen einer induktiven Theologie, Stuttgart u. a. 1980, 168f.

wahrzunehmen und danach zu fragen, nach welcher Art von Befreiung sie schreien, ist ein grundsätzlicher Auftrag der Kirchen.[652] Schwindende Mitgliederzahlen in den Kirchen sind meines Erachtens weniger das Problem fehlender Nachfrage-Orientierung als vielmehr darauf zurückzuführen, dass sich viele Menschen in ihren Kontrasterfahrungen von den Kirchen nicht ernstgenommen fühlen, ja, dass diese im Kontext von Gemeinden gar nicht erst zur Sprache kommen. Ein aufmerksames Lesen der Zeichen der Zeit bedeutet, der Erfahrung Bedeutung beizumessen, dass der Wille Gottes auf Hinhören und Verwirklichung durch Menschen angewiesen ist:

> „Die mit einem offenen und empfindsamen Herzen gelesenen Zeichen der Zeit verhindern, daß der mit jeder (weil sich mittels der menschlichen Sprache vollziehenden) Offenbarung verbundene ‚Buchstabe' – auch der des Evangeliums – todbringend werden kann (2 Kor 3,6) und uns in die Irre führt, statt uns zur Begegnung mit dem Herzen Gottes zu erheben. Diese Zeichen zeigen einen Weg auf, der – indem er gemeinsam beschritten wird – [...] eine Geschichte hervorbringt."[653]

Dazu gehört unerlässlich der Streit darum, was unter dem Willen Gottes verstanden werden kann sowie darum, welche Zeichen auf befreiende göttliche Gegenwart verweisen.

13.2 Erfahrungen: Ausgangspunkt und Gegenstand selbstkritischer Reflexion und Verantwortlichkeit

Die Zeichen der Zeit zunächst einmal wahr- und ernstzunehmen bedeutet für Kirche und Theologie, wenn die ‚Option für die Armen' in ihren Konkretionen begriffen wird, Lebenswirklichkeiten und Erfahrungen der von den aufgezeigten lebensfeindlichen Tendenzen betroffenen Menschen in den Mittelpunkt ihrer Rede von Gott und ihrer gesellschaftlichen Praxis zu stellen. Die folgenden Abschnitte fragen aus der Perspektive unterschiedlicher Erfahrungen einerseits

---

[652] Vgl. auch Martha Zechmeister: Krise des Christentums – Krise Europas? in: concilium, Jg. 41, Heft 3, 2005, 266-270.

[653] Segundo, Offenbarung, 460.

nach den Gründen und Widerständen dafür, dass Formen von Kirche, die die Perspektive von Marginalisierten einnimmt, in der BRD nur marginal existieren. Andererseits werden mögliche Wege aus Ohnmacht und Resignation hin zu Artikulation, Reflexion und Befreiung skizziert.

13.2.1 Kontrast-Erfahrungen ermöglichen

Zunächst einmal bedeutet der Bezug auf Erfahrungen nichts anderes als den ‚Primat der Praxis', also Primat des realen Lebens: Theologien formulieren ausgehend von der historischen Realität Probleme, Fragen und Widersprüche und suchen Deutungen und weiterführende Perspektiven auf dem Hintergrund des Glaubens.

Allerdings bietet dieser Ansatz – wie jeder Versuch der Reflexion – auch zusammen mit der ‚Option für die Armen' keine Garantie der Berücksichtigung aller relevanten Erfahrungen. Das immer wieder neue Ringen um die Berücksichtigung von spezifischen Erfahrungen und Offenheit, die eigene Herangehensweise in Frage zu stellen, gehören zur Theorie und Praxis befreiender Theologie. Dies sollte allerdings nicht lediglich der Anerkennung bestimmter Gruppen durch die bestehende Gesellschaft und ihre Normen dienen, sondern im Rahmen des umfassenden Heilsverprechens angesiedelt sein: der Verheißung einer Welt, in der niemand vorzeitig sterben muss, arm gehalten oder marginalisiert wird und in der Schöpfung bewahrt wird. Auf den Zusammenhang von Universalität und Partikularität, der auf der Unterschiedlichkeit von Erfahrungen beruht, wurde bereits hingewiesen. Christliche Verheißung nimmt diese Unterschiedlichkeit auf und lässt sie bestehen, sie besteht gerade darin, allen diese Unterschiedlichkeit in Würde zu ermöglichen.

Feministische Theologinnen haben zu Recht eingefordert, Frauenerfahrungen als relevant an- und in die theologische Reflexion aufzunehmen. Erfahrungen von Marginalisierten wurden in Teil I als Ausgangspunkt von Theologien der Befreiung sowie als Ansatzpunkt feministischer Theologie – mit Berücksichtigung der kontextuell verschiedenen Befreiungs- und Unterdrückungserfahrungen von Frauen – vorgestellt. Christine Schaumberger betont, dass durch die Bezugnahme auf Frauenerfahrungen eine Fülle von Themen theologisch neu erarbeitet wurde, dass auch die Verschiedenartigkeit der Erfahrungen von Frauen sichtbar wurde und Frauen aus unterschiedlichen Lebenssituationen und verschiedenen Kontexten „theologisch ans Wort"[654] kamen. Dabei knüpft feministische Theologie an befreiungstheologische und politisch-theologische Diskussionen an, die betonen, dass

> „christliche Offenbarung weder ein starrer Block abgesicherter kontext- und subjektunabhängiger Gewißheiten ist noch glatt in menschlicher Erfahrung aufgeht, sondern in der Spannung zwischen in den Traditionen erinnerten (oder verborgenen) Erfahrungen und gegenwärtigen (oft verdrängten) Erfahrungen gesucht und erfahren werden muß."[655]

Feministische Theologie, die sich in dieser Tradition verortet, stellt „die Leidens- und Unterdrückungserfahrungen und die Praxis der Umkehr, der Solidarität und der Befreiung ins theologische Zentrum"[656]. Verschiedene Herrschaftsstrukturen müssen dabei berücksichtigt werden, wie in Bezug auf Elisabeth Schüssler Fiorenza ausgeführt wurde. Feministisch-theologische Kritik wehrt sich gegen androzentrische Theologie, auch in befreiungstheologischen und politisch-theologischen Herangehensweisen. Mit dem politisch-theologischen Fokus auf dem Thema Umkehr, der vor allem im Kontext eines Industrielandes wie der BRD ins Zentrum gestellt werden muss, sind aber auch feministisch-theologische Ansätze zu befragen. Ein reflexiver Umgang mit den eigenen Erfahrungen ist notwendig: Der Bezug auf Erfahrungen von Frauen kann der auf Unterdrückungs- und Befreiungserfahrungen sein, aber genauso wichtig ist der kritische Bezug zu Privilegien. Die „Gefahren der Pauschalisierung von Frauenerfahrungen und der Auflösung von Subjektivität in

---

[654] Schaumberger, Erfahrung, 74.
[655] A. a. O., 74; vgl. ebd.
[656] Ebd.

die Beliebigkeit“[657] müssen gesehen und Analysen entsprechend überprüft werden. Dann macht es zum Beispiel einen wesentlichen Unterschied, ob sich eine Frau in der Rolle der ‚Arbeitgeberin‘ oder der ‚Arbeitnehmerin‘ innerhalb eines privaten Haushalts befindet.[658]

Der Bezug auf die in dieser Arbeit thematisierten Erfahrungen hieße, zunehmende soziale Spannungen bzw. die verbreitete „hoffnungslose Unzufriedenheit“[659] als für theologische Praxis relevant anzusehen. Den Erfahrungen von Perspektivlosigkeit, Ohnmacht und Resignation ließe sich nur angemessen begegnen, wenn sie im Gemeindeleben eine Rolle spielen und mit den Texten jüdischer und christlicher Tradition konfrontiert werden, in denen – ganz anders! – Glaubensgemeinschaften sich „dem Wagnis, in der Geschichte auch das Auftauchen befreiender und neue Möglichkeiten und neue Menschen schaffender Taten zu erwarten“[660], überlassen. Die Herausforderung für eine kirchliche Praxis, die sich für die Realisierung befreiender Taten einsetzt, besteht darin, die benannten Kontrast-Erfahrungen zu ermöglichen und damit Räume zu schaffen, in denen es möglich ist, die eigene Situation, die eigenen Unsicherheiten, Überforderungen und Ängste im Kontext größerer Zusammenhänge von Ökonomie und Politik zu reflektieren. Aufgrund einer Glaubensreflexion, die die Ermöglichung von würdigen Lebensbedingungen für jeden Menschen und Befreiungsmomente in den Mittelpunkt stellt, könnten innerhalb dieser Räume Wege gefunden werden, sich zusammenzutun und sich zu wehren gegen die atomistische ‚Selbst-Verantwortung‘, die zum Beispiel Erwerbslosen und prekär Beschäftigten als alternativlos suggeriert wird. Beispiele existieren, zum Beispiel Zusammenschlüsse von Erwerbslosen, Studierendenproteste, Organisierungen von Einwanderinnen. Leider finden sie zum größten

[657] Schaumberger, Das Verschleiern, 134.

[658] Vgl. a. a. O., 133; vgl. Schaumberger, Erfahrung, 75f.; vgl. Johanna Kohn-Roelin: Christlicher Feminismus nach Auschwitz. Aspekte einer geschichtlichen Selbstvergewisserung, in: Schaumberger, Weil wir nicht vergessen wollen, 47-58.

[659] Heitmeyer, Deutsche Zustände 8, 122.

[660] Casalis, Die richtigen Ideen, 61.

Teil außerhalb der etablierten Kirchen statt und werden daher auch nicht mit befreiendem Glauben in Verbindung gebracht.

13.2.2 Homogenität in den Gemeinden aufbrechen

Die meisten Gemeinden in der BRD sind seit der Entfremdung zwischen Arbeitern und Kirchen während des 19. und 20. Jahrhunderts und der Zerschlagung der christlichen Arbeiterinnenbewegungen durch die nationalistischen und nationalsozialistischen Bewegungen in den 20er- und 30er Jahren des 20. Jahrhunderts vom bürgerlichen Mittelstand geprägt.[661] Innerhalb einer befreiungstheologischen Praxis im Kontext der BRD, die diesen Umstand als Problem erkennt, ist zu fragen, wie Menschen aus ‚anderen Kontexten' (als der in Gemeinden vorherrschenden bürgerlichen Mittelschichten) und ihre Erfahrungen in das Gemeindeleben einbezogen werden können.

‚Andere Kontexte' meint hier zum einen die Kontexte marginalisierter Lebenswirklichkeiten in der BRD, wie zum Beispiel die von Erwerbslosen, Einwanderinnen oder Asylsuchenden. Zum anderen geht es aber immer auch um die globale Perspektive, um den Zusammenhang von hiesigen Arbeits- und Lebensverhältnissen mit denjenigen im ‚globalen Süden', um Gemeinsamkeiten und Unterschiede, die von Globalisierungsprozessen im ‚Norden' und ‚Süden' produziert werden. Neokoloniale Verhältnisse und die damit einhergehende unhinterfragte Ausbeutung von natürlichen Ressourcen und Arbeitskräften in der Zweidrittelwelt und entsprechende Lebensrealitäten dürfen in den Gemeinden nicht ignoriert werden. Auch wenn sie in dieser Arbeit nicht explizit Thema sind, muss ein theologischer Horizont diese Kontexte und Zusammenhänge im Sinne einer Verantwortung für globale Gerechtigkeit und Ungerechtigkeit mit einbezie-

[661] Vgl. zum Beispiel: Gemeinsame Synode der Bistümer in der Bundesrepublik Deutschland: Beschlüsse der Vollversammlung, hg. v. Bertsch, Ludwig u. a. (im Auftrag des Präsidiums der Gemeinsamen Synode der Bistümer in der Bundesrepublik Deutschland und der Deutschen Bischofskonferenz), Offizielle Gesamtausgabe, Band 1, Freiburg i. Br. u. a., 1976, 313-364, bes. 327-338.

hen. Die Reflexion auf diese globalen Zusammenhänge ist unerlässlich, um die vermeintlichen politischen und ökonomischen Sachzwänge zu verstehen, die häufig als Legitimation dafür herangezogen werden, Prekarisierungsprozesse in der BRD voranzutreiben und damit ökonomische Ungleichheiten zu vertiefen.

Gegen diese Notwendigkeiten ist allerdings festzustellen, dass die benannten globalen Zusammenhänge in christlichen Gemeinden tendenziell eher abnehmend als zunehmend Thema sind.[662] Dies steht dem Ziel diakonischer Kirche und befreiungstheologischer Praxis im Sinne einer Gemeindearbeit entsprechend der ‚Option für die Armen', entgegen. Versuche, diese Formen von Kirche nahezubringen, das heißt, von den Erfahrungen aus ‚anderen Kontexten' so zu sprechen, dass sie christliche Gemeinden unmittelbar angehen und betreffen, zeitigt oft entmutigende Reaktionen, die das erwähnte Desinteresse und die Distanz zu den genannten Themen widerspiegeln: Sie reichen auf der einen Seite von Ignoranz und Unverständnis über Abwehr und Vorwürfe der ‚Realitätsferne' bis hin zu offenem Zynismus und Feindseligkeit im Namen der ‚besten aller möglichen Welten', in der wir uns befänden, deren Infragestellung sich gegen alle Vernunft und historische Erkenntnis richte.

Auf der anderen Seite werden, wenn die Unhaltbarkeit der Situation gesehen wird, oft Hilflosigkeit, Ohnmacht und Resignation artikuliert. Hinter diesen Abwehrmechanismen stehen häufig – und manchmal wird dies auch ausgesprochen – schlechtes Gewissen,

---

[662] Christian Bauer konstatiert zum Beispiel im Rahmen der Debatte um die Sinus-Milieu-Studie, dass die katholische Kirche in der BRD nur noch bei den Konservativen, Traditionsverwurzelten und in der Bürgerlichen Mitte verankert ist. Vgl. Christian Bauer: Gott im Milieu? Ein zweiter Blick auf die Sinus-Milieu-Studie, in: diakonia, Jg. 39, 2/2008, 123-129. Des weiteren stellten Michael Ramminger und Ludger Weckel für die 90er Jahre einen Rückgang der Thematisierung christlicher Eine-Welt-Arbeit in NRW fest. Vgl. Weckel/Ramminger, Dritte-Welt-Gruppen, 104f.; vgl. auch Franz Kamphaus: Die Verantwortung des Glaubens im Welt-Maßstab, Rede beim Studientag auf der Wolfsburg am 17. November 2007, Quelle: http://www.adveniat.de/service/aktuelle-nachrichten/nachrichtenarchiv/ studientag-wolfsburg/rede-kamphaus.html (letzter Zugriff: 10.07.2012).

Schuldgefühle, in einem reichen Land zu leben, privilegiert zu leben, und diese Tatsache die meiste Zeit zu verdrängen.

Wie kann diese Abwehr überwunden werden und wie können ihre Hintergründe zur Sprache kommen: zum Beispiel das Bewusstsein davon, dass Erfahrungen aus ‚anderen Kontexten' gar nicht so weit weg sind von der Lebensrealität vieler Gemeindemitglieder, welche sich vor allem in den meist unausgesprochenen Ängsten vieler vor Abstieg und Erwerbslosigkeit spiegelt? Für eine Klärung der Hintergründe von Abwehrmechanismen ist es aufschlussreich, sich mit Sünde, Schuld und Schuldgefühlen zu befassen.

13.3 Sünde, Schuld und Verantwortungsübernahme

Im Kontext der theologischen Kriterien für Solidarität war die Rede von Schuldfähigkeit und Verantwortung als Kriterien. Angesichts des gegenwärtig vorherrschenden individualistischen Sündenverständnisses ist zu fragen, wie Schuld und Sünde als strukturell und im Hinblick auf Befreiung begriffen werden können. Nach Ignacio Ellacuría sind strukturelle Sünde und Gnade auf folgende Weise zu verstehen:

> „Es gibt Handlungen, die das (göttliche) Leben töten, und es gib Handlungen, die (göttliches) Leben schenken; diese sind das Reich der Gnade, jene das Reich der Sünde. Es gibt gesellschaftliche und geschichtliche Strukturen, die Objektivation der Macht der Sünde sind und noch dazu diese Macht gegen die Menschen, gegen das Leben der Menschen befördern, und es gibt geschichtliche und gesellschaftliche Strukturen, die Objektivation der Gnade sind und darüber hinaus diese Macht zugunsten des Lebens der Menschen befördern; jene konstituieren die strukturelle Sünde, diese die strukturelle Gnade."[663]

In diesem Verständnis von Sünde spielt die persönliche Verantwortung eine untergeordnete Rolle. Ellacuría betont, dass gesellschaftliche Situationen „Objektivation der Sünde und selbst Sünde sein [können], insofern sie die positive Leugnung eines wesentlichen As-

[663] Ellacuría, Geschichtlichkeit, 344.

pekts des Gottes des Lebens sind."[664] Dies zu leugnen bedeute eine gefährliche und unberechtigte Verharmlosung der Herrschaftsstrukturen von Sünde.[665]

Ein Verständnis von struktureller Sünde kann zum Beispiel Schuldgefühlen entgegenwirken, die oft mit Handlungsunfähigkeit verbunden sind. Wie können Erfahrungen aus ‚anderen Kontexten' mit den eigenen auf produktive, nicht destruktive und Abwehr erzeugende Weise, verknüpft werden?

Die Erfahrung von Ohnmacht und Resignation vermischt sich mit Schuldgefühlen oft zu einer lähmenden Handlungsstarre. Bei Marginalisierten können Gefühle von Ohnmacht und Ausgeliefert-Sein dazu führen, dass Wut, Protest und Organisierung von Widerstand nicht entstehen. Bei denjenigen, die Schuldgefühle aufgrund ihrer Privilegien kultivieren, verhindern diese Gefühle, dass über die Möglichkeit von Umkehr und Veränderungen, über Infragestellung der eigenen Lebensweise auf Kosten anderer nachgedacht wird. Aus Abwehr und Schuldgefühlen können keine Handlungsperspektiven abgeleitet werden.[666] Ebensowenig aus einem Zynismus, der sich für nicht zuständig erklärt, der die Weltverhältnisse so nimmt, wie sie sind, und keinerlei Diskussion um persönliche Verantwortung zulässt. Audre Lorde, die sich unter anderem mit Rassismus innerhalb der Frauenbewegungen beschäftigte, drückt es so aus: „Schuld und Verteidigungshaltung sind die Steine in der Mauer, gegen die wir alle stammeln; sie dienen der Zukunft von keiner von uns."[667]

---

[664] A. a. O., 345.

[665] Vgl. ebd.

[666] Von diesen Mechanismen spricht zum Beispiel auch Audre Lorde in ihrem offenen Brief an die feministische Theologin Mary Daly, in dem sie erklärt, dass sie beschlossen hatte, nie wieder mit weißen Frauen über Rassismus zu sprechen, da es „wegen destruktiver Schuldgefühle und Abwehr [...] Zeitverschwendung" sei. Audre Lorde: Offener Brief an Mary Daly, in: Dies., Lichtflut: Neue Texte, Berlin 1988, 13-17, 17.

[667] Audre Lorde: The Uses of Anger: Women Responding to Racism, in: Dies., The Audre Lorde Compendium. Essays, Speeches and Journals. The Cancer Journals. Sister Outsider. A Burst of Light. Introduction by Alice Walker, London 1996, 172-180, 172.

Christine Schaumberger beschreibt die verschiedenen Implikationen von Schuldgefühlen, vor allem ihre lähmende Wirkung durch den vermeintlichen Kontrollverlust über sich selbst, und das Phänomen, dass Schuldgefühle mit Sühne verwechselt werden. Ruhigstellung und Herrschaftsstabilisierung sind die Folgen. Schaumberger betont allerdings auch, dass es nicht darum gehen kann, Leiden zu verdrängen und als masochistisch abzutun. Durch falsches ‚Glück' und vorgetäuschte ‚Unschuld' wird Leiden unsichtbar gemacht und Unrecht ‚entschuldigt'.

> „Trauer und Leidensfähigkeit – nicht Zeichen von ‚Leidenslust', sondern von Kampf gegen Vergessen, von Protest gegen Unheil und von Solidarität mit Unterdrückten und Besiegten – wäre [sic] dann Ausdruck der Lebendigkeit, von Unterbrechung herrschender Apathie und Lieblosigkeit."[668]

Schaumberger untersuchte feministisch-befreiungstheologische Ansätze zum Thema Schuld, die eine enge Verbindung zwischen ‚Schuld' und ‚Macht' herstellen. Dabei bezieht sie sich unter anderem auf Rosemary Radford Ruether, die die Frage nach der Erkenntnis von Gut und Böse in den Mittelpunkt stellt, statt nach den Ursachen von Leid und Ungerechtigkeit zu fragen: Für Radford Ruether sind Erfahrung und Erkenntnis des Bösen bereits Teil von Bekehrungsprozessen – allerdings ist dies nie individuell, sondern strukturell und kollektiv zu verstehen. Konflikte sind notwendiger Bestandteil dieser Befreiungsprozesse: Bekehrung stößt auf Gegenmacht und bedeutet daher Machtkampf. Wer sich auf den Weg der Umkehr begibt, wird mit Konflikten konfrontiert – wie die Geschichte des Kreuzes Jesu zeigt. Bei Elisabeth Schüssler Fiorenza ist nach Schaumberger der wichtigste Punkt, dass sie den Begriff des ‚Patriarchats als strukturelle Sünde' verwendet und das verschiedenartige Verwobensein von Frauen und Männern in sündhafte Strukturen, in Komplizenschaft und Widerstand mit einbezieht.[669]

---

[668] Schaumberger, Teil II: Subversive Bekehrung, 166; Vgl. a. a. O., 158f.
[669] Vgl. a. a. O., 171f.

Aus feministischer Perspektive wurde besonders das Thema der Passivität als Sünde thematisiert. Für Judith Plaskow neigen viele Frauen als Konsequenz aus geschlechtsspezifischer Sozialisation mehr zur Sünde der Passivität, der Selbstverleugnung und des Aufgehens im Alltäglichen als zur Sünde in Form von Stolz und Selbstüberhebung. Die Definition gerade dieser Passivität als „Abkehr von der Verantwortlichkeit gegenüber Gott und sich selbst"[670] sei wichtig, um adäquat auf die Situation von Frauen einzugehen und der langen Idealisierung von Passivität als eines christlichen Ideals entgegenzuwirken. Allerdings hat sich meines Erachtens die Situation – und auch Sozialisation – von Frauen inzwischen in der Hinsicht geändert, dass tendenziell beide Arten der Sünde in gleicher Weise für Frauen gelten, sodass nicht mehr behauptet werden kann, dass Stolz und Selbstüberhebung sekundäre Erscheinungen seien.[671]

Die Rede von Schuld und Sünde ist zentral, um befreiende Veränderungen zu ermöglichen. Mit Verweis auf Johann Baptist Metz, der Unschulds- und Entschuldungswahn diagnostiziert, schildert Schaumberger die Mechanismen, die auch 20 Jahre später um nichts weniger aktuell sind:

> „Nicht von Schuld reden bedeutet Ent-schuld-igung, aber noch nicht Beendigung der Realität von Schuld. Keine Macht beanspruchen bedeutet Beruhigung, nicht Ent-macht-ung der Machthaber. Statt gesellschaftlich herrschende Normen infrage zu stellen, scheint dies eher einer heute herrschenden Tendenz zu entsprechen, die Rede von Sünde und Schuld im Interesse ‚psychischer Hygiene' aufzugeben: ein Ausweg, der Männer und Frauen ent-schuld-igt und vertröstet, dadurch aber nicht befreit, sondern als unmündig und machtlos und das Arrangement mit Gewalt, Leiden Ungerechtigkeit – soweit sie nicht aus eigener Kraft abgeschafft worden sind – als ‚schuldloses Glück' erklärt. […] Statt die Rede von Schuld ersatzlos aufzugeben, scheint es mir notwendig, ein Konzept von Schuld und Macht zu entwickeln, in dem die Erfahrungen und Fragen

[670] A. a. O., 173.

[671] Vgl. ebd. Dass diese Ansicht überholt ist, zeigt m. E. zum Beispiel die Diskussion um den ‚Neuen (Eliten-)Feminismus'. Vgl. z. B. Frigga Haug: Attacken auf den abwesenden Feminismus. Ein Lehrstück in Dialektik, in: das argument, Jg. 50, Nr. 274, 1/2008, 9-20.

> von Frauen, die aus patriarchalen Verhältnissen und Strukturen aufbrechen, artikuliert werden können. Sünde und Schuld sollten so konzipiert werden, daß sie nicht zu Entmutigung, Lähmung, Unterdrückung führen, sondern zu *Erkenntnis* und *Kritik* (von Unrecht, Unterdrückung, Entfremdung als Sünde und nicht als Zwangsläufigkeit, Selbstverständlichkeit, unveränderbare Gegebenheit), *Erklärung* (die Rolle von Frauen, Männern und Strukturen, wer sind die Täter und Nutznießer(innen?), was ist die eigene Zerstörung durch die Sünde (Patriarchat? ...) und *Bekehrung* (die nicht Umkehrung und Umwerfung des Vorgegebenen, sondern Neuorientierung, Bruch, Veränderung, Neugestaltung ist)."[672]

Es kommt also darauf an, Schuld und Schuldgefühle so ansprechen zu können, dass es möglich ist, Handlungsoptionen in den Blick zu nehmen. In den letzten Jahrzehnten finden diese von Schaumberger beschriebenen Brüche und Neugestaltungen wenig in Kirchen, aber zunehmend in Form sozialer Bewegungen statt. Die Frage stellt sich, ob Glaubenspraxis nicht auch in Basisbewegungen und Ermächtigungsprozessen ihren Ort hat, die ‚von unten' Gesellschaften zu verändern versuchen. In Bezug auf die Themen dieser Arbeit wären dies das Streiten für menschenwürdige Löhne und Arbeitsverhältnisse, die Kämpfe für Existenzsicherung unabhängig von der Art der Beteiligung an gesellschaftlich notwendiger Arbeit sowie die Kämpfe für Aufenthaltsrecht, politische und soziale Rechte unabhängig von Herkunft, Geschlecht und sozialem Status. Im Ringen um gerechte Verteilung von Ressourcen und gesellschaftlich notwendiger Arbeit ginge es darum, als Kirchen Verhandlungen über diese Verteilungsfragen unter Beteiligung aller anzustoßen und zu unterstützen. Diese Themen sind zwar durchaus Gegenstand christlicher Soziallehre, jedoch sind deren Positionen gesellschaftlich und in Gemeinden kaum vermittelt, sondern gelangen offenbar über akademische Räume und Verlautbarungen, die je nach Anlass und Aktualität in der Tagespresse erwähnt werden, kaum hinaus. Die Betroffenen mit einzubeziehen, denen von politischer und medialer Seite wenig Aufmerksamkeit zuteil wird, hieße, Mitarbeitende und Adressatinnen kirchlicher Sozialarbeit, die meist fernab der Gemeinden stattfindet, und in sozialen

---

672 Schaumberger, Teil II: Subversive Bekehrung, 197f.

Bewegungen Engagierte als Subjekte von Gemeinden zu sehen, ihre Anliegen zum Anliegen der Gemeinde zu machen und damit Marginalisierten Macht zu verleihen. Es geht um Ermächtigung, um eine positive Form von Macht, die Handlungsfähigkeit gewährleistet. Schaumberger kennzeichnet diese Form von Macht als „kreatives Vermögen“:

> „Entsprechend sollte Macht nicht als von Herrschaft und Gewalt bestimmt, auch nicht nur als Gegenherrschaft und Gegengewalt definiert werden, sondern als kreatives Vermögen und subversive Durchsetzungskraft, die Erlösung (als Lösung von Fesselung), Befreiung (als Herausholen und Ausbruch aus Unterdrückung und Möglichkeit zur Gestaltung von Freiheit) und Erfüllung des Lebens (‚Brot *und* Rosen!‘) eröffnen und unterstützen.“[673]

13.4 Spiritualität: Wie kann Umkehr lebbar werden?

Um solche Ermächtigungs-Prozesse anstoßen zu können, um vom apokalyptischen Bewusstsein der Dringlichkeit zur Handlungsfähigkeit zu kommen, sind langer Atem, kontinuierliche Infragestellung, Reflexion und Bewusstwerdungsprozesse erforderlich. Um aus dem Glauben an einen befreienden Gott nicht nur nach Worten, sondern nach Taten leben zu können, um ‚eine Geschichte hervorzubringen‘[674], ist ‚Spiritualität‘ nötig in dem Sinne, dass Motivation und Begeisterung erst veränderndes Handeln ermöglichen, das den Tendenzen zu Entsolidarisierung und Ökonomisierung des Lebens etwas entgegensetzen kann. Wie kann Umkehr realisierbar werden?

Das Thema ‚Spiritualität‘ ist ebenso missverständlich wie der Begriff missbraucht. Im kirchlichen Kontext wird das Verständnis von Spiritualität oft auf Gebet und Meditation reduziert. Spiritualität entkoppelt sich aber auch von Religion. Im Sinne von Esoterik, Suche nach Lebenssinn oder ‚Patchworkreligion‘, wird Spiritualität zum beliebigen ‚Geistfutter‘ im Rahmen persönlicher Sinnsuche, unabhän-

---

[673] Schaumberger, Teil II: Subversive Bekehrung, 198, 281.
[674] Vgl. Segundo, Offenbarung, 460.

gig von religiösen Traditionen, individualisiert und unabhängig vom gesellschaftlichen Kontext. Im Rahmen von Konkurrenzgesellschaft und Leistungsdruck wird Spiritualität Teil der Reproduktion von Arbeitskraft, Mittel zur Erholung und zur Flucht angesichts überfordernder Erwerbsarbeit und emotional überfrachteter Partner-Beziehungen. Im Gegensatz zu den Angeboten der traditionellen Kirchen haben ‚Spiritualitätsangebote' auch in der BRD Konjunktur. Alberto Moreira da Silva weist darauf hin, dass in Lateinamerika, Asien und den USA Religionsstifter evangelikaler Kirchen oder Sekten regelrechte Imperien aufbauen und die Kulturindustrie auffällig von der Krise der traditionellen Religionsgemeinschaften profitiert. In der BRD geht es weniger um explizit religiöse Programme, aber um ähnliche Inhalte: Populär sind Angebote, die Identität und Orientierung vermitteln, Erfolg versprechen, als ästhetisch bequem und schön erlebt werden – „ohne, dass sich das Individuum allzu sehr gebunden oder kontrolliert fühlt."[675] Therapeuten, Journalistinnen und die Filmindustrie übernehmen die Vermittlung von Werten und Orientierung sowie die Wissensvermittlung über Religion.[676]

Die Suche, die hinter dem ‚Markterfolg' von Spiritualität steckt, drückt einen zentralen Aspekt von Religion aus: Die Frage nach Lebenssinn, danach, was Menschen motiviert, was Richtung und Orientierung geben kann. Die Frage, was Menschen zum Handeln befähigt, was Hoffnung gegen alle Vernunft, gegen die grassierenden Ohnmachts- und Resignationsgefühle wecken kann.

Biblisch ist der Begriff ‚Spiritualität' auf das hebräische ‚ruach' und das griechische ‚pneuma' zurückzuführen, die beide die körperliche Dimension in Form von ‚Atem', ‚Wind', ‚Gegenwart Gottes' besser transportieren als das gegenwärtige Alltags-Verständnis von ‚Spiritua-

---

[675] Moreira, Alberto da Silva: Spiritualität in der Konfliktivität – Eine Sicht aus der Befreiungstheologie, in: Collet, Giancarlo; Sattler, Dorothea: In Konflikten leben. Mit Zorn und Zärtlichkeit an der Seite der Armen. Ein Beitrag zur ökumenischen Dekade zur Überwindung von Gewalt (Theologie und Praxis 37), Berlin 2012, 57-82, 58.

[676] Vgl. a. a. O., 60-63.

lität', das sehr auf gedankliche und ,weltfremde' Dimensionen konzentriert ist. Dies klingt zum Beispiel in der Rede von der ,Spiritualisierung' von Religion an. Ganz andere Assoziationen, wie Moreira zeigt, weckt der im Deutschen gebräuchliche Begriff ,Brennspiritus': Energie, Feuer, Gefahr. Moreira greift diese Dimensionen auf und bestimmt Spiritualität als das ,innere Feuer', die Kraft, die innere Beatmung, den lebenswichtigen Atem des Menschen, der gepflegt werden muss, um in schweren Lebenssituationen nicht die Energie zu verlieren. Diesem Verständnis folgend, ist die Suche danach auch für nicht-religiöse Menschen lebenswichtig:

> „Und hier liegt der Grund, weshalb die Menschen, unabhängig von Religion, eine Spiritualität suchen: Sie ist die Atmung des menschlichen Geistes. Wenn der Geist keine Luft bekommt, sich nicht über Triebe, Mediokrität und die nackte Faktizität der Welt erheben will oder kann, erstickt der Mensch, stirbt oder tötet sich innerlich, kann zur unmenschlichen Bestie werden. Spiritualität entspringt daher dem inneren Drang des Geistes nach Luft, nach innerer Freiheit, Selbstüberwindung und Vervollkommnung. In diesem Sinne ist Spiritualität der höchste Ausdruck der transzendierenden Struktur des menschlichen Geistes, der sich durch alle Lebenslagen nach Authentizität der Existenz sehnt."[677]

13.4.1 Spiritualität und Konflikt: Grundprojekt der Befreiung

Um „Authentizität der Existenz" zu erreichen, muss das Leben in seiner Konfliktivität realistisch wahrgenommen werden. Dafür ist das befreingstheologische Konzept eines ,Grundprojekts der Befreiung' hilfreich. Ignacio Ellacuría formuliert es in seiner Analyse der Herausforderungen für befreiungstheologische Spiritualität. Er bestimmt das Grundprojekt der Aktion – innerhalb dessen erst Kontemplation stattfinden kann – als ein Befreiungsprojekt, das alles bekämpft,

> „was verhindert, daß Gott sich als Macht des Lebens und nicht als Macht des Todes erweist. Dies setzt voraus, daß man als das größte Problem der Welt und die größte Sünde der Welt jene universale und strukturelle Situation ansieht, die bewirkt, daß der größte Teil der Menschheit in Verhältnissen lebt, die Thomas von Aquin zufolge ein

[677] A. a. O., 62f.

> menschliches, von moralischen Prinzipien geleitetes Leben praktisch verunmöglichen, Verhältnissen, die – sei es als Tatsünde oder als Unterlassungssünde – der objektiven Schuld einiger herrschender Minderheiten verdankt sind, welche aus der Herrschaft, der Ausbeutung, dem Konsum die Götter ihrer institutionell gesicherten Existenz gemacht haben."[678]

Dies bezeichnet Ellacuría als das Grundmuster der strukturellen, geschichtlichen Sünde, an dem andere Formen der Sünde zu messen sind. An Aktualität hat diese Analyse bis heute nichts eingebüßt, wenn auch die Leichtigkeit, mit der er konstatiert, die Objektivation dieser geschichtlichen Sünde sei „leicht zu fassen"[679], heute fremd wirkt, denn wer dies heute behauptet, stößt in Kirche und Gesellschaft auf Unverständnis oder zumindest auf den Vorwurf der Simplifizierung oder der Realitätsferne. Und doch macht eine Entscheidung für die Priorität dieses Grundprojekts eine Orientierung möglich, die durch das Beharren auf der ‚Unübersichtlichkeit' der (post-)modernen Welt oft verhindert wird. Anhand dieser Orientierung ist es durchaus möglich, Ereignisse und Entscheidungen zu bewerten, auch ohne über ‚allumfassende' Informationen zu verfügen – was keinem Menschen möglich ist. Dies kann der – unter anderem bei Frauen weit verbreiteten – Auffassung entgegenwirken, die komplexen Verhältnisse nicht bewerten zu können, weil einerseits die Informationsflut unbewältigbar sei und somit immer der Anschein des Zu-wenig-Wissens besteht, andererseits ein Überblick unmöglich scheint, weil zu viele Informationen ohne Zusammenhang die Einzelnen überlasten. Konsequenz ist oft ein demonstratives Desinteresse an Politik oder eine Kapitulation vor den Herausforderungen, sich zu positionieren und damit angreifbar zu machen, geschweige denn, sich zu engagieren. Theologisch gesprochen bedeutet das einen Rückzug aus der Verantwortung, den Willen Gottes in den Zeichen der Zeit zu erkennen und alles dafür zu tun, Gottes Willen und die eigenen Taten zusammen wirken zu lassen, um die verheißene andere

---

678 Ellacuría, Geschichtlichkeit, 355.
679 A. a. O., 355.

Welt Gottes ein Stück weiter in die Wirklichkeit zu holen. Juan Luis Segundo formuliert diese Einsicht im Hinblick auf das Offenbarungsverständnis:

> „Die Orthopraxis ist nicht die zu guter Letzt erfolgende Anwendung der Offenbarung auf die Praxis: Sie ist vielmehr die Bedingung der Möglichkeit dafür, daß in der Offenbarung auch wirklich etwas geoffenbart wird. [...] [Es gibt] keine göttliche Offenbarung [...], wenn es nicht eine menschliche Suchbewegung gibt, die auf dieses Wort hinstrebt und aufgrund derer das Wort Gottes eine Freisetzung von menschlichen Möglichkeiten und Werten bedeutet [...].“[680]

Kritisiert wird sowohl im Ersten als auch im Zweiten Testament ein religiöses System, das sich verselbständigt und nichts mehr mit dem wirklichen Leben zu tun hat. Dabei ist nach Moreira essentiell, dass, wenn die ‚Option für die Armen' ernst genommen wird, Konfliktivität grundlegend zu Spiritualität gehört. Sie gehört aus der Perspektive Lateinamerikas zum alltäglichen Leben und zur alltäglichen Erfahrung besonders derjenigen, die nicht zu den Privilegierten zählen.

> „Für die mit den Armen kompromittierte Kirche stellt der soziale Konflikt eine pastorale Herausforderung ohnegleichen dar. Verleumdung, Anfechtung und Aggression, aber vor allem das Leiden des Unschuldigen, der Mord an den Gerechten und die erschreckende Frivolität, mit der mit dem Leben des Menschen umgegangen wird, gehören zu diesen Erfahrungen.“[681]

Nachfolge Jesu bedeutet für Moreira eine „Spiritualität des Zornes auf den Zynismus und die Gleichgültigkeit des Systems.“[682] Für den Kontext BRD gilt diese pastorale Herausforderung, die Konfrontation mit dem Leiden Unschuldiger, in ähnlicher Weise, wenn auch nicht so offensichtlich, da hierzulande eine Minderheit auf der Verliererinnenseite der gewaltvollen Verhältnisse steht. Die Kirchen stehen in der Verantwortung, marginalisierte Minderheiten und den globalen Kontext in ihre Praxis und Verkündigung mit einzubeziehen. Der Auftrag, aus der Perspektive der Leidenden sehen und handeln zu

---

680 Segundo, Offenbarung, 442.

681 Moreira, Spiritualität, 65; vgl. auch Castillo: 2000, 200-203.

682 Moreira, Spiritualität, 72, Überschrift (4).

lernen, nach dem Jesuswort: „[A]lles, was ihr für eines dieser meiner geringsten Geschwister getan habt, habt ihr für mich getan." (Mt 25,40), stellt sich jeden Tag ganz konkret. Dabei müssen Denk- und Handlungsweisen eingeübt werden, die der normierten Vergesellschaftung, die in Kultur, Medien, Sozialisation, Institutionen die ungerechten Verhältnisse und Denkweisen stabilisiert, etwas entgegensetzen können.

Aus feministischer Perspektive nimmt Christine Schaumberger die von Juan Luis Segundo beschriebene Orthopraxis auf, wenn es darum geht, andere als die vorherrschenden Wahrnehmungsweisen einzuüben. Aus der Sicht von Marginalisierten ist der Blick auf die Orthopraxis oft verschüttet und muss mühsam erarbeitet werden. In diesem Sinne zitiert sie Adrienne Rich:

> „Erst als ich endlich imstande war, auf meinen Außenseiterinnenblick als Quelle einer wohlbegründeten, zusammenhängenden Vision zu bestehen, war ich auch allmählich in der Lage, die Arbeit zu tun, die ich wirklich tun wollte, und konnte so leben, wie ich wirklich leben wollte – anstatt die mir zugedachten Aufgaben einer privilegierten Alibifrau zu erfüllen."[683]

Die eigene Position in Bezug auf gesellschaftliche Normen und Erwartungen hinterfragen, die eigenen Zweifel an den angeblichen Sachzwängen und Alternativlosigkeiten ernst nehmen, Verhältnisse in Frage stellen und mögliche Veränderungen in den Blick nehmen können – dies sind Bewusstwerdungsprozesse, die durch die Orientierung auf das Grundprojekt der Befreiung angestoßen werden oder zu dieser Orientierung führen können. Diese Bewusstwerdungsprozesse zu ermöglichen, ist Aufgabe der ‚Spiritualitätspflege' christlicher Institutionen.

Bewusstwerdungsprozesse und verallgemeinerbare Handlungsfähigkeit bedingen einander. Theologisch ist damit der Zusammenhang

---

[683] Adrienne Rich: „Denken wie Männer": Die Funktion der Alibifrau – Mut zum Ketzertum: Die Vision der Außenseiterin, in: Dagmar Schultz (Hg.), Macht und Sinnlichkeit. Ausgewählte Texte von Adrienne Rich und Audre Lorde, Berlin 1983, 128-137, 130, zit. nach Schaumberger, Teil II: Subversive Bekehrung, 218.

zwischen Kontemplation und Aktion angesprochen. In der Aktion kontemplativ zu sein, bedeutet nach Ellacuría, in dem, was eine objektiv vollzieht, muss sie versuchen, subjektiv zu Gott zu finden. Der Ort, von dem aus sie kontemplativ schaut, ist Gott selbst bzw. der notwendige, von Gott besonders ausgewählte Ort der Vermittlung seiner selbst. Ellacuría nennt es die Perspektive der Armen: „Aus dieser Perspektive der Armen wird man neuer Sinngebungen und neuer Anstöße im klassischen Erbe des Glaubens gewahr."[684] Im Sinne des Grundprojektes der Befreiung geht es darum, die Verliererinnen der herrschenden Verhältnisse genauer wahrzunehmen. Aktuell hat das Sprechen von den ‚Armen' einen Beiklang von Paternalismus und Unklarheit, daher ist es sinnvoll, von Marginalisierten, Ausgegrenzten oder ganz konkret im betreffenden Kontext zu sprechen: in Bezug auf die Analysen in Teil II von Erwerbslosen, Alleinerziehenden, von den ‚arbeitenden Armen' und Haushaltsarbeiterinnen, illegalisierten Einwanderinnen, Flüchtlingen, Asylsuchenden. Dennoch ist der Bezug auf ‚Armut' als ökonomische Armut auch in der Provokation, die darin und in den Zumutungen des Zweiten Testaments liegt, das ganz explizit formuliert, dass Reiche keinen Zugang zum Reich Gottes haben[685], nicht aufzugeben oder aufzuweichen – wohl jedoch zu erweitern und zu entspiritualisieren. Zentral für eine Positionierung zum Thema Armut ist auch eine Selbstkontextualisierung, die die eigenen Position in der Kyriarchatspyramide reflektiert. Trotz der unterschiedlichen Wirkungsweise von Herrschaftsverhältnissen kann die Klammer des Grundprojektes gelten, wenn ‚Armut' weit gefasst im Sinne der Kyriarchatsanalyse von Elisabeth Schüssler Fiorenza die verschiedenen Unterdrückungsmechanismen mit einbezieht. Je nach Ort der Einzelnen stellen sich die Herausforderungen anders. Um ein konkretes Beispiel zu nennen: Die bewusste Entscheidung für die Pflege einer Tochter mit schwersten Behinderungen beinhaltet Konsequenzen für ein Leben und eine Gemeinschaft, die

[684] Ellacuría, Geschichtlichkeit, 357.
[685] Vgl. z. B. Mk 10.

durchaus mit dem Grundprojekt übereinstimmen, auch wenn sie mit der ‚globalen Armut' nicht viel zu tun zu haben scheinen. Jutta Flatters, die diese, ihre eigene Situation theologisch reflektiert, beschreibt die notwendige Relativierung der ‚großen Fragen' nach Gerechtigkeit durch unmittelbare Notwendigkeiten. Und doch kann das Befreiungsprojekt nachvollzogen werden, das sich in ihrer Erfahrung niederschlägt: Von der Verteidigung des ungeborenen Kindes mit ungewisser Gesundheit über die Kämpfe um Wohlergehen und angemessene ärztliche und pflegerische Versorgung bis hin zu solidarischem Engagement zusammen mit und für Betroffene zieht sich die Erkenntnis Gottes und seines Willens trotz vieler Zweifel und einer sich insgesamt feindlich gerierenden Umwelt als roter Faden durch ihre Analysen: Gottes Gegenwart zeigt sich im Kind und in der Solidarität einiger Freunde und Unterstützerinnen und Gottes Wille zeigt sich im Kampf für ein gutes Leben des Kindes und der Familie, sowie für das Leben und die Familien anderer Betroffener.[686]

Um in der Aktion kontemplativ zu sein, um Gottes Willen erspüren zu können, sind keine besonderen Orte und Zeiten notwendig, sondern, so Ellacuría, Aufmerksamkeit für die „besondere[n] Augenblicke",

> „damit man sich sammeln und sich bewußt dem Schock des Wortes Gottes aussetzen kann, das in der Offenbarung mit den aus der Realität erwachsenden Problemen in der Vermittlung des eigenen Selbstseins gehört wird. [...] In der Aktion kontemplativ zu sein, das meint kurz und bündig jene Kontemplation, die man pflegen kann und muß, während man handelt, freilich in einem weiteren Wortsinne nicht nur die Kontemplation des Getanen, sondern aus dem Getanen selbst etwas zu machen, was im strengsten Sinn Kontemplation genannt werden kann: Begegnung mit dem, was in den Dingen göttlich ist, und Begegnung mit Gott selbst in den Dingen. [...] [E]s geht darum, im Wort, in der Kommunikation, im Erleben zu entfalten, was sich in der Aktion weniger ausdrücklich fand. Und wir wissen, daß es sich dort fand, erstens, weil Jesus es für den Fall eines Engagements für die Notleidenden so verheißen hat, und zweitens, weil in der Unterscheidung der Kontemplation

[686] Vgl. Flatters, Anders, als man denkt.

> hervortritt, was Gottes und was gegen Gott ist. [...] Es gibt [...] in dieser Kontemplation eine Bemühung, zu aktualisieren, was schon präsent ist; und dieses schon Präsente ist das Grundprinzip der Aktualisierung, aber es braucht eine vorbereitete Subjektivität, damit die Aktualisierung sich auf die beste Weise vollziehen kann."[687]

Die „vorbereitete Subjektivität", von der Ellacuría spricht, unterstreicht die zuvor dargelegte Notwendigkeit einer persönlichen Orientierung, eines Grundprojekts der Befreiung, das erst die Unterscheidung ermöglicht, „was Gottes und was gegen Gott ist". Aber um die zentrale Rolle von Gemeinschaften anzusprechen, in denen diese Bewusstwerdungsprozesse erst stattfinden können, wirft er vor allem die Frage nach dem Ort und der Rolle von Gottesdienst und Liturgie auf, letztlich die Frage nach den Orten von Kirche, nach ihrem Charakter als Heilsort und als Ort der Tradierung, der Weitergabe von Quellen des Glaubens mit dem Ziel, Glauben im Leben zu aktualisieren. Der Streit um die Orte von Kirche und um ihre Zukunft ist daher ein Streit um den Glauben selbst.

13.4.2 Angst und Überwindung von Angst

In der Frage danach, warum es so viele Widerstände dagegen gibt, ein solches Grundprojekt der Befreiung zu artikulieren und zur Grundlage des Handelns zu machen, spielen verschiedene Faktoren eine Rolle. Ergebnis der Analyse war unter anderem die Produktion von Unsicherheit, Zeitdruck und Existenzängsten. In dieser Situation ist es sehr schwierig, über unmittelbare Notwendigkeiten hinaus ein Projekt überhaupt denkbar zu machen, das mit grundsätzlicher Veränderung zu tun hat. Einen weiteren Faktor sehe ich – bei der Mehrzahl derjenigen, die nicht von unmittelbaren Existenzängsten betroffen sind – in der Angst um die eigenen Privilegien, um den Lebensstandard. In Erwägung zu ziehen, dass das gesamte Wirtschaftssystem auf Voraussetzungen aufgebaut ist, die dem Planeten die Ressourcen und der Mehrzahl seiner Bewohner den Lebensunterhalt entziehen, um für

[687] Ellacuría, Geschichtlichkeit, 358f.

Wenige Profit zu schaffen, hieße für den Kontext BRD ein Umdenken, das viel verändern würde. Es hieße, eine Menge überflüssiger Produktion abzuschaffen und sich vom Wachstumsideal zu lösen. Viele verbinden mit diesen Gedanken die Angst vor der Verringerung ihres Lebensstandards. Alterssicherung oder das Absichern von Kindern werden als Argumente dafür ins Feld geführt, nichts am eigenen Leben ändern zu können. Zurückzuführen ist diese empfundene Abhängigkeit von Sachzwängen unter anderem auf das weit verbreitete Gefühl der Unsicherheit. Für das Denken von Alternativen und Veränderbarkeit existiert also kaum Raum.

Für theologische Praxis und Spiritualität im Kontext der BRD müsste im Interesse der Entwicklung eines Grundprojekts der Befreiung ein wichtiges Ziel sein, diese Unsicherheiten und Ängste zu thematisieren und zu überwinden. Hinter der weit verbreiteten Auffassung, nichts ändern zu können, steht meines Erachtens oftmals die Angst vor den Folgen, wenn vertraute Bahnen verlassen werden. Die bekannte Realität ist zwar häufig geprägt von Resignation, Einsamkeit und Überforderung, aber wenigstens sind dies bekannte und vertraute Gefilde. Was würde passieren, wenn eine es darauf ankommen ließe, sich nicht rundherum ab- und versichern würde, wenn sie sich weigerte, sich unter Druck setzen zu lassen von Arbeitgebern oder Verwandten, und auch ihre eigenen Ansprüche kritisch hinterfragte?

Dabei sind die vorhandenen Ängste ernst zu nehmen. Vorschnelles Verwerfen von Ängsten als ‚unnötig' oder zu überwindende ist unglaubwürdig, umso mehr, wenn es von einer gesicherten Position aus formuliert wird. Vielmehr kommt es darauf an, mit diesen Ängsten ehrlich umzugehen, sie anzusprechen – in Bezug auf sich selbst und die Wahrnehmung bei anderen – und Lösungen auf gemeinschaftlicher Ebene zu finden. Dafür sind allerdings auch Räume notwendig, in denen die Ängste erst einmal ausgesprochen werden können. Diese zu eröffnen ist nicht einfach und eine der wichtigen Aufgaben einer Kirche, die die Sorgen und Nöte der Menschen ernst nehmen und Gesellschaft verändern will. In der politischen Arbeit sozialer Bewegungen ist die Erfahrung verbreitet, dass Menschen aus dem Engagement aussteigen und sich ins Private zurückziehen, weil sie innerhalb ihres Engagements und mit den Aktiven keinen Ort für ihre existenziellen Fragen und Ängste finden und allein keine Möglichkeit sehen, ihre sich verändernden Lebensumstände mit den bisherigen Anforderungen des Engagements zu verbinden. Eine Perspektive wäre, Gemeinschaften zu schaffen, die kontinuierlich arbeiten, eine Grundlage für gegenseitiges Vertrauen bilden, es ermöglichen, verbindliches Engagement zu organisieren und gemeinsam auf individuelle und politische Probleme und sich verändernde Konstellationen entsprechend persönlicher Ressourcen und Bedingungen zu reagieren. Vielfach ist genau dies die Funktion von Gemeinde und ihren Strukturen, aber selten wird der politische Horizont mit einbezogen.

Die Motivation dafür, sich für Veränderungen einzusetzen, mag gerade in einem privilegierten Kontext zuweilen mit Angst und Schuldgefühlen besetzt sein angesichts der Gewaltförmigkeit der eigenen Gesellschaft. Doch wenn es gelingt, aus der monadischen Existenzweise auszubrechen, gemeinsam mit anderen realistische Möglichkeiten zu ‚be-greifen', die aus den Gewaltstrukturen ausbrechen lassen, und anderes Leben zu verwirklichen, wenn wir dies wirklich – das heißt auch für die Gegenwart erreichbar – für möglich halten und darauf hinarbeiten, kann dies eine Kraft in Richtung Umkehr entfalten, die den Namen Spiritualität verdient.

14. Gemeinden als solidarische Gegenmodelle zur bürgerlichen Lebensweise

14.1 Gemeinden als Orte der Tradierung und Solidarität

Um überhaupt den Freiraum dafür zu haben, eine solche Spiritualität im Sinne eines Grundprojekts der Befreiung, die auch Konfliktivität einschließt, ausbilden zu können, sind, darauf wurde bereits verwiesen, verbindliche Gemeinschaften unerlässlich. Im Zusammenhang mit Erwerbslosigkeit wurde erwähnt, dass die Verortung in einer politisch bewussten und engagierten Gemeinschaft durch die Einordnung in einen größeren Kontext Distanz zur eigenen Situation und einen kritischen Umgang damit ermöglicht. Wesentlich ist auch die Entlastung der Einzelnen durch eine solche solidarische Gemeinschaft, die existenziell bedrohliche Situationen ökonomisch und sozial auffangen kann. Kirchen und Gemeinden als Orte der Weitergabe und Reflexion des Glaubens, die Auswege aus einer erschöpften Gesellschaft ohne Bewusstsein von Dringlichkeit eröffnen, können Räume schaffen, um solche verlässlichen, solidarischen Gemeinschaften zu bilden. Aus der Analyse in Teil II erschließt sich das Thema Kernfamilie als besonderes Problem, das in den folgenden Überlegungen zum Thema Solidarität einen Schwerpunkt bildet.

Um gegen Resignation und Ohnmachtsgefühle anzugehen ist es hilfreich, den Zusammenhang von Individuum und Gemeinschaft näher zu betrachten. Dieser Zusammenhang wurde bereits als Intersubjektivität herausgearbeitet. Das Bewusstsein davon, nie als Monade über das eigene Leben entschieden zu haben und dadurch auch in die Verantwortung für andere hineingeboren und hineingestellt zu sein, könnte auch einer künstlich produzierten Unsicherheit entgegensteuern, die weismachen will, dass das persönliche Schicksal allein im Individuum entschieden wird. Auf dem Hintergrund von Intersubjektivität ändert sich der Interpretationsrahmen so grundsätzlich, dass alles, was wir als Erfahrung kennzeichnen, gleichzeitig als Erfahrung innerhalb einer bestimmten gesellschaftlichen Gruppe und einer spezifischen historischen Situation wahrgenommen werden kann. Das Bewusstsein von Veränderbarkeit ändert sich gravierend, weil in den Blick genommen werden kann, dass es immer um Kräfteverhältnisse geht und dass die Reichweite individueller Veränderung sehr begrenzt ist.

Christinnen, die sich in Jahrtausende alten jüdischen und christlichen Traditionen verorten, müssten eigentlich eine besondere Empfindsamkeit für diese Veränderbarkeit haben. Als Erinnerungs- und Erzählgemeinschaft werden in Gemeinden immer wieder Ereignisse und Erfahrungen von Glaubenden erinnert, reflektiert und aktualisiert, die Kämpfe gegen Unterdrückung und Ausbeutung, Sklaverei, Fremdherrschaft, Marginalisierung und Ausgrenzung sichtbar machen – in ihren jeweiligen historischen Bedingungen und Möglichkeiten.

Kirche als Heilsort, an dem Glaube aktualisiert wird, und Auseinandersetzungen über die Orte von Kirche sind existenzielle Themen, denn der Glaube jeder Einzelnen hängt von der Gemeinschaft ab, in der dieser tradiert wird. Wir sind angewiesen auf die Zeugnisse anderer, Zeugnisse sinnvoll gelebter Existenzen, die von den Einzelnen angeeignet, abgewandelt, ausgewählt oder abgelehnt werden können. Juan Luis Segundo schreibt dazu:

> „[G]rundsätzlich und letzten Endes beruht der ‚Glaube' eines jeden auf einem oder einigen dieser vom kollektiven Gedächtnis bereitgehaltenen Zeugnisse. […] [J]eder Mensch, um frei zu sein [strukturiert] die Welt für sich so […], daß sie mit Sinn und Wert ausgestattet ist, wobei er sich voll Vertrauen auf den Existenzvollzug von anderen stützt, die Zeugen dafür sind, wie eine befriedigende menschliche Existenz gelebt werden kann. Aus dem gemeinsamen Traditionsgut wählt jeder aus."[688]

Durch Erinnerung und kollektive Erziehung im Prozess der Offenbarung wird Tradierung innerhalb der unvollkommenen, kontingenten

---

[688] Segundo, Offenbarung, 440f.

Momente einer Gemeinschaft in Gang gehalten, sodass nicht jede Generation wieder bei Null beginnen muss, sondern sich auf eine lebendige Weise die vergangenen Erfahrungen aneignen kann, indem sie forscht und die geschichtlichen Herausforderungen und Lösungen zueinander bringt, um Erkenntnisse zu vertiefen und sich zu orientieren. Ohne Gemeinschaft von Glaubenden kann es keine Offenbarung geben.[689]

14.2 Kerngemeinschaften jenseits der Kleinfamilie

Wenn der Mensch als gesellschaftliches Wesen angesehen wird, als in ein bestehendes soziales System hineingeboren, das ihn prägt, dann relativiert sich die Funktion der einzelnen Familie, durch die zwar diese Prägung unmittelbar stattfindet, die aber ihrerseits in ein gesellschaftliches System verwoben ist. Diese Relativierung aufzunehmen ist angesichts der aufgezeigten politischen und ideologischen Beharrung auf der Bedeutung der Kleinfamilien relevant für eine Veränderung auf Solidarität hin.

Georges Casalis formuliert prägnant die Funktion der (Klein-)Familie für die Stabilisierung gesellschaftlicher Verhältnisse. Er warnt eindringlich vor der ‚Privatisierung der Liebe':

> „Das Persönliche kann nur unter der Bedingung zum Kernstück und zur Lichtquelle des Kollektiven werden, daß der bestimmende Charakter und die spezifische Eigenständigkeit des Sozialen anerkannt werden."[690]

Casalis sieht den eigentlichen Realitätsgehalt der Familie in einem „unglaublichen Anspruch auf Allgemeingültigkeit".[691] Dagegen stellt er Lk 14,26: „Wenn jemand zu mir kommt und nicht Vater und Mutter und Weib und Kinder und Brüder und Schwestern und dazu auch sein eigenes Leben *haßt*, kann er nicht mein Jünger sein [...]."[692] Zugegeben eine drastische Übersetzung, die aber in Casalis' Einstellung

[689] Vgl. a. a. O., 449.
[690] Casalis, Die richtigen Ideen, 134. Vgl. a. a. O., 132ff.
[691] A. a. O., 135.
[692] Lk 14,26, zitiert nach Casalis, Die richtigen Ideen, 136.

zur Familie plausibel wird: In der Familie sieht Casalis die stärkste Quelle der Aufrechterhaltung des Status quo, da die Menschen hier

> „als politische Wesen sterilisiert und auf ein Privatwesen reduziert werden. [...] [Sie] werden dabei all dessen beraubt, was aus ihnen verantwortungsvolle Weltbürger macht. [...] Der stärkste Trumpf des hierarchischen Aufbaus der Gesellschaft – unter Einschluß der Kirche – liegt sicherlich in diesem zellhaften Egoismus, der das ganze Familienleben überschattet und der sein perfektes Abbild in den Bedingungen des städtischen Wohnens, des gegenseitigen Sich-voneinander-Abgrenzens in den sogenannten besseren Vierteln findet.“[693]

Diese gefährliche Tendenz der Atomisierung mittels Abschottung sieht Casalis auch in den Arbeitervierteln. Für prototypisch sieht er aber Mittelschichtsfamilien an, die er als „autarkistische und fremdenfeindliche Zysten“ beschreibt, „welche eine dichte und gewollte, wenn auch nicht total undurchlässige Grenze zwischen Familie und Außenwelt ziehen.“[694] Er benennt die praktizierte Solidarität und Selbstlosigkeit innerhalb der Inseln, das heißt innerhalb der Familien, in denen aber nicht selten auch Zusammenstöße stattfinden, zum Beispiel zwischen den Geschlechtern, „welche beide auf ihre Weise gesellschaftliche Mißerfolge zu kompensieren versuchen“.[695] Eindrücklich wird hier die Situation beschrieben, die immer noch aktuell ist: Die Überforderung der Paarbeziehungen und Kleinfamilien als einzige Ventile für gesellschaftliche Misserfolge, Frust und Versagen.[696] Auch der Verweis auf Familien-Solidarität, zum Beispiel bei der Pflege von Angehörigen, um staatliche Sicherungssysteme zu entlasten, fällt in dieser Weise auf fruchtbaren Boden, während er nichts zu tun hat mit einer Solidarität, die alle Mitglieder eines Gemeinwesens, geschweige denn Außenstehende im Blick hat. Auf diese Weise geben rein individuelle Bedingungen finanzieller und kultureller Art den Ausschlag dafür, ob und in welcher Weise die eingeforderte ‚Solidarität‘ realisiert werden kann: Mit Zeit- und Geldressour-

---

[693] A. a. O., 136f.; vgl. ebd.

[694] A. a. O., 138; Vgl. a. a. O., 137f.

[695] A. a. O., 137.

[696] Vgl. zum Beispiel auch Wintels, Individualisierung, 218f.

cen der Angehörigen in der eigenen Wohnung, über illegalisierte Arbeit und/oder prekäre Arbeit von Migrantinnen, oder in exklusiven komfortablen Einrichtungen.

Die christliche Gemeinde, so Casalis weiter, war ursprünglich als Gegenmodell gedacht:

> „Am Anfang ist die christliche Gemeinschaft oder Gemeinde (= *parochia*) eine mit schöpferischer Originalität, Offenheit und Gastlichkeit ausgestattete Gruppe, die unter dem Evangelium einen gemeinsamen, aber *nach außen hin offenen* Entwurf versteht, welcher Menschen aus allen Schichten um das Evangelium versammelt: Reiche und Arme, Wissende und Unwissende, Sklaven und Freie, Frauen und Männer, ja sogar die verachteten und Ausgeschlossenen der heidnischen Umwelt werden mit einbezogen. [...] Die christliche Gemeinde bildet sich als eine Gruppe, die ihre Eigenständigkeit den herrschenden Praktiken und Ideologien entgegenstellt und trotzdem für die Massen das Zeichen einer Verheißung und einer neuen Zukunft ist.“[697]

In der Folgezeit wandelte sich die christliche Nachfolgegemeinschaft immer mehr zur ‚Volksreligion‘, wanderte aus den Städten in ländliche Gebiete. Die Kirche als Gebäude wurde zum Zentrum und der Priester zum Vorsteher. Die Gemeinschaft passte sich einem geschlossenen Milieu und der bürgerlichen Ideologie an, die von Sehnsucht nach dem Vergangenen und vom Sinn für Eigennutz geprägt war. Das Bild, das Casalis als Ergebnis der Entwicklung zeichnet, muss zwar ergänzt werden um die Entwürfe von Kirche, die mit dieser hierarchischen Struktur und der Ausrichtung am ‚kalkulierenden Subjekt‘ brachen. Diese gab und gibt es immer, vor allem in Gestalt von Orden und Basisgemeinschaften. Dennoch entspricht das von Casalis skizzierte Bild von Gemeinde in zentralen Charakteristika gegenwärtigen Gemeindewirklichkeiten, wie sie sich häufig in der BRD darstellen: geprägt von der Zentralität der Übergangsriten, von Schutz und Sicherheit für die Zyklen des Lebens und von Veränderungsresistenz.[698]

---

[697] Casalis, Die richtigen Ideen, 138.

[698] Vgl. a. a. O., 138ff.

Das Zweite Testament erzählt dagegen mit der Nachfolgegemeinschaft um den Wanderprediger Jesus die Geschichte einer Gemeinde, die zumindest am Anfang ein Gegenmodell zur Familienzentriertheit darstellt.[699]

Wenn Familien ihre Perspektive der bürgerlichen Ideologie umkehren, indem sie zum Beispiel eine Paarbeziehung durch die Selbstverortung in sozialen Bewegungen in eine größere Gemeinschaft einbetten, billigt Casalis ihnen die Möglichkeit einer gesellschaftlich positiven Funktion zu. Er bemerkt jedoch einschränkend, dass die Familienideologie eine der am schwersten zu durchbrechenden sei. Dies kann angesichts der aufgezeigten Beharrungstendenzen traditioneller Familienstrukturen und Arbeitsteilungen innerhalb der Familie nur bestätigt werden.[700]

Die Verortung familiärer Beziehungen in einem weiteren gemeinschaftlichen Horizont birgt meines Erachtens großes Potential und kann für theologische Praxis im Kontext von Familienpastoral als Ziel wegweisend sein: Solidarität innerhalb und außerhalb der Familie hängen zusammen und bedingen sich gegenseitig:

> „[E]in weiter gesteckter Rahmen kann zum Erlernen der Begegnung und der Solidarität mit den anderen gesellschaftlichen Wesen (Sozius) dem entfernten Nächsten werden, dessen Mißachtung und Nicht-zur-Kenntnis-Nehmen die Menschlichkeit der Mitglieder der Kernfamilie zerstört. Welche positive Energie könnte durch die Explosion dieses Kernes des autarken Atoms freigesetzt werden, wenn es andauernd bombardiert würde durch die Risiken und Notwendigkeiten einer Praxis der Hoffnung und einer Praxis, die sich um die Schaffung neuer ökonomischer und politischer Strukturen bemüht?“[701]

Es macht einen großen Unterschied, wenn Kinder in Familien aufwachsen, die die Beziehung ihrer Gemeinschaft zum politischen Gemeinwesen aktiv herstellen und in denen sie von Anfang an lernen, dass die Verantwortung weiter reicht als bis zum nächsten Umfeld, das heißt, Verwandtschaft, Nachbarschaft und Freundeskreis der

[699] Vgl. a. a. O., 147; vgl. auch Schüssler Fiorenza, Zu ihrem Gedächtnis, 189-204.
[700] Vgl. Casalis, Die richtigen Ideen, 150f, 153.
[701] A. a. O., 153.

Kernfamilie. Weitergedacht sind aktuelle Initiativen wie generationenübergreifende Wohnprojekte zumindest ansatzhaft als weiterführend anzusehen, auch wenn diese in ihrer Mehrzahl nicht die Orientierung auf eine Weltgemeinschaft hin leben.

Eine solche Orientierung wird in vereinzelten, zum Teil christlichen Projekten gemeinschaftlichen Zusammenlebens versucht, in denen zum Beispiel bewusst die Umverteilung von ökonomischen und Zeit-Ressourcen, ökologische Kriterien und gesellschaftspolitisches Engagement im Zentrum stehen.[702] Einige der im Analyseteil angesprochenen Probleme von Individualisierung und Prekarisierung ließen sich auf diese Weise angehen.

Es gilt, die Pathologien der Lebensweise in den Industrieländern ernstzunehmen und alternative Formen gemeinschaftlichen Zusammenlebens zu fördern und mitzugestalten. Gemeinden wären auf Menschen hin zu öffnen, denen die Kirchen fremd geworden sind, denen gegenüber sie aber einen Auftrag haben. Das gilt für Einwanderinnen und Flüchtlinge genauso wie für Erwerbslose, Alleinerziehende, prekär Beschäftigte, Wohnungslose, Jugendliche und Sinnsuchende. Als Gemeinden für diese Menschen wirklich offen zu sein bedeutet, diakonische Gemeinde zu sein. Das heißt zunächst vor allem, den eigenen Ort bei den Marginalisierten, bei den prekär Lebenden, Einsamen und Armen zu sehen und gemeinsam nach Wegen nachhaltiger Veränderung der unhaltbaren sozialen Situation vieler Betroffener in unserem Kontext und der Mehrheit der Weltbevölkerung zu suchen. Das heißt weiterhin, gemeinsam die Heiligen Schriften zu lesen, sie auf dem Hintergrund der jeweiligen Situationen zu interpretieren und nach entsprechenden Handlungsimpulsen zu suchen. Dies entspricht einem hermeneutischen Kriterium, dem Casalis eine ‚medizinische' Funktion zumisst, nämlich den biblischen Texten neues Leben zu geben:

---

[702] Exemplarisch seien hier die diakonische Basisgemeinschaft „Brot & Rosen" in Hamburg, die Jesuitenkommunität Berlin-Kreuzberg und die Basisgemeinde Wulfshagenerhütten genannt.

„Nur die Dialektik von Exegese *und* Hermeneutik, von der Treue zur Gegenwart *und* zur Vergangenheit, von der Verwurzelung in der Tradition *und* in der schöpferischen Erneuerung ermöglicht, daß das lebendige Wort erneut gegenwärtig zum Durchbruch kommt.“[703]

[703] Casalis, Die richtigen Ideen, 77.

15. Veränderung und Handlungsfähigkeit durch Konflikte

15.1 Umkehr und Klassenverrat

Um Veränderungen realisieren zu können, ist Konfliktfähigkeit ein entscheidender Faktor. Ein bewusster Umgang mit Konflikten und mit marginalisierter Existenz ist notwendig, um der Ökonomisierung des Lebens zu widerstehen, eine ‚neue Welt Gottes' in den Blick zu nehmen und mit anderen konkrete Schritte hin zu grundsätzlichen Veränderungen zu entwickeln und zu gehen.

Das Leben Jesu war von Konfliktivität geprägt. Dies zeigt sich etwa, so Alberto Moreira da Silva, an zwei (von vielen) ‚Christologien', die sich an den biblischen, auf Jesus gerichteten Zuschreibungen festmachen lassen. Eine davon ist von Hoheitstiteln geprägt. Die andere, die Moreira „Spottchristologie"[704] nennt, wird von Sadduzäern, Pharisäern, Hofbeamten und anderen formuliert und bezeichnet Jesus als vaterloses Kind (vgl. Mk 6,3), als aus einem Ehebruch entstanden, als Freund von Sündern und Zöllnern (vgl. Lk 7,34), Fresser und Säufer (vgl. Mt 11,19), Besessenen (vgl. Mk 3,30; Joh 7,5) oder Spinner (vgl. Mk 3,21; Joh 7,5), wie ihn sogar seine Familie bezeichnet. Von Anfang an bis zum Ende am Kreuz ist Jesu Leben von Konflikten gekennzeichnet. Dabei betont Moreira, dass es Jesus nicht darum geht, Konflikte zu radikalisieren oder ins Jenseits zu verlagern. Seine Ablehnung war „Frucht der Freiheit und Entscheidung der Menschen" – Konfliktivität bleibt „situations-, geschichts- und personen-bezogen"[705].

Theologisch wird das Thema ‚Konflikt' dagegen wenig behandelt. Dabei ist Konfliktivität für eine Spiritualität, die die Herausforderungen der Gegenwart ernst nimmt, unerlässlich, wie Moreira zeigt. Aus

---

[704] Moreira, Spiritualität, 66.
[705] A. a. O., 68; vgl. a. a. O., 66ff.

der Perspektive Lateinamerikas begibt sich in Konfrontation, wer Partei für Veränderung von der ‚Option für die Armen' her ergreift. Ehrliche Konfrontation, auch innerhalb der Kirche, ist für Moreira der einzige Weg, um produktiv zu einer Vertiefung von Solidarität beizutragen.[706]

Ein Bereich von Konfliktivität wurde bereits im Zusammenhang mit dem Thema Familie angesprochen. Über die Familie und das enge Umfeld hinaus gilt es Verantwortlichkeiten auszubilden. Dies steht in engem Zusammenhang mit dem, was Georges Casalis als Klassenverrat behandelt. Die eigene Herkunft, das Milieu, die Klasse, aus der eine stammt, ist für Persönlichkeit und Bildung sehr prägend. Dennoch ist diese Zugehörigkeit kein unabänderliches Schicksal. Auch wenn es niemand vermag, sich vollständig von der Prägung seiner Persönlichkeit durch die Klasse zu trennen, innerhalb der er oder sie aufgewachsen ist, sind grundlegende Änderungen in Lebenszielen, Arbeits- und Lebensweise und sozialem Umfeld realisierbar und müssen es sein, wenn es um grundsätzliche gesellschaftliche Veränderungen geht. Casalis spricht von Klassenverrat als einer zentralen theologischen Kategorie. Im Geleitwort zu „Die richtigen Ideen fallen nicht vom Himmel"[707] beschreibt er die biographischen Hintergründe dieser Erkenntnis; vor allem ein Moment intensiv empfundenen Klassenhasses während eines Aufenthalts in einem algerischen Armenviertel. Er zitiert Lk 14,25: Das Hassen der eigenen Familie und des eigenen Lebens als erste Voraussetzung der Jüngerschaft Jesu.

Casalis zieht daraus die Konsequenz: Es gibt nur zwei Möglichkeiten, Selbstmord oder Umkehr. Letztere ist „durch den Bruch und die Neugeburt zugunsten einer kämpferischen Praxis für die Gegenwart und Zukunft des Menschen eine andere Form des Todes"[708]. Auch wenn diese Ausdrucksweise heute für viele nicht mehr angemessen

[706] Vgl. a. a. O., 68ff.
[707] Casalis, Die richtigen Ideen.
[708] A. a. O., 15.

erscheinen mag, ist meine These, dass der Inhalt seiner Beschreibungen vielen aus der Seele spricht. Zorn, Wut, Enttäuschung über die Ungerechtigkeiten, Unverständnis über eine Politik der Ungleichheit und der Interessenvertretung von Eliten sind durchaus verbreitet, werden aber nur selten angesprochen. Diese Gefühle äußern zu können ist entlastend. Casalis' Klassenhass und Selbsthass wegen seiner Zugehörigkeit zu einer Kolonialmacht und seiner Existenz als ‚Produkt einer kapitalistischen Ordnung'[709] kann meiner Erfahrung nach von vielen nachvollzogen werden.

Gerade Frauen tendieren zwar sozialisationsbedingt dahin, eher Schuldgefühle als Wut zu kultivieren. Deren lähmende Wirkung wurde bereits beschrieben. Es kann meines Erachtens aber durchaus fruchtbar sein, durch die Schuldgefühle hindurch der eigenen Wut nachzugehen. Dabei kann – daher die Nähe zu Schuldgefühlen – ein Teil der Wut sich gegen sich selbst richten, gerade im Kontext eines reichen Landes wie der BRD, die in Wirtschaft und Politik weltweit eine mächtige Position innehat und damit für Kriege und imperialistische Politik mit verantwortlich ist. Die eigene Verstrickung in diese Strukturen der Sünde ist aufzudecken, aber ebenso die Fähigkeit, sich zu distanzieren. Erst dadurch ist es möglich zu sehen, dass es Alternativen gibt, und Kräfte zu mobilisieren, diese Alternativen zu verwirklichen. Dies ist ohne produktiven Zorn über die Verhältnisse kaum möglich, der aber, um produktiv zu sein, in einer Gemeinschaft ausgetauscht und reflektiert werden muss. Nur so kann eine Auseinandersetzung mit eigenen und fremden Anteilen an sündigen Strukturen, die diese Wut verursachen, stattfinden. In der Folge können gemeinsam Auswege und das Ausbrechen aus diesen Strukturen gesucht werden.

Casalis denkt die Kategorie des Klassenverrats eng zusammen mit dem Begriff der Umkehr, einem zentralen Begriff des Zweiten Testaments. Menschen, die die strukturelle Sünde innerhalb der ökonomischen und politischen Strukturen reflektieren, sind dazu in der

---

[709] Vgl. ebd.

Lage, ihr ursprüngliches kulturelles Bedingtsein nicht als Unabänderlichkeit hinzunehmen, sondern ihrer gesellschaftlichen Klasse bewusst den Rücken zu kehren und auf der Seite der Marginalisierten für Veränderungen einzutreten.

> „Auf die Situation einer unbewußt ertragenen *Klassenzugehörigkeit* folgt damit die Situation einer bewußt eingenommenen Klassenposition [...].“[710]

15.2 Zorn als produktive Ressource von Veränderung

Den Zorn als Motor zur Veränderung beschreibt auch Audre Lorde in „The Uses of Anger: Women Responding to Racism“[711]. Sie beschreibt, dass der Ärger im Dienst der Klarstellung steht, dass Wut helfen kann, Unterscheidungen zu treffen.

> „Ärger, der in Handlung ausgedrückt und übersetzt wird im Dienst unserer Vision und unserer Zukunft, ist eine befreiende und stärkende Tat der Klärung, denn im schmerzhaften Prozess dieser Übersetzung identifizieren wir diejenigen, die unsere Bündnispartnerinnen sind, diejenigen, mit denen wir große Differenzen haben, und diejenigen, die unsere wirklichen Feinde sind.“[712]

Lorde beschreibt, dass viele Frauen Angst vor Wut und Ärger haben, dass jedoch zwischen unterschiedlichen Formen negativer Gefühle unterschieden werden muss: Die feindliche und oppositionelle Umwelt, in der wir arbeiten, hat nichts mit dem Ärger unter uns (in ihrem Fall zwischen Schwarzen und ‚weißen‘ Frauen) zu tun, sondern mit dem Hass gegen alle, die versuchen, Unterdrückung zu bekämpfen und wirkliche Veränderungen herbeizuführen. Während Hass auf Zerstörung aus ist, besteht Zorn aus einer Trauer über Verwerfungen unter Gleichgesinnten und sein Ziel ist Veränderung. Immer ist zu fragen: Wem nützt es?[713]

---

[710] A. a. O., 40.
[711] Lorde, The Uses.
[712] A. a. O., 175.
[713] Vgl. a. a. O., 176f.

Auf der Seite ‚weißer' Frauen sieht Lorde sehr klar die Verhaltensmuster von Schuldgefühlen, die verändernde Handlungen verhindern. Sie benennt als zerstörerisch nicht die Wut, sondern die Weigerung, sie sich anzuhören, von ihr zu lernen und sie als eine wichtige Quelle von Ermächtigung zu sehen. Lorde bringt es auf den Punkt:

> „Schuld ist nicht eine Antwort auf Wut; sie ist eine Antwort auf die eigenen Handlungen oder auf das Fehlen eigener Handlungen. Wenn sie zu Veränderungen führt, kann sie nützlich sein, denn dann ist es nicht länger Schuld, sondern der Beginn von Wissen. Allerdings ist Schuld allzu oft einfach ein anderer Name für Ohnmacht, für eine Verteidigungshaltung, die Kommunikation zerstört; sie wird ein Werkzeug, um Ignoranz zu schützen und die Verhältnisse zu stabilisieren, wie sie sind, der ultimative Schutz für Veränderungslosigkeit."[714]

Lorde beklagt, dass es wenig Bemühungen gibt, die wirklichen Differenzen zwischen Frauen zu thematisieren. Konflikten wird unter der Decke von Schuldgefühlen aus dem Weg gegangen, statt einen produktiven Umgang damit zu suchen. Sie betont, dass Schuld nur ein anderer Weg ist, informierte Handlungen zu vermeiden, um Zeit zu schinden, keine klaren Entscheidungen treffen zu müssen, den nahenden Sturm zu vermeiden, „der sowohl die Erde nähren als auch Bäume beugen kann."[715] Ärger zu vermeiden heißt nach Lorde, Einsicht zu vermeiden, nur bereits Gewusstes zu akzeptieren, das „auf tödliche und sichere Weise vertraut ist."[716] Frauen, so Lorde, fürchten oft Wut und Ärger aus Angst vor Vernichtung. Wut wird oft mit brutaler Kraft – oft männlich assoziiert – gleichgesetzt, und viele sind so sozialisiert, dass sie lernen, dass ihr Leben von patriarchaler Macht und deren Wohlwollen abhängt. In diesem Muster muss Wut unbedingt vermieden werden, weil von ihr nichts außer Schmerz ausgeht, ein Urteil über das eigene Fehlverhalten und Versagen. „Und wenn wir unsere Machtlosigkeit akzeptieren, kann uns natürlich jede Wut

---

[714] A. a. O., 177.
[715] A. a. O., 178, vgl. ebd.
[716] Ebd.

zerstören."[717] Um von dieser Perspektive wegzukommen muss Wut und Ärger als eine Kraft geschätzt werden, die Differenzen durch die Einsicht in Herrschaftsverhältnisse verändern kann. Wenn die produktive und Einsicht schaffende Seite von Wut geschätzt wird, kann auch das Unbehagen und das Gefühl von Verlust als Zeichen von Wachstum geschätzt statt als tödlich empfunden werden. Die Wut anderer darf nie als Entschuldigung gebraucht werden für die eigene Blindheit, für das Wegsehen von den Konsequenzen der eigenen Handlungen.[718]

Lorde weist Vorwürfe zurück, die Wut als unproduktiv bewerten und verlangen, dass sie so ‚dosiert' werden sollte, dass davon gelernt werden kann, dass ihr zugehört werden kann. Auf diese Weise werden diejenigen, um deren Wut es geht, ein weiteres Mal objektiviert: zum Zweck der Erlösung und des Lernens derer, auf die sie gerichtet ist.[719]

Zwar sind Schuldgefühle nicht unbedingt das Produkt aktiven, reflektierten Handelns – eine Auffassung, die aus Lordes Beschreibung, dass es um Vermeidung von Entscheidungen geht, geschlussfolgert werden könnte. Dies soll aber nicht die Konsequenzen entschuldigen, die aus mangelnder Reflexion von Schuldgefühlen entstehen und die Lorde sehr zutreffend als Ignoranz und Vermeidung von Störungen beschreibt. Meines Erachtens kann von ihren Ausführungen für theologische Praxis gelernt werden, Wut über Ignoranz und Zynismus nicht ‚herunterzuschlucken' im Dienst der ‚rationalen Argumentation' und des ‚produktiven Gesprächsklimas'. Wut kann, wenn sie gezeigt wird, durchaus Wege der Selbsterkenntnis öffnen. Es wird dann deutlich, dass das Thema persönlich berührt, nicht nur akademisch und theoretisch durchdacht und debattiert wird, sondern mit dem realen Leben und mit existenziellen Entscheidungen zu tun hat. Gerade wenn es um Themen wie Armut, Ausbeutung, Flucht oder Kriege

---

[717] Ebd.
[718] Vgl. a. a. O., 178f.
[719] Vgl. a. a. O., 179.

oder um die Verantwortung geht, die wir auch als nicht unmittelbar Betroffene innnerhalb des Geflechts sündiger Strukturen tragen, kann es fruchtbar sein, Wut zu zeigen. Sie wird oft als Hilflosigkeit ausgelegt, und manchmal entspringt sie auch aus der Situation gegenüber einer Übermacht von Ignoranz und Egoismus. Statt mit Sprachlosigkeit kann aber auf Wut auch anders reagiert werden, etwa mit Ärger. Wenn dies auch oft weitere Abwehr produziert, so kann auf diese Weise eher die Erfahrung gemacht werden, dass der Spirale aus Wut, Schuldgefühlen, Ignoranz und Stagnation etwas entgegengesetzt werden kann. Eine Aufgabe von Theologie und Kirche sehe ich daher darin, Orte zu schaffen, an denen gelernt werden kann, Wut und Ärger zu artikulieren. Orte, an denen zum Beispiel Erwerbslose das Gefühl haben, nicht kontrolliert und beurteilt zu werden, sondern ihre Situation schildern können, wie sie sie empfinden – mit all der Wut, die Erfahrungen von Diskriminierungen, erniedrigenden Behördengängen und erfolglosen Bewerbungen sowie das Aufreiben in perspektivlosen Lehrgängen und Hilfsjobs mit sich bringen. Orte, an denen Alleinerziehende und Menschen, die zwei Jobs und trotzdem zu wenig Geld zum Leben haben, von ihrer Überforderung erzählen können. Orte, an denen diejenigen, die sich seit langem erfolglos um eine Arbeitsstelle bemühen, auf Menschen treffen, die sich in ihrer Erwerbsarbeit aufreiben und zwar genug Geld, aber trotzdem keine Lebensperspektive haben. Es geht um Orte, an denen Wut produktiv werden kann, ausgetauscht und reflektiert werden und zu Einsicht in veränderbare Strukturen führen kann.

15.3 Konfliktfähigkeit und Selbstkritik

Um Verhältnisse zu verändern, muss ein Denken und Handeln über sie hinaus existieren – minimal in der Form, dass es als realistisch angesehen wird, Veränderungen bewirken zu können – und zwar nicht nur in der völlig individualisierten Form, die das herrschende Denken durchzieht: die Form der therapeutischen Intervention und der Esoterik, die für den und die Einzelne das Leben bewältigbar machen sollen. Unbestritten ist, dass in vielen Fällen Therapien sinnvoll und notwendig sind, um Handlungsfähigkeit überhaupt erst wieder herzustellen, in Fällen, in denen Erfahrungen oder Verhaltensmuster Menschen so sehr gefangen nehmen, dass sie unfähig werden, den Alltag zu bestehen oder irgendeinen Sinn in ihrem Leben zu sehen, der sie motiviert. Aber in vielen Fällen wird ein therapeutischer Zugang vorgeschlagen, wenn es eigentlich darum ginge zu erkennen, dass krankmachende Arbeitsbedingungen oder soziale Verhältnisse nach Veränderung und Befreiung schreien. Und zwar nicht nach individueller Verhaltensänderung, die diese Verhältnisse erträglicher macht, sondern nach Befreiung aus diesen Verhältnissen oder zumindest nach gravierenden Veränderungen dieser Verhältnisse. Dabei ist sicher die Handlungsfähigkeit der Einzelnen sehr wichtig, aber dazu gehört, sich Mitmenschen zu suchen, die sich auch nach Veränderung sehnen. Es gilt einerseits Utopien, Horizonte vorstellbarer Veränderung, zu entwickeln – auch anhand der Verheißungen in der christlichen Tradition – und andererseits realistisch einzuschätzen, welche Veränderungen möglich sind; und zwar in Bezug auf das eigene Verhalten und eigene Einstellungen, auf die unmittelbare Umgebung bis hin zu globalen Strukturen, die durch Einzelne allein nie geändert werden können. Aber die globale Perspektive ist notwendig, um kontextuelle Veränderungen strategisch und perspektivisch einordnen und ausrichten zu können.

Wenn es um grundlegende Veränderungen geht, dann bleibt nicht aus, dass man sich im Konflikt mit seiner Umgebung wiederfindet. Diese Situation ist nur dann durchzuhalten, wenn die Unterstützung einer Gemeinschaft da ist. Projekte, die beispielsweise an Veränderungen im Nord-Süd-Verhältnis arbeiten und hierarchische, neokoloniale Herrschaftsstrukturen abbauen wollen, probieren solidarische Modelle der Verständigung aus. Ludger Weckel und Ute Wannig, die ein Projekt der Christlichen Initiative Internationales Lernen (CIL) zum Thema ‚nachhaltige Solidarität' auf diesem Hintergrund kritisch auswerteten[720], nennen die ‚Pädagogik der Konfrontation' als wesentliches Element:

> „Verständigung kann aber weder billige Harmonie noch ein Schachern um Umweltquoten sein, sondern muß ein Prozeß der Konfrontation von Interessen und Bedürfnissen sein, in dem ausgehandelt wird, welche Bedürfnisse angesichts vorhandener Ressourcen berechtigt sind und welche nicht. [...] Diese Konfrontation bedeutet gleichzeitig, an Grenzen zu lernen, d.h. an den eigenen Wahrnehmungshorizonten wie auch an der Konfrontationslinie zwischen mir und dem anderen. Dies bedeutet einerseits, dass Lernen dort anfängt, wo ich an Aporien stosse [sic], an die Grenzen des bisher Bekannten, des Gewohnten und Verstandenen. [...] Ein solches Lernen an der Konfrontationslinie der Interessen und Bedürfnisse führt nicht nur möglicherweise, sondern notwendigerweise in Konflikte."[721]

Dass diese Konflikte nicht destruktiv, sondern durchaus konstruktiv wirken können, stellen Weckel und Wannig am Ende der Auswertung fest und verdeutlichen, wie sehr Konfliktfähigkeit nicht nur mit der Auseinandersetzung mit anderen, sondern auch mit der Infragestellung der eigenen Person und der eigenen Gesellschaft zu tun hat:

> „Konfrontation meint [...] nicht, sich feindselig gegenüber zu stehen, sondern sowohl die Auseinandersetzung mit der eigenen Gesellschaft und mit der eigenen Person als auch das Hervorholen von Verdrängtem und Verschwiegenem zugunsten von Dialogfähigkeit."[722]

Zu verantworteter Konfliktivität gehört schließlich Selbstkritik und differenzierte Analysen der Situation. Alberto Moreira da Silva nennt es politische Weisheit: In konkreten Konflikten muss man sich im Klaren darüber sein, dass die Bereitschaft zu Streit und Dialog nicht immer vorhanden ist. Genaue Kenntnis der Machtverhältnisse und Allianzen über soziale, religiöse und nationale Grenzen hinweg sind unerlässlich.

---

[720] Vgl. Weckel/Wannig, Was brauchen (wir) Menschen?; vgl. auch Ludger Weckel: Von der Schwierigkeit eines Dialogs auf Augenhöhe. Ein Beitrag zu einer konfliktorientierten Missionswissenschaft, in: Arnd Bünker, Ludger Weckel (Hg.): „... Ihr werdet meine Zeugen sein ..." Rückfragen aus einer störrischen theologischen Disziplin, Freiburg i. Br. 2005, 36-49.

[721] Weckel/Wannig, Was brauchen (wir) Menschen?, 16f.

[722] A. a. O., 171.

> „So führt eine Spiritualität des Konflikts infolge dieser Einsicht auch zur politischen Weisheit, welche die Spannung von Hoffnung und Misstrauen aushält. [...] Das Handeln der Einzelnen muss von der Freiheit und vom Gefühl der Verantwortung für eine gemeinsame, kollektive Sache getragen [sein], die größer ist als die Fähigkeit jedes Einzelnen, sie zu realisieren oder sie als ‚privates Geschäft' anzusehen."[723]

Hinzuzufügen ist die Bereitschaft zur Selbstkritik in der Weise, dass einmal eingeschlagene Wege sich auch als Irrtum erweisen und Herrschaftsverhältnisse sich auch innerhalb von Gemeinschaften reproduzieren können, die sich dem Eintreten für Gerechtigkeit verschrieben haben. Um diese Selbstkritik üben zu können, kann die Zusammenarbeit von christlichen Gruppen mit sozialen Bewegungen und ihren Analysen hilfreich sein. Wie Moreira formuliert:

> „Deswegen sind [...] soziale Bewegungen für uns theologisch so relevant: Weil sie mit Hoffnung Menschen bewegen, aus Boden-, Land-, Obdach-, Heimat-, Namen- und Identitätslosen Gruppen, Gemeinschaften von Subjekten bilden; weil sie in einer gleichgültig gewordenen Welt neue Orte darstellen, wo man Prophetie lebendig erfährt. Soziale Bewegungen sind keine Kirchen und kein Religionsersatz und dennoch in vielen von ihnen spürt man doch die bewegende Inspiration, den langen Atem und die treibende Präsenz von einem Heiligen Geist."[724]

---

[723] Moreira, Spiritualität, 76.

[724] A. a. O., 35.

16. Ausblick

Am Beginn der Arbeit stand die Frage nach Ursachen von Entsolidarisierung in globaler Perspektive, die viel dazu beiträgt, dass wir weit von einer Verwirklichung der Verheißungen eines ‚Reich Gottes' entfernt sind. Anhand von Beispielen aus der bezahlten und unbezahlten Arbeit von Frauen im Kontext der BRD sollten Entwicklungen nachvollzogen werden, die einerseits zu Entsolidarisierungsprozessen beitragen, andererseits Potentiale für Solidarität und politische Handlungsfähigkeit aufweisen.

Auch wenn sich eine Vielzahl von Widersprüchen auftut, wenn es um die ‚Selbstbestimmung' von Frauen, um die Fortschritte, aber auch die Beharrungstendenzen in Bezug auf Geschlechterverhältnisse geht, so ist die Tendenz doch deutlich, dass die Entwicklungen in Erwerbs- und Reproduktionsarbeit sich zu Ungunsten von Solidarisierungs- und verallgemeinerbarer Handlungsfähigkeit im emanzipatorischen Sinne auswirken. Das ‚kalkulierende Subjekt', die Logik von individueller Nutzenmaximierung und Profitsteigerung als Hauptkriterium für die Organisation von Arbeit stellen sich als weitgehend unangefochtene Grundlagen von Vergesellschaftung dar. Daran ändern die weitgehenden Fortschritte in der rechtlichen Gleichberechtigung von Männern und Frauen sowie in den gesellschaftlichen Geschlechterrollenbildern nur wenig.

Erstaunlich hartnäckig hält sich die faktische Zuweisung unbezahlter Reproduktionsarbeit an und ihre Übernahme durch Frauen. Widerstandspotentiale liegen vor allem darin, ‚Widerstand' im Wortsinn, im Sinne der Verweigerung, zu leisten. Verweigerung zum Beispiel den Ansprüchen von Familie und Gesellschaft gegenüber, eine falsch verstandene ‚Verantwortung' zu übernehmen, zunächst für sich selbst und dann für die Kerngemeinschaft, um das Gemeinwesen zu entlasten. Verantwortung im feministisch-befreiungstheologischen Sinn zu übernehmen, das würde bedeuten, gerade diese Ansprüche nicht zu erfüllen, sondern die Selbstverständlichkeiten in Frage zu stellen, die die Organisation von Leben und Arbeiten in der BRD bestimmen. Wie dies konkret aussehen kann, muss anhand der Kontexte, der jeweiligen Arbeits- und Lebensbedingungen diskutiert werden.

Verantwortung für globale Gerechtigkeit, für die Überlebensmöglichkeiten jeder und jedes Einzelnen sowie für intersubjektive Abhängigkeiten gilt es, in ihrer Dringlichkeit zu thematisieren. Möglichkeiten von Veränderungen im persönlichen Umfeld, in den unterschiedlichsten Arbeitsverhältnissen und in globaler Perspektive in den Blick zu nehmen, Handlungsperspektiven und -fähigkeit auf den verschiedenen Ebenen zu entwickeln, ist die Aufgabe von Gemeinschaften, die den Einzelnen solidarische Subjektwerdung im Sinne von Widerständigkeit und Konfliktfähigkeit ermöglichen. Eine zentrale Aufgabe feministisch-befreiungstheologischer Praxis sehe ich daher darin, Orte zu schaffen, an denen vor allem diejenigen, die sich in der Gesellschaft der BRD am Boden der Kyriarchatspyramide befinden – zum Beispiel Erwerbslose, Alleinerziehende, Einwanderinnen und Flüchtlinge – die oftmals frustrierende Wirklichkeit auf den Begriff bringen und theologisch reflektieren können. Dies sind auch die Orte von Menschen in privilegierteren Situationen, die bereit sind, Klassenverrat zu begehen und sich kritisch-selbstreflektiert und kämpferisch-solidarisch auf der Seite der Marginalisierten zu positionieren. Mit Zorn und Konflikten, die notwendig dazugehören, gilt es, produktiv zu arbeiten.

Zu der Arbeit an einem Grundprojekt der Befreiung und an Möglichkeiten seiner Realisierung gehört unabdingbar die Frage nach Macht und Wirkmächtigkeit und damit die Aufgabe der Kräftebündelung. Wenn es eine Offenheit zu sozialen Bewegungen als Bündnispartnerinnen gibt, kann christliche Glaubenspraxis, in fragmentarischer Vorwegnahme der neuen Welt Gottes, Teil einer Bewegung werden, die – entgegen aller Plausibilitäten – die Verhältnisse in Richtung Gerechtigkeit verschiebt.

Literaturverzeichnis

Achatz, Juliane; Beblo, Miriam; Wolf, Elke: Berufliche Segregation, in: Projektgruppe GiB: Achatz, Juliane u. a.: Geschlechterungleichheiten im Betrieb. Arbeit, Entlohnung und Gleichstellung in der Privatwirtschaft, Berlin 2010, 89-140

Adorno, Theodor W.: Negative Dialektik und Jargon der Eigentlichkeit, Gesammelte Schriften 6, Frankfurt a. M. 1973

Agenturschluss (Hg.): Schwarzbuch Hartz IV. Sozialer Angriff und Widerstand – Eine Zwischenbilanz, Berlin/Hamburg, 2006

Altvater, Elmar; Mahnkopf, Birgit: Globalisierung der Unsicherheit. Arbeit im Schatten, schmutziges Geld und informelle Politik, Münster 2002

Anzenbacher, Arno: Christliche Sozialethik. Einführung und Prinzipien, Paderborn 1997

Arango, Luz Gabriela: Geschlecht, Globalisierung und Entwicklung, in: PERIPHERIE 85/86, Jg. 22, Heft 5, 2002, 84-107

Aulenbacher, Brigitte; Wetterer, Angelika (Hg.): Arbeit. Perspektiven und Diagnosen der Geschlechterforschung (= Forum Frauen- und Geschlechterforschung 25), Münster 2009

Bail, Ulrike u. a. (Hg.): Bibel in *gerechter* Sprache, Gütersloh 2006

Bauer, Christian; Hölzl, Michael (Hg.): Gottes und des Menschen Tod? Die Theologie vor der Herausforderung Michel Foucaults, Mainz 2003

Bauer, Christian: Gott im Milieu? Ein zweiter Blick auf die Sinus-Milieu-Studie, in: diakonia, Jg. 39, Heft 2/2008, 123-129

Baumgartner, Alois: IV. Normative Orientierungen: 3. Solidarität, in: Heimbach-Steins, Marianne (Hg.): Christliche Sozialethik. Ein Lehrbuch, Band 1, Regensburg 2004, 283-292

Bayerl, Marion: Die Familie als gesellschaftliches Leitbild. Ein Beitrag zur Familienethik aus theologisch-ethischer Sicht (= Erfurter Theologische Studien 92), Würzburg 2006

Bayertz, Kurt (Hg.): Solidarität. Begriff und Problem, Frankfurt a. M. 1998

Bayertz, Kurt: Begriff und Problem der Solidarität, in: Ders. (Hg.): Solidarität. Begriff und Problem, Frankfurt a. M. 1998, 11-53

Beauvoir, Simone de: Das andere Geschlecht. Sitte und Sexus der Frau, Neuübersetzung, Hamburg 1992

Beck-Gernsheim, Elisabeth: Und für Opa sorgt 'ne Frau aus Osteuropa. Die stille Globalisierung der Familienarbeit, in: Helmut König u. a. (Hg.): Die Zukunft der Arbeit in Europa. Chancen und Risiken neuer Beschäftigungsverhältnisse, Bielefeld 2009, 91-101

Beck-Gernsheim, Elisabeth; Ostner, Ilona: Frauen verändern – Berufe nicht? Ein theoretischer Ansatz zur Problematik von „Frau und Beruf", in: Soziale Welt, Jg. 40, Heft 3, 1978, 257-287

Becker, Irene: Bewertung der Neuregelungen des SGB II. Methodische Gesichtspunkte der Bedarfsbemessung vor dem Hintergrund des »Hartz-IV-Urteils« des Bundesverfassungsgerichts, in: Soziale Sicherheit extra, Zeitschrift für Arbeit und Soziales, Sonderheft September 2011, 9-51, Quelle: www.boeckler.de/pdf/pm_wsi_ 2011_09_05.pdf (letzter Zugriff am 10.07.2012)

Becker, Ruth; Kortendieck, Renate (Hg.): Handbuch Frauen- und Geschlechterforschung. Theorie, Methoden, Empirie (= Geschlecht & Gesellschaft 35), Wiesbaden 2004

Beerhorst, Joachim: Objekt und Subjekt – Von den Möglichkeiten und Schwierigkeiten gewerkschaftlicher Arbeitspolitik, in: Kurz-Scherf, Ingrid u. a. (Hg.): In Arbeit: Zukunft. Die Zukunft der Arbeit und der Arbeitsforschung liegt in ihrem Wandel (= Arbeit – Demokratie – Geschlecht 4), Münster 2005, 156-171

Bender, Christiane; Graßl, Hans: Arbeiten und Leben in der Dienstleistungsgesellschaft, Konstanz 2004

Betz, Hans Dieter u. a. (Hg.): Religion in Geschichte und Gegenwart. Handwörterbuch für Theologie und Religionswissenschaft, Bd. 6, 4., völl. neu bearb. Aufl., Tübingen 2003

Bock, Gisela; Duden, Barbara: Arbeit aus Liebe – Liebe als Arbeit. Zur Entstehung der Hausarbeit im Kapitalismus. In: Gruppe Berliner Dozentinnen (Hg.): Frauen und Wissenschaft. beiträge zur Berliner Sommeruniversität für Frauen. Juli 1976, Berlin 1977, 118-199

Bothfeld, Silke; Hübers, Sebastian; Rouault, Sophie: Gleichstellungspolitische Rahmenbedingungen für das betriebliche Handeln. Ein internationaler Vergleich, in: Projektgruppe GiB: Achatz, Juliane u. a.: Geschlechterungleichheiten im Betrieb. Arbeit, Entlohnung und Gleichstellung in der Privatwirtschaft, Berlin 2010, 21-88

Brabandt, Heike u. a. (Hg.): Mehrheit am Rand? Geschlechterverhältnisse, globale Ungleichheit und transnationale Handlungsansätze (= Politik und Geschlecht 19), Wiesbaden 2008

Brock, Andrea; Paasch, Armin: Hungerkrise weltweit Hat die internationale Staatengemeinschaft versagt? Köln 2009, Quelle: http://www.fian.de/online/index.php?option=com_content&view=article&id=60&Itemid=164 (letzer Zugriff am 10.07.2012)

Bröckling, Ulrich u. a.: Gouvernementalität der Gegenwart: Studien zur Ökonomisierung des Sozialen, Frankfurt a. M. 2000

Bruns, Tissy: Ein erfolgreiches Komplott. Illegale Haushaltsarbeit floriert, in: Neue Gesellschaft/Frankfurter Hefte, Jg. 53, 9/2006, 29-33

Büchel-Thalmaier, Sandra: Dekonstruktive und rekonstruktive Perspektiven auf Identität und Geschlecht. Eine feministisch-religionspädagogische

Analyse (= Theologische Frauenforschung in Europa 19), Münster 2005
Bührmann, Andrea: Das authentische Geschlecht. Die Sexualitätsdebatte der Neuen Frauenbewegung und die Foucaultsche Machtanalyse, Münster 1995
Bührmann, Andrea D. u. a.: Arbeit – Sozialisation – Sexualität. Zentrale Felder der Frauen- und Geschlechterforschung, 2., überarb. u. erw. Aufl., Wiesbaden 2007
Bünker, Arnd; Weckel, Ludger (Hg.): „... Ihr werdet meine Zeugen sein... " Rückfragen aus einer störrischen theologischen Disziplin, Freiburg i. Br. 2005
Bundesministerium für Familie, Senioren, Frauen und Jugend (Hg.): Familie ja, Kinder nein. Was ist los in Deutschland?, Berlin 2005
Bundesministerium für Familie, Senioren, Frauen und Jugend (Hg.): Frauen in Führungspositionen. Barrieren und Brücken, 4. Aufl., Berlin 2011, Quelle: http://www.bmfsfj.de/BMFSFJ/Service/Publikationen/publikationen,did=134254.html (letzter Zugriff: 10.07.2012)
Bundesministerium für Familie, Senioren, Frauen und Jugend (Hg.): Frauen in Führungspositionen. Entgeltunterschiede bei Vorständen, Berlin 2011, Quelle: http://www.bmfsfj.de/BMFSFJ/Service/Publikationen/publikationen,did=185344.html (letzter Zugriff am 10.07.2012)
Buntenbach, Annelie: Menschenwürdiges Existenzminimum wird nicht gewahrt. Regelbedarfe sind weiterhin verfassungswidrig, in: Soziale Sicherheit extra, Zeitschrift für Arbeit und Soziales, Sonderheft September 2011, 4f., Quelle: www.boeckler.de/pdf/pm_wsi_2011_09_05.pdf (letzter Zugriff am 10.07.2012)
Burrichter, Rita; Lueg, Claudia: Aufbrüche und Umbrüche. Zur Entwicklung Feministischer Theologie in unserem Kontext. Die Grenzen sichtbar machen, in: Schaumberger, Christine; Maaßen, Monika (Hg.): Handbuch Feministische Theologie, 2., durchges. Aufl., Münster 1988, 14-35
Butler, Judith: Das Unbehagen der Geschlechter, Frankfurt a. M. 1991
Butterwegge, Christoph; Hentges, Gudrun (Hg.): Zuwanderung im Zeichen der Globalisierung. Migrations-, Integrations- und Minderheitenpolitik, 4., aktualis. Auflage, Wiesbaden 2009
Caixeta, Luxenir: Jenseits eines simplen Verelendungsdiskurses, in: kulturrisse, IG Infoblätter Nr. 24, Heft 4, Mai 2006, Quelle: http://kulturrisse.at/ausgaben/042006/oppositionen/jenseits-eines-simplen-verelendungsdiskurses (letzter Zugriff am 10.07.2012)
Camus, Albert: Der Mensch in der Revolte, Reinbek 1969
Candeias, Mario: Neoliberalismus – Hochtechnologie – Hegemonie. Grundrisse einer transnationalen kapitalistischen Produktions- und Lebensweise. Eine Kritik (= Berliner Beiträge zur kritischen Theorie 7), Hamburg 2009
Casalis, Georges: Die richtigen Ideen fallen nicht vom Himmel. Grundlagen einer induktiven Theologie, Stuttgart u. a. 1980

Castillo, Fernando: Evangelium, Kultur und Identität. Stationen und Themen eines befreiungstheologischen Diskurses, hg. v. Füssel, Kuno; Ramminger, Michael, Luzern 2000

Castro Varela, María do Mar; Dhawan, Nikita: Feminismus und die Kunst der Selbstkritik, in: Steyerl, Hito; Gutiérrez Rodríguez, Encarnación (Hg.): Spricht die Subalterne deutsch? Migration und postkoloniale Kritik, Münster 2003, 270-290

Castro Varela, María do Mar; Dhawan, Nikita: Postkoloniale Theorie. Eine kritische Einführung (= Cultural Studies 12), Bielefeld 2005

Collet, Giancarlo: Art. Befreiungstheologie I. Historische, geographische u. politische Wurzeln, in: Kasper, Walter u. a. (Hg.): Lexikon für Theologie und Kirche, durchges. Sonderausg. der 3., völl. neu bearb. Aufl. 1993-2001, Freiburg i. Br. 2006, Bd. 2, Sp. 130-132

Collet, Giancarlo: Art. Befreiungstheologie II. Systematisch-theologisch, in: Kasper, Walter u. a. (Hg.): Lexikon für Theologie und Kirche, durchges. Sonderausg. der 3., völl. neu bearb. Aufl. 1993-2001, Freiburg i. Br. 2006, Bd. 2, Sp. 132-134

Collet, Giancarlo; Sattler, Dorothea: In Konflikten leben. Mit Zorn und Zärtlichkeit an der Seite der Armen. Ein Beitrag zu ökumenischen Dekade zur Überwindung von Gewalt (Theologie und Praxis 37), Berlin 2012

Cornelißen, Waltraud (Hg.): Gender-Datenreport. 1. Datenreport zur Gleichstellung von Frauen und Männern in der Bundesrepublik Deutschland im Auftrag des Bundesministeriums für Familie, Senioren, Frauen und Jugend, 2. Fassung, München 2005, Quelle: http://www.bmfsfj.de/doku/ Publikationen/genderreport/root.html (letzter Zugriff am 10.07.2012)

Correll, Lena: Arbeit und andere Lebensbereiche – „irgendwie vermischt sich das sehr". Fallorientierte Überlegungen zu subjektorientierter Soziabilität, in: Kurz-Scherf, Ingrid u. a. (Hg.): In Arbeit: Zukunft. Die Zukunft der Arbeit und der Arbeitsforschung liegt in ihrem Wandel (= Arbeit – Demokratie – Geschlecht 4), Münster 2005, 123-138

Cruz, Gemma Tulud: Die Suche nach globaler wirtschaftlicher Gerechtigkeit aus einer Gender-Perspektive: Theologische Herausforderungen und Perspektiven auf Frauenmigration im Kontext der Globalisierung, in: Lassak, Sandra; Strobel, Katja (Hg.): Von Priesterinnen, Riot Girls und Dienstmädchen. Stimmen für eine feministische Globalisierung von unten (= Edition ITP-Kompass 4), Münster 2005, 63-79

Dannecker, Petra: Die Feminisierung der Migration, in: Informationszentrum 3. Welt, Nr. 295, September 2006, 23-27

Dauderstädt, Michael: Die offenen Grenzen des Wachstums, in: WISO direkt, Analysen und Konzepte zur Wirtschafts- und Sozialpolitik , Januar 2010, Quelle: http://library.fes.de/pdf-files/wiso/06973.pdf (letzter Zugriff am 10.07.2012)

Deutscher Gewerkschaftsbund (DGB) Bundesvorstand (Hg.): Praxis und neue Entwicklungen bei 1-Euro-Jobs, Arbeitsmarkt aktuell, Mai 2009, 4/2009, Quelle: http://www.dgb.de/themen/++co++b6fde4ca-24a5-11df-4f82-001ec9b03e44/@@index.html?tab=Alle&display_page=11&k:list=Arbeit (letzter Zugriff am 10.07.2012)
Deutscher Caritasverband: Das Recht auf Entlastung und Hilfe. Caritas fordert bessere Regelungen für Haushaltshilfen, 24.04.2009, Quelle: http://www.katholisch.de/Nachricht.aspx?NId=991 (letzter Zugriff am 10.07.2012)
Deutscher Städte- und Gemeindebund: Wisconsin Modell gescheitert! Keine Kommunalisierung der Langzeitarbeitslosigkeit in Deutschland!, November 2003, Quelle: http://archiv.dstgb.de/homepage/pressemeldungen/archiv2003/newsitem00786/786_1_599.pdf (letzter Zugriff: 10.07.2012)
Dienel, Christiane: Eltern, Kinder und Erwerbsarbeit: Die EU als familienpolitischer Akteur, in: Leitner, Sigrid u. a. (Hg.): Wohlfahrtsstaat und Geschlechterverhältnis im Umbruch. Was kommt nach dem Ernährermodell? (= Jahrbuch für Europa- und Nordamerika-Studien 7), Wiesbaden 2004, 285-307
Domradio des Erzbistum Kölns: „Tafeln in der Kritik. Caritas: Lebensmittelausgabe alleine genügt nicht gegen Armut", Quelle: http://www.domradio.de/caritas/47615/tafeln-in-der-kritik.html (letzter Zugriff am 10.07.2012)
Dube, Musa Wenkosi: Postcolonial Feminist Interpretation of the Bible, Danvers 2000
Duchrow, Ulrich u. a.: Solidarisch Mensch werden. Psychische und soziale Destruktion im Neoliberalismus – Wege zu ihrer Überwindung, Hamburg/Oberursel 2006
Dungs, Susanne: Unausweichliche Abhängigkeit von Anderen. Die Anerkennungstheorie von Judith Butler in ihrer Bedeutung für eine feministische christliche Sozialethik, in: Spieß, Christian; Winkler, Katja (Hg.): Feministische Ethik und christliche Sozialethik (= Schriften des Instituts für Christliche Sozialwissenschaften der Westfälischen Wilhelms-Universität Münster 57), Münster 2008, 277-305
Durkheim, Emile: Über soziale Arbeitsteilung. Studie über die Organisation höherer Gesellschaften, 2. Aufl., Frankfurt a. M. 1988
Ehrenreich, Barbara: Arbeit poor. Unterwegs in der Dienstleistungsgesellschaft, München 2001
Eichhorn, Cornelia: Geschlechtliche Teilung der Arbeit. Eine kritische Durchsicht der feministischen Ansätze seit der neuen Frauenbewegung, in: Jungle World, Nr. 12, 10. März 2004, Quelle: http://www.jungle-world.com/seiten/2004/11/2777.php (letzter Zugriff am 10.07.2012)
Eickmeier, Andrea; Flatters, Jutta (Hg.): Vermessen! Globale Visionen – konkrete Schritte. Wegmarken durch den feministischen Alltag. Ar-

beitsbuch zu Elisabeth Schüssler Fiorenzas kritischer Befreiungstheologie (= Sonderausgabe 3 zur Schlangenbrut), Münster 2003
Ellacuría, Ignacio; Sobrino, Jon (Hg.): Mysterium Liberationis. Grundbegriffe der Theologie der Befreiung, Band 1, Luzern 1995
Ellacuría, Ignacio: Geschichtlichkeit des christlichen Heils, in: Ellacuría, Ignacio; Sobrino, Jon (Hg.): Mysterium Liberationis. Grundbegriffe der Theologie der Befreiung, Band 1, Luzern 1995, 313-360
Englert, Kathrin: Globalisierte Hausarbeiterinnen in Deutschland, in: Groß, Melanie; Winker, Gabriele (Hg.): Queer- / Feministische Kritiken neoliberaler Verhältnisse, Münster 2007, 79-101
Flatters, Jutta: Herrschaft und Hoffnung kartieren. Einführung in Elisabeth Schüssler Fiorenzas Kyriarchatskritik und Ekklesiologie, in: Eickmeier, Andrea; Jutta Flatters (Hg.): Vermessen! Globale Visionen – konkrete Schritte. Wegmarken durch den feministischen Alltag. Arbeitsbuch zu Elisabeth Schüssler Fiorenzas kritischer Befreiungstheologie (= Sonderausgabe 3 zur Schlangenbrut), Münster 2003, 32-41
Flatters, Jutta: Anders, als man denkt. Leben mit einem behinderten Kind, Gütersloh 2009
Flecker, Jörg; Hentges, Gudrun: Prekarität, Unsicherheit, Leistungsdruck. Katalysatoren eines neuen Rechtspopulismus in Europa?, in: Kaindl, Christina (Hg.): Subjekte im Neoliberalismus (= Forum Wissenschaft Studien 52), Marburg 2007, 163-180
Fornet-Betancourt, Raoúl (Hg.): Befreiungstheologie: Kritischer Rückblick und Perspektiven für die Zukunft, Band 3: Die Rezeption im deutschsprachigen Raum, Mainz 1997
Foucault, Michel: Der Wille zum Wissen. Sexualität und Wahrheit, Band 1, Frankfurt a. M. 1977
Foucault, Michel: Autobiographie, in: Deutsche Zeitschrift für Philosophie, Jg. 42, 1994, 699-702
Foucault, Michel: Die Sorge um sich. Sexualität und Wahrheit, Band 3, 6. Aufl., Frankfurt a. M. 2000
Foucault, Michel: Die „Gouvernementalität“, in: Bröckling, Ulrich u. a.: Gouvernementalität der Gegenwart: Studien zur Ökonomisierung des Sozialen, Frankfurt a. M. 2000, 41-67
Foucault, Michel: Freiheit und Selbstsorge. Interview 1984 u. Vorlesung 1982, hg. von Helmut Becker u. a. (= Materialis Programm 30), Frankfurt a. M. 1985
Foucault, Michel: Überwachen und Strafen. Die Geburt des Gefängnisses, Frankfurt a. M. 1987
Fraser, Nancy: Frauen, denkt ökonomisch!, in: beiträge zur feministischen theorie und praxis, Jg. 29, Nr. 68, 2006, 13-18
Frauenforschungsprojekt zur Geschichte der Theologinnen Göttingen (Hg.): Querdenken. Beiträge zur feministisch-befreiungstheologischen Diskussion. Festschrift für Hannelore Erhart zum 65. Geburtstag (= Theologi-

sche Frauenforschung – Erträge und Perspektiven 1), 2., durchges. Aufl., Pfaffenweiler 1993
Frings, Dorothee: Arbeitsmarktreformen und Zuwanderungsrecht – Auswirkungen für Migrantinnen und Migranten. Juristische Expertise, Frankfurt a. M. 2005
Fukuyama, Francis: Das Ende der Geschichte. Wo stehen wir?, München 1992
Gabriel, Karl (Hg.): Solidarität (= Jahrbuch für christliche Sozialwissenschaften 48), Münster 2007
Gabriel, Karl: Vorwort, in: Ders. (Hg.): Solidarität (= Jahrbuch für christliche Sozialwissenschaften 48), Münster 2007, 7-11
Ganz, Kathrin: Familienpolitik: Welche Formen von Elternschaft sind erwünscht?, 03.01.2009, Quelle: http://www.feministisches-institut.de/familienpolitik/ (letzter Zugriff am 10.07.2012)
Gather, Claudia u. a. (Hg.): Weltmarkt Privathaushalt. Bezahlte Haushaltsarbeit im globalen Wandel, Münster, 2. Aufl. 2008
Gather, Claudia: Putzen für die Mittelschichten. Billige Dienstleistungen auf Kosten der „working poor"?, in: Neue Gesellschaft/Frankfurter Hefte, Jg. 53, 9/2006, 25-29
Gebara, Ivone: Die dunkle Seite Gottes (Theologie der Dritten Welt 27), Freiburg i. Br. 2000
Gemeinsame Synode der Bistümer in der Bundesrepublik Deutschland: Beschlüsse der Vollversammlung, hg. v. Bertsch, Ludwig u. a. (im Auftrag des Präsidiums der Gemeinsamen Synode der Bistümer in der Bundesrepublik Deutschland und der Deutschen Bischofskonferenz), Offizielle Gesamtausgabe, Band 1, Freiburg i. Br. u. a. 1976
GenderKompetenzZentrum an der Humboldt Universität zu Berlin (Hg.): Gender Aspekte: Unbezahlte Arbeit, Quelle: http://www.genderkompetenz.info/genderkompetenz-2003-2010/sachgebiete/arbeit/unbezahlt/aspekte/index.html (letzter Zugriff: 10.07.2012)
Gerhard, Ute (Hg.): Frauen in der Geschichte des Rechts. Von der Frühen Neuzeit bis zur Gegenwart, München 1997
Giebeler, Cornelia: Der Bielefelder Ansatz in der feministischen Forschung: Ein Rückblick auf die Theorie und Praxis der Frauenforschung von 1975 bis 1980, in: beiträge zur feministischen theorie und praxis, Jg. 28, Nr. 66/67, 2005, 31-64
Gössmann, Elisabeth u. a.: Wörterbuch der Feministischen Theologie, Gütersloh 1991
Gohr, Antonia; Seeleib-Kaiser, Martin (Hg.): Sozial- und Wirtschaftspolitik unter Rot-Grün, Wiesbaden 2003
Gohr, Antonia: Auf dem „dritten Weg" in den „aktivierenden Sozialstaat"? Programmatische Ziele von Rot-Grün, in: Gohr, Antonia; Seeleib-Kaiser, Martin (Hg.): Sozial- und Wirtschaftspolitik unter Rot-Grün, Wiesbaden 2003, 37-60

Gorz, André: Arbeit zwischen Elend und Utopie, Frankfurt a. M. 1998
Gorz, André: Wissen, Wert und Kapital. Zur Kritik der Wissensökonomie, Zürich 2004
Gottschlich, Jürgen, am Orde, Sabine (Hg.): Europa macht dicht. Wer zahlt den Preis für unseren Wohlstand?, Frankfurt a. M. 2011
Grefe, Christiane u. a.: attac. Was wollen die Globalisierungskritiker?, 4. Aufl., Berlin 2002
Groß, Melanie; Winker, Gabriele (Hg.): Queer- / Feministische Kritiken neoliberaler Verhältnisse, Münster 2007
Groß, Melanie: Geschlecht und Widerstand: post... / queer... / linksradikal..., Königstein im Taunus 2008
Große Kracht, Hermann-Josef: Jenseits von Mitleid und Barmherzigkeit. Zur Karriere solidaristischen Denkens im 19. und 20 Jahrhundert, in: Gabriel, Karl (Hg.): Solidarität (= Jahrbuch für christliche Sozialwissenschaften 48), Münster 2007, 13-38
Gruppe Berliner Dozentinnen (Hg.): Frauen und Wissenschaft. beiträge zur Berliner Sommeruniversität für Frauen. Juli 1976, Berlin 1977, 118-199
Günter, Andrea (Hg.): Feministische Theologie und postmodernes Denken. Zur theologischen Relevanz der Geschlechterdifferenz, Stuttgart u. a. 1996
Günter, Andrea: Die Frau als Subjekt in Kirche und Gesellschaft. Über die politische Funktion der Subjektrede, in: Dies. (Hg.): Feministische Theologie und postmodernes Denken. Zur theologischen Relevanz der Geschlechterdifferenz, Stuttgart u. a. 1996, 91-104
Gutiérrez, Gustavo: Theologie der Befreiung, 7. Aufl., München/ Mainz 1984
Gutiérrez, Gustavo: Die Armen und die Grundoption, in: Ellacuría, Ignacio; Sobrino, Jon (Hg.): Mysterium Liberationis. Grundbegriffe der Theologie der Befreiung, Band 1, Luzern 1995, 293-311
Gutiérrez Rodríguez, Encarcación: Das postkoloniale Europa dekonstruieren. Zu Prekarisierung, Migration und Arbeit in der EU, in: WIDERSPRUCH, 25. Jg., Nr. 48/ 2005, 71-81
Habermas, Jürgen: Die Neue Unübersichtlichkeit. Kleine Politische Schriften V (= Neue Folge 321), Frankfurt a. M. 1985
Hall, Donald E.: Subjectivity. The new critical idiom, New York 2004
Hardt, Peter; von Stosch, Klaus (Hg.): Für eine schwache Vernunft? Beiträge zu einer Theologie nach der Postmoderne, Ostfildern 2007
Hark, Sabine: Deviante Subjekte – Die paradoxe Politik der Identität, 2. Aufl., Opladen 1999
Haug, Frigga: Frauen-Politiken, Hamburg 1996
Haug, Frigga: Feminisierung der Arbeit, in: Dies. (Hg.): Historisch-kritisches Wörterbuch des Feminismus, Band 1, Hamburg 2003, 127-142
Haug, Frigga; Gschwandtner, Ulrike: Sternschnuppen. Zukunftserwartungen von Schuljugend, Hamburg 2006

Haug, Frigga: Die Vier-in-einem-Perspektive. Politik von Frauen für eine neue Linke, Hamburg 2008
Haug, Frigga: Attacken auf den abwesenden Feminismus. Ein Lehrstück in Dialektik, in: das argument, Jg. 50, Nr. 274, 1/2008, 9-20
Heimbach-Steins, Marianne (Hg.): Christliche Sozialethik. Ein Lehrbuch, Band 1, Regensburg 2004
Heimbach-Steins, Marianne: Soziale Verantwortung in der Geschichte von Christentum und Kirche, in: Dies. (Hg.): Christliche Sozialethik. Ein Lehrbuch, Band 1, Regensburg 2004, 165-186
Heinrich, Michael: Kritik der politischen Ökonomie. Eine Einführung, Stuttgart 2004
Heitmeyer, Wilhelm (Hg.): Deutsche Zustände, Folge 6, Frankfurt a. M. 2008
Heitmeyer, Wilhelm (Hg.): Deutsche Zustände, Folge 8, Berlin 2010
Heitmeyer, Wilhelm; Endrikat, Kirsten: Die Ökonomisierung des Sozialen. Folgen für „Überflüssige“ und „Nutzlose“, in: Heitmeyer, Wilhelm (Hg.): Deutsche Zustände, Folge 6, Frankfurt a. M. 2008, 55-72
Hennessy, Rosemary: Frauen an der Grenze. Fortschritt und fortschrittliche Bewegungen im Neoliberalismus, in: das argument, Jg. 41, Nr. 230, 2/3/1999, 279-287
Hennessy, Rosemary: Frauengrenzen und Frauenwiderstand im Neoliberalismus, in: das argument, Jg. 42, Nr. 234, 1/2000, 49-56
Herberhold, Mechthild: Zur Parteilichkeit herausgefordert – einheimische ChristInnen im Einwanderungsland Deutschland. Ein Beitrag zur feministischen Befreiungstheologie im deutschen Kontext, in: chakana, Jg. 2, 2004, Heft 3, 53-68
Hess, Sabine; Lenz, Ramona (Hg.): Geschlecht und Globalisierung. Ein kulturwissenschaftlicher Streifzug durch transnationale Räume, Königstein im Taunus 2001
Hess, Sabine; Lenz, Ramona: Kulturelle Globalisierung und Geschlecht – ein Buchprojekt, in: Hess, Sabine; Lenz, Ramona (Hg.): Geschlecht und Globalisierung. Ein kulturwissenschaftlicher Streifzug durch transnationale Räume, Königstein im Taunus 2001, 10-33
Hinkelammert, Franz J.: Das Subjekt und das Gesetz. Die Wiederkehr des verdrängten Subjekts, Münster 2007
Hirsch, Joachim: Vom Sicherheitsstaat zum nationalen Wettbewerbsstaat, Berlin 1998
Hobgood, Elizabeth: Roundtable Discussion: Intellectual Struggle and Material Solidarity. Solidarity and the Accountability of Academic Feminists and Church Activists to Typical (World-Majority) Women, in: Journal of Feminist Studies in Religion, Jg. 19, Heft 2, August 2004, 137-149
Hohmeyer, Katrin; Wolff, Joachim: Wirkungen von Ein-Euro-Jobs für ALG-II-Bezieher. Macht die Dosierung einen Unterschied?, IAB-Kurzbericht. Aktuelle Analysen und Kommentare aus dem Institut für Arbeitsmarkt- und Berufsforschung, 4/2010, Quelle:

http://www.iab.de/194/section.aspx/Publikation/k100317n01 (letzter Zugriff am 10.07.2012)
Honneth, Axel (Hg.): Kommunitarismus. Eine Debatte über die moralischen Grundlagen moderner Gesellschaften (= „Theorie und Gesellschaft" 26), Frankfurt a. M. / New York 1993
Hopkins, Dwight: Heart and Head. Black Theology – Past, Present, and Future, New York 2002
Hopkins, Dwight: Introducing black theology of liberation, 8. Aufl., Maryknoll 2008
Huck, Lorenz u. a. (Hg.): Abstrakt negiert ist halb kapiert. Beiträge zur marxistischen Subjektwissenschaft. Morus Markard zum 60. Geburtstag (= Forum Wissenschaft Studien 56), Bamberg 2008
Hügli, Anton; Lübcke, Paul (Hg.): Philosophielexikon. Personen und Begriffe der abendländischen Philosophie von der Antike bis zur Gegenwart, vollst. überarb. u. erw. Neuausgabe, Reinbek 2003
Hügli, Anton; Lübcke, Paul: Art. Subjekt, in: Dies. (Hg.): Philosophielexikon. Personen und Begriffe der abendländischen Philosophie von der Antike bis zur Gegenwart, vollst. überarb. u. erw. Neuausgabe, Reinbek 2003, 603f.
Imholz, Barbara; Strobel, Katja: Feministischer Internationalismus und Globalisierung von unten. Das Ende des Ernährermodells, in: Institut für Theologie und Politik (Hg.): In Bewegung denken, Münster 2003, 77-84
Institut der deutschen Wirtschaft: Familienunterstützende Dienstleistungen. Jobchancen für Geringqualifizierte, Beitrag des Informationsdienst des Instituts der deutschen Wirtschaft Köln, Nr. 9, 26.02.2009, Quelle: http://www.iwkoeln.de/de/infodienste/iwd/archiv/beitrag/42018 (letzter Zugriff: 10.07.2012)
Institut für Theologie und Politik (Hg.): In Bewegung denken. Anstöße für eine Globalisierung von unten, Münster 2003
Institut für Theologie und Politik (Hg.): Der gekreuzigte Messias und die Erwartung vom Land der Freiheit. Christologie im Kontext der Globalisierung (= Edition ITP-Kompass 3), Münster 2004
Janczyk, Stefanie: Arbeit, Leben, Soziabilität. Zur Frage von Interdependenzen in einer ausdifferenzierten (Arbeits)Gesellschaft, in: Kurz-Scherf, Ingrid u. a. (Hg.): In Arbeit: Zukunft. Die Zukunft der Arbeit und der Arbeitsforschung liegt in ihrem Wandel (= Arbeit – Demokratie – Geschlecht 4), Münster 2005, 104-122
Jurczyk, Karin; Oechsle, Mechtild (Hg.): Das Private neu denken. Erosionen, Ambivalenzen, Leistungen (= Forum Frauen- und Geschlechterforschung 21), Münster 2008
Kägi, Sylvia: Das Subjekt des autonomen Handelns – eine Fiktion? Pädagogische Subjekte in ihrer historisch-philosophischen Genese sowie Subjekt- und Persönlichkeitsbildung in der Erzieherinnenausbildung, Berlin 2006

Kaindl, Christina (Hg.): Subjekte im Neoliberalismus (= Forum Wissenschaft Studien 52), Marburg 2007

Kalina, Thorsten; Weinkopf, Claudia: Niedriglohnbeschäftigung 2010: Fast jede/r Vierte arbeitet für Niedriglohn , IAQ-Report. Aktuelle Forschungsergebnisse aus dem Institut Arbeit und Qualifikation, 1/ 2012, Quelle: http://www.iaq.uni-due.de/iaq-report/2012/report2012-01.php (letzter Zugriff am 10.07.2012)

Kamitsuka, Margaret D.: Feminist Theology and the Challenge of Difference, Oxford 2007

Kamphaus, Franz: Die Verantwortung des Glaubens im Welt-Maßstab, Rede beim Studientag auf der Wolfsburg am 17. November 2007, Quelle: http://www.adveniat.de/service/aktuelle-nachrichten/nachrichtenarchiv/studientag-wolfsburg/rede-kamphaus.html (letzter Zugriff: 10.07.2012)

Kant, Immanuel: Beantwortung der Frage: Was ist Aufklärung?, in: Berlinische Monatsschrift, 1783-1811, 1784, 28. St., 481-494, Quelle: http://www.ub.uni-bielefeld.de/cgi-bin/neubutton.cgi?pfad=/diglib/aufkl/berlmon/122842&seite=00000513.TIF (letzer Zugriff am 10.07.2012)

Karakayali, Serhat: Gespenster der Migration. Zur Genealogie illegaler Einwanderung in der Bundesrepublik Deutschland, Bielefeld 2008

Kasper, Walter u. a. (Hg.): Lexikon für Theologie und Kirche, durchges. Sonderausg. der 3., völl. neu bearb. Aufl. 1993-2001, Freiburg i. Br. 2006

Kelle, Udo: „Kundenorientierung" in der Altenpflege? Potemkinsche Dörfer sozialpolitischen Qualitätsmanagements, in: PROKLA, Jg. 37, Heft 146, 1/2007, 113-128

Kern, Max: Zur Frage der Vereinbarkeit von Recht und Praxis der Arbeit nach § 16 Abs. 3 SGB II i.V.m. § 31 SGB II mit dem IAO-Übereinkommen (Nr. 29) über Zwangs- oder Pflichtarbeit, 1930, Abschlussbericht, Grand-Saconnex, Mai 2008, Quelle: www.boeckler.de/pdf_fof/S-2007-79-3-1.pdf (letzter Zugriff am 10.07.2012)

Klaes, Norbert: Art. Befreiung. I. Religionsgeschichtlich, in: Kasper, Walter u. a. (Hg.): Lexikon für Theologie und Kirche, durchges. Sonderausg. der 3., völl. neu bearb. Aufl. 1993-2001, Freiburg i. Br. 2006, Bd. 2, Sp. 126f.

Klammer, Ute; Motz, Markus (Hg.): Neue Wege – Gleiche Chancen. Expertisen zum Ersten Gleichstellungsbericht der Bundesregierung, Wiesbaden 2011

Klammer, Ute u. a.: Neue Wege – gleiche Chancen. Kurzfassung des Sachverständigengutachtens zum Ersten Gleichstellungsbericht der Bundesregierung, in: Ute Klammer, Markus Motz (Hg.): Neue Wege – Gleiche Chancen. Expertisen zum Ersten Gleichstellungsbericht der Bundesregierung, Wiesbaden 2011, 13-43

Klein, Anna; Heitmeyer, Wilhelm: Wenn die Wut kein politisches Ventil findet. Politische Kapitulation und die Folgen für schwache Gruppen, in: Heitmeyer, Wilhelm (Hg.): Deutsche Zustände, Folge 8, Berlin 2010, 164-185

Klenner, Christina; Krell, Gertraude; Maschke, Manuela: Einleitung: Geschlechterungleichheiten im Betrieb, in: Projektgruppe GiB: Achatz, Juliane u. a.: Geschlechterungleichheiten im Betrieb. Arbeit, Entlohnung und Gleichstellung in der Privatwirtschaft, Berlin 2010, 9-20

Klingenbiel, Ruth; Randeria, Shalini: Globalisierung aus Frauensicht, Berlin 1998

Klönne, Arno u. a.: Es geht anders! Alternativen zur Sozialdemontage, Köln 2005

Koch, Susanne u. a.: Workfare: Möglichkeiten und Grenzen, in: Zeitschrift für ArbeitsmarktForschung, Jg. 38, 2/3/2005, 419-440

König, Helmut u. a. (Hg.): Die Zukunft der Arbeit in Europa. Chancen und Risiken neuer Beschäftigungsverhältnisse, Bielefeld 2009

Kohn-Roelin, Johanna: Christlicher Feminismus nach Auschwitz. Aspekte einer geschichtlichen Selbstvergewisserung, in: Schaumberger, Christine (Hg.): Weil wir nicht vergessen wollen ... Zu einer Feministischen Theologie im deutschen Kontext (= AnFragen. Diskussionen Feministischer Theologie 1), Münster 1987, 47-58

Kolf-van Melis, Claudia: Tod des Subjekts? Praktische Theologie in Auseinandersetzung mit Michel Foucaults Subjektkritik (= Praktische Theologie heute 62), Stuttgart 2003

Kolf-van Melis, Claudia: Tod des Subjekts? Eine Auseinandersetzung mit Karl Rahner und Michel Foucault. Vortrag in der Karl Rahner Akademie Köln, 14. Oktober 2003, Quelle: http://www.kath.de/akademie/rahner/04Vortraege/01print/inhalt-online/_kolf-tod.htm (letzter Zugriff am 10.07.2012)

Kontos, Sylvia; Walser, Karin: Weil nur zählt, was Geld einbringt. Probleme der Hausfrauenarbeit (= Kennzeichen 4), Gelnhausen 1979

Korsch, Dietrich; Dierken, Jörg (Hg.): Subjektivität im Kontext (= Religion in Philosophy and Theology 8), Tübingen 2004, 143-158

Krasmann, Susanne; Volkmer, Michael (Hg.): Michel Foucaults „Geschichte der Gouvernementalität" in den Sozialwissenschaften. Internationale Beiträge, Bielefeld 2007

Kreutz, Daniel: Und jetzt – die Umbruchpolitik. Die Baustellen I, in: Klönne, Arno u. a.: Es geht anders! Alternativen zur Sozialdemontage, Köln 2005, 47-74

Kropotkin, Peter: Gegenseitige Hilfe in der Tier- und Menschenwelt. Mit einem Nachwort von Henning Ritter, Frankfurt a. M. u. a. 1975

Kurz-Scherf, Ingrid u. a. (Hg.): In Arbeit: Zukunft. Die Zukunft der Arbeit und der Arbeitsforschung liegt in ihrem Wandel (= Arbeit – Demokratie – Geschlecht 4), Münster 2005

Kurz-Scherf, Ingrid: „Arbeit neu denken, erforschen, gestalten" – ein feministisches Projekt, in: Dies. u. a. (Hg.): In Arbeit: Zukunft. Die Zukunft der Arbeit und der Arbeitsforschung liegt in ihrem Wandel (= Arbeit – Demokratie – Geschlecht 4), Münster 2005, 15-38

Ladner, Gertraud: Befreiung ohne Subjekt? Judith Butler feministisch-theologisch gegengelesen, in: Schlangenbrut, Jg. 86, August, 2004, 15-19

Lange, Andreas u. a.: Forcierte Ambivalenzen? Herausforderungen an erwerbstätige Frauen in Zeiten der Entgrenzung und Subjektivierung, in: Lohr, Karin; Nickel, Hildegard (Hg.): Subjektivierung von Arbeit. Riskante Chancen (= Forum Frauenforschung 18), Münster 2005, 115-148

Lassak, Sandra: International – solidarisch – sozialkritisch. Migration als Herausforderung für feministisch-theologisches Engagement im ‚Norden', in: Lassak, Sandra; Strobel, Katja (Hg.): Von Priesterinnen, Riot Girls und Dienstmädchen. Stimmen für eine feministische Globalisierung von unten (= Edition ITP-Kompass 4), Münster 2005, 81-93

Lassak, Sandra; Strobel, Katja (Hg.): Von Priesterinnen, Riot Girls und Dienstmädchen. Stimmen für eine feministische Globalisierung von unten (= Edition ITP-Kompass 4), Münster 2005

Leibold, Stefan: Wie organisiert man „gute Pflege"? Bausteine zu einer Ethik ambulanter Pflegedienste, Freiburg i. Br. 2005

Leitner, Sigrid u. a. (Hg.): Wohlfahrtsstaat und Geschlechterverhältnis im Umbruch. Was kommt nach dem Ernährermodell? (= Jahrbuch für Europa- und Nordamerika-Studien 7), Wiesbaden 2004

Leitner, Sigrid u. a.: Einleitung: Was kommt nach dem Ernährermodell? Sozialpolitik zwischen Re-Kommodifizierung und Re-Familiarisierung, in: Leitner, Sigrid u. a. (Hg.): Wohlfahrtsstaat und Geschlechterverhältnis im Umbruch. Was kommt nach dem Ernährermodell? (= Jahrbuch für Europa- und Nordamerika-Studien 7), Wiesbaden 2004, 9-27

Le Monde Diplomatique / taz Verlags- und Vertriebs GmbH (Hg.): Atlas der Globalisierung, Berlin 2009

Lemke, Thomas u. a.: Gouvernementalität, Neoliberalismus und Selbsttechnologien. Eine Einleitung, in: Bröckling, Ulrich u. a.: Gouvernementalität der Gegenwart: Studien zur Ökonomisierung des Sozialen, Frankfurt a. M. 2000, 7-40

Lenhart, Karin: Soziale Bürgerrechte unter Druck. Die Auswirkungen von Hartz IV auf Frauen, Wiesbaden 2009

Lévinas, Emmanuel: Wenn Gott ins Denken einfällt. Diskurse über die Betroffenheit von Transzendenz, München 1985

Lohr, Karin; Nickel, Hildegard (Hg.): Subjektivierung von Arbeit. Riskante Chancen (= Forum Frauenforschung 18), Münster 2005

Lorde, Audre: Lichtflut: Neue Texte, Berlin 1988

Lorde, Audre: Offener Brief an Mary Daly, in: Dies.: Lichtflut: Neue Texte, Berlin 1988, 13-17

Lorde, Audre: The Audre Lorde Compendium. Essays, Speeches and Journals. The Cancer Journals. Sister Outsider. A Burst of Light. Introduction by Alice Walker, London 1996

Lorde, Audre: The Uses of Anger: Women Responding to Racism, in: Dies., The Audre Lorde Compendium. Essays, Speeches and Journals. The Cancer Journals. Sister Outsider. A Burst of Light. Introduction by Alice Walker, London 1996, 172-180

Lucács, Georg: Die Rolle der Moral in der kommunistischen Produktion, in: Ders.: Geschichte und Klassenbewußtsein (= Georg Lukács Werke, Frühschriften II), Band 2, 2. Aufl., Darmstadt/ Neuwied 1977, 90-94

Lucács, Georg: Geschichte und Klassenbewußtsein (= Georg Lukács Werke, Frühschriften II), Band 2, 2. Aufl., Darmstadt/Neuwied 1977

Ludwig, Gundula: Zwischen „Unternehmerin ihrer selbst" und fürsorgender Weiblichkeit. Regierungstechniken und weibliche Subjektkonstruktionen im Neoliberalismus, in: beiträge zur feministischen theorie und praxis, Jg. 29, Nr. 68, 2006, 49-59

Luther, Henning: Religion und Alltag. Bausteine zu einer Praktischen Theologie des Subjekts, Stuttgart 1992

Lutz, Helma: Vom Weltmarkt in den Privathaushalt. Die neuen Dienstmädchen im Zeitalter der Globalisierung, 2., überarb. Aufl., Opladen 2008

Mabanza Bambu, Boniface: Gerechtigkeit kann es nur für alle geben. Eine Globalisierungskritik aus afrikanischer Perspektive, Münster 2009

Mansel, Jürgen; Spaiser, Viktoria: Ängste und Kontrollverluste. Zusammenhänge mit *Gruppenbezogener Menschenfeindlichkeit*, in: Heitmeyer, Wilhelm (Hg.): Deutsche Zustände, Folge 8, Berlin 2010, 49-71

Martin, Hans-Peter; Schumann, Harald: Die Globalisierungsfalle. Der Angriff auf Demokratie und Wohlstand, Reinbek 1996

Matthes, Joachim (Hg.): Krise der Arbeitsgesellschaft, Frankfurt a. M./New York 1983

Maurer, Susanne: Zwischen Zuschreibung und Selbstgestaltung. Feministische Identitätspolitiken im Kräftefeld von Kritik, Norm und Utopie, Perspektiven, Tübingen 1996

Mayo, Peter: Politische Bildung bei Antonio Gramsci und Paulo Freire, Hamburg 2006

Meier-Gräwe, Uta: Familie, Ökonomie und Gesellschaft – Über die Wirkungsmächtigkeit des vermeintlich Privaten, in: Jurczyk, Karin; Oechsle, Mechtild (Hg.): Das Private neu denken. Erosionen, Ambivalenzen, Leistungen (= Forum Frauen- und Geschlechterforschung 21), Münster 2008, 113-132

Mesch, Walter: Art. Subjekt, in: Prechtl, Peter; Burkard, Franz-Peter (Hg.): Metzler Philosophie Lexikon. Begriffe und Definitionen, 2., erw. u. aktual. Aufl., Stuttgart/Weimar 1999, 572f.

Metz, Johann Baptist: Diskussion zur „politischen Theologie", Mainz 1969

Metz, Johann Baptist: „Politische Theologie" in der Diskussion, in: Diskussion zur „politischen Theologie", Mainz 1969, 267-301

Metz, Johann Baptist: Glaube in Geschichte und Gesellschaft, 2. Aufl., Mainz 1978
Metz, Johann Baptist: Memoria Passionis. Ein provozierendes Gedächtnis in pluralistischer Gesellschaft, Freiburg i. Br. 2006
Metz, Johann Baptist: Art. Politische Theologie, in: Kasper, Walter u. a. (Hg.): Lexikon für Theologie und Kirche, durchges. Sonderausg. der 3., völl. neu bearb. Aufl. 1993-2001, Freiburg i. Br. 2006, Bd. 8, 392-394
Meyer-Wilmes, Hedwig: Zwischen lila und lavendel. Schritte feministischer Theologie, Regensburg 1996
Meyer, Otto: „Reformstau"? Legenden über den Zustand der Republik, in: Klönne, Arno u. a.: Es geht anders! Alternativen zur Sozialdemontage, Köln 2005, 11-33
Miegel, Meinhard u. a.: Bericht der Kommission für Zukunftsfragen, 3 Teile, Bonn 1996/1997, Quelle: http://www.bayern.de/Kommission-fuer-Zukunftsfragen-.1699/index.htm (letzter Zugriff am 10.07.2012)
Miegel, Meinhard: Exit. Wohlstand ohne Wachstum, Berlin 2010
Mies, Maria: Globalisierung von unten. Der Kampf gegen die Herrschaft der Konzerne, Hamburg 2001
Moreira, Alberto da Silva: Spiritualität in der Konfliktivität – Eine Sicht aus der Befreiungstheologie, in: Collet, Giancarlo; Sattler, Dorothea: In Konflikten leben. Mit Zorn und Zärtlichkeit an der Seite der Armen. Ein Beitrag zu ökumenischen Dekade zur Überwindung von Gewalt (Theologie und Praxis 37), Berlin 2012, 57-82
Moser, Maria Katharina: Selbst, aber nicht alleine. Relationale Autonomie als Ansatzpunkt für feministische christliche Sozialethik, in: Spieß, Christian; Winkler, Katja (Hg.): Feministische Ethik und christliche Sozialethik (= Schriften des Instituts für Christliche Sozialwissenschaften der Westfälischen Wilhelms-Universität Münster 57), Münster 2008, 109-141
Münder, Johannes: Verfassungsrechtliche Bewertung des Gesetzes zur Ermittlung von Regelbedarfen und zur Änderung des Zweiten und Zwölften Buches Sozialgesetzbuch vom 24. 03. 2011 – BGBl. I S. 453, in: Soziale Sicherheit extra, Zeitschrift für Arbeit und Soziales, Sonderheft September 2011, 63-94, Quelle: www.boeckler.de/pdf/pm_wsi_2011_09_05.pdf (letzter Zugriff am 10.07.2012)
Murrmann-Kahl, Michael: Subjekt(ivität) und/oder System? Systemtheoretische Perspektiven auf ein „alteuropäisches" Thema, in: Korsch, Dietrich; Dierken, Jörg (Hg.): Subjektivität im Kontext (= Religion in Philosophy and Theology 8), Tübingen 2004, 143-158
Müller, Klaus: Wenn ich „ich" sage. Studien zur fundamentaltheologischen Relevanz selbst-bewußter Subjektivität, Frankfurt a. M. 1994
Müller, Klaus: Art. Subjekt II. Theologisch, in: Kasper, Walter u. a. (Hg.): Lexikon für Theologie und Kirche, durchges. Sonderausg. der 3., völl. neu bearb. Aufl. 1993-2001, Freiburg i. Br. 2006, Bd. 9, Sp. 1071-1073
Nagl-Docekal, Herta: Feministische Philosophie. Ergebnisse, Probleme, Perspektiven, Frankfurt a. M. 1999

Nave-Herz, Rosemarie: Die Geschichte der Frauenbewegung in Deutschland, 5., überarb. u. erg. Aufl., Bonn 1997
Nielbock, Sonja; Carstensen, Tanja: Was kommt nach den „Vätermonaten"? Von kleinen Erfolgen durch das neue Elterngeld und vielen offenen Fragen danach, 11.10.2008, Quelle: http://www.feministisches-institut.de/vaetermonate.html (letzter Zugriff am 10.07.2012)
Notz, Gisela: Die ganze Bäckerei! Geschlechtsspezifische Auswirkungen der Hartz-Reformen, in: Forum Wissenschaft, Nr. 1, 2004, Quelle: http://www.bdwi.de/forum/archiv/archiv/97868.html (letzter Zugriff am 10.07.2012)
Notz, Gisela: Mehr Familienernährer, Zuverdienerinnen und Dienstmädchen. Geschlechtsspezifische Auswirkungen der Arbeitsmarktreformen, in: WIDERSPRUCH, 24. Jg., Nr. 46/ 2004, 33-42
Notz, Gisela: Arbeit: Hausarbeit, Ehrenamt, Erwerbsarbeit, in: Becker, Ruth; Kortendieck, Renate (Hg.): Handbuch Frauen- und Geschlechterforschung. Theorie, Methoden, Empirie (= Geschlecht & Gesellschaft 35), Wiesbaden 2004, 420-428
Notz, Gisela: Warum Armut (oft) weiblich ist, in: Klönne, Arno u. a.: Es geht anders! Alternativen zur Sozialdemontage, Köln 2005, 97-103
Notz, Gisela: Grundeinkommen gegen Ungleichheit und Armut? Anmerkungen aus feministischer Sicht, in: WIDERSPRUCH, 25. Jg., Nr. 49/ 2005, 115-125
Notz, Gisela: Frauen in der Pflegearbeit. Professionell und privat immer verfügbar?, in: WIDERSPRUCH, 27. Jg., Nr. 52/ 2007, 97-106
Nowak, Iris: Feminismus für die Elite – Familie fürs Volk, in: das argument, Jg. 44, Nr. 247, 4/2002, 459-472
Nowak, Iris: Von mutigen Männern und erfolgreichen Frauen. Work-life-Balance in prekarisierten Verhältnissen, in: Kaindl, Christina (Hg.): Subjekte im Neoliberalismus (= Forum Wissenschaft Studien 52), Marburg 2007, 59-74
Nützel, Gerdi: Konvivenz und Solidarität. Zwei Anfragen und ein Beispiel feministisch-ökumenischer Existenz heute, in: Frauenforschungsprojekt zur Geschichte der Theologinnen Göttingen (Hg.): Querdenken. Beiträge zur feministisch-befreiungstheologischen Diskussion. Festschrift für Hannelore Erhart zum 65. Geburtstag (= Theologische Frauenforschung – Erträge und Perspektiven 1), 2., durchges. Aufl., Pfaffenweiler 1993, 77-102
o. A.: 2050: A third more mouths to feed. Food production will have to increase by 70 percent – FAO convenes high-level expert forum, Pressemeldung der FAO (Food and Agriculture Organisation of the United Nations), 03.09.2009, Quelle: http://www.fao.org/news/story/en/item/35571/icode/ (letzer Zugriff am 10.07.2012)
o. A.: Antwort der Bundesregierung auf die Große Anfrage der Abgeordneten Ulla Jelpke, Jan Korte, Klaus Ernst, weiterer Abgeordneter und der Fraktion DIE LINKE am 10.11.2010, Drucksache 17/3660, Quelle:

http://dipbt.bundestag.de/dip21/btd/17/036/1703660.pdf (letzter Zugriff am 10.07.2012)
o. A.: Das US-Imperium bekommt Konkurrenz, in: Le Monde Diplomatique / taz Verlags- und Vertriebs GmbH (Hg.): Atlas der Globalisierung, Berlin 2009, 12f.
o. A.: Debatte im EU-Rat: Aufrüstung der europäischen Grenzagentur, Presseerklärung von pro asyl, 25.02.2010, Quelle: www.proasyl.de/en/press/press/news/debatte_im_eu_rat_aufruestung_der_europaeischen_grenzagentur (letzter Zugriff am 10.07.2012)
o. A.: Der Irak ist längst noch kein stabiler Staat, in: Le Monde Diplomatique / taz Verlags- und Vertriebs GmbH (Hg.): Atlas der Globalisierung, Berlin 2009, 190f.
o. A.: Der Neoliberalismus belohnt seine Fürsprecher, in: Le Monde Diplomatique / taz Verlags- und Vertriebs GmbH (Hg.): Atlas der Globalisierung, Berlin 2009, 68f.
o. A.: Der vergeudete Rohstoff-Strom, in: Le Monde Diplomatique/ taz Verlags- und Vertriebs GmbH (Hg.): Atlas der Globalisierung, Berlin 2009, 20f.
o. A.: Freiheit und Selbstsorge. Gespräch mit Michel Foucault am 20. Januar 1984, in: Foucault, Michel: Freiheit und Selbstsorge. Interview 1984 u. Vorlesung 1982, hg. von Helmut Becker u. a. (= Materialis Programm 30), Frankfurt a. M. 1985, 9-28
o. A.: In Afghanistan kann die Nato nicht gewinnen, in: Le Monde Diplomatique / taz Verlags- und Vertriebs GmbH (Hg.): Atlas der Globalisierung, Berlin 2009, 192f.
Oguntoye, Katharina u. a. (Hg.): Farbe bekennen. Afro-deutsche Frauen auf den Spuren ihrer Geschichte, 3. Aufl., Berlin 2006
Olbertz, Marlies: FIAN: Es gibt ein Recht auf Nahrung. Sie säen, sie ernten, aber sie werden nicht satt, in: Münchener Stadtgespräche Nr. 34, Heft 8, 2004, 8-10, Quelle: http://www.umweltinstitut.org/stadtgespraeche/download/m-stadtgespraeche34.pdf (letzter Zugriff am 10.07.2012)
Osterkamp, Ute: „Selbstkritische Fragen stellen, statt Selbstverständlichkeiten zu transportieren..." – Ein Interview, in: Huck, Lorenz u. a. (Hg.): Abstrakt negiert ist halb kapiert. Beiträge zur marxistischen Subjektwissenschaft. Morus Markard zum 60. Geburtstag (= Forum Wissenschaft Studien 56), Bamberg 2008, 23-42
Ostner, Ilona; Willms, Angelika: Strukturelle Veränderungen der Frauenarbeit in Haushalt und Beruf, in: Joachim Matthes (Hg.): Krise der Arbeitsgesellschaft, Frankfurt a. M./New York 1983, 206-227
Peters, Tiemo Rainer: Mehr als das Ganze. Nachdenken über Gott an den Grenzen der Moderne, Ostfildern 2008
Phase 2 Göttingen (Autor/-innenkollektiv): Subject closed? Über Widersprüche in der Bestimmung des weiblichen Subjekts, in: Phase 2.13, Herbst 2004, Quelle: phase2.nadir.org/index.php?artikel=228&print= (letzter Zugriff am 10.07.2012)

Prechtl, Peter; Burkard, Franz-Peter (Hg.): Metzler Philosophie Lexikon. Begriffe und Definitionen, 2., erw. u. aktual. Aufl., Stuttgart/Weimar 1999
Projektgruppe GiB: Achatz, Juliane u. a.: Geschlechterungleichheiten im Betrieb. Arbeit, Entlohnung und Gleichstellung in der Privatwirtschaft, Berlin 2010
Prokop. Ulrike: Weiblicher Lebenszusammenhang. Von der Beschränktheit der Strategien und der Unangemessenheit der Wünsche. Frankfurt a. M. 1979
Rabe-Kleberg; Ursula: Verantwortlichkeit und Macht. Ein Beitrag zum Verhältnis von Geschlecht und Beruf angesichts der Krise traditioneller Frauenberufe (= Wissenschaftliche Reihe 54), Bielefeld 1993
Rahner, Karl; Vorgrimler, Herbert: Kleines Konzilskompendium. Sämtliche Texte des Zweiten Vatikanums, 25. Aufl., Freiburg i. Br. u. a. 1994
Ramminger, Michael: Kirchenkritische Bewegungen in der BRD und Theologie der Befreiung, in: Fornet-Betancourt, Raoúl (Hg.): Befreiungstheologie: Kritischer Rückblick und Perspektiven für die Zukunft, Band 3: Die Rezeption im deutschsprachigen Raum, Mainz 1997, 113-128
Ramminger, Michael: Theologie und Biographie, in: Institut für Theologie und Politik (Hg.): In Bewegung denken, Münster 2003, 208-215
Ramminger, Michael: Messianismus und Globalisierung, in: Institut für Theologie und Politik (Hg.): Der gekreuzigte Messias und die Erwartung vom Land der Freiheit. Christologie im Kontext der Globalisierung (= Edition ITP-Kompass 3), Münster 2004, 141-154
Raphael, Melissa: The female face of God in Auschwitz. A Jewish feminist theology of the Holocaust, London u. a. 2003
Rauchut, Franziska: Wie queer ist queer? Sprachphilosophische Reflexionen zur deutsch-sprachigen akademischen „Queer"-Debatte, Königstein im Taunus 2008
Rehmann, Jan: Herrschaft und Subjektion im Neoliberalismus. Die uneingelösten Versprechen des späten Foucault und der Gouvernementalitäts-Studien, in: Kaindl, Christina (Hg.): Subjekte im Neoliberalismus (= Forum Wissenschaft Studien 52), Marburg 2007, 75-92
Reitz, Tilman: Die Sorge um sich selbst und niemand anderen. Foucault als Vordenker neoliberaler Vergesellschaftung, in: das argument, Jg. 45, Nr. 249, 1/2003, 82-97
Rerrich, Maria: Global mit Besen und Schrubber. Warum unsere Nachfrage nach cosmobilen Haushaltshilfen ein Politikum darstellt, in: Le Monde diplomatique, 11.05.2007, 12-13
RESPECT-Initiative Berlin: Manifest der Superprecaria, in: Lassak, Sandra; Strobel, Katja (Hg.): Von Priesterinnen, Riot Girls und Dienstmädchen. Stimmen für eine feministische Globalisierung von unten (= Edition ITP-Kompass 4), Münster 2005, 95-102

Reutter, Werner: Das Bündnis für Arbeit, Ausbildung und Wettbewerbsfähigkeit, in: Gohr, Antonia; Seeleib-Kaiser, Martin (Hg.): Sozial- und Wirtschaftspolitik unter Rot-Grün, Wiesbaden 2003, 289-306
Rich, Adrienne: „Denken wie Männer": Die Funktion der Alibifrau – Mut zum Ketzertum: Die Vision der Außenseiterin, in: Schultz, Dagmar (Hg.), Macht und Sinnlichkeit. Ausgewählte Texte von Adrienne Rich und Audre Lorde, Berlin 1983, 128-137
Rifkin, Jeremy: Das Ende der Arbeit und ihre Zukunft, Frankfurt a. M. 1996
Ritter, Joachim; Gründer, Karlfried (Hg.): Historisches Wörterbuch der Philosophie, Bd. 9, Darmstadt 1996
Ritzer, George: Die McDonaldisierung der Gesellschaft, 2. Aufl., Frankfurt a. M. 1995
Ritzer, George: Die McDonaldisierung der Gesellschaft, 4., völl. neue Aufl., Konstanz 2006
Roß, Bettina: Ethnizität und Geschlecht in der internationalen Arbeitsteilung, in: Brabandt, Heike u. a. (Hg.): Mehrheit am Rand? Geschlechterverhältnisse, globale Ungleichheit und transnationale Handlungsansätze (= Politik und Geschlecht 19), Wiesbaden 2008, 69-86
Roth, Roland: Das neue Gesicht des Kapitalismus. Vom Fordismus zum Post-Fordismus, Hamburg 1986
Rudolph, Clarissa: Arbeitslosigkeit – Bremse oder Motor beim Wandel der Geschlechterverhältnisse?, in: Aulenbacher, Brigitte; Wetterer, Angelika (Hg.): Arbeit. Perspektiven und Diagnosen der Geschlechterforschung (= Forum Frauen- und Geschlechterforschung 25), Münster 2009, 138-156
Salazar Parrenas, Rachel: Servants of Globalization: Women, Migration and Domestic Work, Stanford 2001
Sancar, Annemarie: Geschlechterdifferenz und Ethnisierung in Migrationsdiskurs und Migrationspolitik, in: Walz, Heike u. a. (Hg.): „Als hätten sie uns neu erfunden". Beobachtungen zu Fremdheit und Geschlecht, Luzern 2003, 55-63
Schaumberger, Christine (Hg.): Weil wir nicht vergessen wollen ... Zu einer Feministischen Theologie im deutschen Kontext (= AnFragen. Diskussionen Feministischer Theologie 1), Münster 1987
Schaumberger, Christine: Das Recht, anders zu sein, ohne dafür bestraft zu werden. Rassismus als Problem weißer feministischer Theologie, in: Dies. (Hg.): Weil wir nicht vergessen wollen ... Zu einer Feministischen Theologie im deutschen Kontext (= AnFragen. Diskussionen Feministischer Theologie 1), Münster 1987, 101-122
Schaumberger, Christine: Das Verschleiern, Vertrösten, Vergessen unterbrechen. Zur Relevanz politischer Theologie für feministische Theologie, in: Wacker, Marie-Theres (Hg.): Der Gott der Männer und die Frauen, Düsseldorf 1987, 126-161
Schaumberger, Christine; Schottroff, Luise (Hg.): Schuld und Macht. Studien zu einer feministischen Befreiungstheologie, München 1988

Schaumberger, Christine: Teil II: Subversive Bekehrung. Schulderkenntnis, Schwesterlichkeit, Frauenmacht: Irritierende und inspirierende Grundmotive kritisch-feministischer Befreiungstheologie, in: Schaumberger, Christine; Schottroff, Luise (Hg.): Schuld und Macht. Studien zu einer feministischen Befreiungstheologie, München 1988, 153-288

Schaumberger, Christine; Maaßen, Monika (Hg.): Handbuch Feministische Theologie, 2., durchges. Aufl., Münster 1988

Schaumberger, Christine: „Ich nehme mir meine Freiheit, damit ich nicht sterbe". Überlegungen zu einer Feministischen Theologie der Befreiung im Kontext der „Ersten Welt", in: Schaumberger, Christine; Maaßen, Monika (Hg.): Handbuch Feministische Theologie, 2., durchges. Aufl., Münster 1988, 332-361

Schaumberger, Christine: Erfahrung, in: Gössmann, Elisabeth u. a.: Wörterbuch der Feministischen Theologie, Gütersloh 1991, 73-78

Schaumberger, Christine: Blickwechsel. Fundamentale theologische Fragen einer sich kontextalisierenden Theologie, in: Pastoraltheologische Informationen, Jg. 18, Nr. 1, 1998, 31-52

Scherzberg, Lucia: Gott und das Böse. Impulse aus der feministischen Theologie und der Theologie nach Auschwitz, in: theologie.geschichte, Jg. 1, 2006, 13-32, Quelle: http://aps.sulb.uni-saarland.de/theologie.geschichte/inhalt/2006/band_1.html (letzter Zugriff am 10.07.2012)

Schild, Verónica: Wie Frauen im Namen von Frauen regiert werden. Chilenischer Feminismus in den 90er Jahren, in: Solidaridad. Berichte und Analysen aus Chile, Jg. 23, Nr. 220/223, 2002, 4-10

Schild, Verónica: Globalisierung und Frauen: Gewinnerinnen und Verliererinnen, in: Lassak, Sandra; Strobel, Katja (Hg.): Von Priesterinnen, Riot Girls und Dienstmädchen. Stimmen für eine feministische Globalisierung von unten (= Edition ITP-Kompass 4), Münster 2005, 20-27

Schlör, Veronika: Frau, das schwache Subjekt. Poststrukturalismus – Subjekttheorie – feministische Theologie, in: Zichy, Michael; Schmidinger, Heinrich (Hg.): Tod des Subjekts? Post-strukturalismus und christliches Denken (= Salzburger Theologische Studien 24), Innsbruck/Wien 2005, 49-65

Schmalstieg, Catharina: Prekäre Beschäftigung und personale Handlungsfähigkeit. Gewerkschaften als Handlungsplattform?, in: Huck, Lorenz u. a. (Hg.): Abstrakt negiert ist halb kapiert. Beiträge zur marxistischen Subjektwissenschaft. Morus Markard zum 60. Geburtstag (= Forum Wissenschaft Studien 56), Bamberg 2008, 131-151

Schmeller, Thomas (Hg.): Neutestamentliche Exegese im 21. Jahrhundert. Grenzüberschreitungen. Für Joachim Gnilka, Freiburg i. Br., Basel, Wien 2008

Schmid, Veronika; Bös, Mattias: Aufbruchsstimmung in Krisenzeiten – oder hoffnungslos unzufrieden?, in: Heitmeyer, Wilhelm (Hg.): Deutsche Zustände, Folge 8, Berlin 2010, 107-127

Schottroff, Luise: Frauenwiderstand im frühen Christentum, in: Frauenforschungsprojekt zur Geschichte der Theologinnen Göttingen (Hg.): Querdenken. Beiträge zur feministisch-befreiungstheologischen Diskussion. Festschrift für Hannelore Erhart zum 65. Geburtstag (= Theologische Frauenforschung – Erträge und Perspektiven 1), 2., durchges. Aufl., Pfaffenweiler 1993, 129-159

Schottroff, Luise: Lydias ungeduldige Schwestern. Feministische Sozialgeschichte des frühen Christentums, 3. Aufl., Gütersloh 2001

Schuck, Martin: Politische Theologie, in: Betz, Hans Dieter u. a. (Hg.): Religion in Geschichte und Gegenwart. Handwörterbuch für Theologie und Religionswissenschaft, Bd. 6, 4., völl. neu bearb. Aufl., Tübingen 2003, 1471-1474

Schultz, Dagmar (Hg.), Macht und Sinnlichkeit. Ausgewählte Texte von Adrienne Rich und Audre Lorde, Berlin 1983

Schultz, Susanne; Pühl, Katharina: Gouvernementalität und Geschlecht. Über das Paradox der Festschreibung und Flexibilisierung der Geschlechterverhältnisse, in: Sabine Hess, Ramona Lenz (Hg.): Geschlecht und Globalisierung. Ein kulturwissenschaftlicher Streifzug durch transnationale Räume, Königstein im Taunus 2001

Schultz, Susanne: Der Hype der ‚Gouvernementalität'. Anschlüsse und Blockaden für eine feministische Theoriebildung. Ein Thesenpapier, in: Lassak, Sandra; Strobel, Katja (Hg.): Von Priesterinnen, Riot Girls und Dienstmädchen. Stimmen für eine feministische Globalisierung von unten (= Edition ITP-Kompass 4), Münster 2005, 29-43

Schultz, Ulrike: Feminismus zwischen Identitätspolitiken und Geschlechterkonstruktionen: Gibt es einen Raum für internationale feministische Solidarität?, in: gender...politik...online, Juni 2007, Quelle: http://web.fu-berlin.de/gpo/pdf/tagungen/ulrike_schultz.pdf letzter Zugriff am 10.07.2012)

Schüssler Fiorenza, Elisabeth: Zu ihrem Gedächtnis. Eine feministisch-theologische Rekonstruktion der christlichen Ursprünge, München/ Mainz 1988

Schüssler Fiorenza, Elisabeth: Jesus – Miriams Kind, Sophias Prophet. Kritische Anfragen feministischer Christologie, Gütersloh 1997

Schüssler Fiorenza, Elisabeth : Ekklesia der Frauen. Radikal-demokratische Vision und Realität, in: Eickmeier, Andrea; Flatters, Jutta (Hg.): Vermessen! Globale Visionen – konkrete Schritte. Wegmarken durch den feministischen Alltag. Arbeitsbuch zu Elisabeth Schüssler Fiorenzas kritischer Befreiungstheologie (= Sonderausgabe 3 zur Schlangenbrut), Münster 2003, 42-50

Schüssler Fiorenza, Elisabeth: Grenzen überschreiten. Der theoretische Anspruch feministischer Theologie (= Theologische Frauenforschung in Europa 15), Münster 2004

Schüssler Fiorenza, Elisabeth: Gerecht ist das Wort der Weisheit. Historisch-politische Kontexte feministischer Bibelinterpretation, Luzern 2008
Schüssler Fiorenza, Elisabeth: Grenzüberschreitungen einer kritisch-feministischen Befreiungshermeneutik, in: Schmeller, Thomas (Hg.): Neutestamentliche Exegese im 21. Jahrhundert. Grenzüberschreitungen. Für Joachim Gnilka, Freiburg i. Br./Basel/Wien 2008, 51-62
Segundo, Juan Luis: Offenbarung, Glaube und Zeichen der Zeit, in: Ellacuría, Ignacio; Sobrino, Jon (Hg.): Mysterium Liberationis. Grundbegriffe der Theologie der Befreiung, Band 1, Luzern 1995, 433-460
Senghaas-Knobloch, Eva: Fürsorgliche Praxis und die Debatte um einen erweiterten Arbeitsbegriff in der Arbeitsbegriff in der Arbeitsforschung, in: Kurz-Scherf, Ingrid u. a. (Hg.): In Arbeit: Zukunft. Die Zukunft der Arbeit und der Arbeitsforschung liegt in ihrem Wandel (= Arbeit – Demokratie – Geschlecht 4), Münster 2005, 54-68
Sobrino, Jon: Christologie der Befreiung, Band 1, Mainz 1998
Sölle, Dorothee: Mystik und Widerstand. „Du stilles Geschrei", Hamburg 1999
Sommerbauer, Jutta: Differenzen zwischen Frauen. Zur Positionsbestimmung und Kritik des postmodernen Feminismus, Münster 2003
Spieß, Christian; Winkler, Katja (Hg.): Feministische Ethik und christliche Sozialethik (= Schriften des Instituts für Christliche Sozialwissenschaften der Westfälischen Wilhelms-Universität Münster 57), Münster 2008
Statistisches Bundesamt (Hg.): Im Blickpunkt: Frauen in Deutschland 2006, Wiesbaden 2006
Statistisches Bundesamt (Hg.): Mikrozensus 2008. Neue Daten zur Kinderlosigkeit in Deutschland Geburten und Kinderlosigkeit in Deutschland, Wiesbaden 2009, Quelle: https://www.destatis.de/DE/PresseService/Presse/Pressekonferenzen/2009/Kinderlosigkeit/begleitheft_Kinderlosigkeit.html (letzter Zugriff am 10.07.2012)
Stecker, Christina: Der Fluch der Verheißung: Kommodifizierungszwang und De-Kommodifizierungsrisiko im „adult worker model", in: Leitner, Sigrid u. a. (Hg.): Wohlfahrtsstaat und Geschlechterverhältnis im Umbruch. Was kommt nach dem Ernährermodell? (= Jahrbuch für Europa- und Nordamerika-Studien 7), Wiesbaden 2004, 243-256
Steinkamp, Hermann: Solidarität und Parteilichkeit. Für eine neue Praxis in Kirche und Gemeinde, Mainz 1994
Steinkamp, Hermann: Die sanfte Macht der Hirten. Die Bedeutung Michel Foucaults für die Praktische Theologie, Mainz 1999
Steyerl, Hito; Gutiérrez Rodríguez, Encarnación (Hg.): Spricht die Subalterne deutsch? Migration und postkoloniale Kritik, Münster 2003
Stolz-Willig, Brigitte, Geschlechterdemokratie und Arbeitsmarktreform. Ein neues Leitbild, in: Utopie kreativ, Jg. 16, Heft 177/178, 2005, 644-650
Taylor, Charles: Aneinander vorbei: Die Debatte zwischen Liberalismus und Kommunitarismus, in: Axel Honneth (Hg.): Kommunitarismus. Eine

Debatte über die moralischen Grundlagen moderner Gesellschaften (= „Theorie und Gesellschaft" 26), Frankfurt a. M. / New York 1993, 103-130

Thürmer-Rohr, Christina: Vagabundinnen. Feministische Essays, 6. Aufl., Berlin 1992

Thürmer-Rohr, Christina: Aus der Täuschung in die Ent-Täuschung. Zur Mittäterschaft von Frauen, in: Dies.: Vagabundinnen. Feministische Essays, 6. Aufl., Berlin 1992, 38-56

Tönnies, Ferdinand: Gemeinschaft und Gesellschaft. Grundbegriffe der reinen Soziologie, Neudr. der 8. Aufl. von 1935, 3., unveränd. Auflage, Darmstadt 1991

Treibel, Annette: Migration als Form der Emanzipation? Motive und Muster der Wanderung von Frauen, in: Butterwegge, Christoph; Hentges, Gudrun (Hg.): Zuwanderung im Zeichen der Globalisierung. Migrations-, Integrations- und Minderheitenpolitik, 4., aktualis. Aufl., Wiesbaden 2009, 103-120

Trumann, Andrea: Feministische Theorie. Frauenbewegung und weibliche Subjektbildung im Spätkapitalismus, Stuttgart 2002

Vetter, Helmuth (Hg.): Wörterbuch der phänomenologischen Begriffe (= Philosophische Bibliothek 555), Hamburg 2004

Vetter, Helmuth: Art. Subjekt, in: Ders. (Hg.): Wörterbuch der phänomenologischen Begriffe (= Philosophische Bibliothek 555), Hamburg 2004, 513-515

Vogel, Ursula: Gleichheit und Herrschaft in der ehelichen Vertragsgesellschaft. Widersprüche der Aufklärung, in: Gerhard, Ute (Hg.): Frauen in der Geschichte des Rechts. Von der Frühen Neuzeit bis zur Gegenwart, München 1997, 265-292

Volkwein, Karin: „Als hinge unser Leben davon ab". Zur Bedeutung und zum Zusammenhang von Erfahrungen von Frauen und Erinnerung in feministischer Theologie, in: Frauenforschungsprojekt zur Geschichte der Theologinnen Göttingen (Hg.): Querdenken. Beiträge zur feministisch-befreiungstheologischen Diskussion. Festschrift für Hannelore Erhart zum 65. Geburtstag (= Theologische Frauenforschung – Erträge und Perspektiven 1), 2., durchges. Aufl., Pfaffenweiler 1993, 26-46

Voß, G. Günter; Weiß, Cornelia: Subjektivierung von Arbeit – Subjektivierung von Arbeitskraft, in: Kurz-Scherf, Ingrid u. a. (Hg.): In Arbeit: Zukunft. Die Zukunft der Arbeit und der Arbeitsforschung liegt in ihrem Wandel (= Arbeit – Demokratie – Geschlecht 4), Münster 2005, 139-153

Wacker, Marie-Theres (Hg.): Der Gott der Männer und die Frauen, Düsseldorf 1987

Wagner, Alexandra: Atypische Beschäftigung. Eine wissenschaftliche Bilanzierung, Berlin 2010, Quelle: www.boeckler.de/pdf_fof/S-2009-327-3-1.pdf (letzter Zugriff am 10.07.2012)

Wagner, Thomas: Draußen – Leben mit Hartz IV. Eine Herausforderung für die Kirche und ihre Caritas, Freiburg i. Br. 2008
Wahl, Heribert: Art. Subjektwerdung, in: Kasper, Walter u. a. (Hg.): Lexikon für Theologie und Kirche, durchges. Sonderausg. der 3., völl. neu bearb. Aufl. 1993-2001, Freiburg i. Br. 2006, Bd. 9, Sp. 1074
Wahl, Peter: Rezension zu Ulrich Brand: Gegen-Hegemonie. Perspektiven globalisierungskritischer Strategien, in: WIDERSPRUCH, 25. Jg., Nr. 48/ 2005, 258-261
Walpen, Bernhard: There is no alternative, in: Institut für Theologie und Politik (Hg.): Der gekreuzigte Messias und die Erwartung vom Land der Freiheit. Christologie im Kontext der Globalisierung (= Edition ITP-Kompass 3), Münster 2004, 13-25
Walz, Heike u. a. (Hg.): „Als hätten sie uns neu erfunden". Beobachtungen zu Fremdheit und Geschlecht, Luzern 2003
Weckel, Ludger; Ramminger, Michael: Dritte-Welt-Gruppen auf der Suche nach Solidarität, Münster 1997
Weckel, Ludger; Wannig, Ute (Hg.): Was brauchen (wir) Menschen? Nachhaltige Solidarität im internationalen Dialog, Frankfurt a. M./London 2001
Weckel, Ludger: Von der Schwierigkeit eines Dialogs auf Augenhöhe. Ein Beitrag zu einer konfliktorientierten Missionswissenschaft, in: Bünker, Arnd; Weckel, Ludger (Hg.): „... Ihr werdet meine Zeugen sein ..." Rückfragen aus einer störrischen theologischen Disziplin, Freiburg i. Br. 2005, 36-49
Weigand, Wolfgang: Solidarität im Konflikt. Zu einer Theorieentwicklung von Solidarität (= Schriftenreihe der Akademie für Jugendfragen in Münster 6), Münster 1979
Welch, Sharon: Gemeinschaften des Widerstandes und der Solidarität. Eine feministische Theologie der Befreiung, Freiburg/Schweiz 1988
Wendel, Saskia: Affektiv und inkarniert. Ansätze Deutscher Mystik als subjekttheoretische Herausforderung, ratio fidei. Beiträge zur philosophischen Rechenschaft der Theologie, Regensburg 2002
Wetterer, Angelika: Professionalisierung und Geschlechterhierarchie. Vom kollektiven Frauenausschluß zur Integration mit beschränkten Möglichkeiten (= Wissenschaft ist Frauensache 3), Kassel 1993
Wichterich, Christa: Femme global. Globalisierung ist nicht geschlechtsneutral (= attacBasisTexte 7), Hamburg 2003
Wildt, Andreas: Art. Solidarität, in: Ritter, Joachim; Gründer, Karlfried (Hg.): Historisches Wörterbuch der Philosophie, Bd. 9, Darmstadt 1996, Sp. 1001-1014
Winker, Gabriele: Traditionelle Geschlechterordnung unter neoliberalem Druck. Veränderte Verwertungs- und Reproduktionsbedingungen der Arbeitskraft, in: Groß, Melanie; Winker, Gabriele (Hg.): Queer- / Feministische Kritiken neoliberaler Verhältnisse, Münster 2007, 15-49

Winker, Gabriele: Freiheit oder Planwirtschaft? Das absurde Theater des Streits um Kinderkrippen und die Widersprüche im System der Reproduktion, 08.05.2007, Quelle: http://www.feministisches-institut.de/krippen.html (letzter Zugriff am 10.07.2012)
Winker, Gabriele; Degele, Nina: Intersektionalität. Zur Analyse sozialer Ungleichheiten, Wiesbaden 2009
Wintels, Andreas: Individualisierung und Narzißmus. Analysen zur Zerstörung der Innenwelt, Mainz 2000
Wollrad, Eske: Weißsein im Widerspruch. Feministische Perspektiven auf Rassismus, Kultur und Religion, Königstein im Taunus 2005
Wompel, Mag: Schwarze Schafe der Erwerbslosenindustrie. Ein-Euro-Jobs bundesweit, in: Agenturschluss (Hg.): Schwarzbuch Hartz IV. Sozialer Angriff und Widerstand – Eine Zwischenbilanz, Berlin/Hamburg 2006, 84-88
Young, Brigitte: Die Herrin und die Magd. Globalisierung und Re-Konstruktion von „class, gender and race", in: WIDERSPRUCH, 19. Jg., Nr. 38, Dezember 1999/ Januar 2000, 47-60
Zamora, José A.: Krise – Kritik – Erinnerung. Ein politisch-theologischer Versuch über das Denken Adornos im Horizont der Krise der Moderne (= Religion – Geschichte – Gesellschaft. Fundamentaltheologische Studien 3), Münster 1995
Zander, Michael; Pappritz, Thomas: Handlungsfähigkeit als psychischer Konflikt. Vorschlag eines Forschungs-Leitfadens, in: Huck, Lorenz u. a. (Hg.): Abstrakt negiert ist halb kapiert. Beiträge zur marxistischen Subjektwissenschaft. Morus Markard zum 60. Geburtstag (= Forum Wissenschaft Studien 56), Bamberg 2008, 369-383
Zechmeister, Martha: Krise des Christentums – Krise Europas? in: concilium, Jg. 41, Heft 3, 2005, 266-270
Zichy, Michael; Schmidinger, Heinrich (Hg.): Tod des Subjekts? Poststrukturalismus und christliches Denken (= Salzburger Theologische Studien 24), Innsbruck/Wien 2005
Zoll, Rainer: Was ist Solidarität heute?, Frankfurt a. M. 2000

Weitere Bücher aus unserem aktuellen Programm:

Paul Gerhard Schoenborn,
Nachfolge – Mystik – Martyrium. Studien zu Dietrich Bonhoeffer,
Münster 2012, 253 S., 18,00 €

Institut für Theologie und Politik (Hg.)
Der doppelte Bruch. Das umkämpfte Erbe des II. Vatikanischen Konzils. Ein Werkbuch,
Münster 2011, 84 Seiten, 10,00 €

Franz J. Hinkelammert,
Befreiung denken. Grenzgänge zwischen Kontinenten und Wissenschaften,
Münster 2011, 168 S., 12,80 €.

K. Füssel / M. Ramminger (Hg.),
Zwischen Medellín und Paris. 1968 und die Theologie,
Luzern/Münster 2009, 260 S., 22 €.

Boniface Mabanza Bambu,
Gerechtigkeit kann es nur für alle geben. Eine Globalisierungskritik aus afrikanischer Perspektive,
Münster 2009, 256 S., 17,80 €

F. J. Hinkelammert,
Das Subjekt und das Gesetz. Die Wiederkehr des verdrängten Subjekts,
Münster 2007, 456 S., 24,80 €

Weitere Veröffentlichungen, auch antiquarische Bücher und solche, die nur als digitale Datei im Internet veröffentlicht sind, finden Sie auf unseren Internetseiten www.itpol.de und dort unter Bücher/Materialien.

Bestellungen:
Institut für Theologie und Politik, Friedrich-Ebert-Str. 7, 48153 Münster, buecher@itpol.de